Der Autor

Dennis William Hauck gilt als unumgehbare Autorität, wenn es um esoterische Studien und paranormale Phänomene geht. Er ist ein geschätzter und engagierter Berater für verschiedene amerikanische Regierungs-Organisationen und wird als einer der Vorreiter im Bereich der Erforschung des Unentdeckten gefeiert. Dennis William Hauck hatte selbst einige Begegnungen mit dem Paranormalen und hat Hunderte andere Zeugen solcher Ereignisse – von Geisterbeschwörung bis UFO-Sichtungen – interviewt.

Dennis William Hauck hat bereits zahlreiche Bücher über seine Spezialgebiete veröffentlicht, schreibt für Zeitungen wie die New York Post, den National Enquire und Globe, hält Vorträge und arbeitet als Consultant für verschiedene Filmfirmen – so war er beispielsweise wissenschaftlicher Berater für den Steven-Spielberg-Klassiker »Unheimliche Begegnung der Dritten Art«.

DENNIS WILLIAM HAUCK

WILLIAM SHATNER
DER CAPTAIN

Die Serie – Die Kollegen
Die ganze Wahrheit
Eine unautorisierte Biographie

Aus dem Amerikanischen
von Bernhard Kempen

Deutsche Erstausgabe

WILHELM HEYNE VERLAG
MÜNCHEN

HEYNE ALLGEMEINE REIHE
Nr. 01/10106

Titel der Originalausgabe
CAPTAIN QUIRK
THE UNAUTHORIZED BIOGRAPHY OF WILLIAM SHATNER

Umwelthinweis:
Das Buch wurde auf
chlor- und säurefreiem Papier gedruckt.

Redaktion: Rainer-Michael Rahn

Printed in Germany 1997
Umschlagillustration: Inter-Topics/Shooting Star
Umschlaggestaltung: Atelier Ingrid Schütz, München
Satz: (2736) IBV Satz- und Datentechnik GmbH, Berlin
Druck und Bindung: Elsnerdruck, Berlin

ISBN 3-453-11706-9

Meine größte Befürchtung besteht darin, daß meine
Fans mir einmal auf die Schliche kommen.
William Shatner, 1991

Ein Buch dieser Art kann nicht entstehen ohne die Unterstützung einer Reihe von Menschen, die bereit sind, ihre persönlichen Erfahrungen mitzuteilen und ihre Privatarchive zu öffnen. Ich möchte vor allem den Mitgliedern der Stammbesetzung von *Star Trek* danken, die sich trotz ihrer vielfältigen Verpflichtungen Zeit für ein Interview genommen haben: Nichelle Nichols, George Takei, David Ross und Walter Koenig.

Ebenso möchte ich Jim Ivers danken, der mir seine umfangreiche Sammlung von Shatner-Videos zur Verfügung gestellt hat, Will Valentino für den Einblick in seine Sammlung von VIP-Videos und Jeff Nelson, der mich mit Material aus seinen erstaunlichen *Star-Trek*-Reminiszenzen versorgt hat. Greg Allen, Herausgeber eines Shatner-Fanzine in Anchorage/Alaska, hat ebenfalls viele Original-Artikel beigesteuert.

Mein spezieller Dank geht an Bruce Schaffenberger für seine Unterstützung bei der Durchsicht der Berge von Material, die ich zusammengetragen habe, und an Christian Merciari in Montreal, der dort Shatners Kindheit recherchiert hat.

Außerdem muß ich all den Hunderten von *Star-Trek*-Fans danken, die mir ihre Ansichten zu William Shatner mitgeteilt haben und sich an meinen Umfragen beteiligt haben, deren Ergebnisse in diesem Buch veröffentlicht wurden.

Inhalt

Einführung

William Shatners Rolle als Captain Kirk vom Raumschiff Enterprise hat einen wesentlichen Beitrag dazu geleistet, daß aus einer Fernsehserie der sechziger Jahre ein Phänomen der internationalen Unterhaltungsindustrie wurde. Den neunundsiebzig Episoden der *Star-Trek*-Originalserie folgten sieben große Filmproduktionen und drei weitere *Star-Trek*-Serien, die an den Kinokassen, durch Ausstrahlungsrechte und Merchandisingprodukte insgesamt zwei Milliarden Dollar einspielten. Eine kürzliche Umfrage ergab, daß William Shatner einer der bekanntesten englischsprachigen Schauspieler ist. Jeder vierte Mensch auf diesem Planeten weiß, wer William Shatner ist.

1976 hatte ich meine erste Begegnung mit William Shatner, und zwar während der Dreharbeiten zu einer UFO-Dokumentation. Damals war ich der Herausgeber mehrerer Publikumszeitschriften, die sich mit paranormalen Phänomenen befaßten, so daß ich von den Produzenten gebeten wurde, als Berater für den Film zu arbeiten. Shatner war der Moderator und interviewte mich vor der Kamera, während wir durch New York und Virginia reisten, um UFO-Zeugen aufzuspüren und mit Wissenschaftlern zu reden, die sich der Suche nach außerirdischen Intelligenzen verschrieben hatten.

Zu meiner Überraschung stellte sich der Präsentator der Dokumentation als genauso faszinierend wie das Thema heraus. Ich hatte William Shatner immer für einen Mann vom Typ John Wayne gehalten, einen männlichen Helden mit unerschütterlichen Moralvorstellungen. Doch in Wirklichkeit besaß er einen sehr sprunghaften Charakter und konnte sich von einer Sekunde auf die andere von einem zutiefst empfindsamen Menschen in ein egoistisches Kind verwandeln. Shatner legte oft die gleiche egozentrische und überhebliche Verhaltensweise an den Tag, wie sie auch für Truman Capote typisch gewesen war. Zudem schienen mir beide Männer von tiefen Leidenschaften verzehrt zu werden und das gleiche neurotische Temperament zu besitzen, das man von Künstlern geradezu erwartet.

Später stellte ich fest, daß auch andere Leute diesen Eindruck von William Shatner gewonnen hatten. Viele der Menschen, die mit ihm zusammengearbeitet hatten, beschrieben ihn als wichtigtuerisch, nicht besonders umgänglich und völlig von sich selbst eingenommen.

Die Produktionsteams von Paramount und sogar einige seiner Schauspielerkollegen nannten ihn hinter seinem Rücken ›Captain Quirk‹, den schrulligen oder launischen Captain. (In diesem Zusammenhang gibt es eine Kuriosität anzumerken: In der Fernsehzeitschrift TV Guide erschien 1967 ein Artikel, in dem Shatner voraussagte, sein Ruhm als James T. Kirk sei nur ›kurzlebig‹. Als Autor des Beitrags zeichnet ein gewisser ›James T. Quirk‹.)

Als ich beschloß, eine Biographie über Shatner zu schreiben, habe ich landesweit Hunderte von Star-Trek-Fans befragt, um herauszufinden, wie sie über diesen Mann denken. Dabei stellte ich fest, daß selbst seine ergebensten Fans eine ›andere Seite‹ an ihm wahrnahmen. Nur acht Prozent waren der Meinung, er sei auch außerhalb seiner Arbeit für Star Trek ein guter Schauspieler. 25 Prozent beschrieben ihn als ›miserablen‹ Schauspieler, wenn er nicht auf der Enterprise zu sehen war. Andererseits hielten 65 Prozent seine Verkörperung des Kirk für ausgezeichnet. Doch wenn sie Shatners Charakter beurteilen sollten, wurde dieser von fast 40 Prozent der Befragten als ›arrogant‹ oder »unnahbar« beschrieben, während 35 Prozent ihn sogar als ›launisch‹ oder ›sonderbar‹ bezeichneten.

Shatner selbst hat wenig dazu beigetragen, um diesen Eindruck zu vermeiden. Persönlichen Fragen von seiten der Medien weicht er häufig aus oder gibt vor, sich nicht mehr erinnern zu können. Er macht sich über Fans lustig, nimmt ihre Fragen nicht ernst und erzählt haarsträubende Lügen. In seinen sogenannten Memoiren finden sich Geschichten aus dem Privatleben aller möglichen Leute, nur nicht aus seinem eigenen.

Ich hatte mir vorgenommen, so viel wie möglich über diesen freundlichen und überheblichen, empfindsamen und knallharten Mann voller Widersprüche herauszufinden. Was ich dabei entdeckte, hat mich selbst überrascht.

1
UFOs und Hollywood-Stars

Wenn ich ein grünes Männchen in einer fliegenden Untertasse wäre und Aufmerksamkeit erlangen wollte – dann würde ich natürlich zuerst mit Captain Kirk vom Raumschiff Enterprise Kontakt aufnehmen!
– William Shatner über seine Begegnung mit einem UFO

»Verdammte Fluggesellschaften!« fluchte William Shatner. »Wie, zum Teufel, soll ich ohne meine Make-up-Sachen oder meine Garderobe arbeiten? Verdammte Fluggesellschaften!« Shatners Koffer, in dem sich seine Schminkutensilien und seine Kleidung befanden, war nicht mit unserem Flugzeug eingetroffen. »Warum ich?« brummte er. »Warum muß das ausgerechnet mir passieren?«

Der erzürnte Star ging unruhig auf und ab, so daß seine Schritte laut durch die marmorverkleidete Ankunftshalle des Dulles-Airports hallten. Er unterbrach seine rastlose Wanderung nur kurz, um zur gewölbten Decke hinaufzublicken und in einer Geste völliger Verzweiflung den Kopf zu schütteln.

Nur William Shatners Gepäck war verschwunden. Der Kameramann Eddie Marritz hatte seine Ausrüstung auf dem kurzen Flug nach Washington mit in die Kabine genommen. Mein Koffer und zwei Taschen, die dem Regisseur Chuck Romine gehörten, waren genauso wie das übrige aufgegebene Gepäck ordnungsgemäß eingetroffen. Wir vier waren aus New York gekommen, um die Dreharbeiten an einer Dokumentation fortzusetzen, in der es um Astronauten aus dem Altertum und UFOs ging und die den Titel Mysteries of the Gods (›Geheimnisse der Götter‹) trug.

In diesem Augenblick waren wir jedoch die Hauptdarsteller in einem Alltagsdrama, dessen Titel vielleicht Verschwörung der Fluggesellschaften lauten könnte. Der entnervte

Shatner war überzeugt, sein fehlender Koffer sei Teil der Intrige eines anonymen Angestellten, der seine Karriere sabotieren wollte. Wie ich später erfuhr, beruhte dieser Verfolgungswahn auf einer Häufung verspäteter Flüge und verlorener Gepäckstücke, die Shatner schon seit Jahren heimsuchte.

Chuck versuchte ihn zu beruhigen, doch Shatner lief weiterhin gehetzt hin und her, wie ein wütender Hund in seinem Zwinger. Schließlich stellte sich der Regissesur ihm genau in den Weg, um die Aufmerksamkeit des Schauspielers zu erlangen.

»Alles ist nur halb so schlimm«, sagte Chuck ruhig. »Wir werden gleich morgen früh in einem Kaufhaus neue Sachen besorgen.«

Als Shatner seine Worte hörte, verzog er das Gesicht und sah aus, als wollte er jeden Moment in Tränen ausbrechen. Seine Schultern erschlafften, und er ließ den Kopf hängen. In dieser Stellung blickte er mir direkt in die Augen.

»Designerklamotten?« schlug ich vor. Etwas Besseres fiel mir in diesem Augenblick nicht ein.

Shatner stieß einen geplagten Seufzer aus, als wäre ich der einzige, der die Ernsthaftigkeit dieser Situation verstanden hatte.

»Vielleicht sollten wir erst einmal ins Hotel fahren«, schlug Chuck schnell vor. Bevor Shatner wieder damit beginnen konnte, zwanghaft auf und ab zu gehen, breitete der Regisseur die Arme aus und trieb uns alle zum nächsten Ausgang.

Chuck Romine war ein großer Mann mit langem grauen Haar und verquollenen blauen Augen voller Weltschmerz. Als angesehener Enthüllungsjournalist hatte Romine für Edward R. Murrow gearbeitet und geschrieben. Und jetzt, im September 1976, führte er Regie bei einem Dokumentarfilm über Außerirdische.

Zum Glück hatte der Regisseur die Sache in die Hand genommen, weil der Moderator des Films mit niemandem sprach. Shatner stand einfach nur mit leeren Händen da und beobachtete stumm, wie die anderen ihr Gepäck im Kofferraum des Taxis verstauten. Ich verspürte unwillkürlich ein leichtes Schuldgefühl. Als wir das Hotel Wellington erreichten, sorgte ich dafür, daß der Page meinen Koffer nicht vergaß.

Nachdem wir an der Rezeption eingecheckt hatten, verabredeten wir uns für später zum Abendessen und machten uns dann auf den Weg zu unseren Zimmern. Ich folgte einem älteren Pagen durch einen schmalen Korridor im ersten Stock, dessen Wände mit einer geblümten roten Velourstapete geschmückt waren. Mein Zimmer war klein und mit viel zu vielen Möbeln vollgestellt. Außerdem war es in einem zermürbenden Braun-Weiß-Kontrast gehalten. Der Page warf meinen Koffer auf das Bett und wartete geduldig, während ich in meinem Portemonnaie nach Trinkgeld suchte. Als er nach draußen ging, schloß er die Tür, hinter der sich ein winziger Wandschrank verbarg.

Ich öffnete meinen Koffer und holte einen Stapel zusammengelegter Hemden und Hosen heraus. Während ich meine Sachen ordentlich auf die Kleiderbügel hängte, stellte ich mir vor, wie Shatner in einem ähnlich geschmacklos eingerichteten Zimmer auf der Bettkante hockte und nichts zum Auspacken hatte. Captain Kirk hätte sich vielleicht sofort eine schmucke neue Uniform herunterbeamen lassen, doch William Shatner saß allein und verloren, stocksauer und frustriert in einem Zimmer aus der Vorkriegszeit mitten in der Hauptstadt des Landes.

Ich war im Grunde nur zufällig in dieses Projekt hineingeraten. Damals arbeitete ich in New York als Herausgeber von *Official UFO*, *Ancient Astronauts* und drei weiteren Monatszeitschriften, die sich mit paranormalen Phänomenen beschäftigten. Pamela Childs, eine Angestellte von Hemisphere Pictures, hatte mich in der Fernsehsendung eines lokalen Kabelkanals gesehen und vorgeschlagen, ich sollte ein paar Probeaufnahmen für den geplanten Film machen.

Als die Produzenten mich baten, am Film mitzuwirken und als Berater zu fungieren, gab ich ihnen den Rat, sie sollten sich nach einem prominenteren Namen umsehen. Ich schlug vor, den Wissenschaftler Carl Sagan zu kontaktieren oder Dr. Allen Hynek, der sich vom staatlich angestellten Astronomen zum UFO-Forscher entwickelt hatte. Sie meinten jedoch, daß sie schon mit beiden geredet hätten und zum Entschluß gekommen wären, ich verfügte über eine ›unverbrauchte Herangehensweise, die gut für ein größeres Publikum geeignet‹ wäre. Was sie mir nicht verrieten, war die Tatsache, daß beide Wissenschaftler es abgelehnt hatten, in dem Film aufzutreten.

Ich nahm das Angebot hauptsächlich aus dem Grund an, weil ich mit William Shatner zusammenarbeiten konnte, dessen Verkörperung des Captain Kirk nachhaltig meine Fantasie angeregt hatte, als ich noch zum College ging. Wie viele andere Star-Trek-Fans war ich sehr von der positiven Botschaft der Serie angetan. Die Vorstellung, daß die Menschheit eines Tages ihre irdischen Probleme überwinden und zu den entferntesten Regionen des Universums reisen würde, war eine willkommene Abwechslung von der alltäglichen Welt mit ihren Kriegen, Vorurteilen und Verfallserscheinungen. Ich wollte nur allzu gerne daran glauben, daß eine kosmische Intelligenz bereit war, mit uns Kontakt aufzunehmen und uns die Wahrheit über die Geheimnisse der Natur mitzuteilen, oder uns zumindest dabei helfen würde, unsere Vorurteile zu überwinden. Star Trek hatte diese Vorstellung in die Nähe des Möglichen gerückt.

Doch in William Shatner fand ich nichts von Captain Kirk wieder. In den wenigen Tagen unserer Zusammenarbeit hatte ich ihn als unausgeglichenen und von sich selbst eingenommenen Menschen kennengelernt. Seine Energie kam aus dem Bauch, doch gelegentlich geriet sie außer Kontrolle und verzerrte seine gesamte Persönlichkeit. In solchen Momenten wurde seine Stimme höher und dünner, und er sprach schnell und abgehackt. Aber er konnte auch pikiert oder wichtigtuerisch sein, und dann schwankte er zwischen kleinlichem Perfektionismus und gelangweilter Herablassung. Andererseits konnte er manchmal wirklich liebenswürdig sein; er war dann äußerst empfänglich für die Gefühle anderer Menschen.

Es war, als wohnten zwei verschiedene Persönlichkeiten in Shatners Brust. Die eine war der galante und charmante Captain Kirk, die andere der rücksichtslose und verschlagene Mensch, den seine Kollegen als ›Captain Quirk‹ bezeichnet haben. Leider beherrsche ich nicht den vulkanischen Nervengriff, mit dem Spock den bösartigen Kirk überwältigte, als er in der *Star-Trek*-Episode ›The Enemy Within‹ vor einem ähnlichen Problem stand. Somit konnte Shatner ungehindert zwischen seinen zwei widersprüchlichen Persönlichkeiten wechseln – von einer Sekunde auf die andere und ohne ersichtlichen Grund. Doch eins stand fest: Wer auch immer dieser Mensch in Wirklichkeit sein mochte, er war wesentlich komplexer und faszinierender als der flache Charakter, den ich im Fernsehen bewundert hatte. Ich freute mich bereits darauf, ihn an diesem Abend näher kennenlernen zu dürfen.

Am Tisch des Captains

Im Restaurant des Hotels Wellington saß Captain Quirk mit übereinandergeschlagenen Beinen mindestens einen Meter von der Tischkante entfernt auf seinem Stuhl. Offensichtlich war er immer noch wegen seines fehlenden Gepäcks verärgert. Abgesehen von flüchtigen Begrüßungen saßen wir alle zunächst für mehrere Minuten schweigend da. Die ersten Worte, die Shatner von sich gab, waren exakte Anweisungen an den Kellner, wie sein Rotbarsch zubereitet werden sollte.

Doch allmählich, während der Wein eingeschenkt wurde und das Essen kam, wurde Shatner lockerer, und wir alle entspannten uns ein wenig.

»Ich denke, wir sollten einmal besprechen, was wir morgen drehen werden«, sagte er. Es war das erste Anzeichen, daß der Moderator des Films bereit war, mit der Arbeit weiterzumachen, und Chuck ließ sich diese Gelegenheit natürlich nicht entgehen.

Der Regisseur sagte, daß er zur COMSAT hinausfahren wollte, einer Einrichtung für Kommunikationssatelliten, die nur ein paar Autostunden von Washington entfernt war. Dort würden wir uns mit Dr. John Billingham treffen, der in der Nähe im Ames Research Center der NASA arbeitete. Billingham war für die Abteilung ›Außerirdische Intelligenz‹ zuständig, und es war geplant, ihn auf dem Dach des COMSAT-Gebäudes zu interviewen, mit riesigen Satellitenschüsseln im Hintergrund. Chuck hoffte, wir hätten noch genügend Zeit, um nachmittags zu einem Radioteleskop zu fahren, das tief zwischen den Hügeln von Virginia versteckt war, um mich dort zu interviewen.

Es wurde nichts von einem Drehbuch oder auch nur einer Liste der abzuhandelnden Themen erwähnt. Shatner glaubte fest an die Kraft der Spontaneität und weigerte sich, Einzelheiten der Interviews vorab zu besprechen. Seiner Ansicht nach war es am besten, wenn sich die Dinge vor laufender Kamera von selbst entwickelten. Daher wechselte er das Thema und kam auf einen Punkt zu sprechen, der ihn wirklich interessierte.

»Was halten Sie vom Kristallschädel?« fragte Shatner mich. Er spielte auf einen lebensgroßen Schädel samt Unterkiefer aus Quarz an, der 1927 bei Ausgrabungen in einer alten Maya-Stadt in Honduras gefunden wurde.

»Ich weiß nur, daß es ein beeindruckendes Kunstwerk ist«, antwortete ich. »Es gibt keine Werkzeugspuren, also muß er im Lauf der Jahrhunderte durch die Berührung vieler Hände geglättet worden sein. Einige Leute glauben, er wurde von irgendwelchen Astronauten aus der Vorzeit mit einer Art Laser hergestellt. Ich habe irgendwo gelesen, wenn man ihn von unten beleuchtet, soll das Licht so umgelenkt werden, daß es aus den Augen scheint. Aber ich habe den Schädel noch nie aus der Nähe gesehen.«

»Wir waren drüben in Kitchner in Ontario«, warf Chuck ein. »Dort haben wir Anna Mitchell-Hedges interviewt, die Tochter des Archäologen, der den Kristallschädel entdeckte.«

»Ich hatte die Gelegenheit, ihn in meinen eigenen Händen zu halten!« rief Shatner. Diese Erinnerung weckte seine Begeisterung, und er rückte näher an den Tisch heran. Dann blühte er richtig auf: »Sie bewahrt ihn in ihrer Wohnung auf. Ich habe ihn in meinen Schoß gelegt und mich psychisch darauf einzustimmen versucht. Ich habe mich in die Zeit zurückversetzt, als man damit Zeremonien abgehalten hat. Ich sage Ihnen, ich habe wirklich etwas gespürt. Es war unheimlich!«

»Wurde der Schädel nicht von Priestern bei irgendwelchen Todesritualen benutzt?« wollte ich wissen.

»Die Frau sagte, der Hohepriester hat damit durch Willenskraft den Tod gewisser Leute herbeigeführt«, antwortete Shatner. »Und sie haben ihn bei einer Zeremonie benutzt, in der das Wissen eines sterbenden Priesters auf einen Jungen übertragen wurde.«

»Das ist sehr faszinierend«, sagte ich. »Können Sie sich vorstellen, wieviel so ein Objekt wert ist? Und sie bewahrt es einfach so in ihrer Wohnung auf!«

»Sie macht sich deswegen keine Sorgen«, sagte Shatner, »weil sie glaubt, daß der Schädel verflucht ist! Sie erzählte uns von einer Gruppe australischer Studenten, die ihren Vater besuchte, um sich den Schädel anzusehen. Eine Studentin hob ihn auf und machte sich darüber lustig. Annas Vater war beleidigt und stellte ihn in die Vitrine zurück. Ein paar Monate später starb das Mädchen unter mysteriösen Umständen. Kurz vor ihrem Tod erzählte sie ihren Freunden, sie wäre fest davon überzeugt, der Kristallschädel sei die Ursache für ihre Krankheit.«

Eddie verdrehte die Augen. Aber wenigstens hielt er den Mund. So begeistert war Shatner innerhalb der letzten drei Tage noch nie gewesen. Chuck jedoch wollte das Thema wechseln.

»Wenn wir schon einmal in Washington sind«, sagte der Regisseur, »werden wir auch Jeane Dixon interviewen. Sie hat vorausgesagt, daß mehrere UFOs landen und Kontakt mit Erdenbewohnern aufnehmen werden.«

Es behagte mir nicht, daß Jeane Dixon in diesem Film auftreten sollte. Ich hätte mich gerne auf ›wissenschaftlichere‹ Spekulationen konzentriert, aber der Film berief sich auf Erich von Dänikens Buch Erscheinungen, in dem der Autor behauptete, Visionen und parapsychologische Phänomene hätten einen außerirdischen Ursprung. In einem Kapitel war sogar ein Interview mit Jeane Dixon abgedruckt. Obwohl ich nichts dazu sagte, spürte Shatner mein Unbehagen.

»Glauben Sie nicht an übersinnliche Wahrnehmungen?« fragte er.

»Hm, Jeane Dixon? Ich weiß nicht recht«, druckste ich herum. »Sie hat den Tod Marilyn Monroes und die Attentate auf die Kennedys richtig vorhergesagt, aber mit anderen Prophezeiungen lag sie ziemlich weit daneben. Ich hatte gehofft, wir würden die Leiter einiger UFO-Organisationen interviewen.«

»Jeane glaubt, daß die UFOs im August 1977 auf der Erde landen werden«, entgegnete Chuck. »Das ist eine umwerfende Prophezeiung!« Er warf Shatner einen Blick zu und meinte dann: »Außerdem habe ich langsam die Nase voll von diesen Ufologen.«

Chuck war ein hartnäckiger Reporter, der militärische Aktionen und Mafia-Skandale überlebt hatte, doch er hatte mir anvertraut, daß er noch nie so starrsinnigen Leuten begegnet war wie in den UFO-Organisationen. Nachdem die Air Force 1956 offiziell alle Untersuchungen solcher Phänomene eingestellt hatte, übernahm eine Reihe obskurer, nichtkommerzieller Organisationen das Feld. Die älteste Gruppe namens APRO (Aerial Phenomena Research Organization = ›Forschungsgruppe für Atmosphären-Phänomene‹) würde mit niemandem vom MUFON (Mutual UFO Network = ›Gemeinschaftliches UFO-Netzwerk‹) zusammenarbeiten, da deren

Gründer die APRO verlassen hatte, um eine eigene Splittergruppe aufzubauen. Das NICAP (National Investigations Committee on Aerial Phenomena = ›Nationales Untersuchungskomitee für Atmosphären-Phänomene‹) wurde angeblich von der CIA unterwandert, um die UFO-Forschung in Mißkredit zu bringen. Das CRUFON (Citizen's Radio UFO Network = ›Bürgerradio UFO-Netzwerk‹) wurde vom IUFOR (International UFO Registry = ›Internationales UFO-Sekretariat‹) betrieben. Niemand traute ihnen über den Weg, denn sie hatten eine landesweite, gebührenfreie UFO-Hotline eingerichtet, womit es so aussah, als wollten sie sämtliche Berichte über Sichtungen für sich vereinnahmen. Die CUFOS (Center for UFO Studies = ›Zentrale für UFO-Studien‹) wollte mit niemandem von der Ancient Astronaut Society (›Gesellschaft für Präastronautik‹) zusammenarbeiten. Es war einfach grotesk. Die UFO-Organisationen verschwendeten ihre Energien auf den Streit, wer sich am besten mit einem Problem befassen konnte, von dem die meisten Leute glaubten, daß es nicht einmal existierte.

»Jeder kocht sein eigenes Süppchen«, sagte Shatner grinsend. »Komisch ist nur, daß es mit ziemlicher Sicherheit intelligentes Leben im Weltraum gibt, aber was die Erde betrifft, bin ich mir da nicht so sicher!« Nach diesem Witz wurde Shatner sofort ernst.

»Was wissen Sie eigentlich über diese Leute«, fragte er mich, »die jedem erzählen, sie stünden in Kontakt mit Außerirdischen?«

»Ich schätze, Sie meinen die HIM-Leute«, erwiderte ich, da ich annahm, er spielte auf zwei UFO-Fanatiker an, die damals gerade die Runde machten. »Sie nennen sich Bo und Peep, werden von ihren Anhänger aber auch schlicht ›Die Zwei‹ genannt.«

»Was ist HIM?« wollte Shatner wissen.

»Human Individual Metamorphosis«, sagte ich, »die Metamorphose des menschlichen Individuums. So nennen sie ihren Plan für die Rettung der Menschen auf diesem Planeten. Es handelt sich um einen Mann und eine Frau, beide Mitte Vierzig, die behaupten, sie seien in Wirklichkeit unsterbliche UFO-Wesen, die zur Erde gekommen sind, um uns beim nächsten Evolutionsschritt zu unterstützen. Ich habe sie in Waldport in Oregon sprechen gehört.«

»Was halten Sie von ihnen?« fragte Shatner interessiert.

»Nun ja, sie sind recht eindrucksvoll. Sie kleiden sich völlig identisch und sprechen in ruhigem und bedächtigem Tonfall. Hauptsächlich geht es ihnen darum, daß ein Fortschritt in der menschlichen Evolution nötig ist, wogegen sich nur schwer irgendwelche Einwände erheben lassen. Doch dann fordern sie jeden dazu auf, seinen Besitz aufzugeben und ihnen in ein abgelegenes Lager in Colorado zu folgen, wo sie dann von einem UFO aufgenommen und zu einem fernen Planeten gebracht werden sollen. Dort sollen die Leute dann eine parapsychologische Ausbildung erhalten und schließlich zur Erde zurückkehren, um die Saat eines neuen Bewußtseins auszusäen. Angeblich haben Christus, Elias, Hesekiel und alle anderen Heiligen die Erde auf dieselbe Weise verlassen. Die Zwei behaupten sogar, sie wären die ›zwei Zeugen‹, die in der Offenbarung erwähnt werden. Ihre Botschaft ist sehr verlockend. Von den zweihundert Menschen auf der Veranstaltung wurden zwanzig bekehrt.«

»Sie haben alles aufgegeben, um sich ihnen anzuschließen?« fragte Shatner.

»Ja, sicher. In Durango gab es einen Millionär, der seine Immobiliengesellschaft verkaufte, um ihnen zu folgen. Viele Leute haben ihre Häuser verkauft und das Geld der Bewegung gespendet. Inzwischen dürften sie mehr als 150 Mitglieder haben. Sogar der Komiker Jackie Gleason und der Musiker Steve Halpern hätten sich fast der Gruppe angeschlossen.«

»Und warum haben Sie sich nicht überzeugen lassen?« wollte Shatner wissen.

»Die Zwei fahren in einem 1964er Pontiac herum und kommunizieren über ein System geheimer Briefkästen mit ihren

Mitgliedern. Das alles erscheint mir nicht sehr fortgeschritten. Außerdem sagt die Polizei von Oregon, man hätte die beiden als ein Ehepaar aus Texas identifiziert. Demnach ist er der Sohn eines Geistlichen der Presbyterianer, und sie hat als Krankenschwester gearbeitet. Beide haben sich kleinerer Vergehen schuldig gemacht.«

»Ich verstehe«, sagte Shatner. »Sind das die einzigen, von denen Sie wissen?«

Shatner schien auf etwas Bestimmtes hinauszuwollen, aber ich hatte wirklich keine Ahnung, was er mit seinen Fragen bezweckte. Sicher, es gab ein paar Randfiguren, die angeblich persönliche Begegnungen mit Außerirdischen hatten, aber sie stellten für die ernsthafte Wissenschaft kein Thema dar. Es sollte noch fünfzehn Jahre dauern, bis Berichte über außerirdische Kontakte und Entführungen so häufig wurden, daß sie auch von angesehenen Wissenschaftlern offen diskutiert wurden.

»Ich habe von einer anderen Gruppe gehört, die sich die Neun nennen«, sagte ich zu ihm. »Aber sie nehmen nur telepathischen Kontakt mit ganz bestimmten Leuten auf. Es handelt sich dabei angeblich um eine Art Konsortium außerirdischer Intelligenzen.«

Ich machte eine Pause, um an meinem Wein zu nippen. Ich rechnete schon damit, daß er das Interesse verlieren würde, aber er drängte mich, ich sollte weitererzählen.

»Uri Geller, das Medium aus Israel, behauptet, er stünde in Kontakt mit den Neun. Ich habe mit ihm gesprochen, und er sagt, die Neun wären die treibende Kraft für seine psychokinetischen Fähigkeiten. Aber in meinen Augen geht das alles etwas zu weit. Ich versuche, das UFO-Problem wissenschaftlich anzugehen, damit die Menschen verstehen, daß es sich um etwas Reales handelt.«

Diese ernüchternde Bemerkung war offenbar nicht das gewesen, was Shatner hören wollte. Er lehnte sich in seinem Stuhl zurück und wechselte sofort das Thema. Die Streitfrage der UFO-Kontakte war ein heikler Punkt und einer der

Gründe gewesen, warum Hynek und Sagan nicht an diesem Film beteiligt sein wollten. Knapp drei Monate später erfuhr ich dann, daß Shatner offenbar durch Gene Roddenberry von den Neun gehört hatte und herausfinden wollte, was ich darüber dachte. Nach einigen weiteren Nachforschungen mußte ich zu meiner Überraschung feststellen, daß Shatner selbst davon überzeugt war, eine Begegnung mit Außerirdischen gehabt zu haben.

William Shatners Begegnung der dritten Art

Im Sommer des Jahres 1967 beobachtete Shatner ein UFO in der Mojave-Wüste nordöstlich von Palmdale in Kalifornien. Während dieser Begegnung schien er in telepathischem Kontakt mit Außerirdischen gestanden zu haben, und einige Umstände deuten sogar darauf hin, daß er entführt worden sein könnte.

Damals gab es eine ganze Reihe von UFO-Sichtungen in der Nähe von Palmdale, in der Region zwischen den San-Gabriel-Bergen und der Edwards Air Force Base. Die Sichtungen umfaßten nichtidentifizierte Lichterscheinungen bei Nacht und seltsame diskusförmige Objekte bei Tag. Außerdem gab es Berichte über Begegnungen der dritten Art. Mindestens ein Zeuge behauptete, mit Außerirdischen kommuniziert zu haben, bevor es zu Shatners Erlebnis kam.

Von Zeit zu Zeit fuhr Shatner mit seinem Motorrad, einer Suzuki Titan 500, in diese Gegend hinaus, um der Hektik von Los Angeles zu entkommen und sich in der Sonne zu entspannen. Er hatte von den UFO-Berichten gehört und blickte gelegentlich zum Himmel, während er sich fragte, ob die angeblichen Besucher aus dem Weltall wohl seine Gedanken empfangen könnten.

Eines Tages fuhr er zusammen mit vier Freunden durch die Wüste, als er mit dem Motorrad in ein Schlagloch geriet und abgeworfen wurde. Die schwere Maschine fiel auf ihn, und er schlug mit seinem Kopf dagegen, worauf er für eine Weile das Bewußtsein verlor. Seltsamerweise bemerkten die anderen Fahrer zunächst nichts von diesem Zwischenfall.

Als Shatner wieder zu sich kam, spürte und hörte er seltsame Dinge. Später beschrieb er es mit den Worten: ›Es war wie in einem Alptraum, in dem man spürt, wie einem etwas über den Körper kriecht, das einen in Besitz zu nehmen versucht.‹ Was immer dieses ›schattenhafte Phantom‹ darstellen mochte, Shatner fühlte sich jedenfalls sofort besser, als hätte er einen Energieschub erhalten. Er kam auf die Beine, richtete sein Motorrad auf und versuchte es zu starten. Doch die Maschine weigerte sich beharrlich anzuspringen.

Shatner wurde mit einem Schlag klar, daß er zur heißesten Zeit des Tages mitten in der Wüste festsaß. Trotzdem wollte er sein teures Motorrad nicht einfach im Sand zurücklassen, also schob er es über die Wüstenstraße.

Die Lufttemperatur betrug um die 45 Grad, und Shatner trug eine Lederjacke und schwere Kleidung. Er nahm immer wieder den heißen, gepolsterten Helm ab, um ihn schon bald wieder als Schutz vor der sengenden Sonne aufzusetzen.

Plötzlich schien sein Motorrad einen eigenen Willen zu entwickeln, denn er konnte es nur noch in eine Richtung schieben – als würde es von einer unsichtbaren Kraft beeinflußt.

Am Horizont genau vor ihm sah er dann eine mysteriöse dunkle Gestalt, die ihn heranwinkte. Dieser Anblick gab Shatner neue Kraft, sein Motorrad weiterzuschieben. Schließlich erreichte er eine alte Tankstelle, die ein Stück abseits von der befestigten Straße lag. Fast sechs Stunden waren vergangen, aber nun hatte er endlich Hilfe gefunden. In diesem Augenblick sah er in der Ferne ein pfannkuchenförmiges Objekt am Himmel glänzen.

Seine Freunde bemerkten irgendwann, daß Shatner verschwunden war, und begannen hektisch nach ihm zu suchen. Sie fanden ihn an der Tankstelle, wo er sich bei einem Erfrischungsgetränk ausruhte. Er wäre mit ziemlicher Sicherheit gestorben, wenn er nicht von der unbekannten Gestalt zu diesem sicheren Ort geführt worden wäre.

Der transformierte Mann

Diese Begegnung der dritten Art in der Mojave-Wüste machte auf Shatner einen so tiefen Eindruck, daß er beabsichtigte, einen halbstündigen Film zu produzieren, der seine Erfahrung dokumentieren sollte. Leider kam dieses Filmprojekt niemals über das Planungsstadium hinaus, obwohl Shatner in der Öffentlichkeit immer wieder die Frage stellte, warum es keinerlei Fortschritte bei der Erforschung der wahren Natur der ›fliegenden Untertassen‹ gab. Shatner war nie ein besonders religiöser Mensch, aber er war davon überzeugt, daß es im Universum überlegene Intelligenzen gab, die zur Kontaktaufnahme mit unserer Spezies in der Lage sind.

»Ich kann nicht beweisen, daß UFOs wirklich existieren«, teilte er seinerzeit der Presse mit, »aber jeder, der ihre Existenz abstreitet, ist genauso dumm wie jemand, der die Existenz Gottes abstreitet. Es gibt unzweifelhaft ein Geheimnis dort draußen... Wir Menschen sind keineswegs allwissende Geschöpfe, und aus diesem Grund würde ich niemals behaupten, daß unbekannte Flugobjekte nicht das sind, wofür manche Leute sie halten. Es gibt noch immer eine Reihe von Geheimnissen, die niemand von uns lösen kann.«

Einige Monate nach seiner UFO-Erfahrung schloß Shatner einen Vertrag mit der Plattenfirma Decca ab, die seine erste LP produzieren sollte. Charles Bud Dant war sein Produzent, Don Ralke arrangierte und dirigierte die Musik.

Die Schallplatte mit dem Titel The Transformed Man war Shatners Versuch, seine Empfindungen über die seltsame Erfahrung in der Wüste auszudrücken. Die Aufnahme beginnt mit einem Monolog aus Shakespeares Henry V., in dem der König seine zaudernden Truppen mit einer Ansprache auffor-

dert, nicht den Mut zu verlieren, auch wenn sie einer schein-
bar überwältigenden Übermacht gegenüberstehen. Als nächstes rezitiert Shatner die ›Elegy For the Brave‹ (›Elegie für den
Tapferen‹), in der ein blasser junger Mann beschrieben wird,
der in einem Tal bewußtlos am Boden liegt, während fun-
kelnde Diamanten vom Himmel regnen. Diese Szene erinnert
an Shatners vorübergehende Bewußtlosigkeit, nachdem er in
der Mojave-Wüste von seinem Motorrad geworfen wurde.

Nach einem Vortrag von Cyrano de Bergeracs Bitte, niemals unehrlich gegenüber sich selbst zu sein, gibt Shatner
den Dylan-Titel ›Mr. Tambourine Man‹ zum Besten, mit dem
er seine Zuhörer immer wieder zutiefst irritiert hat, seit das
Album veröffentlicht wurde. Dieses Stück war dafür verantwortlich, daß Shatners Gesangskarriere einen tiefen Absturz
erlitt, nachdem sie gerade erst begonnen hatte, und er bis
zum heutigen Tag immer wieder zur Zielscheibe des Spotts
wurde. 1991 boten ihm die Veranstalter einer New Yorker
Convention 10 000 Dollar an, wenn er das Stück bei dieser
Gelegenheit öffentlich vortrug – was Shatner ablehnte.

Dieses Stück ist in der Tat ssehr persönlich. Es handelt von
einer Begegnung der dritten Art mit einem tamburinförmigen Raumschiff. Stockend und mit großer Gefühlsaufwallung
trägt Shatner den bekannten Song vor:

In the jingle-jangle morning,
I'll come following you.
Take me on a trip in your magic, SWIRLING ship.
My senses have been stripped.
My hands can't feel to grip.
My toes, too numb to step, wait only for my boot
heels to be wandering.
I'm ready to go ANYWHERE.
I'm ready to fade – into my own parade.
Cast your dancing spell my way.
I promise – to go under it.
I'm not sleepy and there is no – place I'm going to.

Mr. TAMBOURINE MAN. Mr. Tambourine Man.
Hey, Mr. Tambourine Man. TAMBOURINE MAN!!!

(Am kling-klangvollen Morgen
werde ich kommen, um euch zu folgen.
Nehmt mich mit auf die Reise, in eurem magischen,
WIRBELNDEN Schiff.
Meine Sinne sind entblößt.
Meine Hände spüren nichts.
Meine Zehen sind zu taub zum Gehen, warten nur darauf,
   daß meine Stiefelabsätze von selbst losschreiten.
Ich bin bereit, ÜBERALLHIN zu gehen.
Ich bin bereit zu verschwinden – in meiner eigenen Parade.
Unterwerft mich eurem tanzenden Bann.
Ich verspreche – ich werde ihm folgen.
Ich bin nicht müde, und es gibt keinen – Ort, zu dem ich
   gehe.
Mr. TAMBOURINE MAN. Mr. Tambourine Man.
Hey, Mr. Tambourine Man. MR. TAMBOURINE MAN!!!)

Danach kommt Shatner mit einem Auszug aus Hamlets ›Sein-oder-Nichtsein‹-Monolog wieder zu sich und stimmt dann eine recht bodenständige Interpretation des Stücks ›It was a Very Good Year‹ (›Es war ein sehr gutes Jahr‹) an. Doch seine Beherrschung hält nicht lange vor. Kurz darauf läßt er sich von Romeos Bewunderung für Julias leuchtende Augen mitreißen und schwärmt davon, wie diese ohne Worte sprechen. Mit atemberaubender Inbrunst beschreibt Shatner dann, daß Julia zu Romeo kommt wie ein ›winged messenger of heaven that sails upon the bosom of the air‹ (›wie ein Flügelbote des Himmels, der auf der Luft gewölbtem Busen schwebt‹).
    Könnte es sich bei Shatners Julia um eine außerirdische telepathische Intelligenz handeln? Ob die UFO-Begegnung des Schauspielers nun ein reales Ereignis war oder auf eine unbewußte archetypische Vorstellung zurückzuführen ist, Shatners Alien hat jedenfalls große Ähnlichkeit mit Wesen, wie sie

von anderen Zeugen beschrieben werden. Während des vergangenen Vierteljahrhunderts sind die Berichte über außerirdische Kontakte sogar viel häufiger geworden. Neuere amerikanische Untersuchungen deuten darauf hin, daß 3,7 Millionen Amerikaner überzeugt sind, von Außerirdischen entführt worden zu sein.

Im Stück ›How Insensitive‹ (›Wie gefühllos‹) beschreibt Shatner seine Gefühle der Unzulänglichkeit im Umgang mit dem telepathischen Wesen. Zum lateinamerikanischen Rhythmus von ›Insensatez‹ (span. ›Sinnlosigkeit‹) beklagt er sich, wie gefühllos und kalt er gewirkt haben mußte, als ›sie zu mir sprach‹. Dann gesteht er, daß er niemals vergessen wird, wie sie ihn beim Abschied angesehen hat.

Shatners letztes Stück, der Beatles-Song ›Lucy in the Sky with Diamonds‹, ist die Beschreibung von mandeläugigen Wesen an Bord eines Mutterschiffs und klingt wie die meisten Berichte von entführten Zeitgenossen. Die überschwenglich intonierte Zeile ›the girl with kaleidoscope EYES‹ scheint zu unterstreichen, wie sehr er die Außerirdische vermißt.

Es dürfte kaum überraschen, daß die Zuhörer große Schwierigkeiten hatten zu verstehen, was Shatner mit The Transformed Man wirklich auszudrücken versuchte. In Kritiken wurden seine Interpretationen als ›bizarr‹, ›psychedelisch‹ oder sogar als die eines ›Drogenwahnsinnigen‹ bezeichnet.

1990 wurde die LP in einem Buch mit dem Titel *The Worst Rock-'n'-Roll-Albums of All Time* (›Die schlechtesten Rock'-n'-Roll-Alben aller Zeiten‹) aufgeführt. Im selben Jahr wurden zwei Stücke des Albums, ›Mr. Tambourine Man‹ und ›Lucy in the Sky with Diamonds‹, von Rhino Records in der ironisch gemeinten Sammlung mit prominenten Sängern wiederveröffentlicht, die unter dem Titel Golden Throats (›Goldene Kehlen‹) herauskam.

Shatner selbst sagte jedoch über The Transformed Man: »Die Produktion dieses Albums hat mich mehr begeistert und befriedigt als alles andere, was ich jemals getan habe.

Es war ein einziger Höhenflug.« Also war Shatners Album wirklich ernst gemeint, und die Kritiker haben seine sehr persönlichen Interpretationen der Shakespeare-Passagen und moderner Lyrik völlig mißverstanden.

Den Titelsong von The Transformed Man beschließt Shatner mit den Worten: »Dann, eines Tages, im Bruchteil eines Augenblicks, riß meine innere Hülle auf, und eine Lichtflut durchströmte mein Wesen. Ich wurde zu einem reinen Kristall, der in einem leuchtenden Ozean untertauchte, und ich wußte, daß ich erweckt worden war. Ich hatte das Gesicht Gottes berührt.«

Ein Sprecher für die Außerirdischen

»Ich glaube an UFOs«, erklärte Shatner im Jahr 1968. »Die Zeit ist vorbei, in der die Air Force, die Wissenschaftler oder die Regierung behaupten konnten, was die Leute am Himmel sehen, wären nichts weiter als Heißluftballons oder der Planet Venus. Solche Ausreden ziehen heute nicht mehr. Im Laufe der Jahre haben sich zu viele Beweise angesammelt, daß UFOs wirklich existieren.

Obwohl ich an UFOs glaube, muß ich zugeben, daß mir völlig unbegreiflich ist, welchen Zweck sie verfolgen. Ich kann einfach keine Antworten auf die faszinierenden Fragen finden, die sie aufwerfen. Zum Beispiel stellt sich die Frage: Wenn diese Raumschiffe von intelligenten Wesen aus dem All gelenkt werden, warum haben sie dann noch keinerlei Bemühungen unternommen, mit Regierungsvertretern oder anderen verantwortlichen Stellen in Kontakt zu treten?

Sie haben Farmer aus einem Sumpf in Georgia entführt oder ein Ehepaar, das mit dem Auto unterwegs war, doch sie haben nicht versucht, mit den Menschen der Erde auf einer breiten Basis Kontakt aufzunehmen. Vielleicht werden sie uns bald wissen lassen, welches Ziel sie verfolgen.«

Shatners eigene UFO-Erfahrung hatte einen großen Anteil an seiner Motivation, bei Mysteries of the Gods mitzuwirken. Nach der Einstellung der *Star-Trek*-Serie arbeitete er sogar an mehreren Projekten, in denen es darum ging, die Öffentlichkeit auf außerirdisches Leben aufmerksam zu machen.

In einem 1975 gesendeten Fernsehbeitrag mit dem Titel The Star-Trek Dream sprach er über die Sehnsucht der Menschheit, zu den Sternen zurückzukehren. 1976 las er den ersten Teil von Isaac Asimovs klassischer Foundation-Trilogie, in der es um die Abenteuer einer kleinen Menschenkolonie geht, die von einem sterbenden galaktischen Imperium gegründet wurde. Die Entwicklung dieser Kolonie wird durch die Wissenschaft der Psychohistorik gesteuert. Außerdem wird die Evolution durch künstlich hervorgerufene Krisen beschleunigt. Dieser Zyklus ist eine interessante Erweiterung der Theorie, daß die Götter von den Sternen kamen, und Shatners populäre Schallplattenaufnahme wurde für den Grammy Award nominiert.

Im selben Jahr nahm er Henry Kuttners Science-fiction-Kurzgeschichte ›Mimsy Were the Borograves‹ (dt. Titel: ›Erbärmlich war'n die Bürgerbeine‹ und ›Gar elump war der Puckerwank‹) auf. Darin werden Außerirdische beschrieben, deren gedankliche Prozesse sich so sehr von unseren unterscheiden, daß kein erwachsener Mensch in der Lage ist, ihr Verhalten zu verstehen. Zum Beispiel sind Ereignisse, die wir als völlig zufällig ansehen, nach ihrer Logik absolut vorhersagbar. Nur sehr kleine Kinder sind dazu fähig, die Betrachtungsweise eines Außerirdischen zu erlernen. Das LP-Cover zeigt ein Foto von Shatner mit einem kleinen Kind im Pyjama, das zu den Sternen aufblickt. Diese beiden SF-Schallplatten wurden im darauffolgenden Jahr von Caedmon Records in der Sammlung *Science-fiction Soundbook* wiederveröffentlicht.

Nach der Fertigstellung von Mysteries of the Gods startete er eine Gastspielreise unter dem Titel An Evening with William Shatner (›Ein Abend mit William Shatner‹), bei der er an 45 Colleges auftrat und jeweils ein Publikum von 3000 bis 10 000 Menschen anlocken konnte. Die Einmannshow konzentrierte sich auf den Traum des Menschen, sich von der Erde und von den Beschränkungen seiner eigenen Art zu befreien. Nachdem Shatner das Publikum aufforderte, sich zu entspannen und zuzuhören, ›wie die Sterne zu Ihnen sprechen‹, stellte er die kosmologischen Ansichten von Aristoteles und Galilei gegenüber. Dann präsentierte er verschiedene Vorstellungen über die Raumfahrt, indem er Figuren von Cyrano de Bergerac, Shakespeare, Rostand und Brecht verkörperte. Er las die Texte ›Earthbound‹ (›Erdgebunden‹) von der Dichterin Irene Jackson, Auszüge aus Brechts *Leben des Galilei* und H. G. Wells' *War of the Worlds*. Zu den weiteren vorgetragenen Titeln zählten ›Go With Me‹, ›High Flight‹, ›Summer Spaceship‹, und ›Three-Way Alchemy: The Brain‹.

Obwohl die Kritiker sich fragten, ob ›Captain Kirk zu einem poesieverliebten Punkrocker geworden‹ ist, war die Collegetournee recht erfolgreich. Das Publikum ging mit dem Eindruck nach Hause, daß Shatner ihren geistigen Horizont erweitert hatte, indem er ihnen demonstrierte, wie eng historische Vorstellungen von der Raumfahrt mit den jeweils vorherrschenden kulturellen und wissenschaftlichen Normen verknüpft sind. Eine Schallplatte mit einer Aufzeichnung seines Auftritts an der Hofstra University wurde von Lemli Productions veröffentlicht, Shatners eigener Firma.

Wenige Monate nach der Fertigstellung von Mysteries begann Shatner mit der Arbeit an einem weiteren Dokumentarfilm, der unsere Stellung im Kosmos veranschaulichen sollte. Der von der NASA finanzierte Film Universe wurde für den Oscar nominiert und gewann mehrere angesehene Preise.

Als Shatner im August 1976 auf einer *Star-Trek*-Convention in Oakland/Kalifornien eine Rede hielt, stürmten zwei Wissenschaftler in den Saal und unterbrachen die Veranstaltung mit der Ankündigung, daß die NASA soeben Leben auf dem

Mars entdeckt hätte. Die Sache stellte sich anschließend als Ente heraus, aber das Publikum begann sofort begeistert zu applaudieren.

»Sie haben soeben erfahren, daß außerirdisches Leben auf dem Mars gefunden wurde«, sagte Shatner, als sich das Publikum wieder beruhigt hatte, »aber wir alle haben es schon längst gewußt!«

2
Die kosmische Verbindung

> Der Mensch hat Gott nach seinem Ebenbild geschaffen,
> doch dieses Bild verändert sich von Generation zu Gene-
> ration, und deshalb erscheint er in all den vielen Verklei-
> dungen.
>
> – William Shatner über Gott

William Shatners Glaube an außerirdisches Leben gründete
sich auf seine intuitive Überzeugung von der Existenz einer
gottähnlichen kosmischen Intelligenz und auf seine telepathische Erfahrung mit einem UFO in der Mojave-Wüste. Doch
die kosmische Verbindung von *Star Trek* begann erst im Mai
1974, nachdem Gene Roddenberry das Einverständnis der Paramount Studios erhalten hatte, an einem Drehbuchentwurf
zu einem *Star-Trek*-Kinofilm zu arbeiten.

Darauf wandte sich ein Vertreter einer parapsychologischen Forschungseinrichtung mit dem Namen ›Lab 9‹ an
Roddenberry. Man schlug ihm vor, einen Film über die
›Neun‹ zu machen, eine Gruppe telepathischer Außerirdischer, von deren Existenz die Forscher überzeugt waren. Sie
hofften, daß die Welt durch den Film von den Neun erfuhr
und von ihren Plänen, unseren Planeten in der nahen Zukunft zu besuchen. Ganz gleich, was man davon halten mag,
aber die Neun waren zu der Zeit, als ich mit Shatner zusammenarbeitete, unter UFO-Begeisterten äußerst populär.

Um diese Behauptungen zu bekräftigen, bat das Lab 9
Roddenberry, sich einer Vorbereitung zu unterziehen, um
die ›richtige Geisteshaltung‹ zu erlangen. Ihr Vertreter, Sir
John Whitmore, wollte Gene den Neun vorstellen, und zwar
über die telepathische Kontaktperson Phyllis Schlemmer. Zuerst sollte Gene jedoch zu verschiedenen Universitäten und
Forschungszentren in den USA reisen, um Zeuge parannor-

maler Experimente zu werden und seinen Geist für ›höhere Möglichkeiten‹ zu öffnen. Die Organisation war bereit, seine Reisekosten zu übernehmen (die sich auf insgesamt 25 000 Dollar beliefen) und 50 000 Dollar für das fertige Drehbuch zu zahlen.

»Gene wurde aufgefordert, gründlich über parapsychologische Phänomene zu recherchieren«, erinnerte sich der Drehbuchautor Jon Povill. »Ich war dabei, und es gibt keinen Zweifel, daß alles sehr glaubwürdig wirkte. Er konnte die Forschungsergebnisse, die er persönlich miterlebt hatte, nicht von der Hand weisen. Wir selbst haben in unserem Büro einige Psi-Experimente gemacht und wiederholbare Ergebnisse erzielt.«

Viele der Experimente, an denen Roddenberry teilnahm, fanden auf dem sechs Hektar großen Anwesen von Dr. Andrija Puharich in Ossining im Staat New York statt. Puharich war ein renommierter Neurologe, der sich in den fünfziger Jahren für Parapsychologie zu interessieren begann. Er begründete die angesehene Zeitschrift *Parapsychology Review* und schrieb das Buch *Beyond Telepathy* über seine Experimente mit dem berühmten Medium Eileen Garrett. 1960 leitete er eine Expedition nach Oaxaca in Mexiko, um halluzinogene Pilze zu sammeln, die angeblich parapsychologische Fähigkeiten verstärken. Über diese Erfahrungen berichtete er in seinem zweiten Buch *The Sacred Mushroom*. Außerdem unternahm er Reisen nach Hawaii, um über die Kahuna-Schamanen zu forschen, und nach Brasilien, wo er sich mit dem berühmten Heiler Arigo beschäftigte. Doch trotz seiner Erfahrung war er kaum auf die Begegnung mit jemandem wie Uri Geller vorbereitet, den israelischen Hellseher und Löffelbieger.

Geller entwickelte seine Fähigkeiten angeblich im Alter von drei Jahren, nachdem er das helle Licht eines UFOs gesehen hatte. Puharich dokumentierte Gellers psychokinetische Fähigkeiten und ließ den jungen Mann an achtzehn universitären Forschungseinrichtungen auf der ganzen Welt testen.

Fast alle Tests bestätigten Gellers ungewöhnliche Begabung, Metall zu verbiegen oder gelegentlich sogar dematerialisieren zu lassen.

Gellers besessene, fast hysterische Persönlichkeit überzeugte die Menschen von seinem leidenschaftlichen Glauben, daß etwas Außergewöhnliches geschehen würde. Seine Art von Zauber schien dadurch zu wirken, daß die traditionellen menschlichen Vorstellungssysteme durchbrochen wurden, ganz ähnlich wie in der von Shatner vorgetragenen Kurzgeschichte ›Mimsy Were the Borograves‹. Es ist bedauerlich, daß die zwei Männer sich niemals begegnet sind. Geller ist ein begeisterter Fan von *Star-Trek*. Und Shatner hat sich zeitlebens für Menschen mit übersinnlichen Fähigkeiten interessiert und sucht bis zum heutigen Tag ihren Rat.

Wenige Monate nachdem er Geller entdeckt hatte, gelangte Puharich zu der Überzeugung, daß dieselben außerirdischen Intelligenzen, die eine so geheimnisvolle Rolle in Gellers Leben zu spielen schienen, auch mit ihm kommunizierten.

Sie identifizierten sich als die Neun, eine Gemeinschaft außerirdischer Telepathen, die von einem Wesen mit dem Namen ›Ja Hoovah‹ angeführt wurde. Angeblich schickten sie ihre Botschaften von einem Raumschiff namens Spectra, das sich tief im Weltall befand – 53 069 Lichtjahre von der Erde entfernt, um ganz genau zu sein. Die Neun kommunizierten nur mit Kindern und auserwählten Erwachsenen, die ihren Geist für sie öffneten.

Gene Roddenberry wußte nicht, was er von den angeblichen Außerirdischen und den Leuten vom Lab 9 halten sollte. Einige der Dinge, die er miterlebte, waren wirklich außergewöhnlich. Während einer Sitzung auf Puharichs Anwesen befragte Roddenberry eine Gruppe junger Medien. Als sie eine Pause machten und Eiscreme aßen, begannen sich plötzlich Löffel und andere Gegenstände zu verbiegen. Manche Löffel verbogen sich, kurz bevor eine Person sie zum Mund führen wollte, worauf das Speiseeis herunterfiel. Anschließend untersuchte Roddenberry das gesamte verbogene Besteck, nachdem das psychokinetische Phänomen einen tiefen Eindruck bei ihm hinterlassen hatte.

Ein andermal empfing Puharich verschlüsselte Botschaften mit seiner Armbanduhr. Die Zeiger der Uhr blieben immer wieder stehen und begannen nach einem gewissen Zeitabstand weiterzulaufen, ohne daß es dafür einen ersichtlichen Grund gab. Dabei bildeten die Zeiger jedesmal einen Buchstaben des hebräischen Alphabets. Aneinandergereiht ergaben die Buchstaben eine geheime Botschaft. Gegen Ende jeder Botschaft konnte Puharich genau vorhersagen, wann seine Uhr wieder anhalten und welche Stellung die Zeiger einnehmen würden. Roddenberry beobachtete das Phänomen und war tief beeindruckt von dem, was nach einer direkten Kommunikation mit den Neun aussah.

Andere Nachrichten von den Neun kamen über Geller oder das Trance-Medium Phyllis Schlemmer. In seiner Roddenberry-Biographie berichtet Joel Engel, daß Gene die Neun während einer Sitzung mit Schlemmer fragte, wie er sichergehen konnte, daß sie ihn nicht dazu benutzten, um einen bösen Plan zu verwirklichen.

»Durch jenes ihres Wissens, durch jenes ihrer Wohltat für den Planeten Erde wirst du Verständnis haben«, kam die übermittelte Antwort in der typischen umständlichen Sprechweise der Neun. »Wir haben erklärt, daß solche von jenen sein würden, die jenes von Schwierigkeiten schaffen, jenes, von dem die Macht nicht aufrechterhalten wird. In jenem deines Ohres, in jenem deines Mundes, in jenem deines Geistes – wenn dieses sich nicht richtig anfühlt, dann ist jenes des Wesens dessen, was sie dir vermitteln, nicht richtig, dessen geben wir dir unsere Versicherung.«

Sämtliche Schlemmer-Botschaften wurden auf Tonband aufgezeichnet. Bei späteren Sitzungen erfuhr Roddenberry durch die Neun von seinen vergangenen Leben als Enkel von Moses und als Vater des Apostels Petrus. Sie sprachen außerdem davon, daß seine Seele mit dem römischen Gott Jupiter verbunden sei. Dies war lange Zeit bevor die Fans

Roddenberry als ›Great Bird of the Galaxy‹, den ›Großen Vogel der Galaxis‹ bezeichneten.

Der Große Vogel hatte jedenfalls große Schwierigkeiten, das zu verarbeiten, was er miterlebt hatte. Während der größte Teil der parapsychologischen Forschung durchaus glaubwürdig wirkte, konnte Roddenberry niemals akzeptieren, daß er tatsächlich Kontakt mit außerirdischen Wesen aufgenommen haben sollte. Seine engen Freunde, die Schriftsteller Ray Bradbury und Isaac Asimov, hielten sehr wenig von der Idee, daß Intelligenzen mit UFOs die Erde besuchten, und hätten ihn für verrückt erklärt, wenn er ihnen von den Neun erzählt hätte.

William Shatner dagegen war sehr an der Suche nach außerirdischem Leben interessiert und hatte schon zuvor seine Bedenken wegen der Geheimnistuerei der amerikanischen Regierung geäußert. Er war einer der wenigen Menschen, mit denen Roddenberry offen über die Neun sprechen konnte.

Im ersten Entwurf des Filmdrehbuchs, das Roddenberry für das Lab 9 schrieb, geht es um einen Helden namens Jim MacNorth, den zynischen Produzenten einer abgesetzten Science-fiction-Fernsehserie. Er wird von einer Gruppe namens Second Genesis angesprochen, die ihn auffordert, ein Drehbuch über außerirdische Lebensformen zu schreiben, die in Kontakt mit den Erdbewohnern treten und die Zukunft der menschlichen Rasse sichern wollen.

Trotz überzeugender Vorführungen paranormaler Phänomene kann MacNorth die Beweise nicht anerkennen. Seine Erfahrungen bringen ihn jedoch zu der Erkenntnis, daß das Leben ein großes Geheimnis darstellt.

Roddenberry erkannte, daß er viel zu stark in die Geschichte involviert war, um ein gutes Buch schreiben zu können. Shatner dagegen hatte bereits seinen Glauben an UFOs und außerirdische Intelligenzen publik gemacht. Er hatte oft mit Roddenberry über neue Drehbuchideen gesprochen, und in dieser Phase, als sich die Filmpläne von Paramount entwickelten, standen die beiden in engem Kontakt.

Es ist anzunehmen, daß Roddenberry die Neun gegenüber Shatner zumindest erwähnte, und vielleicht haben sie sogar darüber gesprochen, das Drehbuch gemeinsam zu schreiben.

Jedenfalls beauftragte Roddenberry schließlich den Autor Jon Povill damit, die endgültige Drehbuchfassung zu schreiben. In der neuen Fassung steht MacNorth vor dem zentralen Problem, was er tun soll, falls er wirklich in Kontakt mit den Außerirdischen tritt, die immer wieder versucht haben, sein Leben zu beeinflussen – und darüber hinaus die Evolution der gesamten Menschheit. MacNorth kommt nicht mit dieser Vorstellung zurecht. Er erleidet einen Nervenzusammenbruch und sieht in einer Halluzination, wie er im Raumschiff aus seiner Fernsehserie widerlich aussehenden Aliens gegenübersteht.

Im Februar 1977 besuchte ich Andrija Puharich in Ossining, wo er mir von seiner Beziehung zu Roddenberry erzählte. Puharich hatte eine Gruppe von vierunddreißig psychokinetisch begabten ›Weltraumkindern‹ studiert, die er einfach nur als ›die Kinder‹ bezeichnete. Er glaubte, daß diese Kinder zu einer neuen Rasse gehörten, die von den Neun auf unserem Planeten etabliert werden sollte, weil der Mensch dem Universum bewiesen hatte, daß er aus seinen Fehlern nicht lernen kann.

»Wir wollten einen Spielfilm über solche Kinder machen«, erzählte mir Puharich, »also schickten wir Roddenberry um die ganze Welt, damit er sich einen Eindruck von ihnen machen konnte. Und wir haben sie alle mit Geller zusammengebracht. Gene hat beobachtet, wie Metall verbogen wurde, und Augenzeugenberichte über Teletransportation gehört. Aber er kam einfach nicht damit zurecht. Er ist ausgeflippt. Er konnte die Wirklichkeit dieser Phänomene nicht verarbeiten, und ich fragte ihn schließlich: ›Gene, wieso hattest du in Star Trek einen Transporter, wenn du nicht an die Vorstellung der Dematerialisation glauben kannst? Du mußt einfach daran glauben, daß so etwas möglich ist!‹ Er antwortete: ›Um

Himmels willen, nein! Das war lediglich die billigste Methode, die mir einfiel, um die Schauspieler von einer Kulisse in die nächste zu befördern.‹ Gene Roddenberry hat einen sehr begrenzten Horizont.«

Trotz Puharichs Enttäuschung gingen die vielen Wochen, die Roddenberry mit dem Projekt verbrachte, nicht spurlos an ihm vorüber. Zumindest wurde er gezwungen, über die Möglichkeit nachzudenken, ob außerirdische Zivilisationen Einfluß auf uns ausüben. Außerdem wurden die Neun zu einem versteckten Motiv in vielen seiner späteren Arbeiten.

Das erste *Star-Trek*-Filmdrehbuch, das Roddenberry 1975 vorschlug, hieß *The God Thing*. Darin sollte die *Enterprise* am Ende des Universums auf einen außerirdischen Gott stoßen. Es dürfte kaum überraschen, daß Shatner sich für ebendiese Idee entschied, als er die Gelegenheit erhielt, in seinem ersten Film Regie zu führen, nämlich für *Star Trek V: The Final Frontier*.

»Dieses Drehbuch war recht gewagt«, sagte der Regisseur Richard Colla, dem Roddenberry es gezeigt hatte. »Darin zogen sie los und suchten nach diesem Wesen aus dem All, das überall seinen Einfluß hinterlassen hatte. Als sie dann das fremde Raumschiff und das Wesen erreichten, manifestierte es sich und fragte: ›Kennt ihr mich?‹ Kirk antwortete: ›Nein, wir haben keine Ahnung, wer du bist.‹ Das Wesen erwiderte: ›Seltsam. Wie könnt ihr nicht wissen, wer ich bin? Es ist so viel Zeit vergangen, daß ihr mich inzwischen kennen müßtet.‹ Dann verwandelt es seine Gestalt, bis es als Jesus von Nazareth erscheint. Es fragt: ›Erkennt ihr mich jetzt?‹ Darauf sagt Kirk: ›Ja, jetzt weiß ich, wer du bist.‹ Und das Wesen erwidert: ›Seltsam, daß ihr meine anderen Gestalten nicht kennt.‹ Gene hatte tatsächlich geschrieben, daß dieses ›Wesen‹ geschickt wurde, um das Gesetz zu verkünden, um das Gesetz des Universums bekannt zu machen.«

Als man kurz vor Roddenberrys Tod begann, eine neue

Star-Trek-Serie über den fernsten Außenposten in der Galaxis zu entwickeln, kam Rick Berman, dem Mann, der Roddenberrys Position als Produzent der Serie geerbt hatte, rein zufällig der Titel *Deep Space Nine* in den Sinn.

Die Dreharbeiten zu Mysteries of the Gods

Shatners Glaube an die Neun oder andere außerirdische Wesen, die die Menschheit zu beeinflussen versuchen, war auch ein unterschwelliges Motiv von *Mysteries of the Gods*. Selbst wenn er im tiefsten Innern von der Existenz außerirdischer Intelligenz überzeugt war, waren es vielmehr die Defizite des intelligenten Lebens auf der Erde, die ihm die größten Probleme bereiteten.

Die Liste der persönlichen Gegenstände und Kleidungsstücke, die aus seinem Gepäck verschwanden und nie wieder auftauchten, wurde immer länger. Dieser Trend begann mit seinem ersten Fernsehauftritt als Captain Kirk und sollte sich bis *Star Trek VI* fortsetzen. *Star-Trek*-Kostüme und persönliche Gegenstände im Wert von fast 200 000 Dollar sind spurlos von der Erdoberfläche verschwunden. Ob es sich um eine Verschwörung seiner Feinde oder seiner Fans handelt oder ob ein interstellares Museum dahintersteckt, das *Star-Trek*-Ausstellungsstücke sammelt, wird vermutlich niemals eindeutig geklärt werden.

Am Morgen, nachdem wir in Washington eintrafen, um die Dreharbeiten an Mysteries fortzusetzen, ging Shatner einkaufen, um die Make-up-Utensilien und Kleidungsstücke zu ersetzen, die er verloren hatte. Seine veränderte Garderobe ist in dem fertigen Film unübersehbar. In den als ersten gedrehten Passagen trägt er dunkle Sportjacken und helle Hemden, während er später in einem schwarzen Rollkragenpullover oder einem Wildlederhemd mit großem Kragen und Schlaghosen aus Polyester auftritt. Der Moderator des Films hat seinen modischen Geschmack sichtlich verändert, während er quer durch das Land reiste.

Als wir schließlich unseren langen Auto-Trek durch die gewellten Hügel von Virginia begannen, litt Shatner immer stärker unter Langeweile. Er fragte mich nach meiner Bildung und meinen Hobbys aus, während er offensichtlich nach irgendeinem interessanten Gesprächsthema suchte. Zu meiner abwechslungsreichen Laufbahn gehören ein paar Semester Mathematik an der Universität von Wien. Als ich diesen Punkt erwähnte, rechnete ich damit, daß er vielleicht über seine eigenen Reisen durch Europa erzählen würde. Doch statt dessen forderte er mich auf, ihm die Infinitesimalrechnung beizubringen.

Das war ein recht anspruchsvolles Verlangen, wenn man bedenkt, daß wir auf dem Rücksitz eines Autos saßen und Shatners Mathematikkenntnisse sich auf ein paar Buchhaltungskurse beschränkten, an denen er während seiner Zeit an der McGill University teilgenommen hatte. Aber der Captain beharrte auf seinem Befehl.

Also begann ich ohne Tafel oder Lehrbuch eine improvisierte Unterrichtsstunde, in der ich Shatner in die Theorie der Integrale und Differentiale einführte. Die Rückseite des Vordersitzes benutzte ich dabei für graphische Beispiele. Die Nähte im Leder teilten die Sitzlehne in ein Muster aus länglichen Rechtecken auf, die oben von einer sanft geschwungenen Kurve begrenzt wurden. Es ist nicht einfach, die Gesamtfläche unterhalb einer solchen Kurve zu berechnen, aber sie läßt sich annähernd bestimmen, indem man die Flächen der einzelnen Rechtecke addiert. Wenn wir die Rechtecke so dünn machen könnten, daß die Krümmung der oberen Seite zu vernachlässigen wäre, würden wir eine noch bessere Schätzung der Gesamtfläche erhalten.

Shatner begriff das Grundprinzip sehr schnell. Er erkannte, daß wir den Bereich unter der Kurve nur mit einer unendlich großen Anzahl von Rechtecken ausfüllen müßten, bis der Bereich, der nicht von ihnen abgedeckt wurde, gegen Null ging. Die Summe aller immer kleiner werdenden Rechtecke nähert sich dann einer bestimmten Zahl, die dem präzisen Wert der Gesamtfläche entspricht. Mit dieser Methode, die als Integralrechnung bekannt ist, können viele Gleichungen gelöst werden, die sich graphisch als Fläche unterhalb einer Kurve darstellen lassen.

Dann benutzte ich dasselbe Muster der Nähte auf der Rückseite des Sitzes, um eine andere Methode der Infinitesimalrechnung zu demonstrieren, nämlich die Differentialrechnung. Die gekrümmte obere Naht könnte auch eine zeitliche Veränderung darstellen, zum Beispiel das Wachstum eines Kindes, während es älter wird. In diesem Fall wären die vertikalen Nähte die verschiedenen Messungen der Körpergröße des Kindes, die während seines Wachstums durchgeführt wurden. Je mehr Messungen wir unternehmen würden, desto glatter würde die Kurve werden. Ein Mathematiker würde sagen, daß die Körpergröße eines Kindes eine Funktion seines Alters sei und die Kurve sich einem Grenzwert annähert, nämlich der Körpergröße als erwachsener Mensch.

Shatner verstand, daß die Wachstumsrate des Kindes sich dadurch repräsentieren ließ, daß man die verschiedenen Meßwerte durch eine Linie verbindet. Er bemerkte, daß die Steigung der Kurve bei einem jungen Kind steiler sein muß als bei einem älteren Kind, weil kleine Kinder schneller wachsen. Die Steigung einer Linie, die nur einen Punkt der Kurve berührt, gibt die genaue Wachstumsrate zu diesem Zeitpunkt an. Diese Linie wäre im Alter von drei Jahren recht steil, im Alter von einundzwanzig, wenn wir ausgewachsen sind, jedoch fast horizontal.

Shatner konnte solche Vorstellungen schnell intuitiv erfassen. Er eignete sich jede neue Idee mit zäher Hartnäckigkeit an und versuchte, den Stoff auf einer gefühlsmäßigen Ebene zu verstehen, statt ihn intellektuell zu verarbeiten. Wenn ich eine Behauptung durch einen anerkannteren Lehrsatz beweisen wollte, unterbrach er mich jedesmal und forderte mich auf, das Problem direkt zu erklären.

Die lebendige Mathematik der Infinitesimalrechnung ist das Fundament der modernen Physik und Astronomie. Diese Tatsache erwies sich als Grund für Shatners Interesse. Er wußte, daß die Infinitesimalrechnung ein leistungsfähiges Werkzeug war, um Beschleunigung und Schwerkraft verstehen zu können, und er wollte wissen, wie sie benutzt wurde, um zum Mond zu fliegen oder Raumsonden zum Mars zu lenken. Für jemanden, der nur ungern an *Star Trek* zurückdachte, entwickelte er plötzlich ein erstaunliches Interesse an der Raumfahrt.

Shatners Begeisterung für die Raumfahrtwissenschaft wurde nirgendwo deutlicher als in seiner Beziehung zu Jesco von Puttkamer, einen NASA-Wissenschaftler, den er für *Mysteries of the Gods* interviewte. Von Puttkamer war zusammen mit dem Raketenwissenschaftler Wernher von Braun in die Vereinigten Staaten gekommen und hatte am Apollo-Programm mitgearbeitet. Sein offizieller Titel lautete Senior Staff Scientist for Advanced Programs of Space Flight (›Leitender Stabswissenschaftler für die Entwicklung von Raumfahrtprogrammen‹), und im Film sprach er über die Gewißheit, daß die Menschheit außerirdischem intelligenten Leben begegnen würde, wenn sie ins All aufbricht. Shatner war so sehr von diesem Wissenschaftler angetan, daß er ihm schließlich einen Posten als wissenschaftlicher Berater für *Star-Trek*: The Motion Picture verschaffte.

Jesco von Puttkamer erinnerte mich irgendwie an Spock. Er drückte sich sehr logisch und präzise aus, was durch seinen starken deutschen Akzent noch unterstrichen wurde. Er war Anfang Fünfzig und hatte dichtes weißes Haar, das in einem scharfen Kontrast zu seinen schwarzen Augenbrauen und seinem Schnurrbart stand. Er trug eine dunkel getönte Brille, die ihm das Aussehen eines Dsr. Strangelove verlieh, obwohl er ein offener und freundlicher Mensch war.

Die vielen Jahre seiner disziplinierten Ausbildung als Wissenschaftler können ihn unmöglich auf den Tag vorbereitet haben, als William Shatner ihn während des Interviews vor laufender Kamera küßte.

»Man kam sich sehr nahe«, erinnerte sich der deutsche Wissenschaftler, »für das Interview, wissen Sie, für die Nahaufnahmen – sehr nahe, so daß wir uns fast mit den Nasenspitzen berührten. Wir hatten daran gearbeitet, und ich war so etwas überhaupt nicht gewöhnt. Ich war wohl ein wenig steif. Und er wollte mich auflockern. Urplötzlich beugte Bill sich vor, und dann *gab er mir einen Kuß*! Nun ja, wissen Sie, von *ihm* lasse ich es mir gefallen, aber von keinem anderen.«

Solche spontanen Gefühlsregungen waren für Shatner nichts Ungewöhnliches. Als das Repertoiretheater in Ottawa, für das er damals arbeitete, einmal eine Party feierte, empfand Shatner plötzlich den Zwang, zum indischen Botschafter hinüberzugehen und ihn in die Wange zu kneifen! Später erklärte er, daß der Botschafter so vollkommene runde, braune Wangen hatte, daß er sie einfach zwicken mußte. Shatners Gefühle – seien sie nun gut oder schlecht, freundlich oder abweisend – bewegen sich immer sehr dicht unter der Oberfläche.

Ein Teil der Ausstrahlung von Captain Kirk ist darauf zurückzuführen, daß Shatner diese Figur mit einer Offenheit und einem Repertoire von Gefühlen ausstattete, die nie zuvor mit heldenhaften Charakteren in Verbindung gebracht wurden. Die beliebtesten männlichen Helden jener Zeit – James Arness, Gary Cooper, Gregory Peck oder John Wayne – waren allesamt starke, schweigsame und stoische Männer. Shatners Figur jedoch enthüllte ihre tiefsten Empfindungen und lebte von ihren Gefühlen. Der Kontrast zwischen Captain Kirks emotionaler Offenheit und der zurückhaltenden Logik seines ersten Offiziers Spock machte *Star Trek* zu einer wöchentlichen Abhandlung über die Rolle des Gefühls im idealen Menschen.

Es war jedoch unsere wissenschaftliche Diskussion auf dem Rücksitz des Autos, die uns in die richtige Stimmung für unseren Besuch im technischen Zentrum der COMSAT brachte. Es war in einem vierstöckigen gelben Ziegelgebäude untergebracht, das sich nur dadurch von den anderen Häusern in der Umgebung unterschied, daß verschiedene merkwürdig geformte Antennen und Satellitenschüsseln auf dem Dach angebracht waren. Die vielen kleinen Büros im Inneren waren mit Computerterminals und elektronischer Ausrüstung vollgestopft.

Dr. Billingham wartete im Büro eines Freundes auf uns. Billingham war ein schlanker, vornehm aussehender Mann mit gepflegtem grauen Haar. Sein leichter britischer Akzent verlieh ihm eine natürliche Höflichkeit und Freundlichkeit. Als Leiter der Abteilung für Außerirdische Intelligenz der NASA war er für das Regierungsprojekt SETI (Search for Extraterrestrial Intelligence = ›Suche nach Außerirdischer Intelligenz‹) zuständig. Damals befanden sich die Arbeiten der NASA noch im Planungsstadium, und Dr. Billingham wollte einige Ideen umreißen, die die Weltraumbehörde für die Kommunikation mit außerirdischen Spezies entwickelt hatte.

Wir stiegen über eine breite Treppe bis zum Dach hinauf, wo Eddie seine Kamera neben der nächsten Satellitenschüssel aufbaute und einen weißen Reflektor entfaltete, der das harte Licht der Mittagssonne zerstreuen sollte. Shatner und Billingham bezogen neben der Satellitenschüssel Aufstellung und probten ihren knapp zwanzig Meter langen Spaziergang.

Als die Kamera lief, begann Billingham mit seinen Erklärungen zum SETI-Projekt, während die zwei Männer gelassen in Richtung Kamera schlenderten. Auf halbem Wege blieben sie stehen, worauf Billingham eine große, flache Schachtel öffnete, die künstlerische Entwürfe der verschiedenen Projekte enthielt. An dieser Stelle zoomte Eddie über ihre Schultern auf die Zeichnungen, während sie über die futuristischen Entwürfe sprachen.

Doch nun war im grellen Sonnenlicht deutlich Shatners langhaariges Toupet zu erkennen. Das schwarze Haarteil hob sich von seinen blonden Augenbrauen und der gelben Jacke ab, so daß er wie ein schlecht gekleideter Hippie aussah. Sein natürliches hellbraunes Haar hatte sich im Verlauf des vergangenen Jahrzehnts immer weiter zurückgezogen und eine kahle Stelle auf seiner Schädeldecke hinterlassen. Seine Bemühungen, sie zu kaschieren, wurden von seiner Unfähigkeit vereitelt, sich für einen Stil oder eine Farbe entscheiden zu können. Zu diesem Zeitpunkt trug er das längste Haarteil, das er jemals verwendet hat; das ungepflegte Aussehen und die dunkle Farbe waren äußerst auffällig.

Trotz des unschmeichelhaften Sonnenlichts schien Shatner sich auf dem hohen Flachdach des Gebäudes wohler als an irgendeinem anderen unserer Drehorte zu fühlen. Während er mit Dr. Billingham sprach, erinnerte ich mich an ein ganz anderes Interview, das wir ein paar Tage zuvor geführt hatten.

Wir waren in nördlicher Richtung am Hudson River entlanggefahren, bis wir die kleine Stadt Stony Point im Staat New York erreicht hatten. Dort hatten wir uns vor dem Rathaus aufgestellt, um zwei Polizisten zu interviewen. Im vorigen Monat hatte es in der Gegend mehrere UFO-Sichtungen gegeben, und ich hatte es arrangieren können, daß Shatner einige der Zeugen interviewte. Die zwei Polizisten hatten mehrere UFOs beobachtet, die über einem Kernkraftwerk in der Nähe schwebten.

Als wir kurz nach der Mittagszeit eintrafen, waren die Straßen des Städtchens wie ausgestorben. Trotzdem wirkte Shatner recht nervös. Er drängte sich dicht an die Polizisten, die vor einem geparkten Streifenwagen standen, und sprach in kurzen, abgehackten Sätzen. Seine Augen waren unruhig, als würde er nach jemandem Ausschau halten.

Zwei Häuserblocks weiter kamen drei Mädchen aus einer Eisdiele und blieben auf dem Gehweg stehen. Die Teenager sahen völlig harmlos aus, wie sie in ihren bunten, mit Blumenmustern bedruckten Kleidern dastanden und in aller Ruhe ihre Eistüten schleckten. Eins der Mädchen blickte neugierig zu uns herüber. Das war offenbar das Zeichen, auf das Shatner gewartet hatte.

»Vielen Dank«, sagte er plötzlich zu den überraschten Polizisten. Dann wandte er sich zu mir um und rief: »Nichts wie weg!«

Shatner sprintete zum Wagen, der ein paar Blocks weiter im Schatten parkte. Ohne den Grund für seine Panik zu kennen, rannte ich ihm hinterher. Er blickte sich immer wieder über die Schulter um, aber ich hatte keine Ahnung, was ihn so sehr beunruhigte. Als wir das Auto erreichten, bedeutete er mir, schnell einzusteigen, dann drehte er sich um und winkte Chuck und Eddie, uns zu folgen. Keiner wußte, was los war, aber sie bauten die Kameraausrüstung ab und liefen zu uns.

Shatner stieg in den Wagen und blickte aus dem Rückfenster. Die Mädchen standen immer noch auf dem Gehweg, schleckten ihr Eis und wunderten sich über die plötzliche Aufregung.

»Was ist los?« fragte ich.

»Haben Sie diese Mädchen nicht gesehen? Es hätte nicht viel gefehlt, und sie wären über uns hergefallen!«

Mein ungläubiger Gesichtsausdruck sprach für sich.

»Das ist kein Scherz!« betonte er. »Im Nu hätte es sich herumgesprochen, und dann wären wir von Hunderten kreischender Teenager belagert gewesen.«

Ich bezweifelte, daß es in dieser Stadt hundert Teenager gab, aber ich verstand, worüber Shatner sich Sorgen machte. Er hatte einige sehr unangenehme Erfahrungen mit seinen Fans gemacht. Er erzählte mir, wie sie sich an ihn geklammert, ihn mit ihren Fingernägeln zerkratzt und seine Kleidung zerrissen hatten. Als er einmal mit seinen Freunden in einem guten Restaurant gegessen hatte, war ihm eine völlig unbekannte Frau auf den Schoß gesprungen und hatte ihn umarmt. Solche Verhaltensweisen machten Shatner große Angst.

Außerdem war er davon überzeugt, daß ein kleiner Prozentsatz der ›Trekkies‹ daran glaubte, daß er wirklich Captain

Kirk von der *Enterprise* war. Er meinte, daß niemand vorhersehen konnte, wozu diese Leute imstande wären.

In der sicheren Abgeschiedenheit auf dem Dach des COMSAT-Gebäudes hatte Dr. Billingham gerade die letzte Zeichnung erläutert. Die meisten NASA-Pläne zeigten Radioteleskope mit einem Durchmesser von 100 bis 3000 Metern, die im Erdorbit gebaut werden sollten. Diese empfindlichen elektromagnetischen Ohren konnten Zivilisationen belauschen, die Tausende von Lichtjahren entfernt waren.

»Wie stehen Sie zu Spekulationen, daß wir längst Besuch von intelligentem Leben aus dem All erhalten haben?« fragte Shatner den Wissenschaftler.

»Raumsonden anderer Zivilisationen könnten in der Vergangenheit zu uns gelangt sein«, antwortete Billingham. »Leben existiert bereits seit vier Milliarden Jahren auf der Erde, und selbst wenn nur einmal in einer Milliarde Jahren eine Sonde zu uns käme, hätten wir schon viermal Besuch erhalten. Doch sofern kein außerordentlicher Glücksfall eingetreten ist, wäre jeder Hinweis auf solche Besuche inzwischen längst verschwunden.«

Erich von Däniken ist da anderer Meinung, dachte ich. Der Bestsellerautor würde darauf hinweisen, daß es überall um uns herum Zeichen gibt, die von Astronauten vergangener Zeiten hinterlassen wurden. Im Film kommentiert Shatner umfangreiches Filmmaterial, das solche Beweise präsentiert. Riesige humanoide Fußspuren wurden neben versteinerten Dinosaurierspuren in Texas, auf Java und in China gefunden. Brasilianische Indianer und die Hopis aus Arizona erzählen Legenden von Besuchern aus dem All in Raumanzügen. Höhlenmalereien in Australien, Neuguinea, Frankreich und Italien scheinen Außerirdische mit Raumhelmen darzustellen. Ein Steinrelief, das in den Ruinen der Maya-Stadt Palenque gefunden wurde, soll angeblich den Piloten eines außerirdischen Raumfahrzeugs zeigen. Durch eine unbekannte Kraft wurden riesige Steine in Großbritannien, Peru, Costa Rica und auf mehreren Inseln im Südpazifik zu seltsamen Mustern angeordnet.

Von Dänikens Neuinterpretationen archäologischer Entdeckungen lösten eine lebhafte Kontroverse aus. Es wäre für alle Beteiligten wesentlich einfacher gewesen, wenn die alten Astronauten nur einen Phaser oder einen Tricorder zurückgelassen hätten.

Nachdem das Billingham-Interview abgedreht war, zog Shatner sich in ein unbenutztes Büro zurück, um sich umzuziehen, während wir anderen uns vorbereiteten, zu unserem nächsten Drehort aufzubrechen.

Als Shatner sich am Wagen einfand, hatte er seine Sportjacke und seinen Rollkragenpullover gegen ein rotbraunes Wildlederhemd mit einem langen, spitzen Kragen eingetauscht. Er trug eine Goldkette unter seinem aufgeknöpften Hemd auf seiner freiliegenden Brustbehaarung. Er hatte offenbar mit einigen Kommentaren zu seinem neuen Look gerechnet, aber niemand wagte es, auch nur ein Wort zu sagen. Wir stiegen in den Wagen und fuhren zum Radioteleskop, um mein Interview zu drehen.

Die riesige schüsselförmige Antenne lag versteckt hinter einer dichten Baumgruppe auf einer ansonsten leeren Wiese. Wir mußten über eine lange Schotterstraße fahren, um sie zu erreichen. Es gab keinerlei Hinweisschilder oder sonstige Anzeichen auf das, was sich dort verbarg. Es schien ein recht merkwürdiger Ort für ein 30 Meter hohes Radioteleskop zu sein. Der einzige Hinweis, daß überhaupt jemand hier arbeitete, war ein abgesperrtes Ziegelgebäude unter der Schüsselkonstruktion. Wieder einmal bereiteten wir uns auf die Dreharbeiten vor.

Das Licht des späten Nachmittags war etwas schmeichelhafter, und Shatner sah in seinem ungezwungenen Outfit recht gut aus. Mit seinen fünfundvierzig Jahren schien er in ausgezeichneter körperlicher Verfassung zu sein. Es gab kein Anzeichen auf das Korsett, das er Gerüchten zufolge trug, doch seine kurzen Beine und kleinen Füße schienen kaum den kräftigen Brustkorb tragen zu können. Aus der Nähe wirkte Shatner durch seine langen Wimpern und die sanften haselnußbraunen Augen überraschend feminin.

Während wir langsam auf die Kamera zugingen, erzählte ich Shatner von meiner ersten UFO-Sichtung. Im Dezember 1969 machte ich mit zwei Freunden Skiurlaub in Innsbruck. Als wir über einen schmalen Grat der Nordkette glitten, stießen wir auf etwas, das wie ein metallisches Objekt aussah und vor einem großen Felsen in einer Schlucht etwa 80 Meter vor uns schwebte. Die leicht unruhige graue Scheibe schien in der Luft zu rotieren. Wir stiegen von unseren Skiern und liefen auf das Objekt zu, doch bevor wir es erreichen konnten, verschwand es spurlos vor unseren Augen. Es war, als hätte es sich von einem Moment zum anderen in Luft aufgelöst.

Bei diesem Objekt könnte es sich natürlich um eine optische Täuschung gehandelt haben, die durch eine Lichtspiegelung auf dem hellen Schnee in der dunkleren Schlucht verursacht wurde. Auf jeden Fall machte mich dieses Erlebnis neugierig, und ich begann viel Zeit in die Untersuchung von UFO-Berichten zu investieren.

Nachdem ich Shatner die Geschichte meiner ersten Begegnung mit einem UFO erzählt hatte, hielten wir einen Augenblick inne und verglichen Fotos von leuchtenden oder seltsam geformten Wolken, Linsenverzerrungen und anderen erklärbaren Phänomenen mit Fotos von tatsächlich nichtidentifizierbaren Flugobjekten. Ich war davon überzeugt, daß ein kleiner Prozentsatz von UFO-Berichten auf ein unbekanntes Phänomen zurückzuführen war, obwohl es keinen Beweis dafür gab, daß die Intelligenzen, die hier offensichtlich am Werk waren, uns besuchten, um die Welt zu retten oder sie gar zu zerstören.

Wenn überhaupt, dann deutete das beobachtete Verhalten der UFOs darauf hin, daß die Außerirdischen ganz andere Motive hatten, die überhaupt nicht mit den Bedürfnissen und

Zielen von Menschen zu vergleichen waren. Diese Ansicht war nicht das, was Shatner von mir erwartet hatte. Er suchte nach einem Hinweis, daß außerirdische Intelligenzen die Menschheit einem großartigen Experiment unterwarfen. Ich glaubte nicht daran, daß die Beweise für UFOs diesen Schluß zuließen, obwohl die Idee auf jeden Fall zu der Hypothese gehörte, nach der die Götter von den Sternen gekommen waren.

Shatner fand das, wonach er suchte, als wir Tompkins Cove besuchten, ein kleines Städtchen im Norden des Staates New York. Ich hatte dafür gesorgt, daß er ein Interview mit Dan Cetrone führen konnte, dem Leiter des dortigen parapsychologischen Forschungsinstituts.

Cetrone war ein ernster Mann mit rundem Gesicht und dichtem, lockigem Haar. Er leitete eine UFO-Forschungsgruppe, die fast fünfundzwanzig Sichtungen aus New York und Connecticut pro Woche untersuchte. Doch vor allem glaubte er daran, daß die Menschheit auf eine Begegnung mit derselben außerirdischen Spezies vorbereitet wurde, die auch schon in der Vorzeit die Erde besucht hatte.

»Was wird geschehen«, fragte Shatner ihn, »wenn die außerirdischen Astronauten zurückkehren, um Kontakt mit uns aufzunehmen?«

»Ich glaube, dann wird es einen Achten Tag der Schöpfung geben«, antwortete Cetrone. »Dann beginnt unsere nächste Entwicklungsstufe. Wir haben uns auf diesem Planeten so weit entwickelt, wie wir es aus eigener Kraft können, und jetzt brauchen wir Hilfe, um weiterzukommen.«

»Was halten Sie von der Möglichkeit, daß wir mental mit ihnen in Verbindung treten, durch Telepathie?« Shatner spielte vermutlich auf seine eigene UFO-Erfahrung an.

»Ich bin völlig davon überzeugt, daß die UFOs irgendwo landen werden«, antwortete Cetrone, »wo sie von Menschen begrüßt werden, die über die richtige Geisteshaltung verfügen und die richtigen Interessen haben.«

(Da war schon wieder der Ausdruck ›richtige Geisteshaltung‹. Handelte es sich dabei vielleicht um eine Art Parole für diese Leute?)

»Meinen Sie, daß es Menschen gibt, die auf diese Begegnung vorbereitet werden?« hakte Shatner nach. »Damit sie in der Lage sind, einen außerirdischen Besucher zu empfangen?« Ich bemerkte ein leichtes Zittern in seiner Stimme.

»Darauf kann ich Ihnen die konkrete Antwort geben«, sagte Cetrone, »daß *ich* auf die Geisteshaltung vorbereitet werde, die nötig ist, um einen außerirdischen Besucher zu empfangen. Konkreter geht es nicht.«

Das war es, was Shatner hatte hören wollen. Er wollte herausfinden, ob es Menschen gab, die auf den Kontakt mit Außerirdischen vorbereitet wurden.

Später verfolgte er dasselbe Thema noch einmal in einem Interview mit Dr. Richard Yinger, dem Leiter des Instituts für Exosoziologie in Lake Worth/Florida. Yingers Kopf war völlig kahl, und sein buschiger schwarzer Bart schien an seiner Brille mit Hornrand befestigt zu sein. Er sah in jeder Hinsicht wie ein intellektueller Eierkopf aus.

Yinger erzählte Shatner: »Ich denke, einige von uns sind im Leben an dem Punkt angelangt, wo unser Bewußtsein buchstäblich ein Niveau erreicht hat, auf dem der Unterschied zwischen uns und den Außerirdischen sehr, sehr gering geworden ist. Ich denke, solche Menschen spüren die Sympathie, die jemand projiziert, und durch diese Sensitivität könnten sie tatsächlich Botschaften empfangen. Ich habe derartige Empfindungen selbst sehr stark erlebt.«

Shatner schloß den Film mit der beunruhigenden Frage: »Werden wir vielleicht auf eine unerklärliche Weise von einer Intelligenz, die uns weit überlegen ist, auf unsere erste Begegnung mit außerirdischen Wesen vorbereitet? Denken Sie darüber nach! Werde *ich* auf diese Begegnung vorbereitet? Werden *Sie* vorbereitet?«

Für mich gibt es keinen Zweifel, daß Shatner glaubt, er gehöre zu einer Gruppe auserwählter Erdbewohner, die auf den Kontakt mit Außerirdischen vorbereitet werden.

In der Mitte der siebziger Jahre florierten Dutzende von Gruppen, die versprachen, Menschen die richtige Geisteshaltung beizubringen, um mit Außerirdischen in Verbindung treten zu können. Shatners Vorbereitung für diese ›richtige Geisteshaltung‹ bestand in seiner Verkörperung des Captain Kirk, der dorthin ging, wo noch nie ein Mensch gewesen war. Die Rolle erweiterte sein Bewußtsein und seine Phantasie und vermittelte ihm eine kosmische Perspektive. Während seines ganzen Lebens glaubte er, jemand Besonderer zu sein. Die Idee, zu einem der ›Auserwählten‹ dieses Planeten zu werden, wäre eine naheliegende Weiterentwicklung für diesen begabten und gleichzeitig egozentrischen Menschen.

Natürlich können der Ursprung von Shatners Glaube an kosmische Intelligenz und die Wurzeln seiner komplexen Persönlichkeit nur erschlossen werden, wenn wir in seine Kindheit zurückkreisen.

3
Toughy schlägt sich durch

Ich habe niemals diese Aufsässigkeit mitgemacht, diese
schwierige Pubertät des Heranwachsenden. Ich hatte niemals Pickel im Gesicht.
– William Shatner über seine Teenagerzeit

Der kräftig gebaute frankokanadische Farmer hörte die Jun-
genbande, die über sein Feld tobte, und als er sie erreichte,
war er fuchsteufelswild. Er lief auf sie zu, schwenkte seine
Karotten und setzte ihnen nach wie ein wütender Bulle, worauf die Jungen über die Zäune sprangen und sich wie der
Blitz aus dem Staub machten. Doch ein kleiner Junge schaffte
es nicht mehr rechtzeitig. Der Farmer griff nach seinem zer-
zausten braunen Haar, das ihm entglitt, und trat ihm dann
mit aller Kraft in den Hintern. Die Stahlkappe auf der Stie-
felspitze des Mannes traf genau gegen das untere Ende der
Wirbelsäule des Jungen und verursachte ihm einen höllischen
Schmerz.

William Shatner verzieht heute noch das Gesicht, wenn er
sich an diesen Zwischenfall erinnert. Er spürt den Schmerz
noch genauso, als wäre es gestern geschehen. Nach seiner Beschreibung war es schlimmer als ein Tritt in die Hoden, weil
der Schmerz länger anhielt. Der junge Shatner sollte niemals
vergessen, wie sich ein Tritt in den Hintern anfühlt, und niemand sollte ihm je wieder eine solche Schmach zufügen. Er
wuchs zu einem wahren Raufbold heran, einem starken, athletischen Typen, der sich von niemandem kleinkriegen ließ.
Irgendwann sollten sogar wilde Klingonen diese Entschlossenheit zu spüren bekommen.

William Shatner wuchs in einem großen Haus in der
Giruouard Street Nummer 4419 in der kanadischen Stadt
Montreal auf. Er wurde am 22. März 1931 als Kind einer

jüdischen Familie der oberen Mittelklasse geboren, und er teilte sich die Fürsorge seiner Eltern mit zwei älteren Schwestern namens Joy und Farla. Sein Vater Joseph arbeitete im Bekleidungsgeschäft der Familie, der Admiration Clothing Company. Die Aufgaben seiner Mutter Anne beschränkten sich auf den Haushalt und die Nachbarschaft.

Die Beziehung der Kinder zu ihren Eltern war von Distanz und Respekt geprägt. Die Shatner-Kinder wurden gut versorgt, aber wie in so vielen Familien jener Zeit wollte man sie nur sehen, aber nicht hören. Shatner erinnert sich, daß sogar die Mahlzeiten, die seine Mutter kochte, dazu dienten, die Kinder stillzuhalten.

»Meine Mutter machte oft diese Mazoth-Klöße. Sie waren fest zusammengebacken, unzerstörbar und köstlich. Wenn man einen gegessen hatte, lag er so schwer im Magen, daß man sich kaum noch von der Stelle rühren konnte.«

Dennoch brauchte der lebhafte Shatner-Sohn ein wenig länger als seine Schwestern, um zu lernen, sich zu zügeln. Der kleine Billy schien ständig nur Ärger zu machen. Selbst mit seinen Spielen kam er immer wieder den Erwachsenen in die Quere, weil die Fantasie des Jungen in Konflikt mit der profanen Welt der konservativen Stadt in der Provinz Quebec geriet. Die Farmer in der Umgebung waren ständig auf der Hut vor diesem ›Shatner-Jungen‹, für den ihre Felder unwiderstehlich waren. Manchmal entdeckten sie ihn, wie er ihre Ernte zertrampelte, während er zusammen mit anderen Jungen durch die Gegend rannte oder ganz allein unsichtbare Spielgefährten jagte.

Neben den Fußtritten der Farmer lernte Billy außerdem die Schläge des Gürtels seines Vaters kennen. Einmal benutzte der Junge eine Laubsäge, die er als Geschenk erhalten hatte, um die Beine eines teuren Eßtisches anzusägen, den sein Vater vor kurzem gekauft hatte. Während die Familie zu Abend aß, brach der Tisch plötzlich zusammen; das Essen und das Porzellan krachten zu Boden. Doch die Prügel, die er anschließend von seinem Vater erhielt, machten das Ereignis für ihn unvergeßlich. Joseph löste langsam seinen breiten Ledergürtel und sagte zu seinem Sohn: »Es wird mir mehr weh tun als dir.« Billy lernte, daß diese Worte nicht unbedingt so gemeint waren, wie er damals dachte.

Zur Schonung seiner geröteten Hinterseite fand der Junge schon in jungen Jahren ein Ventil für seine übersprühende Fantasie. William Shatner entdeckte die Macht der Schauspielerei, als er sechs Jahre alt war. Es geschah 1937 im Sommerlager. Im Quebec der Depressionszeit war ein solches Lager kein entspanntes Freizeitvergnügen für privilegierte Kinder. Es bedeutete, daß etwa fünfzig Kinder mehrere Wochen auf einer richtigen Farm verbrachten, wo sie hart arbeiten mußten. Diese spezielle Farm gehörte Shatners Tante und lag in den Laurentian Mountains, knapp 150 Kilometer nördlich von Montreal.

An jedem Sonntag führten die Kinder ein Stück für die Eltern auf, die zu Besuch kamen. In einer dieser Vorführungen wurde Billy erwählt, einen kleinen jüdischen Jungen im Deutschland der Nazizeit zu spielen. Um der Verfolgung zu entkommen, gab die Familie des Kindes ihr Heim auf, wobei der kleine Junge auch seinen Hund zurücklassen mußte, der von einem anderen Jungen aus dem Sommerlager gespielt wurde. Bei der Szene, in der Billy sich von seinem Hund verabschiedete, traten ihm Tränen in die Augen, und er begann zu weinen. Das Publikum war tief gerührt von der Darstellung der großen Opfer, die ihren Freunden und Familien im Deutschland jener Zeit abverlangt wurden. Viele taten es dem Jungen gleich und schluchzten in aller Öffentlichkeit.

Was das Publikum nicht wußte, war die Tatsache, daß der kleine Billy in Wirklichkeit deshalb weinte, weil er gerne einen eigenen Hund gehabt hätte und nicht weil er ein tiefes Verständnis für die Ereignisse im fernen Europa gehabt hätte. Er wollte einfach nur einen kleinen Hund, doch seine Eltern hätten es ihm niemals erlaubt.

»Ich erinnere mich nur daran, daß alle ständig versuchten, mich von meinem Wunsch nach einem Hund abzubringen«, sagte Shatner viele Jahre später. »Ich habe immer einen Hund gewollt, doch meine Eltern argumentierten damit, daß ein Hund nur durch die dreckigen Straßen von Montreal laufen würde, um dann ins Haus zu kommen und den Teppich und die Möbel zu verschmutzen. Sie sagten, ich könnte gern ein Schaukelpferd haben, aber keinen Hund. Nachdem ich jetzt erwachsen bin, habe ich viele Hunde. Ich züchte sie – Dobermänner –, und ich erinnere mich noch genau, wie ich als Kind auf der Bühne rief: ›Laßt mir meinen Hund! Nehmt ihn nicht fort!‹

Ich wußte gar nicht, welche Bedeutung das Stück eigentlich hatte. Am Schluß blickte ich auf und sah, daß alle Leute weinten. In diesem Augenblick hatte ich meine Fähigkeit erkannt, die Gefühle anderer Menschen zu beeinflussen. Also interessierte ich mich von da an nur noch für die Schauspielerei.«

Ein sechsjähriger Mime

William Shatners Entdeckung der Technik des Method-Acting im zarten Alter von sechs Jahren verschaffte ihm einen großen Vorsprung gegenüber anderen Kinderdarstellern. Zwei Jahre später erfolgte sein professionelles Theaterdebüt als Tom Sawyer am Montreal Children's Theater. In den nächsten fünf Jahren trat er an jedem Wochenende in einem Kinderstück des populären Theaters auf. Er spielte außerdem jedes Jahr in einer anspruchsvolleren Produktion, die viele Familien aus der ganzen Provinz anlockte.

Als er zehn war, begann er für das Radio zu arbeiten, und zwar für die Canadian Broadcasting Corporation. Das *Montreal Radio Fairytale Theater* war eine wöchentliche Livesendung, in der Shatner die Rollen von Märchenhelden sprach. Er blieb beim Ensemble, bis er dreizehn wurde.

Während seiner Kindheit spielte Shatner weiterhin im Sommerlager, das sich meistens auf einer frankokanadischen Farm im Norden von Montreal befand. Obwohl sich dort zwischen vierzig und hundert Kinder aufhielten und er gewöhnlich von einer älteren Schwester begleitet wurde, hatte er immer wieder Heimweh. Sein einziger Trost waren die körperlichen Anforderungen des Lebens auf der Farm – die Kühe zweimal täglich zu melken oder das Schlachten der Schweine zu beobachten. Man sorgte dafür, daß das Blut der Tiere langsam auslief und aufgefangen wurde, weil Blutsuppe eine Delikatesse für die frankokanadischen Farmer darstellte.

Daneben blieb noch genügend Zeit für traditionellere Sommerlageraktivitäten, die sich auf die Brachen und Flüsse in der Nähe erstreckten. Shatner tat sich vor allem beim Schwimmen hervor und wurde zum Boxchampion im Wettkampf mit anderen Jungen. Der junge Billy wurde schließlich zum Sprecher des Lagers ernannt, und seine improvisierten Vorführungen am Lagerfeuer wurden zur Legende.

Eine der beliebtesten Lagerfeuerrollen Shatners war der verrückte Wissenschaftler. Als er im November 1989 als Ehrengast in der Fernsehshow *This Is Your Life* auftrat, überredete ihn der Gastgeber Michael Aspel dazu, die Rolle noch einmal zu spielen, komplett mit Kostüm und Kulisse. Tausende von Zuschauern wurden Zeuge der Wiedergeburt einer Figur, die Shatner als Teenager im Sommerlager geschaffen hatte.

Insgesamt hatten die Sommerlager einen größeren Einfluß auf Shatners Leben als die Schulen, die er besuchte. Es war im Lager gewesen, wo er lernte, daß sein schauspielerisches Talent und sein athletisches Können die Aufmerksamkeit und Bewunderung der Menschen auf sich zog. Im Rückblick scheint es fast, als ob er sein ganzes Leben der Entwicklung dieser zwei Talente gewidmet hat. Als Teenager beschäftigte er sich gleichzeitig und unablässig mit der Schauspielerei und dem Sport, als gäbe es nichts Wichtigeres für ihn.

Gefühl und Härte

Der junge Shatner versuchte einen Weg zu finden, wie er seine Begeisterung für die Schauspielerei und den Sport mit den normalen Aktivitäten und Problemen eines Jugendlichen ins Gleichgewicht bringen konnte. Wie die meisten Teenager wollte er beliebt sein, verhielt sich aber sehr schüchtern gegenüber Mädchen. Er nahm niemals an einem Schülerball teil und hatte auch nie eine feste Freundin. Es gab keinen Jugendschwarm für William Shatner. An der West Hill High School hielten seine Klassenkameraden ihn für einen sehr ehrgeizigen und dynamischen Jungen, dem allerdings leicht die Sicherung durchbrannte.

Für Shatner standen Gefühle immer an erster Stelle, und er war bereit, sich sofort gegen herabsetzende Bemerkungen zu verteidigen. Die meisten Schüler an der West Hill High School waren römisch-katholisch, und es gab einen harten antisemitischen Kern an der Schule. Dadurch wurde Shatner in viele Prügeleien verwickelt, manchmal mit zwei oder drei Jungen gleichzeitig. Nachdem sie ihren großtuerischen Klassenkameraden einige Semester lang geärgert hatten, verliehen sie ihm schließlich den Spitznamen ›Toughy‹ (›Harter Kerl‹) – und sie lernten, ihre Zunge im Zaum zu halten, wenn er in der Nähe war.

Während Toughy die Aufmerksamkeit genoß, die ihm durch seine Arbeit für das Radio und die Bühne zuteil wurde, fand er gleichzeitig Gefallen an der körperlichen Herausforderung des Sports. Er kämpfte im Ringerteam und nahm an den Aktivitäten des Ski-Clubs teil. Er trat der Football-Mannschaft bei und wurde zum Letterman der Schulauswahl ernannt, auch wenn er an jüdischen Feiertagen nicht an Veranstaltungen teilnehmen konnte. Einmal verlor er seine Stellung im Team, weil er nicht bei einer Sitzung anwesend war, in der die Mitglieder der ersten und zweiten Mannschaft gewählt wurden.

»Ich war etwas klein für eine Karriere als Profi-Footballer«, gab der Spieler mit der Nummer 45 später zu, »aber ich war fies.«

Doch seine leidenschaftlichen Interessen für Theater und Sport vertrugen sich nicht immer miteinander. Seine Schauspielerfreunde bezeichneten ihn als ›Kraftprotz‹, während seine Sportkameraden ihn wegen seines ›tuntigen‹ Verhaltens auf der Bühne verspotteten. Dieser Konflikt wurde zum zentralen Problem seiner Jugendzeit und trug zweifellos zur egoistischen Fassade bei, die zum hervorstechendsten Charakterzug seiner Persönlichkeit als Erwachsener wurde.

Shatners Lieblingsdrama an der High-School war Clifford Odets' *Golden Boy*. Er identifizierte sich sehr stark mit dem Protagonisten, einem Jungen, der zwischen seinen zwei Leidenschaften, dem Boxen und der Violine, hin und her gerissen wurde. Shatner empfand die gleiche Spannung zwischen dem Sport und der Schauspielerei, und er sprach oft davon, er habe das Gefühl gehabt, an der High-School mit ›einem Violinkasten in der Turnhalle‹ erwischt worden zu sein.

»Ich hatte den Ehrgeiz, ein Football-Spieler zu werden, und gleichzeitig wollte ich Theater spielen«, sagte er zu einem Interviewer. »Dadurch wurde ich in zwei verschiedene Richtungen gezerrt. Schauspieler spielen nicht Football, und Football-Spieler halten die Schauspieler für Tunten.«

Selbst als Erwachsener hatte er immer wieder Probleme, Zeit für die Bühne und den Sport zu finden, obwohl er beides niemals vernachlässigte. Ständig trainierte er seinen Körper, um für neue Rollen in Bestform zu sein, und wenn er einen Film drehte, suchte er lieber die Gesellschaft der Stuntmen statt die seiner Schauspielerkollegen.

Toughy ließ sich an der High-School nicht unterkriegen und machte 1948 seinen Abschluß. Im Jahrbuch seiner Abgangsklasse schrieb er, daß es sein Lebensziel sei, Schauspieler zu werden. Seine Eltern jedoch waren immer davon ausgegangen, daß die Schauspielleidenschaft ihres Sohnes nur ein jugendliches Hobby sei, genauso wie sein Interesse am Sport. Sie rechneten fest damit, daß er auf das Wirtschaftscollege gehen, ein geordnetes Leben beginnen und in ein paar Jahren im Bekleidungsgeschäft der Familie mitarbeiten würde.

In der Rolle des Geschäftsmannes

Aus Gehorsam gegenüber den Wünschen seiner Eltern schrieb Shatner sich am College of Commerce der McGill University in Montreal ein. Doch für die Kurse in Betriebswirtschaft und Buchhaltung, die auf seinem Stundenplan standen, zeigte er nur wenig Interesse. Er schrieb die Notizen anderer Studenten ab und ließ sich nur selten in den Seminarräumen blicken, außer wenn Prüfungen abgehalten wurden. Er widmete seinen Studien nur so viel Zeit, um nicht den Anschluß zu verlieren.

Der größte Teil seiner Energien floß in Theaterauftritte außerhalb der Universität und in die Produktion von Musicals für das Studententheater. Später schätzte er, daß er jeden Tag achtzehn Stunden als Produzent, Regisseur und Autor von Musicals arbeitete. Die wenige Zeit, die ihm daneben übrig blieb, nutzte er, um für die Canadian Broadcasting Corporation als Radiosprecher zu arbeiten. Mit dem Geld aus diesem Nebenverdienst konnte er seine Lehrbücher und die Studiengebühren bezahlen.

Shatner hat ein tiefes Mißtrauen gegenüber allem Akademischen, weil er daran glaubt, daß man nur durch unmittelbare Erfahrung etwas lernen kann – sozusagen aus dem Bauch. Er erhielt niemals eine reguläre Ausbildung als Schauspieler, denn er ist der Meinung, daß sich die Schauspielkunst nicht erlernen läßt wie ein anderer Beruf. Für Shatner ist die Schauspielerei die Kunst, einem Publikum Gefühlsreaktionen zu entlocken, und dies läßt sich nicht durch ein Lehrbuch vermitteln. Der Schauspielunterricht zerstört seiner Ansicht nach vielmehr jedes natürliche Talent, weil er sich zu sehr auf künstliche Techniken konzentriert. Erfahrung und Wagnis sind die Schlüssel zur Entwicklung von Charakter und echter Bühnenpräsenz.

Im Sinne dieser Überzeugungen suchte Shatner nach neuen Erfahrungen und Wagnissen, sooft sich ihm die Gelegenheit dazu bot. Im Alter von neunzehn Jahren unternahmen Shatner und acht Freunde einen strapaziösen zweiwöchigen Kanutrip, der sie vom Lake Champlain den Hudson River hinunter von Montreal nach New York führte. Dieses gefährliche Abenteuer brachte sie sogar ins amerikanische Fernsehen. Ein Jahr später nahm er sich drei Monate vom College frei und reiste per Anhalter durch die USA. Er überredete einen Freund, ihn zu begleiten, und mit 200 Dollar in den Taschen und einem Schild mit der Aufschrift ›Zwei McGill-Studenten auf USA-Reise‹ trampten sie von Toronto nach Washington und dann immer weiter westwärts bis nach Los Angeles. Von dort aus reisten sie in nördlicher Richtung bis Vancouver und kehrten über Chicago nach Montreal zurück.

In seinem ersten Jahr auf dem College verliebte Shatner sich in eine wunderschöne Kommilitonin. Doch kaum war ihre romantische Beziehung aufgeblüht, wurde auch schon klar, daß sie völlig unterschiedliche Erwartungen vom Leben hatten. Kurz nachdem Shatner ihr von seinem Traum erzählte, zu einem professionellen Schauspieler zu werden, verließ die praktisch eingestellte junge Dame das College, um einen Geschäftsmann zu heiraten und nach New York zu ziehen. Shatner erkannte, wie dumm es war, seine wahren Pläne vor seinen Eltern geheimzuhalten, und entschied, daß es nun an der Zeit war, ihnen zu beichten, daß er eine Karriere auf der Bühne anstrebte.

Der Vater tobte, weil sein Sohn all seine Pläne und Hoffnungen auf ein solides, erfolgreiches Leben zunichte machen wollte. Er bestand darauf, daß William nach dem College in das Familienunternehmen einstieg und seine kindischen Träume aufgab. Am Theater konnte man kein Geld verdienen, und Schauspieler genossen kein sehr hohes Ansehen. Die Wirtschaft stellt sich den Tatsachen des Lebens, sagte

sein Vater, und auf der Bühne wird nur gespielt. Der er-
bitterte Streit ging noch wochenlang weiter, doch Toughy
war nicht bereit, auch nur einen Zentimeter nachzugeben.

Eines Nachmittags saß Shatner senior auf dem Bett seines Sohnes und hörte zu, während Shatner junior hektisch auf und ab ging und zu erklären versuchte, warum
er Schauspieler werden wollte. Plötzlich erkannte er mit
tiefer Enttäuschung, daß sein Sohn durch nichts von seinen
Plänen abzubringen war. Darauf schlossen sie ein Abkom-
men: Wenn William nicht innerhalb von fünf Jahren ein
erfolgreicher Schauspieler geworden war, würde er nach
Hause zurückkehren und im Geschäft seines Vaters arbeiten.

In der Folgezeit gab Shatner alle Wirtschaftskurse außer
einem auf und konzentrierte sich darauf, sein Englisch und
seine Ausdrucksfähigkeiten zu verbessern. Er schrieb und
inszenierte ein College-Musical mit dem Titel *The Red, White,
and Blue Revue* (›Die rot-weiß-blaue Revue‹), das an der
Universität gut aufgenommen wurde und im ganzen Land
Aufmerksamkeit erregte. Shatner gelangte dadurch zu der
Erkenntnis, daß es die Autoren und Regisseure waren, die im
Theater den Ausschlag gaben. Die Schauspieler hatten lediglich Einfluß auf die Wirkung ihrer eigenen Rolle, während
die Autoren und Regisseure sich mit allen Aspekten aller
Rollen auseinandersetzen mußten.

»Es ist das, was man allgemein als das Rückgrat – oder
den Kern – einer Rolle bezeichnet«, sagte Shatner später
dazu. »Es ist das gleiche Verhältnis wie zwischen dem Thema
und dem Stück. Der Regissesur muß das Rückgrat – oder den
Kern – aller Rollen kennen und sich darum kümmern, wie die
Charaktere miteinander in Beziehungen oder Konflikte treten. Natürlich können sowohl die Schauspieler als auch der
Regissseur nur dann damit arbeiten, wenn der Autor diese
Beziehungen ins Stück eingebunden hat. Als Autor wußte ich
durch meine Erfahrung als Schauspieler, was meine Stücke

benötigen, damit sie für die Menschen, die sie inszenieren und spielen, lebendig werden, damit sie schließlich auch für das Publikum lebendig werden.«

Während seines ganzen weiteren Lebens wollte Shatner nicht nur Schauspieler, sondern auch Autor und Regisseur sein. Leider geriet sein Ehrgeiz, wirklich alles machen zu wollen, oft in Konflikt mit den Autoren und Regisseuren, mit denen er zusammenarbeitete. Daß er schließlich in erster Linie Schauspieler wurde, liegt einfach daran, daß sein Talent zum Spielen größer ist als zum Schreiben oder Inszenieren. Doch das hielt ihn natürlich nicht davon ab, es trotzdem zu versuchen.

Shatner machte seinen Abschluß an der McGill University im Jahr 1952, und zwar mit dem Bachelor of Arts in Betriebswirtschaft. Anschließend suchte er sofort einen Job am Theater, doch das einzige, was er fand, war eine Position als Verwaltungsdirektor des Mountain Playhouse, eines Sommertheaters in Montreal. Shatner hatte am College kaum etwas über Buchhaltung und Verwaltung gelernt, und er erwies sich als katastrophaler Geschäftsführer. Er verlor den Überblick über die Finanzen, den Kartenverkauf und jegliche Organisation. Er bat immer wieder darum, man solle ihm eine Chance als Schauspieler geben, und aus purer Verzweiflung ließen die Besitzer des Theaters ihn schließlich vorsprechen.

Es wurde sofort klar, daß Shatner sich viel besser zum Schauspieler als zum Verwaltungsdirektor eignete, und endlich machte er sich für das Mountain Playhouse bezahlt, wenn auch auf andere Weise, als man erwartet hatte. Shatners Talent als Schauspieler bewahrte ihn vor dem Rauswurf. Am Ende des ersten Sommers war der Produzent so beeindruckt, das er Shatner an das Nationaltheater in Ottawa weiterempfahl.

Das Canadian National Repertory Theater in Ottawa bot Shatner 31 Dollar pro Woche an, um als stellvertretender Geschäftsführer zu arbeiten. Doch kurz darauf erkannte man auch dort, daß der neue Angestellte mehr Zeit auf der Bühne als in seinem Büro verbringen würde. Obwohl er hauptsächlich Kinder- und Jugendrollen spielte, trat er in erfolgreichen Produktionen wie *Skylark, Castle in the Air, Nightmare Abbey* und *Mr. Bolfry* auf.

In Ottawa lebte Shatner zum ersten Mal in seinem Leben allein. Während der eiskalten Wintermonate konnte man ihn oft beim Eislauf auf dem 80 Kilometer langen Rideau-Kanal beobachten, der die ganze Stadt durchzieht. Zu anderen Zeiten unternahm er lange nächtliche Spaziergänge.

Während eines solchen Spaziergangs hatte er einmal große Selbstzweifel und überlegte, ob er das Theater aufgeben und ins Geschäft seines Vaters zurückkehren sollte. Dann hielt er einen Augenblick inne, um den Weihnachtsliedern zuzuhören, die vor dem Peace Tower in der Nähe des Kapitols gesungen wurden. Und als er dort allein in Schnee und Kälte stand, traf er den unwiderruflichen Entschluß, daß es für ihn das Wichtigste sei, ein großer Schauspieler zu werden. Es bedeute ihm mehr als Geld, mehr als alles andere auf der Welt.

»Diese fünf Jahre in Kanada«, sagte er später in einem Interview zu Robin Leach, »waren Hungerjahre. Ich mußte auf durchgelegenen Matratzen in Dachkammern schlafen und zwei Dollar zusammensparen, wenn ich essen wollte, indem ich meine Kleidung nicht zum Waschen gab. Die Zeit, in der ich hungerte und kein Geld hatte, ist immer noch in meinem Hinterkopf. Ich habe mein Lehrgeld als Schauspieler bezahlt, indem ich mich allmählich nach oben kämpfte.«

Sein spärliches Einkommen wurde fast vollständig von der Miete aufgezehrt, und er erfuhr, was es bedeutete, ein junger Schauspieler zu sein, der am Hungertuch nagt. Seine häufigste Mahlzeit, oft zweimal am Tag, war der Fruchtsalat für siebenundzwanzig Cent, den es am Mittagsbuffet bei Woolworth gab. Bis zum heutigen Tag kann Shatner Fruchtsalat nicht ausstehen. Doch im Lärm und im Treiben des Kaufhauses übte Shatner seine Texte.

Seinen Schauspielerkollegen ging es nicht besser. »Sie muß-ten sich sogar selbst ihren Schnaps brauen, und ich war der offizielle Vorkoster«, gestand Shatner später. »Das Komische daran ist, daß ich überhaupt nicht trinke. Wenn die Mix-tur mich umwarf, wußten sie, daß das Saufgelage beginnen konnte.«

Shatner ging mit dem Canadian Repertory Theater auf Gastspielreise und verbrachte die Sommermonate beim Mountain Playhouse. Es war ein hartes Leben, aber er er-hielt gute Kritiken, und das war bereits genug, um ihm die Kraft zum Weitermachen zu geben. Als sein Vater ihn auf-forderte, nach Hause zu kommen und so lange zu bleiben, bis er wieder auf die Beine gekommen war, lehnte Shatner ab. Widerstrebend mußte sein Vater einsehen, daß William nie mehr nach Hause kommen würde. Also suchte er sich außerhalb der Familie einen jungen Mann, der ihm im Be-kleidungsgeschäft half. Als sein Vater fünfzehn Jahre später starb, übernahm der Fremde das Familienunternehmen.

»Diese Zeit war die reinste Hölle«, sagte Shatner später. »Ich habe sie durchgestanden, weil ich von einem Traum ge-führt wurde. Ich hoffte, ein genauso guter Schauspieler wie Laurence Olivier zu werden.« Das war ein sehr hohes Ziel für jeden Schauspieler, doch der junge und unerfahrene Kanadier war fest entschlossen, sich dieser Herausforderung zu stellen.

Vom Geschäftsmann zum Shakespeare-Mimen

1953 erhielt Shatner das Angebot, jugendliche Rollen beim neu gegründeten Stratford Shakespearean Festival in Ontario zu spielen. Die ungewöhnliche Freilichtbühne dieses Festivals war eine schüsselförmige Mulde im Boden, die von einem rie-sigen Zelt überspannt wurde und Platz für 2000 Zuschauer bot. Die Veranstaltung stand unter der Schirmherrschaft von Sir Tyrone Guthrie, der zu den angesehensten Theaterregisseuren der Welt gehört. Obwohl Shatner dort nur 80 Dollar pro Woche verdienen sollte, war es eine großartige Chance für ihn. Als Guthrie den jungen Schauspieler zum ersten Mal bei einer Probe sah, sprang er applaudierend von seinem Sitz auf, ging auf die Bühne und schüttelte ihm die Hand. Er wurde zu Shatners Mentor und versprach dem jungen Schauspieler, daß er zu einem ›zweiten Laurence Olivier‹ werden könnte, wenn er sich nur genügend anstrengte. Mehr wollte der ehrgeizige junge Bursche gar nicht hören.

Und er strengte sich an. Shatner bewältigte fast einhundert Rollen in sechzig Stücken und stieg vom Nebendarsteller zum Hauptdarsteller auf. Seine erste große Rolle erhielt er im Juni 1954 in der Festivalaufführung von Shakespeares *Measure for Measure*. In der bitterbösen Komödie über die Sitten und Justiz im alten Wien spielte er einen jungen Edelmann. Die Hauptrolle übernahm James Mason. Im Juli spielte Shatner an der Seite von Robert Goodier den Lucentio in Shakespeares Komödie über den Krieg der Geschlechter – *The Taming of the Shrew*. Im August stand er für die unsterbliche Tragödie *Oedipus Rex* von Sophokles im Chor auf der Bühne des Festivals.

Über Shatners Rolle im *The Merchant of Venice*, der im Juli 1955 vom angesehenen Festival aufgeführt wurde, schrieb die New York Times: ›Als Gratiano verfügt William Shatner über eine jungenhafte Großtuerei, der in erfrischendem Gegensatz zu anderen Rollen steht.‹ Bewertungen wie diese bestätigten Shatners Überzeugung, daß er sogar in kleinen Rollen die Aufmerksamkeit der Kritiker und des Publikums erregen konnte, wenn er eine beherrschende Bühnenpräsenz entwickelte. Er legte eine fast manische Vorliebe für die Bühnenmitte an den Tag, womit er in den folgenden Jahren immer wieder Produzenten und Regisseure irritierte, die mit ihm arbeiteten, sei es nun im Theater oder beim Film.

Im selben Sommer spielte Shatner den Lucius in *Julius Caesar* und trat erneut im Chor von *Oedipus Rex* auf, doch seine bedeutendste Rolle war die des Usumcasane in Christopher Marlowes *Tamburlaine the Great*, denn durch diese Rolle kam Shatner sechs Monate später an den Broadway.

Die Aufführung von *Tamburlaine* durch das Ensemble des Stratford Shakespearean Festival hatte am 19. Januar 1956 im Winter Garden Theater in New York Premiere. Das Stück handelt von den blutigen Eroberungen des Königs von Persien und seinen unzuverlässigen Bündnissen mit der Türkei und Ägypten. Es enthält sehr viel Handlung – die meisten Szenen stellen heftige Kämpfe, Morde und Folterungen dar –, daneben primitive Gesänge und eine bewegende Begleitmusik. Anthony Quayle spielte den König Tamburlaine, und Shatner war in der zweiten männlichen Hauptrolle zu sehen. Das Stück lief einundzwanzig Wochen und erhielt gute Kritiken.

Tamburlaine war Shatners Einstieg in das Theaterleben am Broadway, das er in vollen Zügen genoß. Er besuchte offizielle Empfänge anderer Theatergruppen, ging auf private Partys und machte einige wichtige Bekanntschaften. Obwohl Shatners Hauptaufgabe im Stück darin bestand, die Sänfte von Anthony Quayle zu tragen, wußte der junge Schauspieler, wie er alles aus dieser Rolle herausholen konnte.

Ein Talentsucher von Twentieth Century Fox kam nach der Vorstellung hinter die Bühne und bot Shatner einen exklusiven Filmvertrag für sieben Jahre an. Das Anfangsgehalt sollte 500 Dollar pro Woche betragen. Genau in diesem Augenblick trat ein Fremder vor, ein Mann, den Shatner nie zuvor und auch seitdem nie wieder gesehen hatte. Er sagte nur: »Unterschreiben Sie auf keinen Fall diesen Vertrag – vertrauen Sie mir!« Darauf drehte sich der Mann um und verschwand wieder. Shatner wußte nicht, was er von diesem merkwürdigen Auftritt halten sollte.

Er machte einen Termin mit dem Talentsucher und beauftragte einen Vetter, der vor kurzem sein Juraexamen bestanden hatte, ihn zu vertreten. Doch als Shatner sich im

Büro der Twentieth Century Fox einfand, um den Vertrag zu unterschreiben, konnte er sich dazu nicht überwinden. Er konnte den Beteiligten auch nicht erklären, warum er plötzlich Bedenken hatte. Er behauptete einfach, daß er seinem Instinkt folgen mußte. Der einzige Vertrag, den Shatner in diesem Jahr unterschrieb, verpflichtete ihn zur Mitwirkung an einem Live-Fernsehspiel für die NBC-Reihe *Goodyear Playhouse*.

»Ich hatte immer noch den idealistischen Traum, ein Star vom Format Laurence Oliviers zu werden«, sagte er, als er Jahre später nach einer Erklärung suchte. »Ich wollte kein Hollywood-Schauspieler werden.«

Im folgenden Sommer kam es zu einem Zwischenfall, der die Karriere des jungen Schauspielers vielleicht noch einschneidender prägte, und zwar während einer Aufführung von *Henry V.* beim Shakespeare-Festival in Stratfort in Ontario. Shatner spielte die Rolle des Duke of Gloucester, aber er war gleichzeitig die zweite Besetzung für Christopher Plummers Hauptrolle. Eines Tages erlitt Plummer eine Nierenkolik und konnte nicht mehr spielen. Shatner, der die Rolle niemals geprobt hatte, wurde gebeten, den Part des erfahrenen Darstellers zu übernehmen.

»Ich war Plummers zweite Besetzung in *Henry V.*«, erinnerte sich Shatner, »als ich eines Abends kurz nach dem Beginn des Stücks für ihn weiterspielen mußte, ohne die Rolle je geprobt zu haben. Ich spielte vor 2300 Leuten, und zufällig war an jenem Abend eine Clique von Kritikern im Theater. Es war ein Stück, das ich mit niemandem einschließlich mir selbst geübt hatte. Ich kannte nicht mehr als den reinen Text.«

Shatner hatte keine Ahnung von den Bühnenpositionen der Rolle und mußte sich ohne Anleitung über die Bühne bewegen, obwohl es ihn instinktiv immer wieder zur Bühnenmitte zog. Doch viel schlimmer war, daß er plötzlich Schwierigkeiten hatte, sich an den Text zu erinnern. Überraschenderweise interpretierte das Publikum Shatners zögernden Vortrag und seine intuitive Bewegung auf der Bühne als schauspielerische Leistung mit großer Tiefe. Er erhielt tosenden Beifall. Sogar die anderen Darsteller und die Bühnenarbeiter applaudierten, und die Kritiker fielen in den Jubel ein.

Was eigentlich eine Katastrophe war, wurde somit zur Geburt eines dramatischen Stils, der zu Shatners Markenzeichen werden sollte. Er gewöhnte sich eine stakkatohafte Sprechweise an, und seine Bewegungen auf der Bühne wurden noch dramatischer als zuvor. Einige Kritiker verdammten seinen ungewöhnlichen Stil als krasse Übertreibung, doch Shatner war davon überzeugt, daß er auf dem richtigen Weg war. Später gelangte er sogar zu der Ansicht, daß detaillierte Proben gar nicht so wichtig waren, und unterstrich die Bedeutung der Spontaneität für seine gesamte Arbeit.

Fast vierzig Jahre später brachte der Komiker Kevin Pollak die Grundelemente von Shatners Stil auf den Punkt. Erstens: Man verleiht der Rolle viel größeres Gewicht, als eigentlich nötig ist. Dazu nimmt man eine Haltung absoluten Selbstvertrauens ein, streckt in selbstgerechter Empörung den Zeigefinger aus oder tritt einfach vor einem anderen ins Licht. Zweitens: Man läuft hektisch herum, um dann plötzlich in der Bühnenmitte zu erstarren. Man erhebt die Hände, um die dramatische Wirkung zu steigern. Drittens: Man darf niemals die Shatnerschen Pausen in den ungeeignetsten Momenten vergessen. Man zieht jedes Pronomen in die Länge, wartet zwei Herzschläge ab und beendet den Satz dann mit einem Trommelfeuer. Und man öffnet den Mund mindestens vier Sekunden lang, bevor man etwas Wichtiges sagt.

Shatners ungewöhnlicher Schauspielstil paßte gut in die Zeit, als er fünfundzwanzig Jahre alt war. Er entwickelte seine Technik in *The Merry Wives of Windsor*, *Cymbeline* und anderen Aufführungen der Stratford-Truppe weiter. Im Sommer 1956 erhielt er den Tyrone Guthrie Award als talentierter

Nachwuchsschauspieler und begleitete den berühmten Regisseur zum Shakespeare-Festival in Edinburgh, wo Shatner in *Henry V.* auftrat.

Doch die Lorbeeren stachelten Shatners Ehrgeiz nur weiter an. Er war fest entschlossen, nach New York zu gehen, wo soeben das Goldene Zeitalter des Live-Fernsehens begonnen hatte.

4
Ein Märchen, das nichts bedeutet

Ich halte mich an dem Gedanken fest, daß Toronto immer
da ist. Das ist mein Sicherheitsnetz.
– William Shatner über seine ›Notausgänge‹

Shatner hatte erkannt, wie wichtig seine Arbeit bei dem Stratford Shakespearean Festival für seine Karriere war. Er war
nach Toronto gezogen, um ständig in der Nähe des Ensembles zu sein. Diese Stadt war außerdem das Zentrum des kanadischen Fernsehens, das damals noch in den Kinderschu-
hen steckte, und Shatner nutzte die Gelegenheit, an Vertreter
der Canadian Broadcasting Corporation heranzutreten und
ihnen mehrere Fernsehspiele anzubieten, die er geschrieben
hatte, um sein Talent zu demonstrieren. Die Kritiken zu seinen Fernseharbeiten waren gut, und Shatner konnte sich in
Kanada einen Namen machen. Doch gleichzeitig fühlte er sich
sehr einsam.

»Ich erfuhr, wie schrecklich, erdrückend und lähmend
die Einsamkeit sein kann«, sagte er über seine Zeit in Toronto. »Die Angst davor hat mich seitdem ständig verfolgt.«

Als Shatner eines Tages von Montreal nach Toronto fuhr,
wäre er bei einem Verkehrsunfall beinahe ums Leben gekommen. Sein kleines Auto wurde von einem Lastwagen zur
Seite gedrängt und von der Straße in einen tiefen Schiffska-
nal geschleudert. Während sich der Wagen mit Wasser füllte,
war Shatner davon überzeugt, daß er ertrinken würde. Sein
ganzes Leben lief noch einmal vor seinem inneren Auge ab,
und plötzlich wurde ihm klar, daß er bislang noch gar nichts
Besonderes erreicht hatte. Eine Zeile aus *Macbeth* schoß ihm
durch den Kopf: ›Ein Märchen, erzählt von einem Dumm-
kopf ... das nichts bedeutet.‹

Als ihm das Wasser bis zur Brust gestiegen war, spürte er, wie etwas an seinem Arm zerrte. Der Lastwagenfahrer war in den Kanal gesprungen und hatte die Tür seines Autos aufgerissen. Eine Minute später saßen die zwei Männer am Ufer des Kanals und sahen zu, wie der Wagen langsam im trüben Wasser versank.

Diese Erfahrung veränderte Shatners Leben in zweierlei Hinsicht. Einerseits erkannte er, daß es Zeit war, sich eine Partnerin zu suchen, mit der er ein gemeinsames Leben führen konnte. Und andererseits wuchs nun seine Entschlossenheit, berühmt zu werden.

Shatner hatte während des Broadway-Gastspiels mit *Tamburlaine* Gloria Rosenberg kennengelernt, ein hübsches, jüdisches Mädchen, das genauso einsam wie er zu sein schien. Sie hatte große Schwierigkeiten gehabt, Arbeit als Schauspielerin zu finden. Ihr Künstlername war Gloria Rand, und während jener Zeit tanzte sie in der Chorus Line im Copacabana. Im April 1956 konnte Shatner es arrangieren, daß sie gemeinsam in *Dreams* auftraten, einem der Fernsehspiele, die er für das kanadische Fernsehen geschrieben hatte. Während sie eine Szene übten, in der die beiden sich ausgiebig küssen sollten, erkannte Shatner, wie sehr er sie liebte.

Sie heirateten am 12. August 1956, und Gloria begleitete ihren frischgebackenen Ehemann zum schottischen Shakespeare-Festival nach Edinburgh, wo Shatner einen gefeierten Auftritt in *Henry V.* hatte. Anschließend verbrachten die beiden ihre Flitterwochen in London und Paris.

Nachdem Shatner mit seiner Frau nach Kanada zurückgekehrt war, kam die Karriere des jungen Schauspielers in Schwung. Gloria hatte soeben eine Rolle als Schauspielerkönigin in der *Hamlet*-Aufführung beim Stratford-Festival erhalten, doch sie gab das Engagement wieder auf, um mit ihrem Ehemann nach New York zu gehen. Shatner war überzeugt, daß die einzige Möglichkeit, zu einem kommerziell erfolgreichen Schauspieler zu werden, darin bestand, in die USA zu ziehen.

Statt die 750 Dollar, die er als Stipendium von der Guthrie-Stiftung erhielt, wie vorgesehen zum Studieren in England zu verwenden, benutzte er das Geld dazu, um sich einen Haushalt im Stadtteil Jackson Heights in New York City einzurichten. Unverzüglich begann er mit dem Klinkenputzen, um sich Arbeit zu beschaffen.

Er stellte bald fest, daß sein Akzent auf dem amerikanischen Markt ein Nachteil war, und er strengte sich sehr an, um seinen kanadischen Tonfall restlos zu beseitigen. Shatner wurde jedoch nie amerikanischer Staatsbürger. Schließlich führte er seinen Erfolg in den USA sogar zum Teil darauf zurück, daß er aus Kanada stammte.

»Ich glaube, wir Kanadier haben ein natürliches Talent zum Schauspielen«, sagte er einmal zu einem Reporter, »weil wir sowohl über die englische Technik als auch über die amerikanische Ausdruckskraft verfügen. Für uns ist es ein großer Vorteil, genau zwischen den zwei Kulturen zu stehen.«

Ein weiterer Grund, warum sich Shatners Bemühungen bezahlt machten, bestand ganz einfach darin, daß er kein besseres Timing hätte wählen können. Er stieg zu Beginn des Goldenen Zeitalters des Fernsehens in die amerikanische Unterhaltungsindustrie ein, als der Großteil des gesendeten Programms aus Live-Produktionen bestand. Es gab ausreichend Arbeit für jeden, und im Verlauf des folgenden Jahrzehnts trat Shatner in fast hundert verschiedenen dramatischen Rollen im Fernsehen auf.

Shatners erster großer Fernsehauftritt in den Vereinigten Staaten erfolgte in der NBC-Reihe *Keiser Aluminium Hour*, und zwar in der Folge ›Mr. Finchley Faces the Bomb‹, die am 25. Sseptember 1956 live ausgestrahlt wurde. Zusammen mit Roddy McDowell war er im Dezember in ›Gwyneth‹, einer weiteren Folge dieser Reihe, zu sehen. Im Oktober spielte er mit seinem kanadischen Landsmann Raymond Massey in ›All Summer Long‹, einer Produktion des *Goodyear Theater*. Noch im selben Jahr hatte er außerdem einen Auftritt als Gegenspieler von Bert Lahr in ›School for Wives‹, die in der hochgelobten und werbeblockfreien Reihe *Omnibus* des Senders ABC ausgestrahlt wurde.

Im Januar 1957 war Shatner in einer weiteren *Omnibus* – Produktion zu sehen, und zwar mit Christopher Plummer in *Oedipus Rex*. Weiter wirkte er an vier Folgen von *Studio One* mit, der ebenso hochgeachteten dramatischen Anthologieserie von CBS. In diesem Jahr spielte Shatner auch noch den Bruder einer vor kurzem verstorbenen Jungfer in einer preisgekrönten Episode von *Alfred Hitchcock Presents* mit dem Titel ›The Glass Eye‹.

Die Kritiker waren von Shatners Leistungen begeistert und bedachten ihn mit solch schmeichelhaften Prädikaten wie ›Goldjunge des Fernsehens‹ oder ›das kanadische Wunderkind‹.

Im April jenes Jahres beschloß Shatner, eine Reise nach Hollywood zu machen und dort sein Glück zu probieren. Sein Treffen mit dem Produzenten Pandro Berman von MGM war kurz und angenehm. Der Filmmogul sah den jungen Schauspieler nur an und meinte dann zu seinem Assistenten: »Ja, das ist er.«

Jemand aus dem Besetzungsteam hatte Shatner in einem Live-Fernsehspiel gesehen und gemeint, daß er für eine Rolle als Partner von Claire Bloom in einem geplanten Film des Studios geeignet sein könnte. In den Köpfen der Hollywood-Produzenten schien sich Shatners kanadische Shakespeare-Erfahrung gut mit dem Hintergrund der britischen Schauspielerin zu vertragen. Also kam der kanadische Schauspieler zusammen mit Claire Bloom, Yul Brunner, Lee J. Cobb und Richard Basehart auf die Besetzungsliste von *The Brothers Karamasov*, der Verfilmung des monumentalen Dostojewski-Klassikers, in dem sich eine russische Familie aus dem neunzehnten Jahrhundert durch Gier und Leidenschaft gegenseitig zerstört.

Shatner und MGM einigten sich auf einen Vertrag über zwei Filme mit einer Gage von 100 000 Dollar. Er kaufte sich daraufhin einen Austin-Healey-Sportwagen und fuhr im Mai 1957 mit seiner Ehefrau von New York nach Hollywood. Beinahe hätte er sich ein großes Haus mit zwei Kaminen, einem Swimmingpool, einem gemauerten Grill und einem verglasten Wohnzimmer aufschwatzen lassen, doch sein Agent konnte ihn wieder von dieser Idee abbringen.

»Richte dich auf keinen Fall in Hollywood häuslich ein«, warnte er den werdenden Star. »Dann mußt du keine Rollen annehmen, die du gar nicht spielen willst, nur weil du die nächste Rate deiner Hypothek abzahlen mußt.«

Statt dessen ließen sich die Shatners in einer kleinen Wohnung für 125 Dollar pro Monat in Westwood Village nieder, einer Ansiedlung zwischen Beverly Hills und Los Angeles. Ihr Wohnzimmer ging auf eine Sonnenterrasse und einen gemeinschaftlich genutzten Swimmingpool hinaus. Hier erhielten sie die erste Kostprobe des südkalifornischen Lebensstils.

Shatners offizieller Lebenslauf, der von MGM im September dieses Jahres herausgegeben wurde, beschrieb ihn als ›5 Fuß 11 Zoll groß (= 180 cm), 150 Pfund schwer (= 68 kg), braunes Haar und blaue Augen‹. Selbst seine besten Freunde hätten ihn anhand dieser Angaben niemals wiedererkannt. In Wirklichkeit war Shatner mittelgroß und hatte durchschnittliches Gewicht, während sein dunkles Haar sich bereits lichtete und seine Augen haselnußbraun waren. Der MGM-Text entsprach viel eher dem fiktiven Idealtyp, den Berman im Sinn hatte, als er dem Schauspieler erstmals begegnete.

Shatner sollte den religiösen Karamasow-Bruder Alexi spielen, und es stellte sich heraus, daß Berman gut daran tat, seinem ersten Eindruck zu folgen. Shatners vergeistigte Verkörperung dieses Charakters wurde sehr gut aufgenommen. *Variety* schrieb dazu: ›William Shatner hat die schwierige Aufgabe, einen grundguten jungen Mann zu spielen, und er erfüllt sie mit großer Offenheit.‹ Die Kritiker betrachteten Shatner als erste Wahl, um in Tennessee Williams' *Cat on a Hot Tin Roof* an der Seite von Elizabeth Taylor zu spielen, obwohl die Rolle schließlich an Paul Newman ging.

Die verrückte Welt der Suzie Wong

Shatner war unruhig. Er wollte unbedingt der Hauptdarsteller in einer Produktion sein, die seine besonderen Talente demonstrierte, damit die Zuschauer mehr in ihm sahen als nur einen guten Nebendarsteller. Das, was er suchte, fand er in der Theaterfassung eines recht erfolgreichen Romans von Richard Mason. In *The World of Suzie Wong* geht es um das Leben von Robert Lomax, einem kanadischen Architekten, der sich ein Jahr freinimmt, um zu versuchen, seinen Lebensunterhalt als Künstler zu verdienen. Er packt Pinsel und Palette zusammen und reist nach Hongkong, wo er auf eine achtzehnjährige chinesische Prostituierte mit einem Herz aus Gold trifft.

Obwohl Suzie Wong bereits mit dreizehn Jahren als Prostituierte arbeiten mußte, hat sie sich eine innere Reinheit bewahrt, die ihre Liebe und Unschuld vor den körperlichen Ausschweifungen schützt. ›Drinnen – immer noch gut‹, so beschreibt sie es. Lomax kann seinem sexuellen Verlangen nach dem ungewöhnlichen Mädchen widerstehen und versucht statt dessen, Suzie durch eine platonische Freundschaft zu bessern. Doch über kurz oder lang verliebt Lomax sich doch in die Prostituierte, obwohl sich gleichzeitig die Tochter eines reichen Bankiers bemüht, ihn in eine respektablere Beziehung zu locken.

Shatner war tief beeindruckt von dieser Geschichte und wollte um jeden Preis die männliche Hauptrolle spielen. Er beauftragte seinen Agenten, seinen Filmvertrag zu lösen, der Shatner eine große Summe garantierte, ob er nun Arbeit erhielt oder nicht. Als sein Agent sich weigerte, ihn aus diesem angenehmen Arbeitsverhältnis zu befreien, feuerte Shatner ihn und engagierte einen Agenten mit weniger Erfahrung, der ihm versprach, es zu probieren. Überraschenderweise hatte der Agent überhaupt keine Schwierigkeiten, MGM dazu zu bringen, den jungen Star freizugeben. Das Studio steckte zu jener Zeit in einer Krise und hatte ohnehin keine neuen Projekte, die Shatners Vertragsbedingungen entsprachen.

Also kehrte Shatner mit siebenundzwanzig Jahren nach New York zurück und glaubte, unmittelbar vor dem Höhepunkt seiner Karriere zu stehen. Er sprach für die Rolle des Robert Lomax vor und erhielt keine fünfzehn Minuten später die Zusage.

Doch der Perfektionist geriet bald mit France Nuyen aneinander, die die weibliche Hauptrolle spielte. Die zwanzig Jahre alte Schauspielerin hatte einen ganz eigenen Stil entwickelt und wehrte Shatners Versuche ab, sie zu einer professionelleren und anmutigeren Darstellerin zu machen. Er warf ihr immer wieder vor, sie sei zu unerfahren und würde überhaupt nicht auf seine Vorschläge eingehen, so daß die Proben durch ihre heftigen Meinungsverschiedenheiten um Stunden verzögert wurden.

Shatner hatte sehr klare Vorstellungen, wie bestimmte Szenen gespielt werden sollten, und geriet deshalb auch mit anderen Schauspielern aneinander. Einmal kam es sogar zu einer Prügelei zwischen Toughy und seinem Kollegen Ron Randell. Offenbar beruhte das Mißverständnis auf Shatners Vorschlägen, wie Randell seine Rolle als Ben Jeffcoat gestalten sollte. Außerdem heißt es, daß Shatner seine zweite Besetzung, William Windom, wie den letzten Dreck behandelte. (Windom wurde schließlich zu einem vertrauten Gesicht in vielen Fernsehproduktionen, doch er hat Shatner niemals verziehen, obwohl die beiden später in einer Episode der zweiten Staffel von *Star Trek* noch einmal gemeinsam auftraten.)

Das Gezänk hinter den Kulissen wurde dem Regisseur Joshua Logan schließlich zuviel, so daß er das Handtuch warf und nicht mehr zu den Proben erschien. Als das Stück am 14. Oktober 1958 im Broadhurst Theater Premiere hatte, sprachen die Schauspieler außerhalb der Bühne nicht mehr miteinander und waren so erschöpft von ihrem Streit, daß die Aufführung jede Begeisterung vermissen ließ. Um das Maß voll zu machen, war Paul Osborns Stück so oft umgeschrieben worden, daß es nur noch wenig Ähnlichkeit mit der Romanvorlage aufwies. Die Zuschauer verließen mitten in der Vorführung reihenweise das Theater, und die intellektuellen Kritiker hatten endlich wieder eine Gelegenheit, sich in Verrissen zu ergehen.

So schrieb der *Herald Tribune*: ›Der männliche Held wird mit einem seltsamen melodramatischen Glanz und vielen tiefen Seufzern vom gewöhnlich bemerkenswerten kanadischen Schauspieler verkörpert.‹ Sechs weitere Kritiker waren der gleichen Meinung und bezeichneten seine Leistung als ›durchschnittlich‹ und ›hölzern‹.

»Jeder Abend war ein Alptraum«, erinnerte sich Shatner später. »Ich hatte fast einen Nervenzusammenbruch.«

Zum Glück hatte das Theater fast 1,5 Millionen Dollar durch den Abonnentenvorverkauf eingenommen, so daß genügend Geld vorhanden war, um das Stück weitere drei Monate laufen zu lassen. Shatner nutzte diese Gnadenfrist, um das dramatische Tempo auf der Bühne völlig umzustrukturieren. Obwohl er beinahe seine Stimme verlor und durch eine herabstürzende Kulisse verletzt wurde, ließ er keine einzige Vorstellung aus und gab der zweiten Besetzung niemals die Chance, seine Rolle zu übernehmen. Indem er seinen Text in unterschiedlichen Geschwindigkeiten sprach und mit dezenten Veränderungen in Stimmlage und Mimik unterstrich, verwandelte Shatner das Stück im Alleingang von einem schwülstigen Drama in eine unbeschwerte Romanze.

Ein Kritiker beschrieb das umgestaltete Bühnenstück als ›eine Mischung von Sex und Kitsch, eine spezielle Kost für Matinee-Damen, die ihre tränenüberströmten Kekse knabbern‹. Tatsächlich waren es eben jene rührseligen Matinee-Damen, die dem Stück schließlich zu einem großen Erfolg verhalfen. Die Karten verkauften sich durch Mundpropaganda, und *The World of Suzie Wong* lief 18 Monate lang mit 624 Vorstellungen. Shatner erhielt schließlich Auszeichnungen als bester Schauspieler von den Juroren der Theater World und der Theater Guild und heimste außerdem den Drama Circle Award ein.

Unmittelbar nachdem das Stück am Broadway abgesetzt war, begannen die Paramount Studios mit den Vorbereitungen zu einer Verfilmung. Man bot Joshua Logan die Regie und France Nuyen die Wiederaufnahme ihrer Rolle als Suzie Wong an. Shatner jedoch ging leer aus, und man engagierte statt dessen den Schauspieler William Holden, dessen Namen man für den besseren Publikumsmagneten hielt. Shatner konnte es einfach nicht fassen, daß er nicht für eine Rolle in Betracht gezogen wurde, an der er so hart gearbeitet hatte. Zu seinem Unglück sollte es jedoch noch häufiger geschehen, daß er eine begehrte Rolle an einen bekannteren Namen verlor.

Der Film *The World of Suzie Wong* war eine spektakuläre Produktion, die an Originalschauplätzen in Hongkong abgedreht wurde. Doch schon nach zwei Wochen stieg France Nuyen aus und kehrte in die USA zurück. Sie hatte gerüchteweise erfahren, daß ihr Liebhaber, der Filmstar Marlon Brando, eine Affäre hatte, während sie außer Landes war, so daß sie unverzüglich zurückflog, um die Zügel nicht schleifen zu lassen. Joshua Logan verließ die Produktion ein paar Tage später, und der neue Regissesur Richard Quine engagierte die chinesische Schauspielerin Nancy Kwan für die Titelrolle.

Doch Shatner sollte sich nicht so einfach von seiner Nemesis befreien. Nuyen spielte die arrogante Prinzessin, der Captain Kirk in der *Star-Trek*-Episode ›Elaan of Troyius‹ Anstand und Sitte beibringen will. Dieses Drehbuch brachte ihnen vieles wieder in Erinnerung, das die beiden während der Proben zu *Suzie Wong* durchgemacht hatten, und erwies sich für beide als kathartische Erfahrung. Später erklärte Shatner sich bereit, im Fernsehspiel *Horror at 37 000 Feet* von 1973 erneut mit Nuyen zusammenzuarbeiten, genauso wie ein Jahr später in einer Folge der Serie *Kung Fu*.

Ein Drahtseilakt zwischen New York und Hollywood

Kurz vor der Geburt ihrer Tochter Leslie Carol im August 1958 zogen die Shatners in ein kleineres Haus in Hastings-on-Hudson um, einer malerischen ländlichen Gemeinde nicht weit im Norden von New York. Shatner nahm daraufhin zunehmend das Gebaren eines Gutsherrn an. Er kaufte sich einen englischen Sportwagen, und man sah ihn meistens in einer schottischen Tweedjacke und Hosen aus Kammgarn. Er begann außerdem mit seiner Zucht von Dobermannpinschern, die er wegen ihres angriffslustigen Wesens schätzte. Manchmal wurden er und seine Frau von seinem Lieblingshund Dunhill in feine Restaurants begleitet, wo Shatner darauf bestand, daß das Tier an ihrem Tisch sitzen durfte.

Damals versuchte Shatner drei verschiedene Karrieren miteinander in Einklang zu bringen: auf der Bühne, auf der Leinwand und auf dem Fernsehbildschirm. An der Ostküste trat er im Theater und im Live-Fernsehen auf. An der Westküste machte er sich einen Namen beim Film und in Fernsehserien, die auf Film gedreht wurden. Er flog ständig hin und her, um seine Karriere in allen Bereichen voranzutreiben.

Im Mai 1958 hatte Shatner seine erste Westernrolle im Fernsehen, und zwar an der Seite von Lee Marvin in *Time of the Hanging*. Dann spielte er neben Rod Steiger den Rädelsführer eines Lynchmobs in ›A Town Has Burned to Dust‹ in der Reihe *Playhouse 90*. Die *New York Times* urteilte über diesen Auftritt: »Mr. Shatner gab eine der besten Leistungen seiner bisherigen Karriere ab. Er war die Verkörperung des Hasses und der blindwütigen körperlichen Leidenschaft. Sein detailliertes Porträt einer uneinsichtigen und bösen sozialen Gewalt war bemerkenswert.«

Im selben Jahr war er in drei Folgen der dramatischen Anthologiereihe *The U. S. Steel Hour* von CBS zu sehen. Die Episode ›Old Marshals Never Die‹ wurde besonders gut aufgenommen. Darin spielte er einen Marshal, der zwischen seinen

Verpflichtungen gegenüber der Stadt und seiner Familie hin und her gerissen wurde.

»Diesmal bin ich der gute Junge«, sagte Shatner über die Rolle. »Im Grunde ist es sogar ein Western, in dem wir alle gute Jungen sind. Die einzige Rolle, die ich im Fernsehen niemals gespielt habe, ist der junge, romantische Held, aber die hatte ich schon am Broadway in *Suzie Wong*. Im Fernsehen trete ich in Charakterrollen auf, und das ist es, wozu ein fähiger Schauspieler eigentlich in der Lage sein sollte.«

1958 spielte er in vier Folgen des *Kraft Theatre*, unter anderem in ›Medic‹. Hier porträtierte Shatner einen pflichtbewußten jungen Arzt in einem großen Krankenhaus. Der *New York Mirror* kommentierte: »Shatner war in den meisten großen Fernsehserien zu sehen, hat selbst einige Drehbücher geschrieben, und wenn Sie nicht seine brillante Leistung in ›Medic‹ gesehen haben, können Sie sich anhand seiner anderen Auftritte im *Kraft Theatre* ein Bild von seinem Talent machen. Er ist einfach gut.«

Der junge Schauspieler erhielt seine erste Serienrolle 1959 in einer Fernsehserie von CBS, die jedoch nur einige Wochen überlebte. Er spielte Archie Goodwin, die zuverlässige rechte Hand eines scharfsinnigen und fetten Detektivs, in *Nero Wolfe*. Doch in Wirklichkeit war Shatner gar nicht sehr über die Einstellung der Serie betrübt. Schließlich trat er fast regelmäßig im Fernsehen auf, und zwar in harmlosen Shows wie *The Hallmark Hall of Fame*, *The Ed Sullivan Show* und *Family* Classics, während er gleichzeitig in diversen religiösen Sonntagmorgenserien auftrat.

Er war außerdem in Gruselserien wie *Alfred Hitchcock Presents*, *Twilight Zone*, *Thriller* und *One Step Beyond* zu sehen. Shatner lehnte sogar prestigeträchtige Rollenangebote des Stratford Shakespearean Theater ab, um lukrativere Möglichkeiten nutzen zu können. Im Gegensatz zu vielen anderen Schauspielern jener Zeit verdammte Shatner das Fernsehen nicht als eine Sache, die seines Talents unwürdig war.

»Live-Fernsehen ist aufregend und eine wahre Kunst«, sagte er zu einem Reporter, der ihn fragte, ob er nicht das Theater vermißte. »Man spielt vor einem Publikum, das aus nur einer Person besteht, nämlich dem Regisseur.«

»So etwas lernt man nicht an der Schule«, erklärte er dann seine Arbeit als Fernsehschauspieler, »die Technik, wie man die emotionale Spannung aufrechterhält, während man gleichzeitig die technischen Aspekte berücksichtigt. Man sieht Kameras, die auf einen zukommen oder an einem hochkriechen – wie Tiere. Dabei hört man das Summen der Kühlung und das Stöhnen des Regisseurs, während man sich für eine Nahaufnahme auf einen Stimmungshöhepunkt vorbereitet.« Sogar vor der Kamera geht es Shatner in der Schauspielerei nur darum, die Gefühle der Zuschauer zu packen, genauso wie er es schon als Junge im Sommerlager getan hat.

Shatners leidenschaftlicher Ehrgeiz trieb ihn zu einem Wahnsinnstempo an. Er hatte unstillbare Sehnsüchte und schien jederzeit bereit zu sein, jede Erfahrung zu machen, die die Welt ihm anzubieten hatte. Er war wie ein Seiltänzer, der auf einem straff gespannten Seil balancierte, das von der Ostküste bis zur Westküste reichte. Ein solcher Drahtseilakt hätte viele andere Menschen in die Erschöpfung getrieben.

»Man muß ständig in Bewegung bleiben und darauf achtgeben, was in der Welt vor sich geht«, sagte er zu einem Zeitungskolumnisten. »Andernfalls hat das, was man schreibt, spielt oder inszeniert, niemals die Aufrichtigkeit und Wahrheit, die es haben muß, um das Publikum ansprechen zu können.«

Als wäre dieser Balanceakt mit den verschiedenen Facetten seiner Schauspielkarriere noch nicht genug, arbeitete Shatner nach wie vor als Autor und Regissesur für das Fernsehen. Er hoffte darauf, Rollen zu schaffen, die für seinen eigenen Schauspielstil geeignet waren, doch seine Bemühungen trugen nur selten Früchte. Als er ein Drehbuch für die CBS-Serie *Checkmate* schrieb, hatte er bei der Rolle des Gaststars sich selbst im Sinn gehabt. Der Sponsor der Serie wollte jedoch einen größeren Namen und versuchte sogar, Bob Newhart zu bekommen, einen sehr beliebten Komiker, der niemals zuvor als Schauspieler gearbeitet hatte. Nur Shatners Beharrlichkeit veranlaßte die Produzenten schließlich dazu, nachzugeben und ihm die Rolle zu überlassen.

Das war nicht das einzige Mal, daß Shatner sich mit Sponsoren anlegte. In einer Episode von *Arrest and Trial* spielte Shatner einen jungen Angestellten, der in der Firmenhierarchie aufsteigt, weil er die Angewohnheiten seines Chefs übernimmt. Shatner wollte, daß eine dieser kopierten Angewohnheiten die Benutzung einer Zigarettenspitze war, doch ein Sponsor der Serie hielt überhaupt nichts von dieser Idee. Später fand der Gaststar heraus, daß Zigarettenspitzen im Fernsehen tabu waren, weil dadurch angedeutet wurde, daß man Zigaretten lieber nicht direkt in den Mund nehmen sollte. Bevor Zigarettenwerbung im Fernsehen verboten wurde, stellten die Zigarettenhersteller einen Großteil der Werbeeinnahmen für Fernsehserien. Dieser Zwischenfall machte Shatner keine besonderen Bauchschmerzen. Später wies er die überheblichen New Yorker Kritiker in ihre Schranken, die glaubten, das Fernsehen sei das einzige kommerziell orientierte Unterhaltungsmedium.

»Man könnte meinen«, sagte er, »das Theater sei ein Refugium der Kultur, aber ist es das wirklich? Die Produzenten von *The World of Suzie Wong* erkannten den sexuellen Aspekt und drängten den Autor des Dramas, es zu kürzen und umzuschreiben, so das sich der Blickwinkel fast völlig auf die Prostitution einengte. Dann mischten sich die Theaterclubs in New York ein, die sogar bei der Besetzung vieler Stücke ein Wörtchen mitzureden haben.«

Shatner wußte aus eigener Erfahrung, daß die Filmproduzenten von Hollywood große Rollen allein nach den erwarteten Einspielergebnissen besetzen, wobei es sich um eine Art eingebaute Sicherung für die Finanzierung großer Filme handelt. Und beim Fernsehen war die Situation ganz ähnlich.

»Wer eine Fernsehserie macht«, sagte er zu einem Medien-
journalisten, »tut es einfach nur wegen des Geldes, weil es
unmöglich ist, anspruchsvolle Arbeit abzuliefern. Es gibt nie
genügend Zeit für Proben oder für den Autor, das Drehbuch
auszuarbeiten. Wer keine Serien macht, muß lange auf gute
Angebote warten. Damit bleibt einem Schauspieler heutzutage keine große Wahl.«

1961 drehte Shatner jedoch drei kontrovers diskutierte
Filme, die seine künstlerische Ausdrucksfähigkeit erheblich
erweiterten. Der neunundzwanzig Jahre alte Schauspieler hatte die Mitwirkung bei verschiedenen Fernsehserien
abgelehnt, weil er, wie er selbst sagte, »in aufregenden Produktionen, die etwas zu sagen haben«, auftreten wollte. Der
bekannteste dieser Filme ist *Judgement at Nuremberg*, Stanley Kramers tiefgründige Rekonstruktion der Nürnberger
Prozesse gegen nationalsozialistische Kriegsverbrecher. Der
Schwarzweißfilm mischte Schreckensszenen aus Konzentra-
tionslagern mit bewegender Dramatik im Gerichtssaal und
stellte Fragen über die Verantwortung von Regierungsdie-
nern gegenüber der gesamten Menschheit. Der Film erhielt
zwei Oscars und wurde für fünf weitere nominiert.

Shatner spielt einen amerikanischen Verbindungsoffizier,
der die schwierige Aufgabe hat, dem obersten Richter des
Tribunals dabei zu helfen, das deutsche Volk zu verstehen.
Vor Gericht stehen mehrere Richter, die das deutsche Gesetz
beugten, um Hitlers Ziele durchzusetzen. Einer von ihnen,
der von Burt Lancaster gespielt wird, lehnt es schlichtweg ab,
sich gegen die Anklagepunkte zu verteidigen. Seine stolze
Haltung zwingt den amerikanischen Richter dazu, sich ge-
nauer mit den Beweisen zu beschäftigen und sich Gedanken
über die grundsätzlichen Verpflichtungen des Gerichtswe-
sens gegenüber einem politischen System zu machen.

Der amerikanische Richter wurde von Spencer Tracy ge-
spielt. Shatner hatte großen Respekt vor dem erfahrenen
Star und war als Theaterschauspieler vor allem von Tracys
Fähigkeit beeindruckt, lange Monologe zu lernen und sie mit

großer Eindringlichkeit vorzutragen. Wenn einzelne Szenen nachgedreht werden mußten, konnte Tracy sich noch nach langer Zeit an seinen Text erinnern. Selbst Laurence Olivier gab einmal zu, damit Schwierigkeiten zu haben.

Eines Tages wollte Shatner sich bei Tracy einschmeicheln und gestand ihm, wie beeindruckt er von seiner Fähigkeit war, sogar lange und komplizierter Texte im Kopf behalten zu können. Leider mißverstand Tracy das Kompliment als sarkastische Anspielung auf sein hohes Alter. Er zog beleidigt von dannen, und danach sprachen die zwei Männer kaum noch ein Wort miteinander.

Der ungebärdige Shatner hatte es in *The Explosive Generation* mit einem weiteren Reizthema zu tun. Der Regisseur Buzz Kulik verarbeitete in diesem Film eine wahre Geschichte, die sich an einer High-School in Van Nuys in Kalifornien zugetragen hatte. Shatner verkörpert darin einen Lehrer, der die neugierigen Teenager seiner Klasse in Sexualkunde unterrichten will. Er gibt ihnen die Aufgabe, anonym über ihre sexuellen Erfahrungen zu schreiben, um die Aufsätze anschließend als Aufhänger für die Diskussion in der Klasse zu benutzen. Doch als der Elternausschuß von diesem Projekt erfährt, wird der Lehrer angewiesen, die Aufsätze zu vernichten und das Thema Sex nicht im Klassenzimmer anzuschneiden. Er weigert sich und wird entlassen, doch seine Schüler protestieren, damit er wieder eingestellt wird. Die Eltern erkennen schließlich, daß das Projekt ursprünglich eine Idee der Schüler war und daß im Grunde nichts Unschickliches geschehen ist. Schließlich darf der Lehrer weiter unterrichten und liest am Ende des Films aus den Aufsätzen seiner Klasse vor. Der Film wurde zu einem Plädoyer für freie Sexualaufklärung von Jugendlichen, obwohl einige Eltern der Meinung waren, Shatner würde versuchen, die Jugend zum Protest anzustacheln.

Volksaufstände waren dann das Thema von Shatners nächstem Film, der ›etwas zu sagen hatte‹. Roger Cormans *The Intruder* basierte auf Ereignissen im Leben des ultrakonservativen Rassisten John Kasper. Shatner spielte den aufwieg-lerischen Redner, der die Bevölkerung einer kleinen Stadt in den amerikanischen Südstaaten zum Protest gegen die Auf-nahme von zehn schwarzen Kindern an die High-School an-stachelt. Ein Anführer der Schwarzen wird getötet, als eine Bombe durch ein Fenster der Kirche fliegt, und ein Junge wird beinahe gelyncht, nachdem der Rassist ein weißes Mädchen überredet, den Jungen fälschlicherweise anzuklagen, sie ver-gewaltigt zu haben.

Doch auch hinter der Kamera gab es Spannungen. Der Film wurde an Originalschauplätzen in der Stadt Charle-ston im Süden von Missouri gedreht, und die Einwohner waren nicht gerade davon angetan, als Rassisten darge-stellt zu werden. Als sie herausfanden, worum es in dem Film ging, weigerten sie sich, Drehgenehmigungen für verschiedene Orte zu erteilen, und bemühten sich nach Kräften, die Verfilmung des heiklen Drehbuchs zu behin-dern.

»Wir waren um unsere Sicherheit besorgt«, sagte Shatner zu einem Reporter. »Man hat uns von fünf Drehorten verjagt. Wir haben Szenen mit Leuten in den Kutten des Ku-Klux-Klans gedreht, wir haben Kreuze verbrannt... und eine Ne-gerkirche... in die Luft gesprengt. Roger mußte sich mit einer Handkamera in seinem eigenen Auto zurückschleichen, um ein paar Aufnahmen von einer Schule machen zu können. Wir brauchten die spezielle Atmosphäre der kleinen Stadt in den Südstaaten.«

»Die Diskriminierung war schlimmer als im tiefsten Süden, weil die Weißen dort eine deutliche Position bezogen haben und die Fronten klar abgesteckt sind«, sagte Shatner zu einem anderen Reporter. »Doch hier befanden wir uns im Randge-biet, wo die Situation viel explosiver war. Diesen Film haben wir buchstäblich unter Lebensgefahr gedreht. Wir hatten so-gar Fluchtpläne ausgearbeitet. Die Miliz mußte zu Hilfe geru-fen werden, wenn wir zum Beispiel Szenen drehten, wie der Ku-Klux-Klan eine Negerkirche bombardiert.«

Shatner sagte, daß er seine Rolle nach dem Vorbild des wohl berühmtesten Demagogen der Vereinigten Staaten gestaltet hat. »Joe McCarthy war genauso wie Kasper ein Idol vieler Menschen«, erzählte Shatner in einem Interview, »und ich versuchte, etwas von McCarthys Ausdrucksweise in meine Rede vor dem Gerichtsgebäude zu legen. Ich muß sagen, daß Kasper mir leid tat. Es war so offensichtlich, daß er sich auf einem Irrweg befand, daß er nur seine eigene Unzulänglichkeit zu vertuschen versuchte, indem er auf die angeblichen Unzulänglichkeiten anderer hinwies. Es ist ein Paradebeispiel für die gesamte Geschichte des Rassismus.«

Die Kritiken von Shatners Verkörperung des Rassisten waren voller Lob. So urteilte die *New York Times*: »William Shatner ist salbungsvoll und betrügerisch, in einer aufreizend oberflächlichen Weise, genauso wie der entschlossene Demagoge.« Der berühmte Kritiker Arthur Knight bezeichnete den Film als einen der besten Filme, die jemals in den USA gedreht wurden. Shatner erhielt auf dem International Peace Festival die Auszeichnung als bester Schauspieler und betrachtete die Rolle als die beste schauspielerische Leistung, die er jemals abgeliefert hat.

The Intruder wurde in zwei New Yorker Kulturhäusern uraufgeführt und erntete begeisterte Kritiken. Der *Herald Tribune* sagte über den Film: »Menschen, die etwas zu sagen haben, drückten dies mit diesem Film aus, ohne verschroben oder hochtrabend zu werden.« Die *Los Angeles Times* ging sogar noch weiter und bezeichnete ihn als ›die mutigste, realistischste Darstellung rassistischer Ungerechtigkeit, die jemals in einem amerikanischen Film zu sehen war‹.

Bedauerlicherweise war der Film für das Jahr 1962 noch viel zu brisant. Wegen des Themas wollten ihn nur wenige Verleiher in ihr Programm aufnehmen, und die Produzenten änderten immer wieder den Titel, in der Hoffnung, die Zuschauer würden dadurch nicht von der kontroversen Thematik abgeschreckt werden. Später kam er unter dem Titel *I Hate Your Guts!* noch einmal in die Kinos, und 1966 wurde er als *Shame* wiederveröffentlicht. In Großbritannien lief er unter dem Titel *The Stranger*.

Roger Corman, der zuvor Kultklassiker wie *Swamp Women* (1955), *Attack of the Crab Monsters* (1957) und *Teenage Caveman* (1958) produziert hatte, stellte *The Intruder* für etwa 160 000 Dollar fertig. Die Dreharbeiten waren nach weniger als vier Wochen abgeschlossen, und Shatner erhielt lediglich 200 Dollar plus Spesen. Trotzdem ist der Schauspieler auch heute noch sehr stolz auf diese Leistung.

Als Shatner mehrere Jahre später durch einen Freund erfuhr, daß der Film in Los Angeles unter dem Titel *I Hate Your Guts!* gezeigt wurde, nahm er seine Frau mit ins Kino. Das reißerisch beworbene Werk lief im Anschluß an ein weiteres Juwel mit dem Titel *Rat Fink*. In der Dunkelheit und Anonymität des Kinos saßen beide mit Tränen in den Augen da und sahen zu, wie der einstmals bedeutende Film behandelt wurde, als sei er eines jener Machwerke, die mit den Ängsten der Menschen vor einem Rassenkrieg spielen.

Zurück an den Broadway

Shatners zweite Tochter Lisabeth Mary wurde im Juni 1961 geboren, worauf der vagabundierende Vater beschloß, in der Nähe seines Hauses zu bleiben und mehr für die Familie dazusein. Seine dritte Tochter Melanie Ann kam im August 1964 im New Yorker Lebanon Jewish Hospital zur Welt.

Shatner kehrte in Leland Haywards Inszenierung von *A Shot in the Dark* an den Broadway zurück. In diesem unterhaltsamen Kriminalstück waren außerdem Walter Matthau und Julie Harris zu sehen. Shatner spielte darin einen Friedensrichter an einem Pariser Gericht, Julie Harris ein keckes Dienstmädchen. Die junge Frau wird des Mordes angeklagt, nachdem sie nackt und bewußtlos und mit der Mordwaffe in der Hand neben der Leiche eines Chauffeurs aufgefunden wird. Shatner spürt eine erfrischende Ehrlichkeit in der Aussage der einfachen Frau und unterzieht den Fall einer intensiven Untersuchung. Er deckt eine schockierende Geschichte sexueller Indiskretionen im angesehenen und privilegierten Haus auf, kann jedoch nicht glauben, daß das Mädchen zu einem Mord fähig wäre. Schließlich entlarvt er den wahren Mörder, worauf das Dienstmädchen ihm so dankbar ist, daß sie dem Friedensrichter sich selbst als Belohnung anbietet.

A Shot in the Dark hatte am 19. Oktober 1961 im Booth Theater Premiere und erlebte bis zum Februar 1963 389 Vorstellungen. »Der ernste und pflichtbewußte Friedensrichter«, schrieb die *New York Times*, »wird einnehmend von William Shatner gespielt«, doch andere Kritiker bezeichneten das Stück als ›Boulevardkomödie‹, die sich nur um das ›allgemeine Thema der Untreue‹ dreht und mit ›ein wenig harmlosem Sex gewürzt‹ ist. Die meisten Lorbeeren erhielt Walter Matthau, der einen Tony Award für seine Darstellung des lüsternen Patriarchen der Familie erhielt, die das Dienstmädchen beschäftigt.

Shatner war erschüttert, als Matthau ihm in ›seinem‹ Stück die Show stahl und das meiste Lob der Kritiker einheimste. Wieder einmal verursachte seine Broadway-Erfahrung ihm ›alle Symptome, die kurz vor einem Nervenzusammenbruch auftreten‹.

Trotzdem nahm Shatner seine Rolle in einer anderen Broadway-Produktion derselben Geschichte noch einmal auf. Bei *L'idiote* handelte es sich um das Originaldrama von Marcel Archard, auf dem Harry Kurnitz' Stück *A Shot in the Dark* basierte. Dieser erfolgreiche zweite Versuch lief über ein Jahr am Broadway. Doch als das Stück verfilmt werden sollte, wurde Shatner wieder zugunsten eines anderen Hollywoodstars übergangen, nämlich Peter Sellers. In weiteren Rollen traten Elke Sommer und Herbert Lom auf. Die Regie des Films *A Shot in the Dark* von 1964 übernahm Blake Edwards, der daraus den zweiten Film seiner sehr erfolgreichen *Pink-Panther*- Reihe machte.

An diesem Punkt traf Shatner die verzweifelte Entscheidung, zuerst auf den finanziellen Erfolg zu schauen und erst dann, wenn er abgesichert war, auf die Bühne zurückzukehren, um seine künstlerischen Talente weiterzuentwickeln. Sogar Laurence Olivier hatte den Höhepunkt seiner ruhmreichen Theaterkarriere erst im Alter von fünfundvierzig Jahren erreicht. Also lehnte Shatner Rollenangebote des Stratford-Festivals für Klassiker wie *Romeo and Juliet* und *King John* ab, um in New York fürs Fernsehen und in Hollywood für den Film zu arbeiten. Er war immer noch sehr wählerisch hinsichtlich seiner Rollen und lehnte etwa drei von vier Drehbüchern ab, die ihm angeboten wurden. Er versuchte, für Rollen frei zu bleiben, die ihn wirklich interessierten. Zu jener Zeit beschrieb ihn ein Reporter als ›stämmigen jungen Mann mit leidenschaftlichen Überzeugungen und vehementen Ansichten‹. Doch Shatner erreichte gleichzeitig den Punkt in seinem Leben, an dem er sich eingestehen mußte, daß er nicht ohne Kompromisse leben konnte.

»Wenn ich sage, daß ich beschloß, endlich erwachsen zu werden«, urteilte er Jahre später über diesen Lebensabschnitt, »meine ich damit, daß ich die Tatsache anerkannte, daß einem Schaupsieler nur sehr selten die großen Rollen angeboten werden. Die meiste Zeit schlägt man sich mit Routinearbeit durch. Man bemüht sich, das Beste aus seinem Können zu machen. Man arbeitet, um sich seinen Lebensunterhalt zu verdienen und seine Familie zu ernähren.«

Dennoch versuchte Shatner, nicht in einer Schublade zu landen, indem er immer wieder denselben Charakter spielte. Aus diesem Grund hatte er verschiedene Serienangebote abgelehnt, einschließlich der Hauptrolle in *Dr. Kildare*. In den folgenden fünf Jahren konnte Shatner beobachten, wie Richard Chamberlain in der sehr erfolgreichen Fernsehserie die Ruhmesleiter erklomm.

Shatner spielte jedoch eine Vielzahl von Gastrollen im Fernsehen. So trat er als Cowboy, der unschuldig wegen

Mordes verfolgt wurde, in einer Episode von *The Outlaws* auf, als temperamentvoller Künstler und rauher Seemann aus Burma in zwei verschiedenen Folgen von *Naked City*, als Wunderkind, das sich gegen seinen Vater auflehnt, in *Route 66*, als spionierender Playboy in *Man from U.N.C.L.E.*, und als Geschäftsmann mit Kontakten zur Mafia in einer fünfteiligen Folge von *77 Sunset Strip*. Außerdem war er in verschiedenen Arztrollen in *Ben Casey*, *The Nurses* und *Dr. Kildare* zu sehen.

Shatner trat auch in verschiedenen Rollen in fünf Episoden von *The Defenders* auf, einer Produktion von Herbert Brodkin über Vater-Sohn-Beziehungen unter Anwälten. Shatner hatte den Sohn von Ralph Bellamy in dem zweistündigen Pilotfilm gespielt, die 1957 von CBS ausgestrahlt wurde, doch als die Serie schließlich im Jahr 1961 auf Sendung ging, bekamen Robert Reed und E. G. Marshall die Hauptrollen. Fünf Jahre später erhielt Shatner von Brodkin das Angebot, in einer anderen Justizserie mit dem Titel *For the People* zu spielen.

For the People war in vielerlei Hinsicht eine Nachfolgeserie zu *The Defenders*. Shatner trat als stellvertretender Bezirksstaatsanwalt David Koster auf, dessen leidenschaftlicher Sinn für Gerechtigkeit ihn immer wieder in Schwierigkeiten mit seinem Chef bringt, der von Howard DaSilva verkörpert wurde. Als Kosters kultivierte und intellektuelle Frau war Jessica Walter zu sehen. Naturgemäß geriet Shatners eigensinniger Charakter wieder in Konflikt mit allen anderen, und genauso wie in *The Defenders* bot die Serie ein realistisches Abbild dessen, was sich hinter den Kulissen zwischen den Akteuren abspielte. Unglücklicherweise mußte die Serie, die sehr gute Kritiken erhielt, gegen den Hit *Bonanza* antreten, so daß sie nur dreizehn Wochen überdauerte.

1963 versuchte Shatner sein Glück mit einer anderen Fernsehserie. Obwohl er immer noch Bedenken hatte, auf einen Typus festgelegt zu werden, nahm er die Titelrolle für die geplante ABC-Serie *Alexander the Great* an. Die epische Produktion sollte das Leben des makedonischen Militärgenies nachzeichnen. Shatner war der Ansicht, daß in dieser einzigartigen Rolle seine schauspielerischen und sportlichen Fähigkeiten ausgezeichnet zum Tragen kommen würden. Er bereitete sich sorgfältig auf den Pilotfilm vor und verbrachte Monate damit, Fechten und Reiten zu lernen – und wie man in einer kurzen Toga herumspringt, ohne plötzlich im Freien zu stehen.

Im 750 000 Dollar teuren Film traten außerdem Adam West, John Cassavetes, John Doucette und Joseph Cotton auf. Als der Film vier Jahre später in europäischen Kinos gezeigt wurde, hatte er einen Riesenerfolg, doch in den USA fand sich kein Sponsor für die geplante Fernsehserie. Sogar Shatner gab zu, daß *Alexander* eine der verrücktesten Ideen der Fernsehgeschichte war, und bezeichnete sie als Kostümversion der Serie *Combat*.

Shatners Arbeit in Hollywood eröffnete ihm jedoch andere Möglichkeiten. 1964 unterschrieb er einen neuen Vertrag bei MGM. Er erklärte sich bereit, einen desillusionierten Priester in *The Outrage* zu spielen, einer Westernfassung des klassischen japanischen Films *Rashomon*.

Shatner war ein aufstrebender junger Star, der immer noch mehr Angebote ausschlug, als er annahm. Er suchte so verzweifelt nach guten Rollen, daß er sogar eine eigene Produktionsgesellschaft gründete, um vielversprechende Drehbücher zu kaufen und zu Filmen zu verarbeiten. Sein Ziel war es, in seinen eigenen Produktionen zu spielen und Regie zu führen. Shatner nannte die Firma Lemli Productions, wobei er die Anfangsbuchstaben der Namen seiner drei Töchter Leslie, Melanie und Lisabeth verwendete. Obwohl er Bücher von bekannten Autoren wie Jerry Sohl, Jay Simon und Richard Matheson aufkaufte, hatte er Schwierigkeiten, Geldgeber zu finden, um ihre Arbeiten produzieren zu können.

»Der Job eines Produzenten besteht zur Hälfte darin, die Zutaten zu besorgen«, meinte er dazu. »Dann geht es nur noch darum, alles miteinander zu verrühren.«

94

Das versuchte er mit Warner Brothers und mehreren anderen Studios, doch er hatte große Probleme damit, ihre Aufmerksamkeit zu erregen. Er bot ihnen nur kostengünstige Produktionen zwischen 250 000 und 500 000 Dollar an und plante, ihre Investitionen in drei Etappen zurückzuzahlen. Zuerst kamen die Einnahmen aus den Kinos, dann der Verkauf ans Fernsehen, und zum Schluß sollte der Film als Fernsehserie verwertet werden. Doch keins der größeren Studios war an einer Zusammenarbeit mit kleineren Firmen interessiert. Sämtliche Angebote Shatners wurden ignoriert.

»Die großen Studios, die immer und immer wieder betont haben, wie sehr sie an frischem Blut interessiert sind, weil das alte Blut ausstirbt«, beklagte er sich, »machen es dem frischen Blut so gut wie unmöglich, sich zu bewähren.« Bald hatte der enttäuschte Produzent über 100 000 Dollar von seinem eigenen Geld vorgestreckt, ohne daß sich seine Investitionen irgendwie bezahlt gemacht hätten.

Im April 1965 flüchtete Shatner vor seinen geschäftlichen Sorgen in eine weitere ungewöhnliche Schauspielrolle. Diesmal ging es um einen surrealistischen Kunstfilm über den ewigen Kampf zwischen Gut und Böse. Er spielte einen grundanständigen Menschen, der vom Bösen in Gestalt eines Sukkubus verführt wird, eines weiblichen Dämons. Doch der Mann ist so rein, daß die Dämonin sich in ihn verliebt, was wiederum den Zorn der dunklen Mächte erregt. Um sich an ihm zu rächen, schicken sie einen männlichen Dämon, einen Inkubus, der die engelhafte Schwester des Mannes verführen soll.

The Incubus spielt im mythischen Land Nomen Tuum und wurde an der Küste um Big Sur in Kalifornien gedreht. Er lief mit englischen Untertiteln, weil alle Dialoge in Esperanto gesprochen wurden, einer künstlichen Sprache, die im neunzehnten Jahrhundert erfunden und als neue Weltsprache propagiert wurde.

Die Rezensenten verglichen den Film mit dem Werk Ingmar Bergmanns. Der bekannte Kritiker Henri Chapier war so sehr davon angetan, daß er sich persönlich für den Film einsetzte und veranlaßte, daß die Weltpremiere in Paris stattfand. In den USA wurde er zum erstenmal auf dem San Francisco Film Festival gezeigt, wo Shatner den Zuschauern versprach, sie würden mit Fassungslosigkeit auf diesen Film reagieren, ob er ihnen nun gefiel oder nicht.

»Ich kann es mir leisten, Risiken einzugehen«, sagte er damals, »denn ich habe keinen Namen zu verlieren. Die meisten Schauspieler denken, daß sie sich keine Experimente mehr erlauben dürfen, nachdem sie einmal die Spitze erreicht haben. Das ist der Grund, warum viele Stars ihre Anfangsjahre als die beste Zeit ihres Lebens betrachten. Je erfolgreicher man wird, desto größer wird die Gefahr, daß man abstumpft.«

Doch als sein fünfunddreißigster Geburtstag näher rückte, erkannte Shatner, daß seine Möglichkeiten geringer wurden. Er verlor immer wieder Rollen, und mit seiner Karriere schien es bergab zu gehen. Er mußte zusehen, wie sich sein Traum, zu einem großen Schauspieler zu werden, vor seinen Augen auflöste.

»Meine Träume vom Erfolg waren gegenstandslos«, gestand er. »All die Dinge, die meiner Ansicht nach dazugehörten – gute Rollen, Geld und Ruhm –, traten einfach nicht ein. Als Star stand ich einen Schritt hinter Paul Newman. Ich war ein guter Schauspieler, aber nicht populär genug, um das große Publikum anzulocken. Ich verlor immer mehr Rollen – so etwas war mir vorher nie passiert. Ich verlor einen Film nach dem anderen an junge Leute, die vom Fernsehen kamen und praktisch weder Erfahrung noch Talent hatten.«

Shatner erkannte, daß er die Schauspielerei entweder aufgeben oder die Gefahr eingehen mußte, in einer stereotypen, aber erfolgreichen Rolle ›abzustumpfen‹. Zum erstenmal im Verlauf seiner Karriere dachte er darüber nach, den Schauspielerberuf aufzugeben und einen normalen Job ›als Krawattenverkäufer bei Macy's‹ anzunehmen.

Doch seine nächste Entscheidung ließ ihn schließlich jede Angst davor vergessen, in eine stereotype Rolle zu geraten. William Shatner stand davor, zu einer Ikone der populären Kultur zu werden.

5
Horatio Hornblower trifft Captain Kirk

Meine Lieblingsrollen in *Star Trek* waren diejenigen, in
denen ich zwei verschiedene Charaktere spielen konnte.
Dadurch bekamen die Zuschauer eine doppelte Portion
von mir!
– William Shatners Antwort auf eine oft gestellte Frage

Zu Anfang des Jahres 1965 hatte William Shatner einen Schei-
deweg in seiner Karriere erreicht. Seine Serie *For the People*
war gerade eingestellt worden, sein Pilotfilm für *Alexander
the Great* hatte keinerlei Interesse geweckt, und seine private
Produktionsfirma hatte einen äußerst schlechten Start gehabt.
Er lebte in New York und hatte keine besseren Zukunftsaus-
sichten, als ständig zwischen Gastauftritten und Charakterrollen zu wechseln. Dann erhielt er, zwei Tage nachdem *For
the People* abgesetzt worden war, einen Telefonanruf von einem Mann namens Gene Roddenberry.
Der Produzent fragte, ob Shatner nach Los Angeles fliegen könne, um sich den abgelehnten Pilotfilm für eine neue
Science-fiction-Fernsehserie anzusehen. Der Sender hatte der
Serie eine neue Chance gegeben, und Roddenberry wollte
wissen, ob Shatner daran interessiert wäre, die Hauptrolle im
zweiten Pilotfilm zu spielen.
Gene Roddenberry war ein ziemlich großer, breitschultri-
ger Mann mit stechenden blauen Augen. Er hatte den Ruf eines Mannes, den man nicht ohne weiteres ignorieren konnte,
sowohl aufgrund seiner körperlichen Erscheinung wie auch
seiner Beharrlichkeit in der Durchsetzung seiner Ziele. Seit
fast zwei Jahren hatte Roddenberry seine Idee einer futuristischen Version von *Wagon Train* verfolgt. Er hatte MGM und
ein halbes Dutzend weiterer Hollywood-Studios damit be-
drängt, und es sah fast so aus, als sollte nie etwas daraus wer-

den. Man war nicht nur der Ansicht, daß Science-fiction viel zu teuer sei, sondern auch, daß man in diesem Genre niemals mit einer Serie Erfolg haben könnte. Eine britische Serie mit dem Titel *U.F.O.* war nur ein paar Wochen lang in den USA gelaufen, bevor man sie absetzen mußte, so daß die Produzenten vor allem zurückschreckten, was mit dem Weltall zu tun hatte.

Roddenberry jedoch machte weiterhin seine Runden, weil er hoffte, doch noch jemanden für seinen Vorschlag zu einer innovativen Fernsehserie interessieren zu können. Dann kam wie aus heiterem Himmel das Einverständnis der Desilu Studios, Genes ›Baby‹ unter die Fittiche zu nehmen und daraus eine lebensfähige Serie zu machen. In Wirklichkeit hoffte die verzweifelte Produktionsfirma, durch *Star Trek* dringend benötigte finanzielle Zuwendungen von den Fernsehsendern zu erhalten.

CBS war der erste Sender, der Interesse an der neuen Serie bekundete, doch nachdem Roddenberry ihnen seine Ideen dargelegt hatte, entschied man sich dort, eine eigene Serie namens *Lost in Space* zu produzieren. Darin befindet sich das Raumschiff *Jupiter II* auf einer Fünfjahresmission zur Erkundung eines fernen Sternensystems, als die Navigationskontrollen versehentlich durch einen blinden Passagier namens Dr. Zachary Smith sabotiert werden.

Der Schauspieler Jonathan Harris wurde mit seiner Verkörperung des kindlich-egoistischen Dr. Smith bald zum Liebling der Zuschauer. Shatner hatte ein Jahrzehnt zuvor mit Harris in einer Folge des *Kraft Mystery Theatre* mit dem Titel ›The Man Who Didn't Fly‹ zusammengearbeitet, doch jetzt sollten die beiden in zwei sehr unterschiedlichen Serien um die Gunst der Zuschauer konkurrieren. Die komische und oftmals kindische Serie *Lost in Space* war fast genauso lange wie *Star Trek* auf Sendung, doch sie konnte niemals so viele ergebene Anhänger finden.

Nur wenige Wochen nachdem CBS mit der Produktion der unterhaltsamen Weltraumodyssee begann, erklärte sich NBC bereit, 630 000 Dollar in den ersten *Star-Trek*-Pilotfilm zu investieren. Zu jener Zeit war es der teuerste Pilotfilm, der jemals gedreht wurde, obwohl die Dreharbeiten schon nach neun Tagen abgeschlossen waren.

In diesem Film mit dem Titel ›The Cage‹ geht es um die Besatzung eines Raumschiffs, das einem Notruf folgt, der vom Planeten Talos IV gesendet wurde. Der Kommandant des Schiffes, Captain Christopher Pike, wird von telepathischen Aliens gefangengenommen, die ihm alle möglichen fantastischen Illusionen vorgaukeln, damit er sich mit einer Frau paart. Doch diese wunderschöne Frau ist in Wahrheit die auf entsetzliche Weise entstellte Überlebende einer wissenschaftlichen Expedition, die vor zwanzig Jahren auf diesem Planeten notlanden mußte.

Die Talosianer sind schwache, unfruchtbare Wesen – die Überlebenden eines Atomkrieges, die sich unter die Erde zurückgezogen und ihre geistigen Fähigkeiten bis zur Perfektion weiterentwickelt haben. Jetzt setzen sie ihre Macht dazu ein, den Captain zu täuschen, weil sie hoffen, neue Menschen züchten und ihren verwüsteten Planeten wieder bevölkern zu können. Zum Glück lassen sich zwei Mitglieder der fähigen Brückenbesatzung des Captains hinunterbeamen und befreien ihn aus den Fängen der heimtückischen Aliens.

Lloyd Bridges war der erste Schauspieler, der für die Rolle des Captain Christopher Pike in Erwägung gezogen wurde, doch er befürchtete, er könnte damit seine Glaubwürdigkeit ruinieren, und wollte auf keinen Fall irgend etwas mit Science-fiction zu tun haben. Roddenberry nahm schließlich Jeffrey Hunter unter Vertrag, der durch seine Rolle als Jesus Christus in *King of Kings* (1961) bekannt geworden war. Wegen der Rolle des grünblütigen außerirdischen Besatzungsmitglieds sprach Roddenberry sowohl Martin Landau als auch den kleinwüchsigen Darsteller Michael Dunn an. Dunn jedoch war zu sehr mit seiner Rolle in der Serie *Wild, Wild West* beschäftigt, um weitere Aufträge annehmen zu können, und Landau hatte sich soeben bereiterklärt, an *Mission: Impossible* mitzuwirken.

Landau empfahl jedoch einen guten Freund, mit dem Roddenberry schon einmal zusammengearbeitet hatte. Leonard Nimoy war bereits in einer kleinen Rolle in Roddenberrys Serie *The Lieutenant* aufgetreten, die nur eine Staffel umfaßte und das Leben in der US-Marine zum Thema hatte. Nimoy war von der Aussicht, einen halbmenschlichen Alien darzustellen, fasziniert und nahm das Rollenangebot an. Majel Barrett, die ebenfalls bei *The Lieutenant* mitgewirkt hatte, trat als Nummer Eins auf, als kühler, logisch denkender Erster Offizier der *Enterprise*. John Hoyt war der zynische und väterliche Arzt Dsr. Bones Boyce.

Während die Leute vom NBC die Qualität von ›The Cage‹ lobten, lehnten sie den Film gleichzeitig ab, weil er ›zu intellektuell‹ für das Fernsehpublikum sei. Doch zur Überraschung aller Beteiligten war der Sender bereit, weitere 300 000 Dollar in einen zweiten Pilotfilm zu investieren, jedoch unter der Voraussetzung, daß er mit mehr Action und Abenteuer angereichert war. Außerdem bestanden sie darauf, daß Roddenberry die ›uninteressanten Charaktere‹ von Mr. Spock und Nummer Eins strich. Die NBC-Vertreter waren der Meinung, das Publikum könnte sich nicht mit einem Außerirdischen identifizieren oder eine willensstarke Frau als Nummer Eins akzeptieren.

Gene Roddenberry sollte recht behalten, als er sich hartnäckig weigerte, das außerirdische Besatzungsmitglied fallenzulassen. Dafür war er einverstanden, die Rolle der Nummer Eins zu streichen, obwohl er Mr. Spock später mit vielen der Eigenschaften ausstatten würde, die ursprünglich dieser Figur zugedacht waren. Für Roddenberry war Spock die interessanteste Figur in der Serie. In frühen Drehbuchfassungen hatte sich der außerirdische Offizier von einem rotschwänzigen Geschöpf, das niemals aß, sondern durch eine rote Platte im Bauch Energie absorbierte, zu einem spitzohrigen halbmenschlichen Außerirdischen entwickelt, in dem der Gegensatz von Logik und Gefühl ständig miteinander in Konflikt geriet. Instinktiv erkannte Gene, daß Spock ein ausgezeichnetes Vehikel war, um die menschliche Natur zu illustrieren. Außerdem war der Außerirdische ein interessanter Farbtupfer auf der eintönigen Brückenkulisse, die aus wirtschaftlichen Gründen im Zentrum der Serie stehen würde.

Nachdem Majel Barretts Rolle als Nummer Eins geopfert worden war, kehrte sie schließlich im Verlauf der Serie als Krankenschwester Christine Chapel zurück. Dazu mußte sie allerdings ihr Haar blond färben, damit der Sender nichts davon bemerkte. Zum Glück hatte sie für den Auftritt in ›The Cage‹ ihren Mädchennamen M. Leigh Hudec benutzt. George Takei, der gerade New York verlassen hatte, um an einer Episode von *Perry Mason* mitzuwirken, sollte ursprünglich als Physiker Hikaru Sulu auftreten, woraus dann später der Chefnavigator wurde. James Doohan stieß als Chefingenieur Montgomery Scott zur Besatzung, nachdem er von seinem Freund James Goldstone empfohlen wurde, der beim zweiten Pilotfilm Regie führte.

John Hoyts Rolle als Dr. Bones Boyce wurde durch den mürrischen Dsr. Mark Piper ersetzt, den Paul Fix spielte. Erst in der zweiten produzierten Folge sollte DeForest Kelley ihn als ebenso mürrischer Dsr. Leonard McCoy mit dem Spitznamen ›Bones‹ bzw. ›Pille‹ ersetzen. Kelley hatte für Roddenberry an einem anderen erfolglosen Pilotfilm mitgewirkt und einen Arzt in *Police Story* gespielt. Grace Lee Whitney, die ebenfalls in *Police Story* mit von der Partie gewesen war, sollte die Adjutantin Janice Rand spielen. Nichelle Nichols, die einen kleinen Auftritt in *The Lieutenant* gehabt hatte, vervollständige die Besatzung als Lieutenant Nyota Uhura.

Das eigentliche Problem stellte Jeffrey Hunter dar, denn seine Frau hatte ihn davon überzeugt, daß eine Rolle als Captain eines Raumschiffs unter seiner Würde sei. In gegenseitigem Einverständnis mit den Produzenten stieg er aus der

Serie aus. Roddenberry versuchte daraufhin, Jack Lord (von *Hawaii Five-O*) als neuen Captain der Enterprise zu gewinnen, doch Lord wollte eine fünfzigprozentige Beteiligung an der Serie.

Dann beschloß Roddenberry, William Shatner in New York anzurufen. Shatner war dafür bekannt, sehr wählerisch hinsichtlich seiner Rollen zu sein, und man hielt ihn für einen vielseitigen Schauspieler in der Unterhaltungsindustrie. Nachdem Shatner sich die erste Pilotfolge angesehen hatte, erklärte er sich einverstanden, den Captain im zweiten Pilotfilm zu spielen. Er unterschrieb einen Vertrag über 5000 Dollar pro Episode (Nimoy sollte zu Anfang nur 1250 Dollar erhalten). Obwohl Shatner vermutlich finanziell genauso gut über die Runden gekommen wäre, wenn er weiterhin in Filmen und als Gaststar im Fernsehen aufgetreten wäre, war er von der Aussicht auf kontinuierliche Arbeit angetan. Außerdem glaubte er fest daran, daß die neue Serie die Akzeptanz von Science-fiction als dramatisches Genre fördern könnte.

»Gene war sehr glücklich darüber, daß er Bill Shatner gewinnen konnte«, sagte Bob Justman, der Koproduzent des zweiten Pilotfilms. »Ich hatte schon bei *Outer Limits* mit Bill zusammengearbeitet, und er hatte schon lange vor dem zweiten Pilotfilm von *Star Trek* einen guten Ruf. Er war jemand, auf den wir uns verlassen konnten, und wir wußten genau, daß er wesentlich mehr schauspielerische Erfahrung hatte als Jeffrey Hunter. Er bot uns bessere Möglichkeiten. Der Sender war der Ansicht, daß Jeff Hunter recht hölzern wirkte. Er war ein netter Kerl, jeder mochte ihn, aber er verfügte nicht über eine so umfangreiche Gefühlspalette wie Bill Shatner. Shatner hatte eine klassische Ausbildung. Seine großen technischen Fähigkeiten erlaubten ihm, viele verschiedene Dinge zu tun, und er verlieh dem Captain eine interessante Persönlichkeit. Er verkörperte genau das, was Gene im Sinn hatte, nämlich den Helden mit Fehlern. Oder zumindest den Helden, der denkt, er hätte Fehler. Captain Horatio Hornblower – das war sein Vorbild.«

Wo noch kein Star gewesen war

Der zweite Pilotfilm der Serie hieß ›Where No Man Has Gone Before‹, und Shatner spielte darin zum erstenmal den wagemutigen und abenteuerlustigen Captain Kirk. Shatner schlug damit eine völlig neue Richtung in seiner Karriere ein. Um genau zu sein, hatte noch niemals ein Star seines Kalibers eine ständige Rolle in einer Science-Fiction-Serie gespielt. Doch seine Karriere steckte in einer Flaute, und er hatte das Gefühl, daß er sich nicht schnell genug weiterbewegte. Shatner wußte, daß er sich voll für das Gelingen der Serie einsetzen mußte. Von Anfang an zeigte er ein unermüdliches Interesse an der täglichen Produktionsarbeit der Serie.

»Ich werde nie vergessen, wie Bill Shatner in mein Büro kam«, erzählte Roddenberry einem Reporter. »Er hielt ein Exemplar unseres ersten Drehbuchs in der Hand und sagte, daß er einige Vorschläge zu machen hätte. Ich war verständlicherweise mißtrauisch. Schließlich hatte ich noch nie mit Bill zusammengearbeitet, und ich fragte mich, ob er jetzt mit einer Liste egoistischer Forderungen kam. Doch dann war ich begeistert, schließlich sogar voller Bewunderung, als seine Anmerkungen sich in dramatischer Hinsicht als äußerst wertvoll erwiesen, um die ganze Geschichte entscheidend zu verbessern.«

Während der Produktion war die Aufmerksamkeit des Regisseurs und des Teams ganz auf den Star konzentriert. Alles drehte sich um Shatner, der im Zentrum der Kulisse auf seinen Kommandosessel thronte. Von dort aus rief er dem Regisseur Jim Goldstone Vorschläge zu, während er mit den Kameraleuten Witze riß. Nach George Takei lachte Shatner am lautesten über seine eigenen Witze, und zwar mit einem ›hellen, trällernden, überraschend hohen Kichern‹.

»Bill, der einen seltsamen Sinn für Humor hatte«, bestätigte Nichelle Nichols, »wollte uns immer mit irgendwelchen idiotischen Geschichten ergötzen. Wir alle lachten, weil die Geschichten so dumm waren, doch Bill, der sie für furchtbar komisch hielt, lachte die ganze Zeit über, manchmal so sehr, daß er sie kaum zu Ende erzählen konnte.«

In Shatners Pilotfilm erlangen zwei Besatzungsmitglieder der *Enterprise* übermenschliche Fähigkeiten, nachdem das Raumschiff einen mysteriösen Strahlungsgürtel passiert hat. Diese Besatzungsmitglieder werden von Gary Lockwood, einem weiteren Veteranen aus Roddenberrys Serie *The Lieutenant*, und Sally Kellerman dargestellt, die im Fernsehen verschiedene Nebenrollen gespielt hatte. Nachdem sie der Strahlung ausgesetzt waren, entwickeln sich die zwei Menschen mit extrem erhöhter Geschwindigkeit und erlangen erstaunliche psychische Fähigkeiten, die die von Lockwood gespielte Figur dazu benutzt, das Schiff unter seine Kontrolle zu bringen. Spock drängt Kirk, den Mann zu töten, bevor er noch mächtiger wird, doch Kirk zögert, weil er einem alten Freund so etwas nicht antun will. Schließlich läuft es auf einen althergebrachten Faustkampf zwischen Kirk und seinem übermächtigen Untergebenen hinaus. Nach einem langen und heftigen Kampf stirbt das Besatzungsmitglied einen schmerzvollen Tod.

In einem Studio-Interview ein paar Monate vor der Fernsehpremiere beschrieb Shatner die Grundidee der Serie folgendermaßen: »Die *Enterprise* ist ein Raumschiff, das irgendwo weit draußen patrouilliert, ganz ähnlich wie die Schiffe im achtzehnten Jahrhundert auf den Meeren an den Grenzen des britischen Empires. Und wir haben die gleichen Aufgaben – wir sorgen für Gerechtigkeit, wir verteilen Lebensmittel und Medizin und stellen unsere Kampfkraft zur Verfügung.«

In vielerlei Hinsicht war das Leben auf dem Raumschiff *Enterprise* ähnlich wie das Leben der Besatzung auf den Schiffen, die dem humanen und dennoch mutigen Captain Horatio Hornblower unterstanden, nur vier Jahrhunderte später. Dies wurde zu einem zentralen Thema der *Star-Trek*-Idee. Der Regisseur Nicholas Meyer brachte alle Mitarbeiter von *Star Trek II* dazu, sich den Film *Captain Horatio Hornblower* (1951) mit Gregory Peck anzusehen, und die Produzenten schenkten Patrick Stewart ein Exemplar von C. S. Foresters Roman *Commodore Hornblower* , als er die Reisen der *Enterprise* in *Star-Trek: The Next Generation* fortsetzte. Trotzdem war Captain Kirk zu einem großen Teil William Shatners Schöpfung.

»Captain Kirk verhält sich genauso, wie William Shatner sich verhält«, erinnerte sich der Star der Serie, »oder eher wie der ideale William Shatner sich in Gefahr, Liebe, Leidenschaft oder einer sozialen Konfliktsituation verhalten würde. Also legte ich alles von mir in ihn hinein, denn ich hatte keine andere Wahl. Ich konnte nicht vorausplanen, weil ich nicht wußte, was als nächstes kommen würde.«

Shatners *Star-Trek*-Pilotfilm wurde in nur acht Tagen während des Sommers 1965 abgedreht, doch die Nachbearbeitung und der Schnitt zogen sich bis zum Dezember hin. Trotzdem beschlossen die Verantwortlichen der NBC kurz nach der Fertigstellung, die neue Serie für den Start im Herbst 1966 anzukündigen. Die eigentliche Produktion begann im Mai 1966 mit der Folge ›The Corbomite Maneuver‹. Das unkomplizierte Drehbuch gab den Schauspielern die Gelegenheit, sich ganz auf ihre neuen Rollen zu konzentrieren. In dieser Episode entkommt Captain Kirk einer drohenden Katastrophe durch einen Bluff, nachdem die *Enterprise* sich in einen Raumsektor verirrt hat, der von einem bösen außerirdischen Kriegsherrn kontrolliert wird.

Der Koproduzent Bob Justman hatte einen sechstägigen Arbeitsplan für jede Episode eingerichtet. Dadurch wurden an jedem Tag zwölf bis vierzehn Drehbuchseiten bewältigt, was es im Fernsehgeschäft bisher noch nie gegeben hatte. Den siebten Tag behielt er sich für Änderungen und Korrekturen vor. Die Regisseure hatten nur eine Woche zur Vorbereitung auf jede Episode, und darin waren das Casting für die Gaststars, die Arbeit an der Ausstattung und letzte Drehbuchänderungen eingeschlossen.

Aufgrund dieses knappen Zeitplans entwickelte das *Star-Trek*-Team einige der kreativsten und effektivsten Produktionstechniken der bisherigen Fernsehgeschichte. Jeder arbeitete hundert Stunden pro Woche und Gene Roddenberry sogar bis in die frühen Morgenstunden, während er die Produktion der ersten dreizehn Folgen sehr genau kontrollierte, um zu gewährleisten, daß seine eigene Vision von *Star Trek* verwirklicht wurde.

Einige der besten Episoden entstanden während der ersten Staffel. In ›Mudd's Women‹ wurde Roger Carmels Rolle des geschwätzigen Hochstaplers eingeführt. Die Folge war ein solcher Erfolg, daß zwei weitere Auftritte von Mudd geplant waren und die NBC sogar um eine eigene Serie bat. Unglücklicherweise war Carmel jedoch so stark in andere Projekte eingebunden, daß es nur zu einer weiteren Episode mit dieser einzigartigen Figur kam.

Robert Walker jr. verkörperte einen verwirrten Jugendlichen mit telekinetischen Fähigkeiten in einer hervorragenden Episode mit dem Titel ›Charlie X‹. Nach Auskunft der Leute, die an der Produktion beteiligt waren, hatte Shatner mehrere Meinungsverschiedenheiten mit dem Regisseur und dem Koproduzenten, weil er der Meinung war, Walker hätte in dieser Folge zu viele gute Szenen.

Shatner war wesentlich glücklicher mit ›What Are Little Girls Made Of?‹, weil er darin die Gelegenheit erhielt, eine Doppelrolle zu spielen. Ein verrückter Wissenschaftler, der die *Enterprise* unter seine Kontrolle bringen will, baut Kirk als Androiden nach. Den Fans gefiel diese Episode auch wegen der obskuren Anspielungen auf die Mythologie des Science-fiction-Schriftstellers H. P. Lovecraft.

In ›The Enemy Within‹ gab es eine weitere Doppelrolle für Shatner. Eine Fehlfunktion des Transporters spaltet Kirk in zwei Persönlichkeiten auf, von denen die eine seine positiven und die andere seine negativen Aspekte vereint. Shatners Leistung während einer Kampfszene zwischen den zwei Hälften seiner Persönlichkeit war so bewegend, daß das gesamte Drehteam spontan applaudierte.

Material aus ›The Cage‹, dem ersten Pilotfilm der Serie,

wurde in den Zweiteiler ›Menagerie‹ eingearbeitet. Darin ist Kirk gezwungen, Spock vor Gericht zu stellen, weil dieser die *Enterprise* dazu benutzt hat, den inzwischen gelähmten Captain Christopher Pike zu einem verbotenen Planeten zu bringen, dessen Bewohner Pike mit ihren parapsychologischen Fähigkeiten dazu verhelfen, ein erfülltes Leben zu führen.

Susan Olivers Auftritt als grünhäutige orionische Frau, die Captain Pike erscheint, während er unter der Kontrolle der Aliens steht, wurde von vielen Kritikern wegen ihrer offenen Erotik verdammt und vom Manager des Sender KXTX in Dallas sogar verboten. Dadurch wurde das Flair dieser Folge nur um so berüchtigter.

Shatner erklärte sich während der Dreharbeiten zu ›Shore Leave‹ freiwillig bereit, sich einer wahrhaft gefährlichen Bestie zu stellen. In dieser Episode macht die Besatzung der *Enterprise* Urlaub in einem außerirdischen Vergnügungspark, wo die Besucher mit Bildern aus ihrem eigenen Geist unterhalten werden. NBC hielt das Drehbuch von Theodore Sturgeon für zu abstrakt, worauf Shatner nach einer Möglichkeit suchte, etwas mehr Spannung in die Folge zu bringen. Da die Dreharbeiten zum größten Teil in einem Tierpark stattfanden, schlug er vor, mit einem ausgewachsenen Tiger zu ringen, der bereits in einer früheren Szene benutzt worden war.

Roddenberry war jedoch der Meinung, daß das keine so gute Idee wäre, und der Produzent machte Shatner seinen Standpunkt klar, als er ihm zeigte, wie der Tiger zur Fütterungszeit frisches Fleisch zerriß. Der unerschrockene Star ließ sich sehr schnell überzeugen, und ausnahmsweise nahm Shatner Abstand von seiner Philosophie, ›alles für die Show zu geben‹.

Shatners Töchter traten in ›Miri‹ auf, einer frühen Folge über einen Planeten, der von jahrhundertealten Kindern bewohnt wird. In der Schlußszene umarmt er seine jüngste Tochter Melanie. In einer Episode mit dem Titel ›The

Conscience of a King‹ konnte Shatner seine Fähigkeiten als Shakespeare-Mime vorführen. Darin geht es um eine Truppe von Wanderschauspielern, die einem entflohenen Kriegsverbrecher Unterschlupf gewähren.

In der Folge ›City on the Edge of Forever‹, die von vielen Fans als die beste Folge der Serie betrachtet wird, reist Kirk in die Vergangenheit, um ein Ereignis rückgängig zu machen, das die Zukunft auf tragische Weise verändert hat. Im New York der 1930er Jahre trifft er auf eine wunderschöne Frau, gespielt von Joan Collins, in die er sich verliebt. Im Verlauf einer schauspielerischen Glanzleistung erkennt Shatner, daß die Veränderung der Zukunft davon abhängig ist, ob sie einen Unfall überlebt oder nicht. Er hat keine Wahl und muß sie sterben lassen. Dies ist die einzige Folge, in der die Zensoren Kirk ungehindert fluchen lassen – als er ein harmloses ›Geh zur Hölle!‹ spricht. Das Drehbuch wurde mit dem Writer's Guild Award und dem Hugo, dem internationalen Science-Fiction-Preis, ausgezeichnet.

Für den Start der Fernsehausstrahlung wählte NBC jedoch eine mittelmäßige Episode mit dem Titel ›The Man Trap‹ aus, in der ein Wesen, das seine Gestalt verändern kann, in die *Enterprise* eindringt und den Besatzungsmitgliedern das Salz aus den Körpern entzieht. Bei NBC war man der Meinung, die Zuschauer würden eher durch die unkomplizierte Handlung und das unheimliche salzsaugende Vampirmonstrum angesprochen werden.

Man irrte sich. Die ersten Kritiken waren vernichtend. *Variety* sagte rundweg voraus, daß ›diese Serie niemals funktionieren wird‹, und *TV Guide* kommentierte sinngemäß, daß man nach den Sternen gegriffen habe. Sinkende Einschaltquoten schienen die Urteile der Kritiker zu bestätigen. Während der Erstausstrahlung kam *Star Trek* niemals über Platz vierzig in der Nielsen-Liste hinaus, der führenden Gesellschaft zur Ermittlung von Einschaltquoten in den USA.

Doch die Leute, denen die Serie gefiel, gefiel sie *sehr* gut. Noch bevor sie auf Sendung ging, erhielt *Star Trek* eine lobende Erwähnung auf der World Science-fiction Convention von 1966, wo Roddenberry eine exklusive Voraufführung beider Pilotfilme arrangiert hatte. Zum Ende der ersten Staffel war *Star Trek* für fünf Emmy Awards nominiert und hatte fast 30 000 Fanbriefe erhalten. Für eine völlig neue Serie war es im Grunde gar kein schlechter Start.

Sämtliche Mitarbeiter von Desilu – vom Leiter des Studios bis zum Drehteam – taten alles, damit die Serie zu einem Erfolg wurde, obwohl Shatner immer noch seine Bedenken hatte. Der Redakteur Kohn D. F. Black erinnert sich daran, wie er eines Abends einem verdrießlich gestimmten Shatner begegnete, der sich auf dem Parkplatz gegen Blacks Auto lehnte. Der Star sah ihn mit einem Ausdruck großer Unschuld an und sagte einfach nur: »Das alles ist so verdammt wichtig für uns.« Black versuchte ihn aufzumuntern und erwiderte: »Ja, wir haben einen Hit gelandet!« »Das hoffe ich sehr«, sagte Shatner darauf und ging fort.

Doch die hohen Tiere von NBC wußten die gigantischen Anstrengungen bei den Dreharbeiten der neuen Serie nicht zu schätzen. Sie interessierten sich nur für die Einschaltquoten – und die damit verknüpften Werbeeinnahmen. Die Erbsenzähler des Senders stellten keine Verbesserung der Quoten für die Serie fest und dachten sogar darüber nach, sie mitten in der ersten Staffel abzusetzen.

Dann kam es zur ersten einer erstaunlichen Reihe von Reaktionen, die von den Fans lanciert wurden. Der bekannte Science-fiction-Autor Harlan Ellison, der das Drehbuch zur beliebten Folge ›City on the Edge of Forever‹ geschrieben hatte, initiierte eine Kampagne, damit *Star Trek* auf Sendung blieb. Er verschickte 5000 Briefe an seine Schriftstellerkollegen und *Trek*-Fans.

Die einzigartige Herausforderung, mit der die Serie zu jener Zeit konfrontiert war, wird sehr gut in Ellisons Brief zusammengefaßt, der vom 6. Dezember 1966 datiert:

Endlich ist es geschehen. Ihr wißt schon seit längerer Zeit Bescheid. Ihr wißt, welchen Stellenwert erwachsene Science-fiction erreicht hat, und Ihr seid zusammengezuckt, wenn Ihr gesehen habt, auf welch kindische Weise sie im allgemeinen auf dem Bildschirm präsentiert wurde. Doch jetzt ist der Glücksfall eingetreten, und es gibt eine Serie zur Hauptsendezeit, die für das Gebiet der spekulativen Fiction zu werben versucht. Bei dieser Serie handelt es sich natürlich um *Star Trek* und sie hat sich hohe Ziele gesteckt. *Star Trek* verbreitet die frohe Botschaft in der Welt. Wer von Euch die Serie gesehen hat, weiß, daß sie häufig von echten Science-fiction-Autoren geschrieben wird und daß sie unter großen Anstrengungen und mit hohen Ansprüchen verwirklicht wird. Wer von Euch auf der World Science-fiction Convention in Cleveland war, weiß, daß sie begeisterten Applaus erhielt und mit einer besonderen Erwähnung ausgezeichnet wurde. *Star Trek* hat dem Massenpublikum endlich bewiesen, daß Science-fiction mehr ist als eine Situationskomödie in Raumanzügen. Der Grund für diesen Brief – und offen gesagt, für diesen Hilfeaufruf – ist der: Wir haben erfahren, daß die Serie trotz ihres gesunden Wachstums demnächst in Schwierigkeiten geraten könnte. Das Nielsen-Roulette ist im Gange. Man sagt: ›Wenn erwachsene Science-fiction so zugkräftig sein soll, wie kommt es dann, daß diese Kinder-Weltraumoper auf dem anderen Sender (*Lost in Space*) viel besser läuft?‹ Es hat keinen Sinn, darauf zu erwidern, daß *Star Trek* gegen eine Serie antritt, die schon im zweiten Jahr ausgestrahlt wird. Diese Leute interessieren sich nur für die Dezimalstellen hinter dem Komma. Und auf die Stimmen, die sich erheben. Und an diesem Punkt kommt Ihr ins Spiel.

Die Einstellung von *Star Trek* oder die Ausrichtung auf ein jüngeres Publikum wäre tragisch und würde demonstrieren, daß echte Science-fiction sich nicht für ein Massenpublikum eignet.

Wir brauchen Briefe! Briefe von Euch allen und von jedem Science-Fiction-Fan und Fernsehzuschauer, den wir durch unsere Veröffentlichungen und persönlichen Kontakte erreichen können. Ganz wichtig: keine Formbriefe! Es hat keinen Sinn, unsere Formulierungen zu übernehmen. Es sollte in den eigenen Worten und mit der ehrlichen Meinung der Fans geschehen. Sie sollten verschickt werden an a) lokale Fernsehsender, von denen *Star Trek* ausgestrahlt wird; b) an Sponsoren, die mit ihrer Werbung *Star Trek* finanzieren; c) an Fernsehjournalisten in allen Bereichen; d) an *TV Guide* und andere Fernsehzeitschriften.

Die Situation ist sehr kritisch. Es muß jetzt geschehen, sonst ist es zu spät. Wir setzen uns mit allem dafür ein, und wir hoffen, daß wir auch auf Eure Anstrengungen zählen können.

Die Briefaktion funktionierte – zumindest vorläufig. Über 116 000 Schreiben trafen bei NBC ein, und *Star Trek* wurde in einer zweiten Staffel fortgesetzt.

Romanze im Quartier des Captains

Obwohl Shatner sehr beschäftigt war, führte er genau das Leben, das er sich schon immer erhofft hatte. Er konnte gleichzeitig seine sportlichen Interessen, sein Familienleben, seine Schauspielerkarriere und romantische Affären verfolgen.

Gerüchte über Shatners leidenschaftliche Eskapaden machten die Runde. Es heißt, daß Andrea Dromm, die kurvenreiche, knollennasige Blondine, die die Adjutantin des Captains spielte, die Serie verließ, um Shatners amourösen Avancen zu entgehen. Wie dem auch sei, sie wurde schnell durch Grace Lee Whitney ersetzt, die für ihre turbulente Lebensweise bekannt war. Whitney hatte in Hollywood als Wassernixe in einer Revue debütiert und war dann in den Filmen *Top Banana* (1954) und *Some Like It Hot* (1959) aufgetreten.

»Janice Rands Aufgabe an Bord der *Enterprise*«, erinnerte sich Whitney, »war die einer rechten Hand, eines Mädchens für alles. Mit anderen Worten, sie kümmerte sich um Kirks persönliche Bedürfnisse, etwa wie ein Leibdiener. Ich hatte mir selbst einen Spitznamen verliehen: die Weltraum-Geisha.«

Whitney war als Kind mißbraucht worden und als Nymphomanin aufgewachsen. Als sie zu trinken begann, brachen ihre Verteidigungsmechanismen zusammen. Obwohl sie niemals zugab, ein Verhältnis mit Shatner gehabt zu haben, war er der einzige aller Mitwirkenden, der auf ihrer Seite stand, als das Studio am Ende der ersten Staffel entschied, sie loszuwerden. David L. Ross, der in der Serie einen Sicherheitsoffizier spielte, erinnert sich, wie es damals war.

»Grace Lee Whitney machte einige schlimme Sachen durch«, berichtete Ross mir. »Sie war laut und erzählte immer wieder schmutzige Witze. Sie lachte gern und wollte dazugehören. Und es gab Sex hinter den Kulissen. Doch sie gab sich alle Mühe. Sie traf immer pünktlich zu den Dreharbeiten ein, aber sie machte einige persönliche Veränderungen durch und trank. Bill wollte ihr helfen. Er ermahnte sie immer wieder, sich zusammenzureißen. Er sagte ihr, sie solle sich am Riemen reißen, weil es immer schlimmer wurde. Doch dann wurde ihr mitten in der ersten Staffel gekündigt. In den letzten Wochen, als jeder wußte, daß Grace hinausfliegen würde, war sie tabu. Niemand wollte mehr mit ihr reden oder sie auch nur ansehen.«

(Nach ihrem Hinauswurf wurde Whitney Prostituierte im Pennermilieu von Hollywood. Nach und nach bekam sie ihr Leben wieder in den Griff; sie arbeitet heute mit Selbsthilfegruppen von Drogenabhängigen. In einem triumphalen Comeback nahm sie ihre Rolle als Janice Rand in allen *Star-Trek*-Kinofilmen bis auf *The Wrath of Khan* wieder auf.)

Mehrere Mitglieder des ehemaligen *Star-Trek*-Teams haben angedeutet, daß Shatner es sich zur Gewohnheit gemacht habe, mit weiblichen Gaststars der Serie ins Bett zu gehen. Jemand, der anonym bleiben möchte, behauptet, daß nur vier oder fünf weibliche Gaststars seinen Annäherungsversuchen erfolgreich Widerstand leisten konnten.

Natürlich ist es kaum vorstellbar, daß ein heißblütiger Mann der Versuchung widerstehen konnte, um solche Schönheiten zu werben: Angélique Pettyjohn (die die sinnliche Shahna in ›The Gamesters of Triskelion‹ spielte), Antoinette Bower (die verführerische Hexe in ›Catspaw‹), Tania Lemani (die Nightclub-Tänzerin in ›Wolf in the Fold‹) oder Leslie Parish mit den feuerroten Haaren (die als Lieutenant Carolyn Palamas in ›Who Mourns for Adonais?‹ auftrat und zum Schluß ein verführerisches rosafarbenes Chiffongewand trägt). Und wie steht es um die Jungfrau schlechthin, die Androidin Rayna, die in ›Requiem for Methuselah‹ von Louise Sorel verkörpert wurde?

Wie kann jemand Karen Steele, Susan Denberg und Maggie Thrett vergessen, die geballte Ladung üppiger Weiblichkeit, die ›Mudd's Women‹ waren, oder die kurvenreichen Serien von Androidenzwillingen, Rhae und Alyce Andrece und Maureen und Coleen Thornton in ›I, Mudd‹?

Wie sein Alter Ego Kirk war auch Shatner selbst von Joan Collins hingerissen, nachdem er mit ihr in ›The City on the Edge of Forever‹ zusammengearbeitet hatte. Die verführerische Schauspielerin trat in der Rolle der Edith Keeler auf, der Sozialarbeiterin in den 1930er Jahren, in die Kirk sich Hals über Kopf verliebt. Shatners Zuneigung zu der Schauspielerin mag ein Grund gewesen sein, daß er es schaffte, eine seiner gefühlvollsten darstellerischen Leistungen der gesamten Serie abzuliefern.

Joan Collins sagt dazu, daß ihre Beziehung einen Knacks erlitt, als sie eines Tages in seine Garderobe kam und ihn dort ohne seine Perücke antraf.

»Bill Shatner war ein großer Flirt«, erinnerte sich Tasha Martel, ein weiterer Gaststar in *Star Trek*. Die exotische Schauspielerin, die in vielen Fernsehsendungen auftrat, darunter in *The Outer Limits* und *Have Gun Will Travel*, spielte Spocks Frau T'Pring in der Folge ›Amok Time‹. Sie erzählt, daß sie und Shatner kichernd wie zwei Schulkinder geflirtet hätten, bis der Regisseur Joe Pevney einschreiten mußte, um ihren temperamentvollen Eskapaden Einhalt zu gebieten.

Shatner war jedoch in Theodore Sturgeon, dem Drehbuchautor dieser Episode, ein Rivale um ihre Gunst erwachsen. Martel erzählt, Sturgeon habe sie während der Dreharbeiten ›verliebt angestarrt‹, und kurz darauf waren die beiden ein Paar.

Es versteht sich beinahe von selbst, daß Shatner nicht der einzige war, der hinter den Kulissen von *Star Trek* für Aufregung sorgte. Sogar Leonard Nimoy hatte seine leidenschaftlichen Momente. Es heißt, daß er und Shatner um die Aufmerksamkeit von Jill Ireland konkurrierten, die Spocks Angebetete Leila in ›This Side of Paradise‹ spielte. Gene Roddenberry hatte ein langjähriges Verhältnis mit Majel Barrett, die im ersten Pilotfilm die Nummer Eins und in der Serie Schwester Chapel spielte (was ihn nicht davon abhielt, zur gleichen Zeit eine kurze Romanze mit Nichelle Nichols zu beginnen). 1968 verließ Roddenberry seine Frau und zog mit Majel zusammen. Sie heirateten im folgenden Jahr.

Daß niemand den Star verärgert!

Obwohl Shatner alles zu haben schien, was er sich wünschen konnte, wollte er noch mehr, und die Planung einer zweiten *Star-Trek*-Staffel bot ihm eine weitere Gelegenheit, diese Ziele zu erreichen. Shatner wußte, daß die zweite Staffel eine Gnadenfrist darstellte, eine neue Chance, seinen größten Traum zu verwirklichen, nämlich zum herausragenden Schauspieler seiner Generation zu werden.

»Auch wenn ich meine Träume zurückgesteckt habe«, gab

Shatner damals zu, »habe ich sie niemals völlig aufgegeben. Wenn *Star Trek* zu einer dauerhaften Serie wird, heißt das, daß ich in fünf oder sechs Jahren auf die Bühne zurückkehren und mich frei entscheiden kann, was ich machen will. Wenn die Serie keinen Erfolg hat, muß ich mich wieder durchschlagen.«

Natürlich war der Toughy in ihm immer zu einem Schlagabtausch bereit, und er würde auf jeden Fall darum kämpfen, *Star Trek* zu einem Erfolg zu machen. In Shatners Pilotfilm hatte seine Rolle den Namen James R. Kirk erhalten, doch dann wurde er schon in der zweiten Folge zu James T. Kirk geändert, als offensichtlich wurde, daß ›Tiberius‹ besser zum herrschaftlichen Charakter paßte, den Shatner entwickelt hatte. Die Stimmung wurde immer gereizter, als der königliche Habitus des Hauptdarstellers auch hinter der Kamera durchbrach.

In ›The Deadly Years‹ beispielsweise infizieren sich Kirk, Spock, McCoy und Scotty mit einer Krankheit, die den Alterungsprozeß beschleunigt. Shatner erkannte bald, daß er Schwierigkeiten damit hatte, einen alten Mann darzustellen, doch DeForest Kelley meisterte diese Aufgabe hervorragend. Als Shatner viele der Tricks kopierte, die Kelley benutzte, um älter zu wirken, und als er dann mehr Szenen forderte, um seine neuentdeckten Talente zu demonstrieren, platzte Kelley der Kragen. Der Regisseur Joe Pevney sagte, in dieser Episode hätte es deswegen ›jede Menge Streit hinter den Kulissen‹ gegeben.

Für William Windom, der die Rolle des Commodore Decker in der Folge ›Doomsday Machine‹ spielte, war Shatners herrschaftliches Gehabe nichts Neues. Windom war die zweite Besetzung für Shatner im Broadway-Stück *The World of Suzie Wong* gewesen und hatte die Macht seines Egos aus unmittelbarer Nähe erfahren. Während der Dreharbeiten zu dieser Folge hegte Windom einen tiefen Groll gegen Shatner, und die zwei sprachen kaum miteinander, wenn die Kamera nicht lief.

Im Originaldrehbuch war Windoms Rolle wesentlich stärker ausgebaut. Statt verwirrt über der Konsole seines zerstörten Schiffs zusammengebrochen aufgefunden zu werden, sollte er heldenhaft und voller Zorn auf dem Bildschirm der *Enterprise* erscheinen. Shatner war jedoch der Meinung, daß Decker damit Kirk in den Schatten stellte, und sorgte dafür, daß sein Text gekürzt und sein Auftritt abgeschwächt wurde.

»Mir ist klargeworden, welche Macht der Hauptdarsteller einer Serie hat«, stellte Shatner zu jener Zeit fest. »Jeder tut alles, um nur nicht den Star zu verärgern. Es ist eine einzigartige Position, die in der Unterhaltungsindustrie nur wenige erlangen. Es ist eine Form von uneingeschränkter Macht.

Im Fernsehen hat der Star einer Serie viel mehr Macht, als einem Schauspieler unter normalen Umständen zusteht. Ich denke, es ist ähnlich wie die Macht, die ein großer Star in einem Film hat, und es ist ein sehr starker Regisseur nötig, um einen solchen Star im Zaum zu halten. Diese Macht kann einen korrumpieren, davon bin ich überzeugt, doch ich denke, daß es mit mir noch nicht geschehen ist. Wenn es doch geschieht, hoffe ich, daß mich jemand schnellstens zurückpfeift.«

Es wäre sehr schwierig gewesen, Shatner zurückzupfeifen. Der energiegeladene Schauspieler kam zwischen vier und fünf Uhr morgens ins Studio und ging fast als letzter. Er entwickelte ein lebhaftes Interesse an jedem Aspekt der Produktion und meldete sich jedesmal zu Wort, wenn er anderer Ansicht war, ob es nun um die Beleuchtung oder den Text eines Kollegen ging. Auch wenn er sich niemals mit Kritik zurückhielt, war er sofort bereit, eine gute Leistung zu loben.

»Shatner kam niemals zu spät«, erinnert sich der Schauspieler Dave Ross, »er ließ einen niemals warten, so wie andere Stars. So etwas tat er einfach nicht, weil er ein Profi war. Bill kümmerte sich auch um die Gaststars. Er war pünktlich im Studio, er konnte seinen Text, und er war immer da. Wenn man mitten in den Dreharbeiten steckt, wenn die Bühne ausgeleuchtet ist und der Zeitplan läuft, macht man leicht Fehler. Dann kam immer eine humorvolle Bemerkung von Bill. Wir hatten diese blöden Plastikphaser, die ständig vor der Kamera in Stücke gingen, und er hatte immer einen Spruch parat, er versuchte immer, die Leute bei Laune zu halten. Leonard fing niemals damit an, aber wenn Bill einen Witz machte, ging er jedesmal darauf ein. Bill hatte immer etwas Komisches zu sagen, ganz gleich, worum es gerade ging. Das hält die Leute bei Laune, das hebt die Moral. Bill tat alles für die Serie, denn sie war seine Visitenkarte. Er wollte immer das, was für die Serie am besten war, und er kam gut mit allen zurecht, die die Serie unterstützten – darauf lief es im Grunde hinaus. Wer gegen die Serie war oder sie auf irgendeine Weise gefährden wollte, war Bills Feind.

Und er war immer für einen da, wenn man ein Problem hatte. Er war immer da, wenn man mit einem Regisseur aneinandergeriet, weil etwas nicht stimmte, und man selbst gar nicht wußte, was es war. Man konnte natürlich nicht damit rechnen, daß man Bill immer auf seiner Seite hatte, aber zumindest sorgte er dafür, daß die Dinge nicht aus dem Ruder liefen. Mein erster Auftritt war in ›Miri‹, und ich hatte ein Problem damit, wie ich eine bestimmte Sache spielen sollte. Ich stritt mich mit dem Regisseur Vincent McEveety, und Bill kam dazu und stellte sich auf seine Seite. Dann zeigte er mir, wie ich die Szene spielen sollte, damit sie gut wurde. Ich weiß nicht, ob sein Vertrag ihm ein Mitspracherecht bei der Regie gab, aber er interessierte sich immer für alles, was vor sich ging.«

Shatners intensives Interesse an der Serie wurde jedoch nicht von jedem geschätzt. Einige Leute betrachteten Captain Quirk als neurotische Glucke im Star-Trek-Studio. Statt sich darauf zu verlassen, daß die Produzenten und Regisseure ihre Arbeit allein erledigten, stellte Shatner neben seiner Garderobe einen Tisch auf, wo er die Schauspieler, den Koproduzenten und den Regisseur versammelte, um Drehbuchänderungen mit ihnen zu diskutieren. Er bestand darauf, daß jeder an diesen Versammlungen teilnahm, bevor man mit den Dreharbeiten begann. Der sogenannte Probentisch gab den Schauspielern zwar die Gelegenheit, ihren Text noch einmal durchzugehen, doch für die straffe Zeitplanung der Serie erwies er sich als großes Hemmnis.

Der Regisseur Joe Pevney erinnerte sich: »Bill verhielt sich wie der eigentliche Produzent, wenn er den Requisiteur anwies, den Tisch und die Stühle aufzubauen. Nun, wenn man fünf oder sechs Tage pro Woche Fernsehen macht, hat man einfach keine Zeit für diese ständigen Proben – mit dem Bleistift in der Hand, um Änderungen einzufügen. Denn wenn man bei den Dreharbeiten etwas ändern will, braucht man dazu das Einverständnis des Produzenten. Außerdem wird dadurch die Autorität des Regisseurs zerstört. Ich kann sehr wütend werden, wenn jemand mit diesem Blödsinn anfängt. Ich komme aus einer disziplinierten Schule, die davon ausgeht, daß alles im Drehbuch steht. Der Regisseur hat die Aufgabe, die Geschichte so zu erzählen, wie der Autor sie beabsichtigt hat. Sobald sich jemand daran zu schaffen macht, verliert man jede Kontrolle. Doch jedesmal, wenn es ›Schnitt! Zum Kopieren!‹ hieß, flitzten alle Leute auf Bills Kommando zum Tisch, um die nächste Szene auszuarbeiten.«

Shatner fühlte sich auch für die allgemeine Stimmung im Studio verantwortlich. Wie Dave Ross bereits sagte, war er der erste, der einen Witz riß oder die anstrengende Arbeit aufzulockern versuchte. Ein Streich, den Shatner sehr gerne erzählt, betrifft die Mittagspausen.

Im Gegensatz zur Kantine von Desilu, in der sich kaum jemand aufhielt, war der Speisesaal von Paramount immer gut gefüllt. Da alle Mitarbeiter des *Star-Trek*-Teams gleichzeitig Pause machten, hasteten sie zusammen los, um sich zum Mittagessen anzustellen. Es wurde zu einer regelrechten Herausforderung, etwas Eßbares zu ergattern und sich für einen Moment zu entspannen. Shatner machte sich meistens in schnellem Dauerlauf auf den Weg zum Speisesaal, wodurch er häufig als erster eintraf. Das heißt, bis zu jenem Tag, als Leonard Nimoy ein Fahrrad mit zur Arbeit brachte. Da Nimoy den

Weg nun schneller als jeder andere zurücklegte, konnte er entspannt seine Mahlzeit genießen und sich anschließend sogar noch in seiner Garderobe ausruhen.

Shatner beschloß, Nimoys Zeitplan zu sabotieren, indem er das Fahrrad mit einem Vorhängeschloß ankettete. Nimoy hatte keine Ahnung, wer sein Fahrrad angekettet hatte, doch er fand einen Bolzenschneider, den er in Griffweite aufbewahrte, falls es noch einmal notwendig wurde, die Kette zu knacken. Einmal versteckte Shatner das Fahrrad in George Gakeis Garderobe, und der verwirrte Mr. Sulu konnte Nimoy keine glaubhafte Erklärung abliefern, wie es dorthin gekommen war. Ein anderes Mal stellte Shatner das Fahrrad in seine eigene Garderobe, in der sich außerdem sein Hund, ein Dobermannpinscher namens Morgan, aufhielt. Als Nimoy sich erkundigte, was mit seinem Fahrrad geschehen sei, bemerkte Shatner, er habe gesehen, wie jemand es in seine Garderobe gestellt hätte. Als Nimoy die Tür zu Shatners Garderobe öffnete, stand er plötzlich dem Hund gegenüber, der sein Fahrrad mit grimmiger Entschlossenheit bewachte. Spock entschied sich klugerweise dazu, an diesem Tag zu Fuß zur Mittagspause zu gehen.

Kurze Zeit später konspirierte Shatner mit den Elektrikern, das Fahrrad unter dem Dach des Studios aufzuhängen und einen Punktstrahler darauf zu richten. Als Nimoy sich nach seinem Fahrrad erkundigte, sagte Shatner einfach: »Erhebe deinen Blick zu den Sternen, Leonard!« Nimoy fand schließlich heraus, wer hinter den ständigen Streichen steckte, und sperrte sein Fahrrad in den Kofferraum seines Autos. Natürlich fühlte Shatner sich dadurch nur aufs neue herausgefordert und sorgte dafür, daß das Auto abgeschleppt wurde.

Nimoy erhielt die Gelegenheit zur Rache, als Shatner eine Szene spielen sollte, in der er ein Ganzkörper-Make-up benötigte. Das hautfarbene Pulver wird in einem Eimer mit Wasser verrührt und dann mit einem Schwamm auf den Körper des Schauspielers aufgetragen. Ein paar Stunden, bevor Shatner geschminkt werden sollte, stellte Nimoy den Eimer in einen

Kühlschrank. Der kreischende Shatner konnte kaum stillhalten, als die eiskalte Mischung auf seinen ganzen Körper aufgetragen wurde. Erst anschließend erkannte er, wer für diese Make-up-Tortur verantwortlich war.

Um diesen Streichen ein Ende zu setzen, besorgte Shatner sich einen Campingkocher und bereitete darauf das Mittagessen für Nimoy und Kelley in einem Lagerraum direkt hinter der Tonbühne vor. Auf diese Weise verliefen ihre Mittagspausen wesentlich entspannter. Der tragbare Herd benötigte zusammengerollte Zeitungen als Brennstoff, und Shatner wurde immer besser darin, schnelle Mahlzeiten zuzubereiten. Ihre Lieblingsgerichte waren ›Vulkanisches Kalbssandwich‹ und mit Käse gefüllte ›Spaceburger‹.

Wer ist überhaupt der Star?

Die zwei Stars kamen jedoch nicht immer so gut miteinander zurecht. Die Reibungen begannen in der Mitte der ersten Staffel, als die Popularität von Nimoys Rolle enorm anwuchs. Allmählich erhielt er deutlich mehr Fanpost als Shatner. Sogar die Leute von NBC, die Roddenberry zuvor aufgefordert hatten, den Vulkanier zu streichen, sagten ihm jetzt, er sollte das außerirdische Besatzungsmitglied stärker herausstellen. Ein Sponsor aus der Tabakbranche machte dem Sender den Vorschlag, die immer beliebter werdende Figur ›Space-Zigaretten‹ rauchen zu lassen.

Den Wendepunkt markierte ein Artikel in der *Saturday Review*, in dem vorgeschlagen wurde, daß Spock, der doch wesentlich interessanter als Kirk war, zum Captain der *Enterprise* befördert werden sollte. Shatner tobte vor Wut.

»Tagelang wagte sich niemand in Shatners Nähe«, erinnerte sich der Autor David Gerrold. »Er war fuchsteufelswild. Er war als Star der Serie engagiert worden. Und plötzlich schrieben alle Autoren diese großartigen Sachen für Spock, und Spock, der doch nur eine Nebenrolle spielen sollte, erhielt auf einmal den gleichen Stellenwert wie Kirk. Bill fühlte sich dadurch stark zurückgesetzt. Andererseits ist Leonard ein sehr kluger Geschäftsmann, ein sehr intelligenter Schauspieler, und er erkannte, daß die Rolle als Spock ihm enorme Möglichkeiten bot. Also ließ er nicht locker.«

Kurze Zeit danach tauchte ein Fotograf von *Life* im Studio auf, um die mühsame Make-up-Prozedur zu dokumentieren, der Leonard Nimoy sich jeden Tag unterziehen mußte. George Takei erinnert sich, daß Shatner nur einen kurzen Blick in die Maske warf, um dann sofort wieder zu verschwinden. Es gab Gerüchte, daß Shatners Vertrag ihm ein Einspruchsrecht bezüglich Fotografen im Studio einräumte. Und siehe da, schon nach wenigen Minuten kam jemand aus der Verwaltung und bat den Fotografen, unverzüglich zu gehen. Der Mann packte seine Kameraausrüstung zusammen und verschwand.

Es war offensichtlich, was hier geschehen war. Nimoy zog sich mit halb fertiger Maske in seine Garderobe zurück und weigerte sich weiterzumachen, bis der Fotograf zurückkehren durfte, um seine Arbeit fertigzustellen. Darauf hetzten Studioangestellte zwischen den Garderoben der zwei Stars hin und her, und die Fehde verzögerte die Produktion um mehr als vier Stunden. Schließlich wurde ein neuer Termin mit dem Fotografen vereinbart, und die Dreharbeiten konnten beginnen.

›Bill Shatners Problem‹, schrieb der Drehbuchautor Norman Spinrad dazu, ›bestand darin, daß er keine so interessante Rolle wie Nimoy bekommen hatte. Er war der Hauptdarsteller, aber er konnte nicht die interessanteste Figur sein. Das führte zu all dem Streit um Textzeilen und den verrückten Sachen in vielen Drehbüchern, wo der Captain durchdrehte, weil ihm jemand sein Schiff wegzunehmen versuchte. Dadurch wurde der Figur mehr Tiefe verliehen. So erhielt Kirk ein gewisses Etwas, das in Wirklichkeit auf

Shatner zurückging – was eine gute Methode ist, um solche Dinge zu verarbeiten.‹

Es dauerte nicht lange, bis Shatner und Nimoy ihren Text gegeneinander aufrechneten und beide sehr eifersüchtig in bezug auf ihre Rollen waren. Die Autoren und Regisseure wagten es kaum noch, neue Drehbücher abzuliefern, weil die Stars sofort wieder einen großen Wirbel um ihre Gewichtung machen würden. Nimoy hatte das Gefühl, er würde nicht die Anerkennung erhalten, die er verdiente, vermutlich weil das Studio versuchte, seine Popularität herunterzuspielen, damit er nicht auf die Idee kam, mehr Geld und bessere Konditionen zu verlangen.

Keiner der beiden Stars wollte den Stichwortgeber für den anderen spielen, und beide wollten mehr Text. Nimoys Figur litt darunter, weil Spocks Arbeit unter Kirk einen Reiz besitzt, der sehr gut funktioniert, wenn Kirks Tatkraft sich mit Spocks abweichenden Standpunkten reibt. Wenn Spock allein auftritt, wirkt er sehr unnahbar und schwerfällig, wie zum Beispiel in der Folge ›Galileo Seven‹, wo er eine Shuttle-Mission leitet. Nimoy hat zugegeben, daß die Episode ein Fehlschlag war, aber er verlangte trotzdem nach mehr Gelegenheiten, das Kommando zu übernehmen, während Shatner sich mit Händen und Füßen dagegen wehrte, etwas von der Verantwortung seiner Rolle abzugeben.

Die Situation wurde so schlimm, daß Roddenberry sich an Isaac Asimov wandte, damit dieser ihm half, Kirk ansprechender für das Publikum zu gestalten. Asimov schlug vor, daß Spock und Kirk häufiger zusammenarbeiten sollten, damit die Leute Kirk und Spock miteinander assoziierten. Er hielt es auch für eine gute Idee, Shatners Rolle zu erweitern.

›Mr. Shatner ist ein vielseitig begabter Schauspieler‹, schrieb Asimov an Roddenberry, ›und vielleicht sollte man dies dadurch demonstrieren, daß man ihm die Chance zu vielfältigen Rollen gibt. Mit anderen Worten: Es sollten Handlungen ausgearbeitet werden, in denen Mr. Shatner die Gelegenheit erhält, in verfremdeten oder ungewöhnlichen

Rollen aufzutreten. Eine glanzvolle Demonstration seiner Vielseitigkeit wäre in der Tat beeindruckend und würde die Angelegenheit für Mr. Shatner vermutlich wesentlicher interessanter machen.‹

Diese Schwerpunktverlagerung verbessserte Shatners Stimmung, und er entwickelte neue Begeisterung für die Serie. Doch schließlich trieben die Spannungen hinter den Kulissen Leonard Nimoy in die Therapie. Als sensibler Mensch entwickelte Nimoy eine regelrechte Besessenheit bezüglich der Rolle des Spock, obwohl er dieses Problem später wieder in den Griff bekam.

»Ich lernte Leonard erst nach der dritten oder vierten Folge näher kennen«, offenbarte David Ross, »nachdem er gehört hatte, daß ich das Angebot, in die ständige Besetzung übernommen zu werden, abgelehnt hatte. Ich erinnere mich, daß Leonard in seinen Drehbuchkopien einzelne Wörter angestrichen und die Dialogzeilen durchgezählt hatte. Doch im persönlichen Bereich gab es für ihn eine Grenze, die er niemals überschritt. Wenn es einen Snob der Serie gab, dann war er es. Er legte Wert auf biodynamische Ernährung und diese exzentrischen Sachen. Wenn man nicht eine Menge mit ihm gemeinsam hatte, gab es kaum etwas, worüber man mit Leonard reden konnte. Für Shatner war er alles andere als der Kumpel, zu dem er gehen konnte, wenn er fix und fertig war und eine Schulter zum Ausheulen brauchte. Der Unterschied zwischen Bill und Leonard war recht einfach. Leonard war berechnend. Er dachte nach, bevor er auch nur ein Wort sagte. Shatner war viel direkter, er sagte, was er fühlte, und das brachte ihn manchmal in Schwierigkeiten.«

Die meisten Menschen, die an *Star Trek* mitarbeiteten, würden sich Ross' wenig schmeichelhafter Einschätzung des Menschen anschließen, der den Mr. Spock verkörperte. Nimoy gab später selbst zu, daß er sich im Studio sehr kalt und überheblich benahm, aber er sagte auch, daß es seine Methode war, um sich in seine Rolle hineinzufinden. Im Gegensatz zu Shatner, der sehr spontan war, verbrachte Nimoy

Stunden damit, sich in Spock zu verwandeln, und er behielt diese Rolle auch dann bei, wenn die Techniker die nächste Szene vorbereiteten. Er wollte auf keinen Fall herumalbern oder sich mit den anderen verbrüdern.

Nimoy strengte sich so sehr an, nicht aus der Rolle zu fallen, daß er nach dem Verlassen des Studios Schwierigkeiten hatte, Spock abzuschütteln. Schließlich litten auch seine Frau und seine Kinder unter Nimoys vulkanischer Mentalität, so daß der Schauspieler professionelle Hilfe suchte. Das war der Beginn eines jahrzehntelangen Kampfes, Spocks Macht über seine Persönlichkeit unter Kontrolle zu bekommen. Um seinen schließlichen Triumph zu verkünden, betitelte er seine Autobiographie *I Am Not Spock*.

DeForest Kelley wurde nie in diese Machtkämpfe hinter den Kulissen hineingezogen. Ross sagte dazu: »Kelley konnte sehr gut mit dem Hollywood-Betrieb umgehen. Er hatte viel Erfahrung damit. Er war ein enger Freund von Audie Murphy und war in vielen seiner Western aufgetreten. Kelley hatte alle Höhen und Tiefen dieses Berufes mitgemacht und sein Geld sicher angelegt. Er verhielt sich sehr vorsichtig und war immer liebenswürdig. Im Streit zwischen Shatner und Nimoy ergriff er niemals Partei.«

Die Geschichte nimmt ihren Lauf

Die persönlichen Konflikte und der strenge Zeitplan forderten ihren Tribut, und *Star Trek* schien sich zu einem ähnlichen Fiasko wie *Suzie Wong* zu entwickeln. Der Regisseur Joe Pevney verließ schließlich die Produktion und gab den Versuch auf, mit Shatner und Nimoy zusammenzuarbeiten, und sogar Gene Roddenberry hatte das Gefühl, er würde die Kontrolle über *Star Trek* an seine zwei Hauptdarsteller verlieren. Bereits einige Zeit zuvor war der Produzent und Autor John D. F. Black ausgestiegen, doch auch sein Nachfolger Stephen Carabatsos hielt es nur ein paar Wochen aus. Der Koproduzent Bob Justman erlitt einen Nervenzusammenbruch und mußte pausieren, um sich zu erholen.

Darauf folgte ein ähnlicher Zusammenbruch von Gene Roddenberry, der ebenfalls eine Erholungspause von der Serie benötigte. Als Roddenberry zurückkehrte, machte er sich selbst zum ausführenden Produzenten, um seine Bürde zu erleichtern und Abstand von den Streitereien im Studio zu gewinnen. Shatner war wütend, weil Roddenberry mitten in der Staffel ›das Schiff verlassen‹ hatte, wodurch die Beziehung zwischen den beiden noch angespannter wurde.

»Roddenberry hat *Star Trek* nicht aufgegeben«, erzählte mir Nichelle Nichols. »Er ging, damit er sich um seine Gesundheit kümmern konnte, damit er nicht schon 1968 statt 1992 starb. Die Nebendarsteller hatten niemals das Gefühl, sie wären im Stich gelassen worden. Jeder wußte, daß es gut für Roddenberry war. Ich kann Ihnen sagen, daß niemand es schaffte, früher im Studio zu sein als Gene Roddenberry, und daß niemand später ging. Es war ein ständiger Kampf, ihn zu seinem eigenen Wohl von seinem Engagement abzubringen. In vielen Nächten blieb er einfach in seinem Büro und schlief auf der Couch.«

Nach Nichols' Aussagen versuchte Shatner, Roddenberrys Position zu übernehmen. »Niemand war damit einverstanden«, sagte sie, »aber Bill übernahm einfach seine Rolle. Er kommandierte jeden herum und schüchterte die Regisseure und die Gaststars ein. Er kürzte den Text und die Szenen anderer Schauspieler und brachte alles unter seine Kontrolle, so daß der familiäre Zusammenhalt, den wir in der ersten Staffel entwickelt hatten, völlig zerstört wurde.«

Inzwischen hatte Roddenberry den Autor Gene Coon zum Produzenten befördert. Coons Beitrag zur Serie war immens. Er war dafür verantwortlich, daß die Charaktere menschlicher wurden und Humor in den Drehbüchern auftauchte. Coon arbeitete hart daran, daß die tägliche Produktion von *Star Trek* weitergehen konnte, doch gelegentlich war er gezwungen, in letzter Minute Änderungen zu veranlassen, ohne Roddenberrys Meinung hören zu können. Ihre heftigen Diskussionen schlugen manchmal auch im Studio Wellen. Ein weiteres Problem bestand darin, daß Coon dazu neigte, die Großen Drei (Shatner, Nimoy und Kelley) auf Kosten der übrigen Besetzung zu favorisieren. Normalerweise beriet er sich nur mit Shatner, Nimoy und dem Regisseur und sprach kaum mit den anderen Schauspielern. In seinen Memoiren betonte Shatner die Spannungen zwischen Roddenberry und Coon, obwohl sich inzwischen einige seiner Kollegen von dieser Sichtweise distanziert haben.

Nichelle Nichols sagte dazu: »Ich war schockiert, genauso wie meine *Star-Trek*-Kollegen, als wir lasen, wie Shatner den Konflikt zwischen den zwei Genes darstellte. Wir fragten uns die ganze Zeit: Wovon redet er überhaupt? Sie lagen sich niemals in den Haaren. Es gab keine negativen Gefühle zwischen ihnen. Sie wußten, daß sie sich aufeinander verlassen konnten, und das hatte mit ihrem gegenseitigen Respekt zu tun, da sie sowohl künstlerisch als auch politisch aus der gleichen Ecke kamen.

Ich ging im Büro aus und ein und hatte eine hervorragende Beziehung zu Gene Coon. Meine Freundschaft mit Gene Roddenberry – die zu Anfang von *Star Trek* rein platonisch war – war von einer tiefen Wärme geprägt. Ich bewunderte diese zwei Männer, nicht nur wegen ihrer Kreativität, sondern auch dafür, wie sie gemeinsam lachten und nachdachten. Ich habe immer gesagt: ›Wenn ihr zwei Pete statt Gene heißen würdet, würde ich euch *Pete* und *RePete* nennen.‹ (Wortspiel mit dem engl. *repeat* = wiederholen, Anm. d. Übers.) Roddenberry freute sich sehr über Coons Engagement. Gleichzeitig muß man im Auge behalten, daß *Star Trek* Gene Roddenberrys Baby war, für das er sein Herzblut gab. Nichts geschah ohne seine Duldung oder Beteiligung. Doch die Beziehung dieser zwei Männer war geprägt von reibungsloser Zusammenarbeit, sie lachten oft und hatten viel Spaß miteinander.

Ihre Büros... lagen am selben Korridor. Ihre Türen standen immer offen, so daß sie sich ständig etwas zurufen konnten – Sachen wie: ›Hast du dir schon das und das überlegt?‹ oder ›Daran arbeite ich gerade!‹ oder ›Hast du dir schon überlegt, was hinter der Einstellung des Klingonen steckt?‹ Wenn sie sich auf diese Weise lautstark unterhielten, geschah es mit Spaß und Freude am kreativen Prozeß. Manchmal ging einer zum Büro des anderen hinüber, und dann arbeiteten sie stundenlang zusammen. So sah ihre Beziehung aus.

Ich habe keine Ahnung, wie Shatner zu solchen Aussagen kommt. Gene Coons zweite Frau Jackie war darüber genauso schockiert. Diese Männer waren die engsten Freunde, die man sich vorstellen kann. Es war eine problemlose Freundschaft – sie hätten genausogut Brüder sein können.«

Doch vor dem Ende der zweiten Staffel sagte sogar Gene Coon, ›der schnellste Mann im Westen an der Schreibmaschine‹, daß er das hektische Tempo der Produktion nicht länger durchhielt, und stieg aus. Der wahre Grund für diesen Abgang könnte jedoch darin bestehen, daß er es satt hatte, sich mit William Shatner und Leonard Nimoy herumärgern zu müssen. Zumindest waren seine Manager Doris und Reece Halsey dieser Ansicht. Jackie Coon bemerkte ebenfalls, daß ihr Ehemann die zwei Stars der Serie für ›viel zu eifersüchtig und egozentrisch‹ hielt. John Meredyth Lucas, den Roddenberry aussuchte, um Coons Posten zu übernehmen, bestätigte die Spannungen im Studio.

»Als ich in die Serie einstieg«, sagte Lucas, »gab es große Probleme mit den Schauspielern. Nicht gerade ein Bürgerkrieg, aber große Spannungen zwischen der Besetzung und der Firma. Gene Coon führte mich an den Drehort, um mich als neuen Produzenten vorzustellen. ... Nachdem die Szene abgedreht war, kamen wir herüber, doch Shatner ging einfach weg. Er wollte weder mit mir noch mit Gene sprechen. Sie hatten irgendeinen Streit, aber ich hatte keine Ahnung, worum es ging. Es gab große Spannungen zwischen Shatner, Nimoy und Gene. Es hatte sich eine Menge zusammengebraut.«

Coon sollte vier Jahre später an Krebs sterben, doch viele, die mit der Serie zu tun hatten, sprachen immer wieder voller Lob vom ›unbesungenen Helden von *Star Trek* ‹.

»Wir waren sehr traurig, als Gene Coon ausstieg«, erzählte Nichols mir, »doch es geschah aus gesundheitlichen Gründen. Es war genauso wie bei Gene Roddenberry, der Coon aus gesundheitlichen Gründen an Bord genommen hatte.«

John Meredyth Lucas versuchte, die Mißstimmung im Studio zu ignorieren, und konzentrierte sich darauf, die Serie wiederzubeleben. Er kehrte zur ursprünglichen Horatio-Hornblower-Idee mit Action und Abenteuer auf einem Schiff an den Grenzen des Empires zurück. Gleichzeitig versuchte er enger mit Roddenberry zusammenzuarbeiten, um seine hochgesteckten Ziele zu realisieren, ohne die Geschichten stagnieren zu lassen.

Die sieben Zwerge

Die Produzenten und Regisseure hatten nicht nur Schwierigkeiten im Umgang mit Shatner und Nimoy, sondern erlebten gelegentlich ähnlich anstrengende Momente mit dem Rest der Stammbesetzung. Während den Großen Drei eine Rolle in jeder Episode garantiert war, hatte man den anderen nur sieben Auftritte in dreizehn Folgen versprochen. Darüber hinaus wurden sie nur auf wöchentlicher oder gar täglicher Basis engagiert. Dies führte zu weiteren Uneinigkeiten zwischen den Schauspielern. Shatner ging schließlich so weit, die übrigen Schauspieler als seine ›Sieben Zwerge‹ zu bezeichnen.

Die Situation war für Nichelle Nichols besonders kritisch, weil sie eine vielversprechende Gesangskarriere aufgegeben hatte, um an *Star Trek* mitwirken zu können. Sie mußte sich nicht nur die Streitigkeiten zwischen den Schauspielern, sondern auch die Vorurteile gefallen lassen, die hinter den Kulissen ausgesprochen wurden. Die Verantwortlichen von

Desilu waren anfänglich dagegen gewesen, eine Schwarze in die Besetzung aufzunehmen, so daß Gene Roddenberry sie auf täglicher Basis engagieren mußte, damit es aussah, als würde sie gar nicht zur ständigen Besetzung gehören. Schließlich versteckte das Studio sogar die Säcke mit Nichols' Fanpost, damit sie nicht auf die Idee kam, sich für einen Serienstar zu halten. Ein Angestellter, der als Mitarbeiter von Roddenberry begann und schließlich Assistent eines hohen Tieres von Desilu wurde, verhöhnte sie regelmäßig mit rassistischen Bemerkungen. Dann war der Punkt erreicht, an dem sie beschloß, aus der Serie auszusteigen.

»Mein Schmerz hatte ganz unbedeutende Ursachen«, vertraute sie mir an. »Jetzt ist es für mich faszinierend, doch damals war es recht quälend. Ich wollte gehen, weil ich auf einer Gesangskarriere aufbauen konnte, die mir wirklich etwas bedeutete, und weil ich all das gar nicht brauchte. Es war sehr frustrierend, aber gleichzeitig auch sehr lohnend. Ich weiß, das könnte widersprüchlich klingen, aber damals war es wirklich so. Außerdem hatte ich schnell erkannt, daß ich an einer sehr wichtigen Sache beteiligt war. Dieser Traum von Gene war ein großer Schritt nach vorne und vertrat einen wichtigen sozialen Standpunkt. Ich rede von der Originalserie, die immer wieder die gleichen sozioökonomischen Situationen, Vorurteile und Fortschritte anspricht, mit denen die Menschen noch heute zu tun haben.«

Es bedurfte eines zufälligen Treffens mit Martin Luther King, um Nichols von der Wichtigkeit ihrer Rolle in *Star Trek* zu überzeugen. Schließlich war sie trotz ihres umständlichen Engagements die erste Schwarze, die eine ständige Rolle in einer großen Fernsehserie spielte.

Nichelle beschloß, bei *Star Trek* zu bleiben und zu versuchen, den Stellenwert ihrer Rolle zu stärken. Das war eine beachtliche Zielsetzung, wenn man die mächtigen Egos bedenkt, die bereits mehr Platz auf der Brücke für sich beanspruchten.

»Bill Shatner machte allen anderen sehr deutlich, daß er der große Boß war und daß wir anderen im Grunde nur zur Kulisse gehörten«, berichtet Nichelle Nichols in ihren Memoiren *Beyond Uhura*. »Alles, was nicht ausschließlich auf ihn konzentriert war, bedrohte sein Territorium, und er ließ es uns immer wieder sehr deutlich spüren, wenn er unzufrieden war.«

Die meisten seiner ehemaligen Kollegen stimmen darin überein, daß Shatner ihnen sogar die winzigsten Improvisationen oder jede zusätzliche Dialogzeile verweigerte. Seine häufigste Ausrede lautete, daß sie damit den ›Rhythmus der Szene‹ stören würden. Shatners persönliche Beziehung zu ihnen war bestenfalls herablassend, und er gesellte sich im Studio nur sehr selten zu den anderen Schauspielern, verbrachte seine freie Zeit lieber mit den Kameraleuten oder Beleuchtern oder verbrüderte sich mit den Stuntmen. Wenn einer der anderen Schauspieler ihn zur Rede stellte, wurde er plötzlich äußerst freundlich oder extrem charmant, so als hätte er einen guten Freund wiedergetroffen. Doch schon nach einer Minute hatte er immer eine Entschuldigung parat, um sich zurückzuziehen, wobei er sich mit einem unaufrichtigen Schulterklopfen von der betreffenden Person verabschiedete.

George Takei faßte es folgendermaßen zusammen: »Es war Shatner, der uns allen das Leben schwer machte.« Während der höflichen Takei sich während der *Star-Trek*-Jahre niemals mit dem Star anlegte, offenbarte er seine wahren Empfindungen in seiner Autobiographie *To the Stars*. Takei ärgerte sich am meisten über Shatners Angewohnheit, ein breites Lächeln zu zeigen, wenn er jemandem den Text geklaut oder in einem hinterlistigen Machtspiel gesiegt hatte.

»Es gelang ihm immer, diese charmante, lächelnde Fassade aufrechtzuerhalten, als wäre nichts Ungewöhnliches geschehen, während er scherzte, kicherte und herumalberte«, erinnert sich Takei. »Und immer dieses strahlende, unschuldige Lächeln. Dieses Lächeln, das so grell und gnadenlos wie die Scheinwerfer eines näher kommenden Autos war. Dem man schnellstens aus dem Weg gehen mußte.«

Um die Spannungen im Studio aufzulockern, versuchte Takei häufig, Shatner zu imitieren, und stellte sich dabei vor, wie sich der Star verhalten würde, wenn er sein größtes Ziel erreicht und den Text der gesamten Brückenbesatzung übernommen hatte. Nichelle Nichols erinnert sich, daß ihr vor Lachen die Tränen kamen, wenn sie miterlebte, wie Takei Shatners stockende Sprechweise nachahmte: »Gruß! Fre! Quenz! Ge! Öffnet! Cap! Tain!/Fas! Zi! Nie! Rend!/Er! Ist! Tot! Jim!«

James Doohan, der aus Vancouver in British Columbia stammt, kam nie sehr gut mit seinem kanadischen Landsmann zurecht. Die Schauspieler waren während der *Star-Trek*-Jahre keineswegs Freunde und wurden schließlich sogar zu erbitterten Feinden. Einmal beschloß Jimmy, Shatner anzurufen. Nachdem er sich am Telefon gemeldet hatte, wollte ein fassungsloser Captain Quirk wissen: »Woher hast du meine Telefonnummer? Ruf mich nie wieder zu Hause an!« Und Doohan legte großen Wert darauf, dies in Zukunft zu vermeiden.

Als die Brückenbesatzung zu Beginn der dritten Staffel durch einen neuen Schauspieler erweitert wurde, trug dies nur dazu bei, die Stimmung weiter zu verschlechtern. NBC hatte Roddenberry gedrängt, einen netten Schauspieler zu suchen, der die acht- bis vierzehnjährigen Zuschauer ansprechen würde. Der Sender versuchte das Teenager-Publikum zu umwerben und stellte sich als idealen Kandidaten jemanden wie das Bubble-Gum-Idol Davy Jones aus der erfolgreichen Serie *The Monkees* vor. Etwa zur selben Zeit hatte die *Prawda* einen Artikel veröffentlicht, in dem man sich darüber mokierte, daß es keinen einzigen Russen auf der Brücke der *Enterprise* gab. Schließlich waren die Russen doch als erste im Weltall gewesen. Roddenberry schlug in einem Geniestreich zwei Fliegen mit einer Klappe, als er die Figur eines jungen Russen schuf, die des Fähnrichs Pavel Chekov.

Walter Koenig hatte schon in *The Lieutenant* mit Roddenberry gearbeitet und einen russischen Austauschstudenten in einer Folge der Serie *Mr. Novak* gespielt. Außerdem sah er Davy Jones recht ähnlich. Mehr benötigte er nicht als Qualifikation. Um seine kurzen Haare zu verstecken, bis ihm eine längere Mähne gewachsen war, erhielt er vom Studio eine lächerlich aussehende Perücke. Dermaßen ausstaffiert, wurde Walter Koenig auf die Brücke der *Enterprise* versetzt und mußte sehen, wie er zurechtkam.

Seine Aufnahme war nicht gerade herzlich. Die Drehbücher konzentrierten sich in dieser Phase ganz auf die Beziehung zwischen Kirk, Spock und McCoy, was auf Kosten der anderen Figuren ging, und jeder wachte eifersüchtig darüber, daß seine eigene Rolle nicht beschnitten wurde. Die Erweiterung der Brückenbesatzung machte die Angelegenheit nur noch schlimmer.

»Walter Koenig war noch sehr jung, als er einstieg«, erinnerte sich David Ross, »und es gab viele Leute, denen das nicht gefiel. Wenn die Stammbesetzung sich auf irgendeine Weise durch eine neue Figur bedroht fühlte, wurde man kategorisch von ihr abgelehnt. Walter stellte sich zu Anfang etwas hilflos an. Er kam in den Proben sehr gut mit dem russischen Akzent und seinen paar Worten zurecht, doch dann gab es Verzögerungen, weil er es beim Dreh plötzlich nicht mehr hinkriegte. Er verbrachte viel Zeit mit der Nachsynchronisation. Bill Costella, der für die Besetzung verantwortlich war, hatte dreimal gesagt, daß er einen Ersatz für Koenig wollte. Er war nicht einmal die erste Wahl für die Rolle des Chekov gewesen. Zwei Schauspieler hatten die Rolle abgelehnt, weil sie wußten, daß sie damit nie groß herauskommen würden.«

Ein Beispiel für die Anspannung während der Dreharbeiten zu *Star Trek* war die ›Affäre der hohen Stühle‹, in der die Klappstühle der Schauspieler eine besondere Bedeutung gewannen. Jeder dieser Stühle war praktisch ein mobiles Büro mit einer Tasche für Drehbücher und persönliche Gegenstände. Die Stühle boten den Schauspielern außerdem einen Platz, an dem sie sich entspannen konnten, während sie auf ihre nächste Szene warteten. Der Stuhl des Regisseurs war immer höher als die des übrigen Produktionsteams, und Shatner, Nimoy und Kelley hatten allesamt Stühle, die höher als die der anderen Schauspieler waren. Meistens trug ein Studioarbeiter die Stühle der Stars und des Regisseurs von einem Drehort zum nächsten, während die Leute mit niedrigeren Stühlen diese selbst tragen mußten.

Walter Koenig hatte überhaupt keinen Stuhl, als er mit den Dreharbeiten begann, und die Tatsache, daß er keinen Sitzplatz hatte, gab ihm von Anfang an das Gefühl, ein Außenseiter zu sein. Doch schon nach wenigen Episoden erhielt der junge Schauspieler über 600 Fanbriefe pro Woche, und es wurde offensichtlich, daß seine neue Rolle eine große Beliebtheit entwickelte. An diesem Punkt verlangte Koenig, einen Stuhl zu bekommen, der genauso hoch wie die der Großen Drei war. Als er schließlich seinen Hochsitz erhielt, bewachte Koenig ihn eifersüchtig und ließ niemand anderen darauf sitzen. Natürlich erregte das die Mißgunst der übrigen Schauspieler, und kurze Zeit später saßen alle auf ›hohen Stühlen‹.

Koenigs erster Eindruck von Shatner war von tiefem Respekt geprägt. ›Er ist ein Gentleman und ein sanfter Mann (Wortspiel mit *gentleman* und *gentle man*, Anm. d. Übers.)‹, beschrieb Koenig seinen Captain, ›und ein Führer. Wenn irgendein Mitglied des Teams Probleme mit der Serie hat, spricht Bill mit dem Produzenten, um ihm zu helfen. Außerdem ist er ein sehr lockerer Mann. Er erzählt tolle Witze und versucht, für alle die Spannungen des Tages zu erleichtern. Es war Bill, der mir dabei geholfen hat, die Figur des Chekov zu entwickeln.‹

Shatner vertrat offiziell die Ansicht, daß er nichts dagegen hatte, wenn durch Chekov auch ein jüngeres Publikum erreicht wurde. Inoffiziell beklagte er sich über Koenigs schauspielerische Unerfahrenheit und seine Unfähigkeit, einen richtigen Akzent zu sprechen. Shatner gab niemals zu, daß er sich durch Koenigs wachsende Popularität bedroht fühlte, doch als erfahrener Schauspieler verstand er die Aufmerksamkeit, die ein junger Akteur auf der Bühne erregt. Überdies waren auch in Shatners eigene Rolle viele jugendliche Eigenschaften eingeflossen. Er mußte einfach den Eindruck gewinnen, daß die Vorherrschaft des Captains wieder einmal bedroht wurde.

Doch zumindest bei einer Gelegenheit konnte Shatner sich erneut im Licht seiner Bedeutung sonnen. Während der zweiten Staffel gab es Gerüchte, daß der Captain ein Angebot für eine andere Serie erhalten hatte und darüber nachdachte, aus *Star Trek* auszusteigen. Mehrere seiner Kollegen gerieten in Panik. Jeder erkannte, daß ein neuer Hauptdarsteller der Serie schaden würde. Shatner beschloß, gelassen zu bleiben. Zu einem Freund sagte er: »Ich weiß nicht, woher diese Gerüchte stammen, aber mich hat niemand gefragt, also sage ich nichts dazu.«

Bei einer anderen Gelegenheit, während der Dreharbeiten zur Folge ›Return of the Archons‹, ließ der Regisseur verschmitzt die *Großen Vier* auf die Bühne rufen. Jeder wußte, wer die Großen Drei waren, doch niemand konnte sich vorstellen, wer in die erlauchte Gruppe aufgestiegen sein könnte. War es Doohan? Oder Koenig? Ein paar Minuten, nachdem sich Shatner, Nimoy und Kelley eingefunden hatten, verkündete Pevney über sein Megaphon: »He, Dave Ross, kommen Sie sofort her!« Der Regisseur und die Stars hatten großen Spaß an diesem Gag, aber der Rest des Schauspielerteams konnte nicht darüber lachen.

Alle ständigen Schauspieler versuchten Einfluß auf Roddenberry zu nehmen, um mehr Zeit für ihre jeweiligen Rollen zu bekommen. Während der zweiten Staffel gab der ausführende Produzent ein Memorandum heraus, in dem es darum ging, daß jeder seine Dialogzeilen zählte, und das mit dem verärgerten Tadel endete, sie würden sich allesamt wie eine Horde verzogener Kinder gebärden. Ich fragte Shatners Freund David Ross, wie er die anderen Schauspieler in Erinnerung behalten hat.

»Mit Jimmy Doohan kam ich nie gut zurecht«, sagte Ross. »Er war einfach nicht der Typ, der sich jedem öffnet. Er machte sich ständig Sorgen um seine Karriere, die er mit großem Ehrgeiz betrieb. Er wollte, daß seine Rollen größer wurden, und aus diesem Grund gab es einige Verwirrungen und Streitigkeiten. Jimmy überlegte sich sogar, wie er mehr Zeit auf dem Bildschirm herausschinden könnte, wenn er seinen Akzent dazu benutzte, seinen Text in die Länge zu ziehen. Aber das scheint einfach zum Geschäft zu gehören. George Takei wollte unbedingt, daß seine Rolle mehr Gewicht erhielt. Aber er hatte nun einmal seine Aufgabe in der Serie, und daran ließ sich kaum etwas ändern. Wenn man eine kleine Rolle hat, gibt es nicht viele Möglichkeiten, etwas anders zu machen.«

»Schließlich gab es jede Menge Streß wegen der Frage, wer nun der größere Star war«, faßte Ross die Situation zusammen. »Sogar das Make-up war furchtbar. Jeder von ihnen hielt sich für einen Star. Jeder zog diese Nummer durch. Sie rechneten sich aus, wie viele Textzeilen sie im Vergleich zu den anderen Rollen hatten. Sie hatten gute Aufgaben, aber sie begriffen einfach nicht, daß sie gar nicht so wichtig waren. Mit Ausnahme von Leonard hätte Bill jeden von ihnen feuern können. Ich lernte von Bill, daß diese Leute oft versuchten, ins Licht zu treten, um die anderen in den Schatten zu stellen. Er mußte sich immer wieder zu Wort melden, um die Gaststars oder die nicht so resoluten Schauspieler in Schutz zu nehmen.«

Dem Anschein nach hatten die meisten Mitglieder der Stammbesetzung eine andere Sichtweise. Sie warnten die Gaststars und Komparsen, sich vor Shatner in acht zu nehmen.

Galaktische Glücksfälle

Trotz der schmerzhaften persönlichen Machtkämpfe schaffte man es, die zweite Staffel von *Star Trek* abzuschließen. Vielleicht spürten auch die Zuschauer etwas von den Spannungen hinter den Kulissen, die sich auch in einigen Drehbüchern bemerkbar zu machen schienen. Kirk sieht sich in der Folge ›The Ultimate Computer‹ mit dem Problem konfrontiert, durch einen sprechenden Computer ersetzt zu werden – wenn auch nicht durch Spock. In ›The Changeling‹ geht es um einen Computer in Gestalt eines Menschen, der darauf programmiert ist, sämtliche unvollkommenen Lebensformen zu zerstören. Er hält Kirk für seinen Schöpfer. In ›Who Mourns for Adonais?‹ verlangt ein Spock-ähnlicher Apollo, daß die Besatzung ihn anbetet, worauf Kirk den falschen Gott vernichten muß. In ›Journey to Babel‹ wird Kirk krank und muß dann vortäuschen, er sei wieder gesund, damit Spock auf das Kommando über die *Enterprise* verzichtet.

»Mirror, Mirror« postulierte die Existenz einer parallelen Dimension, in der die Brückencrew durch ihre negativen Gegenstücke ersetzt wird. ›The Trouble with Tribbles‹ hingegen war die dringend benötigte humorvolle Auflockerung der Serie.

Könnte die Episode ›By Any Other Name‹ auf die Paramount Studios anspielen, wenn Kirk die Kontrolle wiederzugewinnen versucht, nachdem eine Gruppe von Aliens das Schiff gekapert hat? Sind die ›Gamesters of Triskelion‹ in Wahrheit die Verantwortlichen des Senders und keine körperlosen Gehirne, zu deren Unterhaltung Kirk in tödliche Kämpfe verwickelt wird?

Ganz gleich, ob die Probleme in die Handlung einflossen, wenn Shatner das Team an seinem Probentisch versammelte – die sechsundzwanzig Folgen der zweiten Staffel waren jedenfalls bei weitem die besten der ganzen Serie. Die höhere Qualität der Drehbücher veränderte jedoch nichts an den Einschaltquoten der Serie.

Für das Überleben der Serie konnte man nur auf das Glück hoffen und beten. Das Gebet erfolgte in der ersten Episode der zweiten Staffel (›Amok Time‹), als der berühmte vulkanische Gruß ›Langes Leben und viel Glück‹ eingeführt wurde. Für die in ihrer Existenz bedrohte Serie hätte es kein angemesseneres Gebet geben können. Leonard Nimoy besann sich auf seine jüdische Herkunft, als er den Handgruß mit gespreiztem Mittel- und Ringfinger benutzte, mit dem Rabbiner ihre Gemeinde zu bestimmten Gebeten segnen. Diesen Segen konnte das *Star-Trek*-Team sehr gut gebrauchen, denn mitten in der zweiten Staffel hatte NBC wieder einmal beschlossen, die Serie einzustellen.

Doch es kam zu weiteren Ereignissen, die sich als Glücksfall für die Serie erwiesen. Die zwei ergebenen *Star-Trek*-Fans Bjo und John Trimble besuchten die Dreharbeiten zufällig genau an dem Tag, als das Team von den Plänen des Senders erfuhr. Shatner und die anderen Schauspieler waren sehr deprimiert, doch sie gaben sich alle Mühe, wie bisher weiterzumachen.

»Es war ein sehr entmutigender Anblick«, sagte Bjo Trimble später, »weil die Leute weitermachen und ihre Rollen als Besatzungsmitglieder der *Enterprise* spielen mußten, als wäre nichts gewesen. Sie brachten sich in Laune, sagten ihren Text auf, und dann kamen sie zurück und stießen einen schweren Seufzer aus... Es war wirklich eine traurige Angelegenheit.«

Die Schauspieler steckten gerade mitten in den Dreharbeiten zur vierzigsten Folge mit dem Titel ›The Deadly Years‹. In dieser Geschichte wird Kirk das Kommando entzogen, nachdem er einer mysteriösen Strahlung ausgesetzt war, die ihn rapide altern läßt. In der letzten Minute wird ein Gegenmittel gefunden, mit dem er und schließlich auch die *Enterprise* gerettet werden.

Wie sich dann herausstellte, geschah in diesem Augenblick genau das gleiche mit *Star Trek*. Auf dem Weg vom Studio nach Hause beschlossen Bjo und John Trimble, eine Kampagne zur Rettung von *Star Trek* zu starten. Durch den Schneeballeffekt entwickelte sich dieser Aufruf zur größten Fanaktion in der Geschichte des Fernsehens. Während dessen wußte Shatner sich prächtig zu amüsieren.

6
Harte Kerle auf heißen Motorrädern

Verdammt, ich will alles wenigstens einmal machen!
– William Shatner über seinen Lebensstil

»Wir fuhren oft nach San Diego runter, mit den Motorrädern über die Turkey Rut«, erzählte mir der Trek-Schauspieler David Ross. »Das ist eine ziemlich harte Strecke. Ich habe gesehen, wie Shatner von seinem Motorrad flog und einen schlimmen Sturz hinlegte, doch dann stieg er sofort wieder auf. Viele Leute wissen gar nicht, daß William Shatner ein viel härterer Kerl ist, als es Steve McQueen war. Es wurde niemals publik gemacht. Und ich habe beide gekannt.«

David Ross spielte mehrere kleine Rollen in *Star Trek*, und zwar einen Sicherheitsoffizier, den Transporter-Chief Lieutenant Galloway und Lieutenant Johnson. Im Verlauf der drei Jahre, in denen er an der Serie mitwirkte, ließen die Drehbuchautoren diese Figuren immer wieder sterben, worauf er jedesmal in einer neuen Rolle zurückkehrte.

Ross hatte seinen eigenen Fanclub und erhält auch heute noch Angebote, an *Star-Trek*-Werbeveranstaltungen teilzunehmen, wie sie zum Beispiel bei dem Kabelsender QVC stattfinden. Er lehnt solche Einladungen regelmäßig ab. Für Dave Ross war *Star Trek* nur einer von vielen Jobs.

Gene Roddenberry bot Ross an, zu einem ständigen Mitglied der Serienbesetzung zu werden und später im ersten Kinofilm aufzutreten, doch der militärisch ausgebildete Vietnam-Veteran war im Grunde überhaupt nicht an einer Schauspielerkarriere interessiert. Er besaß eine Baufirma, die Aufträge von Produzenten und Berühmtheiten wie Barbra Streisand übernahm, und er war ein enger Freund von Marlon Brando und Michael Caine. In seiner Freizeit arbeitete Ross als Vertragsschauspieler für eine Reihe von Hollywood-

Studios und trat in verschiedenen Folgen von *Combat* und *Wild, Wild West* auf. Er und Shatner kamen ausgezeichnet miteinander zurecht und wurden während der *Star-Trek*-Jahre zu guten Freunden.

»Bill und ich waren oft zusammen«, erzählte er weiter, »meistens mit den Stuntmen in Bills Garderobe, und unsere Clique hielt zusammen. Wir gingen zum Motorradfahren, zum Sporttauchen und machten viele andere Ausflüge. Er war ein richtig guter Kumpel, so ein Typ, der diese Männersachen zum Spaß machte – nicht um *Variety* immer wieder zu erzählten: ›Seht mal, was ich gemacht habe!‹ Ich habe mit vielen Schauspielern zusammengearbeitet, und die meisten von ihnen waren Idioten, aber nicht Shatner. Er besuchte mich oft in meinem Haus, und wenn Bekannte oder Verwandte da waren, war er immer bereit, sich zu uns zu setzen und freundlich zu sein. Bill gehörte praktisch zur Familie. Er ging zum Kühlschrank und holte sich selbst etwas zu trinken. Er hat sich nicht wie ein Gott aufgeführt, was viele behaupten. Am besten gefiel es ihm, wenn man ihn völlig normal behandelte.«

Es war Dave, der Shatner das Sporttauchen beibrachte. Sie trainierten wochenlang in einem Swimmingpool, und Shatner lernte nach und nach die nötigen Unterwassertechniken. Der markige Schauspieler Christopher George, der damals durch seine Rolle als Sergeant Sam Troy in *The Rat Patrol* bekannt war, wurde eingeladen, an Shatners Meerestaufe teilzunehmen. Bedauerlicherweise war der Ozean an jenem Tag, den Ross, Shatner, George und ein weiterer Taucher sich für ihren Tauchgang ausgesucht hatten, besonders unruhig.

Ihr erstes Problem bestand jedoch darin, Sauerstoff für Shatners Flasche zu besorgen. Die Gruppe machte in Santa Monica Halt, um die Sauerstoffflaschen aufzufüllen, doch da Shatner keinen offiziellen Tauchschein hatte, weigerte sich der Ladenbesitzer, auch seine Ausrüstung aufzufüllen. Schließlich wurde Shatner durch einen Angestellten erkannt, und man war einverstanden, wenn er versprach, vorsichtig zu sein. »Die Ladenbesitzer wollen doch nicht schuld am Tod von Captain Kirk sein!« wurde er gewarnt.

Als die vier Männer die Meeresküste erreichten, hatte ein Sturm die Wellen bis zur Höhe von sieben Metern aufgepeitscht. Nachdem sie unter Wasser waren, wurden die Taucher von den starken Strömungen gegen Felsen geschleudert, und sie machten sich große Sorgen wegen der rauhen Bedingungen. Shatner betonte immer wieder, er würde sich darauf verlassen, daß sie sich gegenseitig im Auge behielten, falls er in Schwierigkeiten geriet, doch die anderen Taucher waren viel zu sehr damit beschäftigt, den Felsen auszuweichen, als sich auch noch um ihre Kollegen kümmern zu können. Zum Glück machte Shatner sich ganz gut und trug nur ein paar Schrammen davon.

Shatner und Ross planten außerdem Angeltrips nach Alaska; sie schafften es einmal sogar, sich einen Sponsor und ein Fahrzeug zu beschaffen und am aufreibenden Baja-Motorbootrennen teilzunehmen. Doch Shatners enger Zeitplan machte ihnen sonst immer einen Strich durch die Rechnung. Die zwei Männer träumten davon, um die Welt zu segeln und sich auf einer tropischen Insel niederzulassen, doch die meisten Exkursionen fanden spontan statt.

Bei einer Gelegenheit unternahm Shatner mit Dave Ross und Gary Lockwood, der den übermenschlichen Offizier im zweiten Pilotfilm für *Star Trek* gespielt hatte, eine Motorradfahrt durch die Wüste. Shatner geriet in ein Schlagloch, wurde von seinem Fahrzeug geworfen und landete genau auf einem großen Kaktus. Die Hinterseite des Stars war mit schmerzhaften Dornen gespickt. Er zog seine Hose aus und legte sich bäuchlings auf sein Motorrad, während seine zwei Gefährten die spitzen Dornen herauszupften.

Dann kamen zufällig zwei weibliche Motorradfahrer vorbei und beobachteten die peinliche Szene mit sichtlichem Vergnügen. Shatner rief immer wieder, sie sollten verschwinden, doch die kichernden Mädchen wichen nicht von der Stelle. Ein nagelgroßer Dorn steckte so tief in Shatners Hintern, daß Lockwood ihn mit einer Zange herausziehen mußte, während der Star vor Schmerzen schrie. Anschließend war Shatner nicht mehr in der Lage, sich auf sein Motorrad zu setzen, und mußte sein Gefährt den langen Weg zurück in die Stadt schieben.

Am nächsten Morgen saßen die drei abenteuerlustigen Helden gerade beim Frühstück, als dieselben zwei Mädchen das Restaurant betraten. Dave Ross meinte, es wäre sicher lustig, sie in das Geheimnis einzuweihen. Doch als die Mädchen erkannten, wessen nackten Hintern sie gesehen hatten, stürmten sie kreischend auf den Star zu, der gerade sein Rührei verspeiste. Shatner ließ sofort die Gabel fallen und flüchtete aus dem Restaurant, während er Ross mit unsanften Stößen durch die Tür beförderte.

Der Kameramann Al Francis wurde ebenfalls ein guter Freund von Shatner. Er stieß in der zweiten Staffel zur Produktion und sollte als Nachfolger des ersten Kameramanns Jerry Finnerman arbeiten. Al Francis war ein professioneller Motorrad-Rennfahrer und fuhr an den Wochenenden mit Shatner hinaus, um ihm einige Tricks beizubringen.

Manchmal besuchten Ross, Francis, Shatner und ein paar weitere Kameraleute oder Stuntmen eine Kneipe in Los Angeles. Meistens konnten sie in aller Ruhe ein wenig trinken, doch gelegentlich wurden sie von harten Kerlen belästigt, die gerne ihre Kräfte mit Captain Kirk messen wollten. Wenn es zu solchen Konfrontationen kam, machte Shatner niemals einen Rückzieher, obwohl Ross, der frühere Soldat, gelegentlich einschritt, um einen Kampf zu verhindern. Einmal entschärfte Ross eine gefährliche Situation, indem er die Kämpfer darum bat, sich zu einem dunklen Platz zu begeben, damit niemand Zeuge wurde, wenn er seine tödlichen Tricks einsetzte, die er in seiner Sondereinheit gelernt hatte. Ein andermal kam es zu einer Massenschlägerei, bei der Shatners Kumpel einen Kreis um ihn bildeten, damit er nicht verletzt wurde.

Shatner hatte in der Tat eine Vorliebe dafür, sich mit Kerlen anzulegen, die größer als er waren. Manchmal war er der Meinung, durch seine Corvette Stingray hätte er gewisse ungeschriebene Vorrechte auf der Straße, und mehrere Male kam es beinahe zu Faustkämpfen mit anderen Fahrern. Sogar wenn er auf dem Golfplatz herumfuhr, glaubte er, uneingeschränkte Vorfahrt zu besitzen. Als er dort einmal mit einem anderen Golfcart zusammenstieß, schrie er die drei kräftig gebauten Männer im anderen Fahrzeug an, sie hätten ihm ausweichen müssen. Als sie ausstiegen, stürmte Shatner auf einen von ihnen los und versetzte ihm einen schnellen Schlag gegen den Brustkorb. Der Mann wich jedoch keinen Fingerbreit zurück, und schließlich landete Shatner auf dem Rücken am Boden. Von dieser Position aus entschuldigte er sich für seine heftige Reaktion.

Eine Niederlage mußte Shatner auch einstecken, als er mit seinen drei Töchtern einen Vergnügungspark in Hollywood besuchte. Sie fuhren im Autoscooter, als drei junge Rüpel in verschiedenen Fahrzeugen damit begannen, Shatners Gefährt von allen Seiten zu rammen.

»Einer von ihnen rammte uns und hätte fast meine Mädchen verletzt«, erinnerte sich Shatner. »Als die Fahrt vorbei war, packte ich den Kerl und stieß ihn zu Boden. Ich dachte, ich könnte es mit allen dreien aufnehmen, so wie Captain Kirk es in vielen Kämpfen bewiesen hat. Alle drei stürzten sich auf mich und prügelten auf mich ein. Ich blutete überall. Einer von ihnen protestierte, ich sollte ihn nicht mit meinem Blut bekleckern. Schließlich lag Captain Kirk hilflos am Boden.« Darauf mußte der verlegene Vater vor seinen drei Töchtern um Gnade flehen.

Bill Theiss, der Retter in der Not

Die meisten von Shatners Schrammen stammten jedoch nicht von Schlägereien, sondern von seinem Lieblingssport, dem

Motorradfahren. Querfeldein zu fahren, war ein gefährlicher Sport, und es geschah nicht selten, daß die Männer mit gebrochenen Armen, Beinen und Schultern zurückkehrten. Shatner erlebte einige schwere Stürze, bei denen er sich ernsthaft hätte verletzen können.

Weil dadurch die Dreharbeiten zu *Star Trek* beeinträchtigt worden wären, hätten die Verantwortlichen des Studios getobt, wenn sie gewußt hatten, was er tat. Doch Shatner konnte es bis zum letzten Jahr von *Star Trek* geheimhalten, als ein neuer Vertrag aufgesetzt wurde, der dem Star verbot, an irgendwelchen riskanten sportlichen Aktivitäten teilzunehmen.

Bis dahin war es die Aufgabe des Kostümbildners Bill Theiss gewesen, Shatners gezerrte Muskeln zu verhüllen und seine geschwollenen Gelenke und Schürfwunden zu verstecken. Theiss führte außerdem Buch über das Gewicht aller Schauspieler und drängte sie behutsam dazu, sich fit zu halten. Es war ein ständiger Kampf, weil die Uniformen nach dem Waschen schrumpften und mehrere Darsteller – einschließlich Shatner – allmählich zunahmen.

Als Theiss der Schauspielerin Grace Lee Whitney riet, zehn Kilo abzunehmen, schaffte sie es tatsächlich, aber gleichzeitig war sie von Amphetaminen abhängig geworden. Für James Doohan wurde es sogar so schlimm, daß die Studioleitung ihm sagte, er solle ein vernünftiges Gewicht halten oder aus der Serie aussteigen. Theiss mußte Doohans Uniform immer wieder ändern, in der Hoffnung, die überschüssigen Pfunde kaschieren zu können. Er wandte die gleichen Tricks bei Shatner an, obwohl der Star nicht so dramatisch zunahm wie Doohan.

Das eigentliche Problem waren Theiss' knappe und enge Kostüme. Er schaffte es vermutlich nur deshalb, nicht das Mißfallen der Zensoren des Senders zu erregen, weil die Serie in der fernen Zukunft spielte. Denn wer wußte schon, welche Modetrends sich entwickeln würden? Nach Theiss' Ansicht würden die Frauen an ungewöhnlichen Körperstellen Haut zeigen, und die Attraktivität eines Mädchens würde sich daran messen lassen, wie knapp ihr Gewand saß. Für die Männer entwarf er engsitzende Stretchhosen und ultrakurze Pullis.

Als zehn Jahre später der erste *Star-Trek*-Kinofilm gedreht werden sollte, entwarf Theiss eine neue Uniformserie, die etwas mehr Erbarmen mit den Bäuchen der gealterten Schauspieler hatten. Er stattete die Hosen mit einem elastischen Band aus, das straff über den Unterleib gespannt war und dabei half, ihn zusammenzuhalten.

»Bill Theiss war ein komischer Kerl«, erinnerte sich Dave Ross. »Er hatte meistens irgendeine witzige Bemerkung über jemanden parat, wie zum Beispiel: ›So ein Schlawiner!‹ Er trat einigen Leuten auf die Zehen und sollte mehrere Male aus verschiedenen Gründen gefeuert werden, doch Gene Roddenberry hielt zu ihm. Theiss war ein großartiger Kostümbildner und konnte jedes Kleidungsstück in wenigen Sekunden flicken oder ersetzen. Es war Theiss' Verdienst, daß nur wenige Leute im Studio etwas von Shatners Verletzungen bemerkten oder den wahren Grund erkannten, warum Captain Kirk sich an manchen Tagen so langsam bewegte.«

Theiss arbeitete auch an anderen Roddenberry-Projekten mit und gewann einen Emmy für seine Kostümentwürfe zu *Star Trek: The Next Generation*. Außerdem wurde er für seine Arbeit im Filmgeschäft dreimal für den Oscar nominiert.

Dynamo Kirk

Während der *Star-Trek*-Jahre staunten Shatners Freunde immer wieder über seine Begeisterungsfähigkeit für Projekte außerhalb der Serie. Trotz der langen Stunden im Studio und der Publicity-Verpflichtungen fand Shatner Zeit für zahlreiche andere Projekte. Das Telefon in seiner Garderobe stand kaum still, weil ständig Leute anriefen, die ihm Rollen anbieten, ihn zu Interviews überreden oder ihm Drehbücher, Raumschiffe und andere verrückte Dinge verkaufen wollten.

Eine Verlockung, der Shatner niemals widerstehen konnte, waren Doppelrollen. Während einer Drehpause von *Star Trek* im März 1967 reiste er nach Spanien, um dort mit Joseph Cotton den Film *White Comanche* zu drehen. Es handelt sich dabei um die klassische Geschichte der verfeindeten Zwillinge, die in der Verpackung eines Spaghetti-Westerns erzählt wird. Die Mutter der Zwillinge ist eine Indianerin, und ihr Vater ist Weißer. Die Babys werden nach der Geburt getrennt, worauf ein Junge bei den Indianern aufwächst und der andere von weißen Siedlern großgezogen wird. Schließlich wird der Cowboy-Zwilling eines Mordes angeklagt, den sein Indianer-Bruder begangen hat. Er spürt seinen Doppelgänger auf, und schließlich kommt es zu einem Kampf auf Leben und Tod. Bedauerlicherweise ist Shatners Haarschnitt als Cowboy und als Indianer derselbe, so daß er ziemlich unglaubwürdig wirkt.

Nach seiner Rückkehr aus Spanien kaufte Shatner die Rechte an Hank Greenspuns Autobiographie *Where I Stand: The Record of a Reckless Man!* Der extravagante New Yorker Rechtsanwalt wurde zu einer mächtigen Gestalt in der Verlagswelt, als er mehrere Zeitungen gründete, darunter auch die *Las Vegas Sun*. Shatner überredete den *Trek*-Regisseur Joe Pevney, für dieses Filmprojekt sein Partner zu werden. Er versuchte auch einen Film zu produzieren, für den er einige Zeit zuvor das Drehbuch erworben hatte, eine Story von Jerry Sohl mit dem Titel *The Twisted Night* . Shatner hoffte, in beiden Filmen die Hauptrolle spielen zu können, doch die Finanzierung brach in letzter Minute zusammen, so daß diese Drehbücher niemals den Weg auf die Leinwand fanden.

Etwa zur selben Zeit stieß Shatner auf ein Buch über eine wahre Geschichte aus dem Vietnam-Krieg, das er unbedingt verfilmen wollte. Die Hauptrolle wollte er mit seinem Freund Christopher George besetzen, der zu jener Zeit in der ABC-Serie *The Rat Patrol* spielte. Shatner machte sogar einen Drehort im tropischen Mexiko ausfindig, wo der Film entstehen sollte. Er ging mit dem Drehbuch zu Alan Ladd jr. von der Twentieth Century Fox, dann zu Universal und einigen weiteren großen Studios, doch es wurde von allen abgelehnt. Die Studiobosse waren davon überzeugt, daß niemand einen Film über den Vietnam-Krieg sehen wollte. Natürlich wurden sie durch die Flut erfolgreicher Vietnam-Filme, die kurz darauf einsetzte, eines Besseren belehrt, was Shatner zutiefst frustrierte.

Der Schauspieler, Produzent und Autor verbrachte seine übrige Freizeit damit, seine verschiedenen athletischen Interessen zu verfolgen. Shatner war ein altgedienter Boxer und hatte viele Stunden mit Sparringskämpfen verbracht, als er seinerzeit nach Hollywood kam. Doch von 1966 bis 1969 nahm er an einem Karatetraining mit dem Drehbuchautor und Träger des Schwarzen Gürtels Terry Bleecker teil.

»Sein Gedächtnis ist phänomenal«, urteilte Bleecker über seinen Schüler. »Seine Disziplin als Schauspieler und sein hervorragendes Erinnerungsvermögen machen ihn zu einem erstklassigen Karateschüler. Er ist stark, beherrscht und schnell. Auch wenn wir eine Woche lang nicht miteinander arbeiten konnten, erinnerte er sich anschließend noch mühelos an alles, was er gelernt hat, und wußte noch genau, wo wir aufgehört haben. Er ist ständig voll da.«

Bogenschießen, Wildschweinjagden, Kanufahren, Skifahren, Golf, Tennis und Fliegen (er machte seinen ersten Alleinflug mit einer Cessna 150 nach nur acht Stunden) stellten nur einige der weiteren Aktivitäten dar, mit denen Shatner sich vergnügte. Es waren körperliche Anstrengungen, die jeden anderen verausgabt hätten.

»Wenn ich auf die Sachen zurückblicke, die ich gemacht habe«, sagte er damals, »glaube ich, daß ich wohl etwas verrückt bin. Aber ich will immer wieder meine Grenzen erkunden, sowohl im Sport als auch in der Schauspielerei. Ich habe immer daran geglaubt, daß man seine Leistungsfähigkeit nur dann kennt, wenn man ständig bis an seine Grenzen geht und alles ausprobiert.«

Achtung, die Trimbles kommen!

William Shatner war gegen Bjo und John Trimbles Briefkampagne zur Rettung von *Star Trek*. Er meinte, wenn sie die Verantwortlichen des Senders dazu zwingen mußten, ihre Meinung zu ändern, würde damit die Bedeutung der Schauspieler herabgesetzt werden. Es sollte noch viele Jahre dauern, bis Shatner akzeptieren konnte, welche Rolle die Fans dabei spielten, *Star Trek* am Leben zu erhalten.

Die Trimbles starteten ihre Kampagne mit nur 800 Adressen von einer Science-fiction-Convention. Innerhalb eines Monats hatten sie aus Roddenberrys Unterlagen und von Fanclubs weitere Namen erhalten, so daß sie schließlich über eine Liste mit 6000 Adressen verfügten. Der Schlüssel zum Erfolg der Trimbles lag jedoch darin, daß sie die Empfänger aufforderten, ihren Brief zu kopieren und an möglichst viele Freunde und Bekannte weiterzuleiten.

Als die Kettenbrieflawine aufhörte, waren fast eine Million Protestbriefe bei NBC eingegangen. Zunächst versuchte der Sender, die Reaktion herunterzuspielen und gab offiziell zu, nur 60 000 Briefe erhalten zu haben, doch schon kurze Zeit später machte die spektakuläre Aktion Schlagzeilen im ganzen Land. Über 500 Studenten der Cal Tech hielten mit Fackeln Wache vor dem Burbank-Studio der NBC, und Studenten vom MIT belagerten die Sendezentrale im Rockefeller Center.

Die meisten der Transparente forderten: »Wir wollen Spock«, und 90 Prozent der Briefe verlangten ausdrücklich, daß *Leonard Nimoy* auf Sendung bleiben sollte. Diese

Tatsache verärgerte Shatner und trug vermutlich dazu bei, daß er die Aktionen der Fans als ›erniedrigend‹ bezeichnete.

Ein fanatischer Trekker infiltrierte die New Yorker Zentrale des Senders und brachte Aufkleber mit dem Text ›*Star Trek* lebt!‹ in der Lobby und an den Aufzügen an. Dann schlich er sich auf den Parkplatz und klebte zahlreiche *Trek*-Sticker auf die Stoßstangen der Autos, die den leitenden Angestellten und den Stars des Senders gehörten. Der Talkmaster Johnny Carson hatte keine Ahnung, was der Sticker mit der Aufschrift ›Grok Spock!‹ bedeuten sollte, bis einer seiner Autoren es ihm erklärte. (Das Wort ›grok‹ oder ›groken‹ bedeutet, jemanden voll und ganz zu verstehen, weil man ihm empathisch verbunden ist. Es stammt aus Robert Heinleins SF-Klassiker *Stranger in a Strange Land*.)

Kurz darauf erhielten die Firmenbüros von NBC Hunderte von Briefen, in denen wütende Aktionäre die Fortsetzung der Serie forderten. Auch eine solche Reaktion war in der Fernsehgeschichte einmalig – und blieb es bis heute.

Der Sender war gezwungen, mitten in der zweiten Staffel öffentlich bekanntzugeben, daß es eine dritte Staffel von *Star Trek* geben würde. Die NBC erhielt darauf weitere 100 000 Briefe mit Dankschreiben. Die hohen Tiere versprachen Roddenberry sogar, daß die Serie auf Montagabend, 19.30 Uhr, verlegt werden sollte, einen begehrten Sendeplatz, der fast zwangsläufig zu besseren Einschaltquoten führen würde.

Shatner jedoch war der Kämpfe um *Star Trek* überdrüssig und hoffte insgeheim, daß es zu keiner weiteren Fortsetzung kam. Zehn Jahre lang hatte er Nebenrollen im Fernsehen abgelehnt. Die Rolle des Captain Kirk hatte er nur deshalb angenommen, weil er der Star sein wollte und nicht um in der Beliebtheitsskala von einem grünblütigen Alien mit spitzen Ohren oder irgendeinem Teenie-Idol überholt zu werden.

Shatners Frau Gloria hoffte ebenfalls, daß die Serie bald ein Ende haben würde. Der Produktionsstreß hatte sich auch auf ihre Ehe ausgewirkt, und sie bezweifelte, daß das angeknackste Selbstbewußtsein ihres Mannes ein weiteres Serienjahr überstehen würde. Ihre Töchter hätten sich ebenfalls über die Einstellung der Serie gefreut. Sie wurden in der Schule oft gehänselt und hatten das Gefühl, von ihrem Vater im Stich gelassen worden zu sein, als *Star Trek* begann.

»Ich stand auf der Veranda und flehte ihn an, nicht zu gehen«, erinnerte Lisabeth sich an den Tag im Jahre 1966, als Shatner mit der Produktion der Serie begann. »Danach kam er nur noch ein- oder zweimal die Woche, um mich und meine Schwestern zu sehen.«

Die stillen Hoffnungen der Shatners schienen erfüllt zu werden, als der Sender plötzlich sein Versprechen zurücknahm, die Serie auf den Montagabend zu verlegen. Die Produzenten von *Rowan & Martin's Laugh-In* hatten heftig dagegen protestiert, von 20 Uhr auf 20.30 Uhr verschoben zu werden, um *Star Trek* Platz zu machen. Da die Comedy-Show zu jener Zeit die Sendung mit den höchsten Einschaltquoten war, gingen die NBC-Manager sofort auf diese Forderung ein.

Nur zwei Wochen nach dem Beginn der dritten Staffel von *Star Trek* verschob der Sender die Serie auf Freitagabend, 22 Uhr, den ›toten Sendeplatz‹, wie dieser Termin im allgemeinen bezeichnet wird. Man war der Ansicht, daß die einzigen Leute, die zu dieser Zeit den Fernseher einschalteten, ältere Menschen mit geringerem Einkommen waren. College-Studenten, Jungverheiratete und wohlhabende Hauseigentümer sahen um diese Zeit nicht fern, was die Sponsoren genau wußten.

Darüber hinaus waren die Marketing-Experten skeptisch in bezug auf das Publikum von Science-fiction. Diese Zuschauergruppe bildete nach allgemeiner Ansicht eine freigeistige Gegenkultur, deren Vertreter nicht sofort losrannten, um sich ein neues Deodorant zu kaufen, nur weil sie es im Fernsehen gesehen hatten. Es war offensichtlich, daß NBC wieder einmal auf die Bilanzen geschaut und beschlossen hatte, daß es kein Geld einbrachte, wenn man sich den Wünschen eines harten Kerns von Fans beugte, ganz gleich, wie lautstark sie sich bemerkbar machten.

Roddenberry erkannte das drohende Unheil und teilte NBC mit, daß er jede Mitarbeit an einer dritten Staffel verweigern würde, solange kein besserer Sendeplatz gefunden wurde. Als der Sender nicht darauf reagierte, machte er seine Drohung wahr. Obwohl Roddenberry weiterhin den Titel des ausführenden Produzenten beibehielt, verlegte er sein Büro von Paramount zu MGM, wo er sich einem Filmprojekt widmete und sich völlig aus der täglichen Produktionsarbeit von *Star Trek* zurückzog. Fast unmittelbar darauf kürzte der Sender das Budget der Serie. Shatner würde Roddenberry niemals verzeihen, daß er ein zweites Mal ›sein sinkendes Raumschiff verlassen‹ hätte.

Kurz nach Roddenberrys Ausstieg beschloß auch der Produzent John Meredyth Lucas, der Serie den Rücken zu kehren. Sein Posten wurde mit Fred Freiberger besetzt. Überraschenderweise fand Shatner in Freiberger plötzlich einen Verbündeten, und die zwei waren sich im großen und ganzen einig, wie die Serie weitergehen sollte. Freiberger, der bereits an *Wild, Wild West* gearbeitet hatte und dafür bekannt war, die Vorgaben des Budgets einzuhalten, suchte nach handlungsreichen Drehbüchern, die einfache Kulissen erforderten. Sowohl Shatner als auch Freiberger glaubten daran, daß aufregende und schnelle Geschichten, die die Figuren ständig in Bewegung hielten, zur Grundlage von *Star Trek* werden sollten.

Viel wichtiger war jedoch, daß Freiberger Shatner für den einzigen Star der Serie hielt und kaum auf Nimoys Besorgnis um seine Rolle einging. Im Verlauf der dritten Staffel wurde Spock bezwungen, wesentlich lockerer zu werden. Durch eine Reihe unwahrscheinlicher Wendungen der Handlung wurde der gewöhnlich unerschütterliche Vulkanier dazu gebracht zu lächeln, mit seiner sexuellen Potenz anzugeben, Fleisch zu essen, sein gewaltfreies Verhalten aufzugeben und sogar zu singen. Nimoy fühlte sich erniedrigt. Er beklagte sich bei Roddenberry und dem Studiochef Doug Cramer, doch schließlich mußte sich der Schauspieler an den Dienstweg halten und sich mit allen seinen Beschwerden direkt an Freiberger wenden.

Doch während Shatner seine Position als Star der Serie festigen konnte, mußte er gleichzeitig zusehen, wie sich das kreative Potential, das hinter *Star Trek* stand, verflüchtigte. Es hatte ihn bereits tief erschüttert, daß Roddenberry die Serie mit Beginn der dritten Staffel – wie er glaubte – im Stich gelassen hatte. Dann stiegen der Regisseur Marc Daniels und der Kameramann Jerry Finnerman aus, die von Anfang an dabeigewesen waren. Der Koproduzent Bob Justman gab mitten in der Staffel auf. Einige der besten Drehbuchautoren lieferten kein Material mehr ab, und die Qualität der Bücher ließ deutlich nach. Um das Maß voll zu machen, war das Budget drastisch zusammengestrichen worden, so daß Außendrehs zu einem Luxus wurden. Einige der Folgen wurden komplett in den *Enterprise*-Kulissen abgedreht. *Variety* bemerkte, daß die Figuren zu hohlen Karikaturen ihrer selbst geworden waren. Sogar die treuesten Fans mußten erkennen, daß es mit der Serie bergab ging.

Wen die Götter zerstören: Die dritte Staffel

Der Auftakt zur dritten Staffel wurde zu einer Kostprobe der Dinge, die noch kommen sollten. In dieser Folge entfernen kurvenreiche weibliche Aliens Spocks Gehirn aus seinem Kopf, um damit ihre unterirdische Zivilisation zu kontrollieren. Kirk holt es zurück, und als McCoy versucht, das schleimige Organ chirurgisch zu reimplantieren, wacht Spock auf und assistiert ihm bei der Operation. Während Spock sein Gehirn zurückerhielt, ging es mit dem Prestige von *Star Trek* den Bach hinunter.

Die Fairness gebietet jedoch den Hinweis auf einige Folgen, die durchaus gelungen waren. In ›All Our Yesterdays‹

konnten Nimoy und Kelley die Beziehung ihrer Figuren vertiefen, als sie in die Vergangenheit eines sterbenden Planeten zurückkreisten, und die meisten Fans hatten großen Spaß am surrealistischen Western-Abenteuer ›Spectre of the Gun‹, in dem sich die Großen Drei am OK Corral Wyatt Earp stellen mußten. In einer weiteren sehr unterhaltsamen Episode mit dem Titel ›The Tholian Web‹ verschwand Kirk in einer parallelen Dimension, worauf Spock die *Enterprise* durch einen Riß in der Raumzeit fliegt, um ihn zu retten.

In der psychologisch tiefgründigen Folge ›And the Children Shall Lead‹ kämpft Kirk gegen eine böse Macht, die sich von der Energie unschuldiger Kinder ernährt. (Ein Sender in Dallas fand diese Episode so beunruhigend, daß man sie nicht ausstrahlte, weil man befürchtete, Kinder würden auf die Idee kommen, sie könnten Geister heraufbeschwören.)

In ›The Lights of Zetar‹, einer weiteren Episode mit übernatürlichen Untertönen, ergreift ein kosmischer Geist Besitz vom Körper der Passagierin Lieutenant Miri Romaine (gespielt von Jan Shutan). Das Wesen attackiert Memory Alpha, eine Bibliothek, die sämtliches Wissen der Galaxis enthält, als Lieutenant Romaine telepathischen Kontakt mit ihm aufnimmt und vorhersagen kann, was es als nächstes tun wird. Dann gerät sie in die Gewalt der bösen Macht, worauf man sie in eine Überdruckkammer steckt und sie sich einem Weltraum-Exorzismus unterziehen muß.

»In den Kulissen von *Star Trek* hatte man das Gefühl, in einer anderen Welt zu sein«, erinnert sich Shutan. »Alles war voller Fantasie, so daß es mir leichtfiel, nicht ›ich‹ zu sein. Aber es war mir auch sehr peinlich, daß ich dieses kurze Kostüm tragen mußte, weil ich recht pummelige Beine habe. Meine Familie und ich waren ziemlich verärgert darüber, wie ich in diesem idiotischen Kostüm aussehe. Alle anderen in der Serie hatten lange, tolle Beine – und ich diese niedlichen kleinen Schenkel. Ich dachte, so etwas gehört nicht ins Fernsehen.

Jemand brachte meine beiden Kinder ins Studio, und William Shatner war einfach großartig. Er ging so lieb mit ihnen um, er tollte mit ihnen herum, spielte mit ihnen – er war einfach fantastisch! Sie vergötterten ihn. Shatner wußte genau, wie wichtig dieser Studiobesuch für meine Kinder war, also kümmerte er sich um sie und schmeichelte mir ständig, damit sie den Eindruck hatten, daß ich außerordentlich wichtig für diese Folge war! Das war wirklich sehr nett.«

Die Schauspielerin Lee Meriwether, die durch die Rolle der Catwoman in der *Batman*-Serie bekannt wurde, war ebenfalls von Shatner beeindruckt. Sie trat in der Folge ›That Which Survives‹ als Losira auf, die vom Computer erzeugte Verführerin, die die *Enterprise* daran hindert, einen außergewöhnlichen Planeten zu erkunden. Die ehemalige Miss America, die einmal zugab, nur deshalb ins Showbusiness gegangen zu sein, weil sie dort Filmstars treffen konnte, verbrachte die meiste Zeit während der Dreharbeiten zu dieser *Star-Trek*-Folge in der Gesellschaft Shatners.

»Ich lernte Bill Shatner gut kennen«, erinnert sie sich, »und es hat großen Spaß gemacht, mit ihm zusammenzuarbeiten. Er hatte den gleichen teuflischen, jungenhaften Humor wie Adam West (aus *Batman*), immer fröhlich und zu Scherzen aufgelegt.«

Drei Episoden der dritten Staffel – ›The Empath‹, ›Plato's Stepchildren‹ und ›Whom Gods Destroy‹ – wurden von der Regierung Großbritanniens wegen übertriebener Gewalt auf den Index gesetzt, und mehrere amerikanische Fernsehstationen beklagten sich bei NBC über die sexuellen Untertöne der Serie. In der Beurteilung der allgemeinen Qualität waren sich fast alle Kritiker darin einig, daß das Niveau von *Star Trek* in der dritten Staffel stark nachgelassen hatte.

Mit Ausnahme von Shatner gaben die meisten Stammschauspieler Fred Freiberger die Schuld an der kläglichen Staffel. Walter Koenig regte sich furchtbar darüber auf, daß Freiberger seinem guten Freund, dem Rechtsanwalt Melvin Bell, in ›And the Children Shall Lead‹ eine Rolle gegeben hatte, während er sich überhaupt nicht um die übrigen

Mitglieder der Stammbesetzung kümmerte. James Doohan beschrieb Freiberger sogar als einen untalentierten Geschäftsmann ohne jede Fantasie.

»Für Fred war *Star Trek* nicht mehr als ›Titten im All‹«, sagte Margaret Armen, die für die zweite und dritte Staffel als Drehbuchautorin gearbeitet hatte. »Als ich mir im Projektionsraum einmal eine frühe Folge ansah, kam Fred herein. Er schaute eine Weile zu und meinte dann: ›Genau, das ist es. Titten im All!‹ Fred war nur an der Action interessiert, während Gene (Roddenberry) großen Wert auf die Feinheiten gelegt hatte.«

Roddenberry sah nicht nur das Ende der Serie voraus, sondern erkannte gleichzeitig das große Potential zur anschließenden Vermarktung von *Star Trek*. Sein Instinkt sagte ihm, daß die Fans nicht so schnell lockerlassen würden. 1968 gründete er die Firma Lincoln Enterprises, die *Trek*-Souvenirs verkaufen sollte. Als Eigentümerin setzte er Majel Barrett ein und beauftragte Bjo und John Trimble mit der Geschäftsführung. Auf diese Weise konnte er das Firmenkapital vor dem Zugriff seiner Frau bewahren, mit der er gerade in Scheidung lebte. Als er neun Monate später Majel geheiratet hatte, entließ er die Trimbles ohne viel Federlesen aus seiner Firma.

Roddenberry glaubte, daß viele der Fans vom vulkanischen Glaubensbekenntnis der IDIC (Infinite Diversity in Infinite Combinations; dt. UMUK = Unendliche Mannigfaltigkeit in Unendlicher Kombination) fasziniert waren, und ließ eine Medaille entwerfen, die diese Idee symbolisierte. Dann schrieb er eine Szene für die Episode ›Is There in Truth No Beauty?‹, um dafür zu werben.

In dieser Szene sollte Kirk über die Bedeutung der IDIC-Medaille sprechen und sie einem Mitglied seiner Besatzung verleihen. Shatner protestierte heftig gegen die allzu offensichtliche Kommerzialisierung der Serie und verweigerte die Mitarbeit. Roddenberry schrieb das Buch daraufhin einfach um und ließ Spock die Zeremonie durchführen. Nimoy weigerte sich ebenfalls, doch als der Schauspieler erkannte, wie wichtig dieser Marketingtrick für Roddenberry war, erklärte er sich einverstanden, das IDIC-Abzeichen zu tragen und seine Bedeutung vor der laufenden Kamera zu erläutern.

Die letzte Folge von *Star Trek* hieß ›Turnabout Intruder‹. Die Dreharbeiten wurden am 9. Januar 1969 abgeschlossen, und ironischerweise beschloß NBC, sie um 19.30 Uhr an einem Dienstag auszustrahlen. Der letzte Drehtag war eine traumatische Erfahrung für die gesamte Besetzung.

Shatner war so aufgeregt, daß er während der Dreharbeiten ständig unter Schwindel- und Übelkeitsanfällen litt. Doch zur Abschiedsfeier an jenem Abend war er wie gewohnt das Zentrum der Aufmerksamkeit und riß wieder seine Witze.

In seiner Autobiografie erinnert George Takei sich an diesen Abend: »Die vergangenen drei Jahre waren für mich ein wunderbares Geschenk gemeinsamer Erfahrungen und menschlicher Beziehungen gewesen. Kollegen waren zu einem Synonym für Freunde geworden. Doch Bill hatte in seinem eigensinnigen Streben nach persönlichem Erfolg völlig die Menschen vergessen, die ihn umgaben. In seiner glänzenden Rüstung aus Charme und Witz hatte er nur genommen und nichts gegeben. In seiner unerbittlichen Entschlossenheit, das festzuhalten, was er erworben hatte, hatte er sich selbst isoliert und so vieles verloren. Als Schauspieler mit beachtenswertem Talent würde er vermutlich schnell seine nächste Serie oder seinen nächsten Film drehen. Er würde vermutlich weiterhin ›erfolgreich‹ sein. Trotzdem glaubte ich in seiner lautstarken Heiterkeit deutlich einen melancholischen Unterton zu hören.«

7
Die verlorenen Jahre

Ich war verrückt, so wie ein Tier verrückt wird, weil ich
meine Familie verloren hatte, weil ich alles verloren hatte,
und ich kämpfte darum, alles wieder zusammenzuraffen
und zusammenzusetzen.
– William Shatner über sein Leben nach der Einstellung
von *Star Trek*

Das Jahr 1969 markiert einen großen Wendepunkt in der
Karriere von William Shatner. Nach dem Ende von *Star Trek*
ging es mit seinem beruflichen und privaten Leben bergab. Es
war der Beginn jener Zeit, die einige Biographen und Samm-
ler von Kirkiana als Shatners ›verlorene Jahre‹ bezeichnet
haben.

Die Wurzeln seiner Probleme reichen bis in die Monate
kurz nach seinem Umzug von New York nach Kalifornien
zurück, um dort in der Fernsehindustrie zu arbeiten. Es
scheint, daß die Versuchungen von Hollywood einfach zuviel für den jungen Star waren, der viele Jahre lang immer
wieder lautstark den unbeschwerten Lebensstil der Filmstadt
verteufelt hatte.

Unter den Dutzenden von Anrufen, die Shatner an jedem
Tag in seiner Garderobe erhielt, waren viele von weiblichen
Bewunderern, und einige Zeugen erinnern sich daran, wie
unverfroren er am Telefon flirtete.

Schon bald verbrachte er immer weniger Zeit mit seiner
Familie, und seine zehn Jahre alte Ehe begann sich aufzu-
lösen. Fast jeden Sonntag war er draußen in der Wüste, um
sich mit seinen Motorradkumpanen zu vergnügen. Den Rest
seiner Freizeit verbrachte er mit Sporttauchen, Kajakfahren,
Autorennen, Skifahren, Fliegen, Fallschirmspringen und Tennis; oder er erging sich in anderen, weniger sportlichen, aber

trotzdem schweißtreibenden Aktivitäten. Sein ganzes Leben lang hatte Shatner anstrengende körperliche Betätigungen dazu benutzt, um seine überschüssige Energie abzubauen und sich zu entspannen.

Als er gefragt wurde, warum er so selten zu Hause war, gab er offen zu, ein egoistischer Mensch zu sein, der viel Zeit benötigte, um die Dinge zu tun, die ihn wirklich interessierten. Doch als er 1967 drei Monate lang nach Spanien ging, um *The White Comanche* zu drehen, verzieh seine Frau ihm niemals, daß er sie und ihre Töchter nicht mitnehmen wollte.

Kurz nach seiner Rückkehr in die USA zog er aus dem Farmhaus der Familie in Sherman Oaks aus. Fünf Wochen später kehrte er wieder zurück, doch am Ende des Jahres war er erneut ausgezogen. Sein Presseagent machte den engen Zeitplan der wöchentlichen Serienproduktion für die Trennungen verantwortlich, doch jeder, der mit *Star Trek* zu tun hatte, kannte die wahren Gründe.

Zu allem Überfluß war im Herbst 1967 auch noch Shatners Vater unerwartet gestorben, als die Männer sich nach jahrelangem Streit gerade wieder nähergekommen waren. Shatner hatte sich von seinen Vettern und Cousinen, seinen Tanten und Onkeln und anderen Familienmitgliedern entfernt, die ihn nur noch als großen Hollywood-Star behandelten. Bei Familienfeiern drängten sie sich um ihn und baten ihn um Autogramme, doch niemand wollte ihn in die Arme schließen. Shatner spürte, daß sein Vater endlich erkannt hatte, daß sein Sohn als Schauspieler Erfolg haben konnte, und die zwei Männer, die sich immer sehr geliebt hatten, verstanden sich wieder bessesr.

Dann erlitt Joseph Shatner einen tödlichen Herzinfarkt, während er sich zu einem Golfurlaub in Florida aufhielt. Shatner erreichte diese Nachricht im Desilu-Studio, wo er gerade an der Folge ›Devil in the Dark‹ arbeitete. Shatner war erschüttert, gleichzeitig aber auch überrascht, wieviel Anteilnahme er durch die Schauspieler und das Drehteam erhielt, besonders durch Leonard Nimoy und den Kameramann Jerry Finnerman. Es war ein großer Trost für ihn, so daß er schließlich in der Lage war, die Dreharbeiten des Tages fortzusetzen. Am selben Abend flog er nach Miami, um den Leichnam seines Vaters abzuholen und zur Beerdigung nach Montreal zu bringen. Während des einsamen Fluges nach Montreal gewann Shatner plötzlich einen erschreckenden Einblick in seine eigene Persönlichkeit.

»Ich erinnere mich, wie wir über der Stadt flogen und ich aus dem Fenster blickte. Doch in Wirklichkeit blickte ich in meine eigene Seele. Was ich sah, war ein leerer Abgrund – und er machte mir Angst. Ich erkannte plötzlich, wie die Verrückten verrückt werden. Sie erkennen in einem kurzen, schrecklichen Augenblick die Wirklichkeit. Sie nehmen ihre rosarote Brille ab. Vielleicht würden wir alle verrückt werden, wenn wir unsere rosaroten Brillen abnehmen würden.«

Leben am Abgrund

Shatner setzte die rosarote Brille jedoch schnell wieder auf. Schon am folgenden Montagmorgen war er wieder im Desilu-Studio, scherzte und alberte wie üblich herum und war bereit zum Weiterarbeiten. Der Star stellte eine Maske aus guter Laune zur Schau, doch im Innern empfand er großen Schmerz. Der Tod seines Vaters und die Probleme mit seiner Familie machten ihm schwer zu schaffen. Sein enger Freund David Ross wußte, wie es in jener Zeit tatsächlich in Shatners Garderobe zuging.

»Er kam nur wenige Male zu spät, wenn er wirklich schwierige Probleme hatte«, erzählte Ross mir. »Das mußte man einfach akzeptieren, wenn man wußte, was er gerade durchmachte. Manchmal war er innerlich fix und fertig. Ich meine, er litt sehr darunter, und er vertraute sich nicht einmal Leonard an.

Wenn er in seine Garderobe ging, obwohl gar kein Kostümwechsel nötig war, dann wußte ich, daß etwas nicht stimmte. Dann folgte ich ihm, um zu sehen, ob ich ihm irgendwie helfen konnte. Manchmal kam ich herein, und er sah mich nur an. Junge, da wußte ich Bescheid! Manchmal sah ich Tränen in seinen Augen. Wenn ich ihn fragte, ob ich etwas für ihn tun könnte, sagte er jedesmal nein. Er riß sich selbst wieder zusammen, bekam die Sache irgendwie wieder in den Griff, und kurz darauf war er völlig gefaßt und konnte weiterarbeiten.«

Im Januar 1969 war die Produktion der *Star-Trek*-Serie eingestellt worden. Drei Monate später ließ Shatner sich von seiner Frau scheiden, mit der er dreizehn Jahre lang verheiratet gewesen war. Ihre drei Töchter blieben bei Gloria. Für das Scheidungsverfahren wurden seine Einkünfte aus *Star Trek* zugrunde gelegt, so daß seine Unterhaltszahlungen sehr hoch ausfielen. Seinen gesamten Anteil an ihrem gemeinsamen Vermögen – das auf knapp 250 000 Dollar geschätzt wurde – zehrten die Kosten des Scheidungsverfahrens auf.

Alles, was ihm noch von seiner Familie blieb, war ein Besuchsrecht an den Wochenenden und seine Verpflichtung, Unterhalt für seine Kinder zu zahlen. Das gleichzeitige Scheitern seiner Ehe und das Ende von *Star Trek* haben Shatners Leben fast völlig zerstört. Nach dem Scheidungsverfahren stand er ganz allein und ohne Geld da, und nach der Einstellung seiner Fernsehserie war er ohne Arbeit.

»Es war eine schreckliche Leere, ein riesiger Verlust«, erzählte er in einem Interview mit *TV Guide*. »Ich sehnte mich nach den Zeiten zurück, als das Leben noch Freude machte. Heute würde ich Erfolg mit Sicherheit und Liebe gleichsetzen.«

Da er unbedingt eine Wohnung brauchte, wo seine Töchter mit ihm das Wochenende verbringen konnten, kratzte er genügend Geld zusammen, um sich die Anzahlung für ein Haus mit zwei Schlafzimmern in Los Angeles leisten zu können. Er richtete das Haus mit einem Budget von nur 300 Dollar ein, indem er gebrauchte Möbel kaufte und Kisten als Tische benutzte. Er lebte kaum wie der frühere Star einer großen Fernsehserie, sondern eher wie ein Hippie.

An seinem vierzigsten Geburtstag im Jahr 1971 war der ehemalige Fernsehstar ein zynischer und gescheiterter Mann. Shatner war überzeugt, daß er seine Karriere und seine Ehe der vorübergehenden Verlockung des Hollywood-Ruhms geopfert hatte. Er fühlte sich verraten, sowohl in gefühlsmäßiger als auch in finanzieller Hinsicht. Auch das außerirdische Wesen, von dem Shatner glaubte, daß es ihn in der Mojave-Wüste besucht hatte, war niemals zurückgekehrt, um ihm zu helfen. Shatner, der ewige Goldjunge, mußte sich endlich eingestehen, daß er niemals zu einem Auserwählten werden würde. Statt dessen entwickelte er paranoide Vorstellungen.

»Ich kann mir nicht helfen, aber irgendwie fühle ich mich wie das Opfer einer Intrige mit kosmischen Ausmaßen, deren einziger Zweck darin besteht, mir kräftig in den Arsch zu treten«, sagte er über seine einsamen Jahre nach *Star Trek*.

Er nahm jedes Auftrittsangebot an, das er bekommen konnte, und fuhr manchmal einen halben Tag lang, um ein paar hundert Dollar zu verdienen. Wenn er im Sommer an der Ostküste in Repertoiretheatern spielte, wohnte der frühere Raumschiff-Captain in einem alten Chevy-Pickup mit Campingaufbau, um das Geld für Flugreisen und Motels einzusparen. Wenn das Stück länger lief, schraubte er den Campingkasten von seinem Kleinlaster und stellte ihn auf die Metallbeine – meistens auf einem Campingplatz. Dann fuhr er mit dem Wagen zwischen seinem provisorischen Heim und dem Theater hin und her. In den 70öer Jahren verbrachte Shatner fast sieben Jahre auf der Straße, ständig auf der Suche nach Arbeit.

Im August 1969 stellte er seine mobile Wohnung in der Garagenauffahrt einer Bekannten in Millburn in New Jersey auf. Er arbeitete am Papermill Playhouse, wo er die Rolle des Charlie Reader im Stück *The Tender Trap* spielte, einer romantischen Komödie über das Eheleben.

Eines Morgens klopfte ein etwa sechs Jahre alter Junge an die Tür seines Campers. Der Junge hatte den Kasten mit den dünnen Metallbeinen entdeckt und wollte wissen, ob es sich um ein Raumschiff handelte. Als Captain Kirk die Tür öffnete, gab es natürlich keinen Zweifel mehr an der Antwort. Shatner bot dem erstaunten Jungen an, ihn durch seine Planetenlandefähre zu führen, und zeigte ihm die hochentwickelten Kommunikationseinrichtungen und die als Dusche getarnte Transportereinheit.

Shatner begann gerade erst zu verstehen, welchen Eindruck *Star Trek* im Leben vieler Menschen hinterlassen hatte. Während seiner Theaterauftritte kam es gelegentlich vor, daß jemand einen Stoff-Tribble oder andere *Star-Trek*-Memorabilien auf die Bühne warf. Oder die Leute machten ihm durch Zurufe klar, wieviel ihnen immer noch an Captain Kirk lag. Shatner wußte gar nicht, daß *Star Trek* inzwischen wiederholt wurde, bis ein Freund ihn darauf hinwies, daß er die Sendung auf dem Fernseher einer Kneipe gesehen hatte.

Im folgenden Winter begegnete Shatner einer jungen Dame und machte mit ihr einen Wochenendausflug ins Skigebiet des Mammoth Mountain in Kalifornien. Als er eines Abends durch die Hotellobby ging, hörte er die vertraute Titelmusik von *Star Trek* aus der Bar dringen. Jemand hatte eine Kopie des fünfzehnminütigen ›Pannenfilms‹ ergattert, der zu jener Zeit auf *Star-Trek*-Conventions zirkulierte.

Shatner sah sich selbst, wie er vor laufender Kamera Grimassen schnitt, urplötzlich in hemmungsloses Gelächter ausbrach und gegen automatische Türen rannte, die sich nicht öffneten. In einer Szene aus ›Squire of Gothos‹ fragt der Schauspieler William Campbell seinen Kollegen Shatner mit heller, weiblicher Stimme: »Wollen Sie mich zum Duell herausfordern?« Und Shatner antwortet in seinem besten Sopran-Falsett: »Ja, wenn Sie den Mut dazu aufbringen.« In einer anderen Sequenz gibt Shatner vor, von einem Pfeil in den Unterleib getroffen worden zu sein, worauf ein Planetenbewohner den imaginären Pfeil mit einem heftigen Ruck herauszieht. Als das Gelächter nachläßt, beginnen sie mit der nächsten Szene. Der verwundete Shatner wird in eine Höhle getragen, worauf Kelley herbeieilt und ihn untersucht. »Eigentlich muß er ihn doch gar nicht untersuchen«, ruft jemand vom Drehteam, »er sollte sofort sehen, wo sein Problem liegt.« Wieder lautes Gelächter.

Shatner, der von angenehmen Erinnerungen heimgesucht wurde, erkannte plötzlich, daß der Film ein Teil einer fünfundvierzigminütigen Sammlung von Ausschnitten war, die von den Cuttern der Serie zusammengestellt und zur Unterhaltung des Drehteams vorgeführt worden war. Er hatte geglaubt, der Film wäre schließlich im Müll gelandet, doch Gene Roddenberry hatte ihn gerettet, und nun wurde er von einem Fan zum nächsten weitergegeben.

»Das mag Ihnen unglaubwürdig vorkommen«, sagte Shatner zu einem Journalisten, »aber von diesem ganzen *Star-Trek*-Rummel habe ich kaum etwas registriert. Es wurde mir erst nach und nach bewußt, als die Leute mich auf der Straße plötzlich mit ›Captain Kirk‹ begrüßten.«

Die Popularität von *Star Trek* wurde immer größer, obwohl keine neuen Episoden mehr produziert wurden. Tausende von Besuchern kamen zur ersten *Star-Trek*-Convention im New Yorker Statler-Hilton Hotel im Februar 1972, und das war nur die Spitze des Eisbergs.

Shatners Vertrag mit der Paramount beschränkte sein Honorar für jede Weiterverwertung auf fünf Wiederholungen, während es überhaupt keine Beteiligung an der massiven Vermarktungswelle gab, die mit der Einstellung von *Star Trek* begann. Die Serie wurde von 150 unabhängigen Stationen in den USA und in mehr als 100 anderen Ländern wiederholt, doch Captain Kirk hatte kaum etwas davon. Seine jährlichen Folgehonorare schwankten zwischen null und vierzig Dollar.

Auf der Flucht vor Kirk

Um Geld zu verdienen und seinem *Star-Trek*-Rollenklischee zu entfliehen, akzeptierte Shatner jedes Rollenangebot für ein Theaterstück, einen B-Film und eine Fernsehsendung. In den fünf Jahren nach der Einstellung von *Star Trek* trat er als Gaststar in über fünfzig Episoden verschiedener Fernsehserien auf.

Er war in Folgen der Serien *Ironside, Mission: Imposible, Medical Center, Hawaii Five-o, The F.B.I., Mannix, The Bold Ones, Barnaby Jones* und anderen beliebten Sendungen zu sehen. Doch ihm wurde niemals eine ständige Rolle angeboten.

1971 versuchte Shatner sein Glück mit einer neuen Fernsehserie. Er spielte neben Arthur Hill im Pilotfilm zur Serie *Owen Marshall: Counselor at Law* die Rolle des Dave Blankenship, eines Bezirksstaatsanwalts, der dem talentierten Verteidiger Owen Marshall im Gerichtssaal gegenübersteht. Der Film wurde zuerst von ABC als Fernsehfilm ausgestrahlt und später unter dem Titel *A Pattern of Morality* auf Video veröffentlicht. Und wieder einmal ging Shatner leer aus, als es um die Besetzung der ständigen Rollen in der erfolgreichen Fernsehserie ging, die auf diesem Pilotfilm basierte.

Trotzdem fand er immer wieder bei anderen Fernsehproduktionen Arbeit, beispielsweises in *Vanished* (1971), *The People* (1972), *Hound of the Baskervilles* (1972), *The Guardian* (1972), *The Revolution of Antonio DeLeon* (1972), *Incident on a Dark Street* (1973), *Go Ask Alice* (1973), *Horror at 37.000 Feet* (1973), *Pioneer Woman* (1973), *Indict and Convict* (1974) und *Pray for the Wildcats* (1974). Bei den meisten dieser Filme handelte es sich um durchschnittliche Fernsehkost.

Sein Privatleben war in dieser Zeit ein einziges Chaos. Er nutzte die freie und zwanglose Lebensart der siebziger Jahre aus und gönnte sich zahlreiche lockere Liebesaffären. Eine der wenigen Frauen, an die er sich später noch erinnerte, war eine hübsche junge Dame, mit der er mehrere Monate zusammenlebte. Heute verrät er über sie nur, daß sie später einen Prominenten heiratete.

»Ich war in jenen Jahren in einem schlimmen Zustand«, beichtete er. »Ich weiß nicht, wo ich überall war – ich höre immer wieder Geschichten, was ich zwischen 1968 und 1974 getrieben haben soll. Ich habe keine Erinnerung mehr daran. Manchmal kommen Leute auf mich zu, mit denen ich damals zu tun hatte, aber ich kann mich nicht mehr an sie erinnern. Ich weiß nicht mehr, was ich getan habe. Ich weiß nicht mehr, was ich empfunden habe. Manche Leute sagen mir, ich sei damals ein schrecklicher Mensch gewesen.«

In dieser dunklen Periode drehte Shatner eine Reihe von Kolportagefilmen, deren Schatten ihn den Rest seiner Karriere verfolgen sollten. Der geschmackloseste unter ihnen war *Want a Ride, Little Girl?* (1972), in dem er einen sexuell gestörten Serienmörder verkörperte. Der Film beginnt mit einer traumatischen Sexszene, die der Protagonist als kleiner Junge erlebte. Der perverse Liebhaber seiner Mutter versucht das Kind in ihr Schlafzimmer zu bringen, worauf der Junge den Mann schließlich mit einem Schwert tötet. Das mißbrauchte Kind wächst zu einem Psychotiker heran und verfolgt Mädchen und junge Frauen, die seiner Mutter ähnlich sehen.

In einer billigen Liebesszene tritt Shatner zusammen mit seiner zukünftigen Frau, der Schauspielerin Marcy Lafferty, auf, die die namenlose Angestellte eines Motels spielt. Während der Dreharbeiten zu einer anderen Szene brach Shatner sich einen Finger, als er Harold Sakata zu retten versuchte, den über 100 Kilogramm schweren Ringkämpfer und Schauspieler, der durch seine Rolle als Odd Job im *James-Bond*-Film *Goldfinger* berühmt wurde.

In der fatalen Szene hing Sakata an einer Wäscheleine etwa einen Meter über dem Boden, während Shatner ihn als Sandsack benutzt. Plötzlich wickelte sich die gummiumhüllte Schnur um Sakatas Kehle und schnitt ihm die Luft ab. Das Drehteam dachte, die verzweifelten Bewegungen des Schauspielers wären so vom Drehbuch vorgeschrieben, doch Shatner erkannte, was geschah, und holte schnell ein Messer, um seinen erstickenden Kollegen zu befreien. Als er die Leine durchschnitt, fiel Sakata wie ein Sack Kartoffeln zu Boden und brach Shatner dabei einen Finger.

Sämtliche Kritiker verrissen den Film; sie warfen Shatner vor, er würde seine Rolle maßlos übertrieben darstellen und ›vor der Kamera Amok laufen‹. Zwei Jahre später kam der Film noch einmal unter dem Titel *Impulse* in die Kinos. »Ich habe vergessen, warum ich mitgespielt habe«, sagte Shatner später über den Film. »Vermutlich brauchte ich das Geld. Es war eine schlimme Zeit für mich. Ich hoffe, daß man den Film verbrennt.«

Genauso peinlich waren Shatners drei Nacktszenen mit Angie Dickinson in *Big Bad Mama* (1974). Die Szenen waren so scharf, daß Standfotos in Männermagazinen abgedruckt wurden. Obwohl der Film von keinem Geringeren als Roger Corman produziert wurde, handelte es sich letztlich nur um eine Sex-Version von *Bonnie and Clyde*. Als im Jahr 1987 *Big Bad Mama II* gedreht werden sollte, war Shatners Karriere zum Glück wieder im Aufstieg begriffen, so daß er es ablehnte, noch einmal in seiner alten Rolle aufzutreten.

»Ich bin nicht gerade stolz auf einige der Filme, die ich damals gemacht habe«, erklärte er Jahre später einem Journalisten, »aber ich akzeptierte diese Angebote in solchen Momenten, als gerade keine besseren Filme in Aussicht waren. Wenn ich in der Position von Robert Redford wäre, der es sich leisten kann, sich eines aus einem Dutzend Drehbücher auszusuchen, nur um es dann doch wegen mangelhafter Qualität abzulehnen, dann würde ich zum oberen halben Dutzend in der Branche gehören. Aber ich befinde mich nicht in einer solchen Position.«

Licht am Ende des Tunnels

Schließlich hatte Shatner das Glück, daß ihm sein Freund und Produzent Lewis Freedman die Hauptrolle in einer prestigeträchtigen Fernsehproduktion anbot. In *The Andersonville Trial* spielte Shatner den Ankläger im amerikanischen Gegenstück zu den Nürnberg-Prozessen.

Andersonville war während des amerikanischen Bürgerkrieges ein Gefängnislager der Konföderierten, in dem die Soldaten der Union wie Tiere behandelt wurden. Sie mußten sich im Freien aufhalten, und manche mußten zu Kannibalen werden, um zu überleben. Captain Henry Wirz, der eigentlich gar keine Verantwortung für die skandalösen Zustände trug, war der Sündenbock, den man als Kriegsverbrecher anklagte. Der neunzigminütige Film wurde erstmals am 17. Mai 1970 ausgestrahlt. Shatners Verkörperung des aufbrausenden und sarkastischen Anklägers wurde als ›atemberaubend und brillant‹ bezeichnet, und der Film erhielt den begehrten Peabody Award und drei Emmys.

Während der Dreharbeiten zu *The Andersonville Trial* lernte Shatner eine aufstrebende junge Schauspielerin namens Marcy Lafferty näher kennen, mit der er bereits in *Want a Ride, Little Girl?* zusammengearbeitet hatte. Außerdem war die hübsche dunkeläugige, langhaarige Brünette einige Monate zuvor in einer Episode von *Medical Center* zusammen mit Shatner aufgetreten.

Marcy war die Tochter des Produzenten Perry Lafferty, des für die Westküste verantwortlichen Programmchefs des CBS-Fernsehens, und von Mary Frances Carden, einer landesweit bekannten Radiosprecherin. Bei *The Andersonville Trial* war Marcy die Assistentin des Regisseurs George C. Scott und half Shatner bei seinen Textproben. Für sie war es Liebe auf den ersten Blick. Als Shatner sie das erste Mal küßte (während einer Mittagspause im Studio), sollen ihr buchstäblich die Knie weich geworden sein, so daß sie zu Boden sank.

»Ich verliebte mich Hals über Kopf in ihn«, erinnert sie sich.

»Bill hatte gerade eine schlimme Scheidung und die Absetzung seiner Serie hinter sich. Er wollte keine neue Beziehung. Aber ich ließ nicht locker und eroberte Stück für Stück sein Herz.«

Shatner suchte nach ›einem Mädchen, das gleichzeitig Liebe geben und nehmen kann. Ein Mädchen, das kochen kann, das aber auch ihre eigenen Mahlzeiten mit Genuß ißt, das Tennis spielen kann, das Humor besitzt, um ein Gegengewicht zu meiner spießigen Art zu bilden, und das gerne mit Pferden ausreitet.‹

Marcy erfüllte alle Bedingungen, doch Shatner hatte zu Anfang das Gefühl, er wäre noch nicht bereit, erneut zu heiraten. Während er sich noch an seiner neugewonnenen Freiheit erfreute, erkannte er allmählich, wie gut Marcy für ihn war. Zur Überraschung aller Beteiligten – und vor allem von Marcys Familie – machte er ihr im Juli 1973 einen Heiratsantrag. Sie wurden am 20. Oktober auf dem feudalen Landsitz ihres Vaters in Brentwood getraut. Es war ein traumatisches Erlebnis für Shatner, und er hat zugegeben, daß er bei seiner eigenen Hochzeit weinte – nicht vor Glück, sondern aus schierer Verzweiflung.

Er war zweiundvierzig und sie siebenundzwanzig Jahre alt. Die Jungvermählten kratzten alle ihre Reserven zusammen und kauften sich ein Haus südlich von Beverly Hills im Stadtteil Hillcrest. Ihr neues Heim am McConnell Drive Nr. 2729 war ein mittelgroßes Farmhaus mit einer langen, gewundenen Zufahrt.

Anfangs war ihre Ehe nicht einfach. Nach Auskunft von Marcy hatte Shatner große Schwierigkeiten damit, ein gemeinsames Leben zu führen und sich ihr zu öffnen. Obwohl sie fünfzehn Jahre jünger als er war, spendete Marcy ihm den Trost und die Unterstützung, die er dringend zu seiner seelischen Erholung brauchte. Allmählich lernte er wieder, einem Menschen zu vertrauen.

Shatner hatte in einem solchen Taumel gelebt, daß er sich kaum noch an die Namen jener Menschen erinnern konnte, mit denen er jahrelang zu tun gehabt hatte. Er hatte nicht nur seine geistige Energie verloren, sondern auch körperlich abgebaut. Sein Gesicht wirkte aufgedunsen, und selbst ein Korsett konnte seinen aufgeblähten Bauch nicht mehr verbergen. Unter Anleitung von Dr. Ernst Duynder vom American Health Institute unterzog er sich einer Diät und einem Gesundheitsprogramm, von dem er überzeugt ist, daß es ihm das Leben gerettet hat.

Er begann gleichzeitig ein intensives sportliches Training, in dessen Zentrum die Karatestunden mit Terry Bleecker standen, dem Drehbuchautor und Kampfsporttrainer. Shatner hatte schon immer Spaß am Boxen, Ringen und Fechten gehabt, doch im Karate sah er eine Verbindung von mentaler und physischer Disziplin, die ihm sehr zusagte. Außerdem war er der Ansicht, daß durch das Training seine Kämpfe auf dem Bildschirm glaubhafter werden konnten. Seine neue Frau jedoch trieb er beinahe in den Wahnsinn, als er darauf bestand, sich lieber billige japanische Karatefilme statt anspruchsvollere Filmkunst anzusehen.

Das Stehaufmännchen

Einige Monate vor seiner zweiten Eheschließung hatte Shatner wieder einmal 50 000 Dollar in seine Filmproduktionsfirma investiert. Er hoffte, Drehbücher und Filmrechte an Romanen und wahren Geschichten kaufen zu können, um daraus qualitativ hochwertige Filme zu machen, in denen er selbst auftrat. Er engagierte sogar einen Autor, um an einem Drehbuch mit dem Titel *Time of the Tempest* (›Zeit des Sturms‹) zu arbeiten; in dem Film wollte er selbst die Hauptrolle spielen. In der Zwischenzeit versuchte er sich an einem respektablen Comeback im Fernsehen.

»Im heutigen Showgeschäft«, faßte er zusammen, »spielen sich die entscheidenden Dinge im Fernsehen ab. Und das

Fernsehen muß seinem Wesen entsprechend möglichst viele Menschen ansprechen. Das bedeutet, daß der kleinste gemeinsame Nenner gefordert ist. Gelegentlich jedoch – und das sind die Gelegenheiten, bei denen ich fernsehe – wird im Fernsehen etwas Außergewöhnliches gewagt. Um diese außergewöhnlichen Rollen findet ein harter Konkurrenzkampf statt. In der Vergangenheit hatte ich einige Male Erfolg damit, solche Rollen zu bekommen, aber in manchen Fällen war ich nicht so erfolgreich.«

Um sein Image aufzubessern, trat Shatner immer häufiger als Gastgeber oder Moderator von gemeinnützigen Fernsehsendungen und Dokumentationen auf. In *Secrets of the Deep* führte er die Zuschauer auf eine zwölfteilige Reise zur Erforschung des Lebens unter Wasser. Über dasselbe Thema sprach er in einer anderen Dokumentarreihe namens *Inner Space*. In *Space Age* war er der Sprecher eines einstündigen Beitrags über die Auswirkungen elektronischer Geräte auf den amerikanischen Lebensstil. Dann betreute er zehn Folgen der kanadischen Talkshow *Flick Flack* als Gastgeber, in denen er Prominente aus Kanada und den USA interviewte.

Am liebsten arbeitete er im Fernsehen jedoch für Sportsendungen. Er sagte einmal, daß keine seiner üblichen Rollen dem wahren William Shatner näher kam als die Abenteuer, die er für *American Sportsman* erlebte. In einem frühen Beitrag über eine zehntägige Exkursion nach Alaska jagte er, nur mit Pfeil und Bogen bewaffnet, einen Kodiak-Bären. Dann fuhr er im Kajak den Salmon River in Idaho hinunter. Die meiste Zeit hing er kopfüber unter seinem winzigen Kajak, während er durch den tosenden Fluß gerissen wurde, und zweimal wäre er beinahe ertrunken. In einer weiteren Folge flog er gefährliche Stunts mit einem Pitts-Special-Flugzeug, darunter auch eine Spirale im Tiefflug.

Dann machte er eine Sendung über bedrohte Tierarten, in der ein metergroßer weißköpfiger Seeadler auf seinem Unterarm hockte. Als er unter dem Gewicht leicht seinen Arm sinken ließ, grub der kräftige Vogel ihm seine scharfen Krallen in die Haut. Die Verletzung ging bis zum Knochen und durchtrennte ein größeres Blutgefäß in Shatners Arm. Er fiel in Ohnmacht und ging zu Boden, obwohl er diesen Zwischenfall später als einen Augenblick glorifizierte, in dem er unmittelbar die rohe Gewalt der Natur erleben durfte.

Nach *American Sportsman* moderierte er eine andere Abenteuersendung mit dem Titel *Breakaway*. Darin ging es ebenfalls um gewagte Sportarten wie Fallschirmspringen, Flüge mit dem Heißluftballon und Autorennen, mit denen die Menschen ihrer Alltagswelt entfliehen.

Cartoon-Kirk

Weniger aufregend – zumindest für Shatner – war sein Ausflug in die fantastische Welt der Zeichentrickfilme am Samstagmorgen. In den frühen Siebzigern bestand Shatners einziger regelmäßiger Fernsehjob darin, die Rolle des Captain Kirk in der *Star-Trek*-Zeichentrickserie zu sprechen.

Zwei Jahre nach der Absetzung von *Star Trek* bewies ein Demographie-Experte den verblüfften NBC-Verantwortlichen, daß die Nielsen-Quoten für die Serie völlig falsch waren. In Wirklichkeit war *Star Trek* eine der erfolgreichsten Serien des Fernsehens gewesen, die zudem genau das junge Publikum angesprochen hatte, das der Sender als Konsumenten gewinnen wollte. Die verlegenen Manager wollten die Sendung sofort wieder reaktivieren, doch dann erkannten sie, daß es viel zu teuer wäre, neue Kulissen zu bauen sowie die Ausstattung und die Kostüme zu ersetzen. Statt dessen entschieden sie sich für eine Zeichentrickserie, die von Filmation Enterprises produziert werden sollte.

Im Juni 1973 stieß Shatner wieder zur Besetzung der originalen *Star-Trek*-Serie, um die Tonspur der Animationsserie zu besprechen. Ursprünglich waren nur Shatner, Leonard Nimoy, DeForest Kelley, James Doohan und Majel Barrett eingeladen worden, doch als Nimoy feststellte, daß man auf Nichelle Nichols und George Takei verzichtet hatte, bestand er auf ihre Mitwirkung.

Gene Roddenberry fungierte als ausführender Berater, und unter den Drehbuchautoren tauchten einige Namen aus der Originalserie wieder auf, darunter D. C. Fontana, David Gerrold und Walter Koenig. Die erste Folge der Serie wurde genau sieben Jahre nach dem Tag der Premiere der Originalserie ausgestrahlt.

Shatner war es peinlich, an einer Zeichentrickserie mitzuwirken, da dieses Engagement weit von seinem Ziel entfernt war, zu einem zweiten Laurence Olivier zu werden. Er zeigte nie großes Interesse an der neuen Zeichentrickfassung und hatte kaum Einwände gegen die meisten Drehbücher. Shatner hatte das Gefühl, daß dadurch seine Rolle degradiert wurde.

Von den Kritikern jedoch wurde Shatners Zeichentrick-Captain besser aufgenommen als seine Rolle in der Originalserie.

›Die neue *Star-Trek*-Zeichentrickserie von NBC‹, schrieb die *Los Angeles Times*, ›ist im Kinderprogramm des Samstagmorgens genauso fehl am Platze wie ein Mercedes bei einem Seifenkistenrennen. Es handelt sich um interessante Unterhaltung, die mit der Kreativität und dem intellektuellen Anspruch geschrieben, produziert und ausgearbeitet wurde, die Gene Roddenberrys berühmtes Science-fiction-Epos zu einer der am lebhaftesten verfolgten Sendungen der Fernsehgeschichte machte – vor allem in Zuschauerkreisen mit höherer Bildung.‹

Die *Star-Trek*-Zeichentrickserie wurde vom September 1973 bis zum August 1975 ausgestrahlt und brachte es auf insgesamt zweiundzwanzig Folgen. Viele Fernsehkritiker meinten, man hätte sie zur Hauptsendezeit statt am Samstagmorgen zeigen müssen, und die Serie erhielt einen Emmy für die zweite Jahresstaffel. Die Ironie dieser Situation brachte Captain Quirk an den Rand eines erneuten Nervenzusammenbruchs.

Ein Meister der Verkleidung

Im Frühling 1975 erhielt Shatner das Angebot, die Hauptrolle im Pilotfilm einer weiteren vom Pech verfolgten Fernsehserie zu spielen. Die neue Serie sollte *Cash and Cable* heißen und war durch *Wild, Wild West* angeregt worden. Shatner spielte die Rolle des Jeff Cable, eines Undercover-Agenten in San Francisco zur Zeit des Goldrausches, und Doug McClure war als Casinobesitzer Cash Conover zu sehen, der Cable dabei hilft, das Verbrechen im rauhen Stadtteil Barbary Coast zu bekämpfen. Paramount ließ auf fast drei Hektar ihres Studiogeländes eine kostspielige Kulisse aufbauen, die das San Francisco der 1880er Jahre einschließlich des Hafenviertels darstellte.

Die von Shatner gespielte Figur war ein Meister der Verkleidung, und er hielt die Rolle für den Traum eines jeden Schauspielers. Die Serie wurde von ABC angekauft, die den Titel in *Barbary Coast* änderte. Shatner drehte in diesem Sommer dreizehn Folgen ab, obwohl es Mitte Juli zu Verzögerungen kam, weil Shatner unter ein gestürztes Pferd geraten war.

Er hatte darauf bestanden, die Szene, in der er von einem strauchelnden Pferd fiel, selbst zu spielen. Das Pferd war darauf abgerichtet, auf Kommando zu stürzen, doch es rutschte aus und fiel auf eine frisch verputzte Bodenfläche. Das Tier landete auf Shatners rechtem Bein und brach das Schien- und Wadenbein des Stars, worauf dieser die nächsten zwei Wochen einen Fiberglas-Verband tragen mußte.

Die Pilotfolge wurde im Mai 1975 als zweistündiger Fernsehfilm gesendet. Die eigentliche Serie begann drei Monate später, hielt jedoch nur bis zum 6. Januar 1976 durch. In dieser kurzen Zeit erhielt Shatner die Gelegenheit, fünfzig verschiedene Charaktere zu spielen. Für einen Schauspieler, der schon immer eine Vorliebe für Masken und Mehrfachrollen gehabt hatte, ist kaum eine interessantere Arbeit vorstellbar.

Shatner schuftete schwer für sein Comeback. Einem Reporter beschrieb er den typischen Ablauf einer Woche: »Wir haben am Freitag bis 23 Uhr an *Barbary Coast* gearbeitet. Am nächsten Tag bestieg ich um 12.45 Uhr ein Flugzeug nach Houston, wo ich einen öffentlichen Auftritt hatte. Von Houston ging es nach New York, wo ich in einer CBS-Pressekonferenz für die Sendung *The Tenth Level* aus der Reihe *Playhouse 90* auftrat, die am 18. Dezember ausgestrahlt wird. Am selben Tag, einem Montag, flog ich nach Miami, um bei der Eröffnung einer Promotion-Veranstaltung für *Barbary Coast* anwesend zu sein. Am Dienstagmorgen um 4 Uhr Los-Angeles-Zeit bestieg ich ein Flugzeug, um am Dienstagnachmittag wieder in Hollywood vor der Kamera zu stehen. Und so geht es weiter – ich werde bis Freitag spät in die Nacht arbeiten und dann von hier nach Chicago fliegen.«

Unglücklicherweise geriet seine neue Serie in das neue Programmkonzept von ABC, das sich ›Familienstunde‹ nannte. Das hatte zur Folge, daß es Beschränkungen hinsichtlich der Art der Konflikte und der Handlung gab, die die Autoren in ihren Drehbüchern darstellen durften. Die Produzenten wurden ermahnt, sich auf spektakuläre Kulissen und gewaltfreie Verbrechen zu konzentrieren, wodurch nur wenige Zuschauer angelockt wurden.

Die Reaktion des *Los Angeles Herald-Examiner auf Barbary Coast* war typisch: »Einige gute Schauspieler und verschiedene spektakuläre Zutaten sollten *Barbary Coast* eigentlich zu einem mitreißenden Western machen – aber so ist es nicht. Die Serie ist Stückwerk. Sowohl die Figuren als auch die Atmosphäre ergeben kein geschlossenes Ganzes. Die Beziehung zwischen Shatner und McClure bleibt vage. Es gibt unzählige Geschichten, die sich gegenseitig im Wege stehen. Man weiß, was die Filmemacher beabsichtigten, aber man sieht auch, daß sie immer noch verzweifelt danach suchen.«

»Wir dürfen keine richtigen Kämpfe zeigen«, erklärte Shatner damals. »Wir bewerfen uns mit Schlamm, um wenigstens ein bißchen Action zu haben. Wir müssen uns auf gewaltfreie Verbrechen beschränken, die auf gewaltfreie Weise begangen werden ... wir können jede Menge Schlammschlachten veranstalten. Schlammschlachten sind jedoch keine Dauerlösung. Wir brauchen mehr Spannung in den Geschichten, und das funktioniert nur mit Figuren, die zu allem bereit sind.«

Die Einstellung einer weiteren vielversprechenden Fernsehserie veranlaßte Shatner dazu, noch einmal über die Richtung seiner Karriere nachzudenken. Er war davon überzeugt, daß die Serienkost des Fernsehens für ihn jeden Reiz verloren hatte.

»Die meisten guten Leute im Fernsehen liefern nicht jede Woche eine Sendung ab. Ich bin schon vor längerer Zeit aus diesem Markt ausgestiegen. Ich mache keine wöchentlichen Serien mehr. Doch damit bleiben nur noch sehr wenige Gelegenheiten, meinen Beruf auszuüben. Also versuche ich mir selbst Arbeit zu beschaffen – indem ich Drehbücher und Ideen kaufe, um daraus Filme oder Fernsehsendungen zu machen, und indem ich mit Shows auf Gastspielreise gehe, mit denen ich eine Art von Unterhaltung zu schaffen versuche, die den Leuten wirklich Spaß macht.«

Shatners Idee von Unterhaltung, die den Leuten wirklich Spaß machte, lief darauf hinaus, daß er selbst völlig allein mitten auf der Bühne auf einem Stuhl saß.

William Shatner Live!

Shatners Einmannshows erwiesen sich tatsächlich als sehr populär – vor allem an Universitäten. 1976 startete er seine landesweite Gastspielreise unter dem Titel *An Evening with William Shatner* (›Ein Abend mit William Shatner‹). Darin trug er Texte von Shakespeare, Rostand, Bert Brecht und H. G. Wells vor, die sich mit dem Thema Raumfahrt befaßten. Die Vorstellung, die in dreiundvierzig Städten gezeigt wurde, schloß eine Lasershow ein.

175

Laser gehörten auch zu der Show, mit der er zwei Jahre später auf Tournee ging. *Symphony of the Stars: Music from the Galaxies and Beyond* (›Symphonie der Sterne – Musik aus fernen Galaxien‹) wurde von philharmonischen Orchestern mehrerer großer Städte begleitet, während Shatner Auszüge aus den Werken von Arthur C. Clarke, D. H. Lawrence und H. G. Wells las. Indem er Teile dieses Materials noch einmal verwendete, produzierte er dann eine weitere Reihe von Einmannshows unter dem Titel *Star Traveler* (›Sternenreisender‹).

»Es war eine völlig neue Idee für mich, eine solche Einmannshow«, sagte Shatner kurz nach dem Beginn seiner ersten Tournee. »Ich hatte damit überhaupt keine Erfahrung. Ich mußte zuerst ausprobieren, wie so etwas funktioniert – und ob ich es überhaupt schaffen würde, daß es funktioniert. Ich habe Texte von Autoren wie Rostand – seine ›Mond‹-Rede im *Cyrano de Bergerac* – und Shakespeare gewählt, dazu einige Prosa und Lyrik, die sich mit der Entwicklung der Science-fiction beschäftigt: was die Fantasie der Menschen hervorbrachte, als das technische Wissen noch begrenzt war oder von völlig falschen Voraussetzungen ausging. Das ist eine interessante Veränderung des menschlichen Selbstbewußtseins. Wir zeichnen die Geschichte der Fantasie nach und wie sie durch verschiedene Kräfte – Religion und Wissenschaft – beeinflußt wurde.«

Nach langer Zeit wieder mit einem Live-Publikum zu arbeiten, war für Shatner eine belebende Erfahrung. Durch die vielen Solo-Auftritte gewann er außerdem neue Erkenntnisse über seine Schauspieltechnik.

»Ich lernte den Text quasi nur halb, damit mir Raum für spontane Reaktionen blieb«, erzählte er 1978 einem Reporter. »Dadurch konnte ich die Rolle während der Vorstellung entwickeln. Da ich Monologe ohne einen Gesprächspartner lernen mußte, habe ich mich ganz auf die Ideen konzentriert. Mit anderen Worten, ich versuche mir vorzustellen, worin die Idee besteht und wie ich sie am besten zum Ausdruck bringen kann. Also erweitere ich jetzt in gewisser Weise meine Vorstellung von einer Szene. Während ich vorher sozusagen nur die Worte gelernt habe, sehe ich jetzt ein größeres Gesamtbild.«

Zerstörung der Klischees

Die Idee von der Erweiterung der Fantasie und der Glaubenssysteme der Menschen wurde zu einem häufig wiederkehrenden Motiv in Shatners Repertoire. Kurz vor der Ausstrahlung von *Barbary Coast* trat Shatner in einer Sendung der Reihe *Playhouse 90* mit dem Titel *The Tenth Level* auf, in der er einen Psychiater spielt, der mit einer Gruppe ahnungsloser Freiwilliger Experimente über das Ausmaß menschlichen Gehorsams durchführt. Das Originaldrehbuch basierte auf der Arbeit des Psychologen Dr. Stanley Milgram, der vorgab, die Wirksamkeit von Lernmethoden zu untersuchen, dabei jedoch die Testpersonen dazu veranlaßte, sich gegenseitig Elektroschocks unterschiedlicher Stärke zu verpassen. Shatners Auftritt löste eine heftige Diskussion über die Ethik der Medizin aus.

1976 wirkte Shatner an zwei Dokumentarfilmen mit, die die Möglichkeit außerirdischen Lebens erkunden. *Mysteries of the Gods* beschäftigte sich mit UFO-Sichtungen in der Gegenwart und der Vergangenheit. Im NASA-Film *The Universe* zeichnete er die Evolution des Kosmos seit dem anfänglichen ›Big Bang‹ nach, was ihm eine Oscar-Nominierung als Sprecher einbrachte.

Im folgenden Jahr erhielt er weitere Ehrungen für seinen Vortrag von Auszügen aus Edgar Lee Masters *Spoon River Anthology* in einer Poesiesendung des Fernsehens mit dem Titel *Anyone for Tennyson?* (›Tennyson gefällig?‹). Im selben Jahr trat er als Präsentator bei angesehenen Preisverleihungen wie dem Photoplay Gold Medal Award und dem Science-fiction Award auf.

Ende 1977 spielte er die Rolle eines Tierarztes in Arizona, der entdeckt, daß Menschen und Vieh von Taranteln getötet werden. Der Film *Kingdom of the Spiders* brachte Shatner und seinen zehntausend achtbeinigen Nebendarstellern gute Kritiken ein. Später erklärte er sich bereit, bei der Fortsetzung *Kingdom of the Spiders II* Regie zu führen und wieder die Hauptrolle zu übernehmen, doch das Filmprojekt wurde nie verwirklicht.

1978 trat Shatner als Gaststar in drei TV-Miniserien auf. Er war als Paul Revere im Zweiteiler *The Bastard* zu sehen, in dem ein unehelich geborener Franzose auf Benjamin Franklin trifft und sich der amerikanischen Revolution anschließt. In *Testimony of Two Men* spielte er den Bruder eines Chirurgen, der über sein Leben im Pennsylvania des 19. Jahrhunderts erzählt. Dieses Projekt fand im Rahmen der ›Operation Prime Time‹ (›Aktion hauptsendezeit‹) statt, zu der mehrere unabhängige Fernsehsender ihre Kräfte gebündelt hatten, um qualitativ hochwertige Fernsehspiele zu produzieren.

Ein paar Wochen später war er als Ehemann von Jo March (gespielt von Susan Dey) in der Fernsehfassung von Louisa May Alcotts Klassiker *Little Women* zu sehen. Obwohl mit dieser Rolle ein beträchtlicher Prestigegewinn verbunden war, fiel sie für den abenteuerlustigen Shatner doch etwas lahm aus.

In seinen nächsten vier Abenteuerfilmen gab es jedoch wieder jede Menge Action. In *Land of No Return* (1978) kämpft er gegen exotische Zirkustiere, um einen Tiertrainer zu retten, dessen Flugzeug in den Bergen von Utah abgestürzt ist. In *The Crash of Flight 401* (1978) spielte er einen Ermittler der Federal Aviation Agency, der die Umstände eines tatsächlichen Flugzeugabsturzes in den Sümpfen von Florida untersucht. Dann war er noch einmal als engagierter Experte zu sehen, und zwar diesmal als Leiter des Geheimdienstes, der in *The Kidnapping of the President* (1979) den Präsidenten der Vereinigten Staaten zu retten versucht.

Doch der furchtlose Schauspieler wäre in *Disaster on the Coastliner* (1978) beinahe ums Leben gekommen, als er seine Stunts wieder einmal persönlich durchführen wollte. Hier war er in der Rolle eines Hochstaplers zu sehen, der seinen wahren Wert beweist, als der Zug, mit dem er unterwegs ist, außer Kontrolle gerät und mit einem entgegenkommenden Zug zusammenzustoßen droht. Eine gefährliche Szene bestand darin, auf den vordersten Waggon des fahrenden Zuges zu klettern. Shatner war überhaupt nicht klar, wie gefährlich so etwas sein konnte, bis er es ausprobierte und fast das Gleichgewicht verloren hätte. Insgesamt mußte er fünfzehn Mal auf das Dach des Waggons klettern, bis das Drehteam mit dem Ergebnis zufrieden war.

1978 spielte er außerdem in einem psychologischen Drama, das in Kanada entstand und von der Kritik gut aufgenommen wurde. *The Third Walker* verfolgt das Leben der Mitglieder einer Familie, die von einer Mutter dominiert wird, die davon überzeugt ist, daß einer ihrer Söhne bei der Geburt versehentlich vertauscht wurde. In einer anderen psychologischen Studie mit dem Titel *The Babysitter* (1980) hatte Shatner die Rolle eines Ehemanns übernommen, dessen Schwäche von einer skrupellosen jungen Haushälterin für ihre Zwecke ausgenutzt werden. Patty Duke Astin spielte seine Frau, die allmählich erkennt, was vor sich geht. Als die verrückten Pläne der Babysitterin durchkreuzt werden, versucht sie die gesamte Familie zu ermorden.

Nach den Urteilen der Kritiker waren die meisten dieser Filme ›mittelmäßig‹ oder gar ›enttäuschend‹, doch gleichzeitig wurde Shatner zu einer allgegenwärtigen Figur in Film und Fernsehen. Sogar in den Werbepausen konnte man ihn in Spots für Salatdressing von Wish Bone, KeroSun und Computer von Commodore sehen. Zusammen mit seiner neuen Frau Marcy trat er in mehreren Werbespots für die Margarinemarke Promise auf.

Er wurde auch zu einem beliebten Gast in Talk- und Spielshows. Er war mehrere Male in *Hollywood Squares* zu sehen. In einer Sendung mit dem Titel ›Storybook Squares‹ trat er im Kostüm von Captain Kirk vor die Kamera. Einige weitere Spielshows, mit denen Shatner seine Nachmittage verbrachte, waren *Liar's Club, To Tell the Truth, Tattletales, The $ 10 000 Pyramid, Don Adams' Screen Test, Celebrity Bowling* und *The Match Game.*

Bei einer dieser Shows geschah es, daß Shatners bewegende UFO-Erfahrung noch einmal an die Oberfläche drängte, und zwar diesmal vor Millionen von Zuschauern. Er arbeitete gerade an *Mysteries of the Gods* und dachte zu jener Zeit oft an seine unheimliche Begegnung zurück. Er versuchte immer noch, einen kurzen Film über seine UFO-Erfahrung zu produzieren, konnte sich jedoch nicht darüber klarwerden, welche Bedeutung hinter dem Ganzen stand. War er ein Auserwählter? Konnte er das Bewußtsein einer ganzen Nation erwecken? Würde er zum perfekten Medium für die Neun werden? Oder was war es für eine Macht, die sein Leben zu lenken schien?

Shatner zeichnete fünf Folgen von Dick Clarks Show *The $ 10 000 Pyramid* im New Yorker Ed Sullivan Theater auf. Er hatte gerade ein längeres Interview mit Timothy Green Beckley hinter sich, dem Herausgeber einer Science-fiction-Zeitung namens *Tomorrow*, dem er in seiner Garderobe von jener Begegnung mit einem UFO in der Mojave-Wüste vor acht Jahren erzählt hatte.

Shatner ist in Gedanken immer noch mit dem Interview beschäftigt, als er auf die Bühne tritt. Er wirkt ein wenig erschöpft und nachdenklich, doch schließlich bekommen er und sein Mitkandidat die Chance, die 10 000 Dollar zu gewinnen.

Shatner kann alle Fragen richtig beantworten – bis auf die letzte.

Er blickt zum Podium des Showmasters mit der goldenen Pyramide hinüber – auf dieses kraftvolle Symbol kosmischen Wissens – und ist einen Augenblick lang abgelenkt, weil er vielleicht über viel bedeutendere Fragen nachdenkt. Plötzlich ist er wieder geistig da, doch er verpatzt die Antwort, als er nur einen Teil des gesuchten Wortes sagt. Er ist entsetzt, daß er verloren hat, daß er die Antwort wußte, sie aber nicht richtig formulieren konnte. Er springt auf und sieht aus, als würde er jeden Augenblick explodieren. Er hat seine Chance vermasselt!

Shatner greift sich den Stuhl, auf dem er gesessen hat, und schleudert ihn auf den Studiofußboden, wo er in Stücke geht. Nachdem man schnell auf die Werbepause umgeschaltet hat, schüttelt Shatner immer noch fassungslos den Kopf und sucht nach Worten, mit denen er sich bei seinem verblüfften Spielpartner entschuldigen kann. Leonard Nimoy, der ebenfalls als Kandidat anwesend ist, bricht in lautes Gelächter aus. Als sie wieder auf Sendung gehen, halten Shatner und Nimoy die Bruchstücke des Stuhls in der Hand und versuchen den Zwischenfall zu erklären.

Kirks schmerzhafte Wiedergeburt

»Es war eine stürmische Zeit«, faßt Shatner das Jahrzehnt seit der Absetzung von *Star Trek* zusammen. »Es ging auf und ab, vom Mittelmäßigen zum Wunderbaren. Allmählich wechselte ich von der Gruppe der Nichthabenden in die der Habenden und in die kleine Gruppe der glücklich Verheirateten. Mir wurde in stärkerem Maße die Kunst bewußt, die für das, was ich tue, nötig ist, und ich legte mehr Wert auf meine Gesundheit. Ich habe nicht sehr viele Filme gemacht, weil ich die falschen Angebote erhielt. Meine Arbeit fand zum größten Teil im Fernsehen und Theater statt. Ich hatte sehr viel zu tun.«

Als Shatner 1975 gerade eine Folge von *Barbary Coast* in den Paramount-Studios abdrehte, beschloß er, einen Abstecher zu den verlassenen Aufnahmestudios zu machen, in denen

Star Trek entstanden war. Zu seiner Überraschung traf er dort auf Gene Roddenberry, der in seinem ehemaligen Büro saß und die Tasten einer alten Schreibmaschine bearbeitete. »He, Gene!« scherzte Shatner. »Hat dir niemand Bescheid gesagt? Unsere Serie wurde eingestellt!«

Was Shatner nicht wußte, war die Tatsache, daß Roddenberry einen Vertrag mit Paramount unterzeichnet hatte, um ein Drehbuch für einen *Star-Trek*-Spielfilm zu schreiben, der höchstens bescheidene 3 Millionen Dollar kosten durfte. Ursprünglich war der Film als kostengünstige Produktion für das Kino oder als Pilotfilm für eine neue Fernsehserie geplant.

Doch Mitte September 1976, als das erste Space Shuttle von der NASA auf den Namen *Enterprise* getauft worden war und die *Star-Trek*-Nostalgiewelle in vollem Gange war, hatte sich das Studio immer noch nicht für ein Drehbuch entschieden. Ein Jahr zuvor hatte George Lucas sich an Paramount gewandt, um die Filmrechte für *Star Trek* zu kaufen, doch man hatte beschlossen, sie nicht aus der Hand zu geben. In der Zwischenzeit arbeitete Lucas an seiner eigenen Weltraumoper.

Das Zögern der Studio-Verantwortlichen kam ihnen teuer zu stehen. Im Sommer 1977 brachte Twentieth Century Fox *Star Wars* in die Kinos und erzielte damit einen noch nie dagewesenen Kassenerfolg. Zur gleichen Zeit lockten *Star-Trek*-Conventions in Los Angeles und Oakland 16 000 Fans an – eine Zahl, die endlich die Aufmerksamkeit der Manager des Studios weckte. Kurz darauf wurde ein ähnlich überwältigender Erfolg mit *Close Encounters of the Third Kind* erzielt, der unter der Regie von Steven Spielberg von Columbia realisiert worden war. Zu einer Zeit, in der das Publikum nach Abenteuergeschichten im Weltall verlangte, hatte Paramount es verpaßt, rechtzeitig auf den Zug aufzuspringen.

Nachdem der Schock über den phänomenalen Erfolg von *Star Wars* abgeklungen war, begannen die neidischen Bosse von Paramount mit der Idee zu spielen, *Star Trek* in größerem Rahmen wiederauferstehen zu lassen. Man beschloß, das Projekt eines spektakulären *Star-Trek*-Kinofilms zu verfolgen, der sich mit den Spezialeffekten, die man in *Star Wars* gesehen hatte, messen konnte. Sie gingen sogar so weit, Shatner einen Vorschuß zu zahlen, wenn er als erster den Vertrag unterschrieb, damit die anderen Mitglieder der Stammbesetzung ermutigt wurden, ebenfalls zu unterschreiben. Doch als Ende August 1977 die Kostenaufstellung für die Spezialeffekte eines solchen Films eintraf, bekamen die Verantwortlichen kalte Füße und stellten sofort alle Arbeiten am Projekt ein.

Kaum drei Wochen nach dem Aus für den Kinofilm gab das wankelmütige Studio stolz bekannt, daß William Shatner einverstanden war, wieder in seiner Rolle als Captain der *U.S.S. Enterprise* aufzutreten, und zwar in *Star Trek: Phase II*, einer Neuauflage der klassischen Fernsehserie. Gene Roddenberry wurde als ausführender Produzent eingesetzt, und man begann mit der Arbeit an völlig neuen *Enterprise*-Kulissen. Die Serie sollte zum Flaggschiff des neuen Paramount Television Network werden.

Bedauerlicherweise wurden die Pläne für einen eigenen Fernsehsender im November gekippt, als die Schwestergesellschaft der Paramount, die Gulf + Western, dieses Vorhaben ablehnte. Shatner tobte vor Wut. Besonders ärgerte er sich über die Einstellung des Kinoprojekts, da er glaubte, ein abendfüllender Spielfilm würde sich als überwältigender Erfolg erweisen.

»Ich denke, es war eine idiotische Entscheidung der Leute von Paramount«, sagte er damals. »Ein *Star-Trek*-Kinofilm wäre großartige Unterhaltung und ein riesiger finanzieller Erfolg, und die Ablehnung des Projekts ist eines der besten Beispiele für menschliche Dummheit. Daß das Spielfilmprojekt aufgegeben wurde, kann ich angesichts des Erfolges von *Star Wars* einfach nicht verstehen!«

Captain Quirk sollte jedoch am Ende recht behalten. *Star Trek* sollte zu einer der profitabelsten Unternehmungen der gesamten Filmgeschichte werden.

8
Die Rückkehr des Captains

Ganz zu Anfang war Kirk kein sehr netter Kerl. Er war recht ungebärdig. Inzwischen sind zehn Jahre vergangen, und er hat sich verändert, genauso wie ich mich verändert habe.
    – William Shatner über *Star Trek: The Motion Picture*

1978 erhielt Shatner einen weiteren freundlichen Telefonanruf von Gene Roddenberry. Gene fragte ihn, ob er daran interessiert wäre, zusammen mit der originalen *Enterprise*-Besetzung einen Film zu drehen. Nachdem Paramount die Planungen mehrere Male über den Haufen geworfen hatte, war man nun der Meinung, daß ein *Star-Trek*-Film sich lohnen würde.

Shatner wußte jedoch nichts davon, daß die Produzenten nunmehr planten, Captain Kirk in den ersten Szenen sterben zu lassen, um dann eine völlig neue Besetzung mit großen Namen einführen zu können. Roddenberry weigerte sich hartnäckig, diese Idee zu unterstützen, und sagte, Shatner sei ein ›außergewöhnlich guter Schauspieler‹.

Es dauerte einige Zeit, aber schließlich überredete der Schöpfer von *Star Trek* das Studio dazu, wieder mit Shatner und der Originalbesetzung zu arbeiten. Mit Ausnahme von Leonard Nimoy hatten innerhalb weniger Wochen alle ehemaligen Mitwirkenden unterschrieben. DeForest Kelley, James Doohan, Nichelle Nichols, George Takei, Walter Koenig und Majel Barrett erklärten sich allesamt einverstanden, noch einmal in ihren alten Rollen aufzutreten. Sogar Grace Lee Whitney kehrte als Janice Rand zurück.

Nimoys Abneigung gegenüber einer Rolle im Film wurde bald zu einem wunden Punkt. Er verlangte mehr Geld, als man Shatner vertraglich zugestanden hatte, und außerdem eine höhere prozentuale Beteiligung an der weiteren Vermarktung des Films. Überraschenderweise unterstützte Shatner seinen Schauspielerkollegen.

»Leonard Nimoy hat einen berechtigten Einwand«, sagte Shatner damals. »Es geht um die Vermarktung, und das ist ein Punkt, der auch mich ärgert. Unsere Gesichter tauchen auf den verschiedensten Produkten im ganzen Land auf, in der ganzen Welt, und wir sind dafür niemals richtig entschädigt worden. Im Augenblick will Paramount Leonard haben, und Leonard will eine angemessene Entschädigung. Irgend jemand hat sehr viel Geld mit der Serie verdient, und die Leute, die die Serie verkörpern, haben kaum etwas davon gesehen.«

Da er bereits unterschrieben hatte, war Shatner an die Vertragsbedingungen gebunden, obwohl Captain Quirk sich durch diese Tatsache nicht davon abhalten ließ, damit zu drohen, aus dem Film auszusteigen. Als Grund nannte er den Verzicht von Paramount auf das ursprüngliche Drehbuch zugunsten einer Produktion mit mehr Spezialeffekten. Im ersten Entwurf mit dem Titel *The God Thing* sollte die *Enterprise* am Ende des Universums vor dem Angesicht Gottes stehen – eine Geschichte, die sehr stark der späteren von *The Final Frontier* ähnelte, bei dem Shatner selbst Regie führen würde.

»Es war ein faszinierendes Drehbuch«, klagte Shatner, »eine ähnliche Geschichte wie 2001. Die Dialoge waren unglaublich. Spock sollte darin die Logik eines übergeordneten Wesens hinterfragen, weil seine Handlungen sehr fragwürdig und widersprüchlich waren. Es wäre ein echter Sciencefiction-Klassiker geworden.«

Shatner verlor schnell die Begeisterung für das geänderte Drehbuch. Er drehte gerade die letzten Szenen von *Kingdom of the Spiders* ab, und der Terminkalender des energischen Stars war randvoll mit mehreren Theaterstücken und Filmprojekten. Er gab deutlich zu verstehen, daß man den *Star-Trek*-Film von ihm aus ohne ihn drehen könnte.

»Nachdem ich dieses Filmprojekt so lange verfolgt habe«, bemerkte er wütend, »habe ich es jetzt satt, mich ständig zu fragen, was eigentlich los ist. Ich würde gerne einen *Star-Trek*-Film und eine neue Serie sehen, aber ich bin nicht mehr daran interessiert, noch einmal den Captain Kirk zu spielen.«

Dann erklärte sich Leonard Nimoy plötzlich einverstanden, am Film mitzuwirken. Obwohl sein Einlenken vielleicht mehr mit der Tatsache zu tun hatte, daß das Studio einen Ersatzschauspieler unter Vertrag genommen hatte, der den vulkanischen Wissenschaftsoffizier des Schiffes spielen sollte, erklärte Nimoy den Journalisten, daß seine Entscheidung auf künstlerischen Erwägungen beruhte.

Der ausschlaggebende Punkt war nach Nimoys Aussagen, daß man Robert Wise, der die Filme *The Day the Earth Stood Still* (1951) und *The Sound of Music* (1965) inszeniert hatte, als Regisseur gewonnen hatte. Nimoy glaubte daran, daß ein Regisseur dieses Formats eine Garantie für einen Film von hoher Qualität sei. Der Schauspieler David Gautreaux, der die Rolle des Xon – den Ersatz für Spock – hatte spielen sollen, erhielt nun die Rolle des Commanders Branch von der Raumstation *Epsilon 9*.

Nicht lange nach Nimoys Einwilligung änderte auch Shatner seine Meinung. Obwohl seiner Begeisterung ein schwerer Dämpfer versetzt worden war, hielt er es immer noch für eine gute Idee, *Star Trek* in einem Kinofilm wieder auferstehen zu lassen.

Unglücklicherweise hatte das Jahrzehnt, das seit seinem letzten Auftritt als Captain Kirk vergangen war, deutliche Spuren hinterlassen. Shatner hatte mehr als zehn Kilo zugenommen, hauptsächlich in Form eines Rettungsringes an den Hüften. Er hatte kaum noch Haare auf dem Kopf, und weitere Eigenschaften, die ihn zum Schwarm von Millionen gemacht hatten, waren sichtlich erschlafft.

Shatner beschloß, sich wieder in Form zu bringen. Der Kampfgeist des alten Toughy war wieder erwacht. Shatners anstrengende Trainingskur bestand aus zehn Kilometer Joggen pro Tag, regelmäßigem Gewichtheben und langen Besuchen in der Sauna. Seine dürftige Diät setzte sich hauptsächlich aus Rosenkohl und schlichtem Joghurt zusammen. Unter der Anleitung des berühmten Ernährungsspezialisten Dr. Ernst Duynder vom American Health Institute verzichtete er außerdem völlig auf Zucker und Kaffee.

Einige Leute haben angedeutet, daß Shatner auf weniger natürliche Mittel zur Verjüngung zurückgegriffen hat, zum Beispiel auf Fettabsaugen, Gesichtslifting und eine Haartransplantation. Im Rückblick auf die ersten paar *Trek*-Filme stellte *Newsweek* fest, daß die übrigen Schauspieler immer mehr ›erschlafft und ergraut‹ waren, während Shatner ›seltsamerweise glattere Haut und mehr Haar‹ entwickelte.

»Ich habe hart gearbeitet, um mich für den Film in Form zu bringen«, sagte Shatner dazu. »Es ist kein Zufall, daß ich so aussehe. Ich wußte, daß man mich mit den zehn Jahre alten Bildern vergleichen würde. Das ist eine schwere Herausforderung für jeden und ganz besonders für einen Schauspieler, der wie jeder Schauspieler sehr eitel ist.«

Die harte Arbeit schien sich gelohnt zu haben. Als Nichelle Nichols ihren Kollegen zum ersten Mal seit längerer Zeit im Studio wiedersah, sagte sie zu ihm, daß er wirklich jung und schlank aussah. Shatner konnte seine Freude darüber nicht verbergen. Der Captain packte seinen überraschten Kommunikationsoffizier und gab ihr einen dicken Kuß.

Unterstützt durch Aerobic, Make-up, günstige Kameraeinstellungen, Weichzeichner und vielleicht auch ein wenig plastische Chirurgie kehrten Shatner und der Rest seiner gealterten Crew auf die Brücke der *Enterprise* zurück und hofften, etwa zehn Jahre jünger auszusehen. Dahinter stand die größte Schönfärberei-Aktion, die jemals dem Kinopublikum zugemutet worden war.

Die Enterprise hebt ab

Gene Roddenberry brauchte fünf Jahre – ironischerweise genauso lange, wie die Mission der ursprünglichen *Enterprise* dauern sollte –, um *Star Trek* auf die Kinoleinwand zu bringen. *Star Trek: The Motion Picture* wurde zum größten Kinoprojekt, das jemals von Paramount in Angriff genommen wurde. Es nahm fast ein Viertel des Personals von Paramount und elf der zweiunddreißig Aufnahmestudios in Anspruch. Vier von diesen Studios waren allein von den Kulissen der *Enterprise* belegt, darunter die Brücke, die Krankenstation, ein Transporterraum, der Maschinenraum, ein Hangardeck und ein Freizeitraum, den die Fans noch nie zuvor zu Gesicht bekommen hatten.

Der Film wurde von den Spezialeffekten und den Studiokulissen dominiert, und der hochmoderne Leinwandzauber verschlang allein zwei Drittel der Produktionskosten. Ausführliche Entwürfe für jedes Deck des riesigen Raumschiffs wurden mit Unterstützung von NASA-Wissenschaftlern angefertigt, unter denen auch Jesco von Puttkamer war, Shatners Freund aus *Mysteries of the Gods*. Von Puttkamer war der Leiter der NASA-Programme zur Industrialisierung des Weltraums und für langfristige Planungen. Damals sagte er: »Ich schätze, *Star Trek* ist die am weitesten in die Zukunft reichende Planung der NASA.«

Mit Liebe zum Detail wurden die Innenräume des Schiffes gebaut, von denen manche bis zu drei Fußballfelder lang waren. Die Funktionen aller neun Kontrollkonsolen des Schiffes wurden standardisiert und von Computern gesteuert. Die Schauspieler erhielten technische Handbücher über die richtige Bedienung der Tasten, Bildschirme, Instrumente und andere Kontrollschaltungen.

Die Mitwirkenden des Films wurden mit über 500 völlig neu entworfenen Kostümen und Uniformen ausgestattet. Die neuen eng anliegenden Overalls des Kostümbildners Robert Fletcher nahmen den Schauspielern die Möglichkeit, das be-

rüchtigte ›Sockenknäuel‹ zu verwenden, das in der Originalserie heimlich von einigen männlichen Mitgliedern der Besetzung verwendet worden war, um ihre ›Ausstattung‹ zu
vergrößern. In *Star Trek: The Motion Picture* sahen alle männlichen Schauspieler etwa gleich aus, was ihre körperliche Be-
stückung betrifft.

Um den veränderten Konturen der älteren Schauspieler
entgegenzukommen, rüstete Bill Theiss, der Kostümbildner
der Originalserie, die Hosen mit einem elastischen Band aus,
das den Unterleib eng umspannte. Außerdem endeten die
neuen Hosen nicht an der Hüfte, sondern reichten bis zum
Zwerchfell hinauf; damit sie ihnen nicht herunterrutschten,
mußten die Schauspieler ihre Hosen straff über die Bäuche
ziehen. Dadurch drückten sie im Schritt, so daß die männlichen Schauspieler immer wieder ohne ersichtlichen Grund
vor Schmerz aufstöhnten. Während der Pausen wagten sie
es kaum, sich hinzusetzen, um den ›Familienjuwelen‹ keinen
Schaden zuzufügen.

Der Firma Robert Abel & Associates, die ursprünglich mit
den Spezialeffekten beauftragt worden war, wurde gekündigt, als die geschätzten Kosten von vier Millionen auf über 16
Millionen ansteigen sollten. Mehrere Firmen wurden heran-
gezogen, um die Arbeiten weiterzuführen, doch sie mußten
sieben Tage pro Woche schuften, um die Termine einzuhalten.

Während der Produktion wurden die Sicherheitsmaßnah-
men bei Paramount verdoppelt, und die Leute des Wach-
schutzes waren rund um die Uhr auf Streife. Sogar das FBI
wurde eingeschaltet, um gegen mögliche Industriespionage
vorzugehen, was die Drehbücher, die Spezialeffekte und die
hochentwickelte elektronische Ausrüstung betraf, die das
Studio sich von der NASA, Boeing und Lockheed ausge-
liehen hatte. Sämtliche Schauspieler mußten sich schriftlich
verpflichten, nichts über den Drehbuchinhalt zu verraten,
und Besuche von Verwandten und Fans im Studio wurden
untersagt. Nach dem Abschluß der Dreharbeiten wurden

sämtliche Drehbuchkopien vernichtet und die Originalnegative in einen Tresor eingeschlossen.

Die komplizierten Spezialeffekte wuchsen den Beteiligten beinahe über den Kopf. Zwei Wochen vor dem Filmstart war Shatner immer noch damit beschäftigt, seltsame Kommentare aufzuzeichnen, um wenigstens eine gewisse Verbindung zwischen den Effekten und der eigentlichen Handlung herzustellen. Nachdem das Budget anfangs zehn Millionen Dollar betragen hatte, kostete der Film schließlich schwindelerregende 45 Millionen Dollar.

Der Film beginnt mit einer Szene, in der die alte *Enterprise* im Raumdock liegt und einer zwei Jahre dauernden Generalüberholung unterzogen wird. Bevor die Arbeiten abgeschlossen werden können, muß Kirk mit dem Schiff losfliegen, um eine gewaltige Energiewolke zu untersuchen, die sich der Erde nähert. Der Captain, der vor kurzem in den Rang eines Admirals befördert wurde, rekrutiert die meisten Mitglieder seiner Originalbesatzung, um der geheimnisvollen Wolke entgegenzufliegen. Sogar Grace Lee Whitney, die vor einem Jahrzehnt aus *Star Trek* verbannt worden war, kehrt als Assistentin des Captains zurück. Shatners Ehefrau Marcy Lafferty ist ebenfalls mit von der Partie, und zwar als Assistentin der kahlköpfigen deltanischen Navigatorin, die von Persis Khambatta gespielt wird.

Shatner beschrieb Khambatta später als ›ein atemberaubend schönes Model und eine atemberaubend schlechte Schauspielerin‹ und erzählt von einer Szene, die neunzehnmal wiederholt werden mußte, bis ihr Text stimmte, der aus dem einfachen Wort ›Nein‹ bestand. In seinem Buch *Star Trek Movie Memories* deutet Shatner an, daß sie nur wegen ihres Aussehens engagiert wurde.

Es besteht kein Zweifel, daß die hübsche junge Frau für einige sexuelle Spannungen auf der Brücke der *Enterprise* sorgte. George Takei erinnert sich, wie alle Schauspieler im Studio ›strammstanden‹, wenn sie ihren Platz auf der Brücke einnahm. Takei befand sich in einer besonders schwierigen

Situation, weil Khambatta an der Navigationskonsole direkt neben ihm saß. Sulus Aufgeregtheit wurde von Roddenberry in die spätere Romanfassung des Films eingearbeitet.

»Persis verfügte über einen erfrischenden Narzismus«, erinnert sich Walter Koenig. »Sie sprach ganz offen darüber. Sie war davon überzeugt, daß sie fantastisch aussieht, und sie hatte keine Hemmungen, es auch zu sagen. Aber das war in Ordnung, denn sie ist wirklich fantastisch.«

Shatners Abneigung gegen Khambatta dürfte zu einem großen Teil darauf zurückzuführen sein, daß sie sich heftig gegen seine sexuellen Annäherungsversuche in den Filmkulissen zur Wehr setzte. Die von ihr verkörperte Ilia stammte vom Planeten Delta, auf dem ständig sexuelle Aktivitäten etwas völlig Normales waren, so daß Ilia einen Zölibatseid schwören mußte, um an Bord der *Enterprise* dienen zu können. Zweifellos war die Schauspielerin Khambatta der Ansicht, daß ein ebensolcher Eid vom Captain des Schiffes hätte geleistet werden müssen.

Als die *Enterprise* sich schließlich ihrem Ziel nähert, wird Ilia plötzlich entmaterialisiert. Einige Minuten später kehrt sie als willenlose Botschafterin zurück, die völlig unter der Kontrolle der übermächtigen Intelligenz im Zentrum der Energiewolke steht. (Im Originaldrehbuch sollte Khambatta zur großen Überraschung des Captains splitternackt in Kirks Dusche materialisieren.)

Das fremde Wesen gibt über Ilia bekannt, daß es zur Erde zurückgekehrt ist, um nach seinem Schöpfer zu suchen. Spock, der sich gerade einem längeren vulkanischen Ritual unterzieht, das ihn von seinen menschlichen Gefühlen befreien soll, spürt die drohende Gefahr und stößt unterwegs zur *Enterprise*. Um die Angelegenheit zu klären, führt er eine Bewußtseinsverschmelzung mit dem Wesen durch und stellt fest, daß es sich um eine lebende Maschine handelt, die aus den Weiten der Galaxis stammt. Kirk versucht einen Bluff und teilt dem Wesen mit, er kenne die Identität seines Schöpfers. Dann erlaubt das fremde Wesen, daß Kirk, Spock,

McCoy und Decker (Stephen Collins als vorübergehender Kommandant der *Enterprise*) das Herz der Wolke aufsuchen und ihm von Angesicht zu Angesicht gegenübertreten. Dort stoßen die vier Männer zu ihrer Überraschung auf eine uralte Raumsonde von der Erde namens *Voyager*. Die primitive Apparatur ist von einer fortgeschrittenen Zivilisation in eine Maschine mit eigenem Bewußtsein verwandelt worden.

Die Innenkulisse der erweiterten *Voyager*-Sonde bestand aus einer zwanzig Meter durchmessenden achteckigen Mulde, die dem Innenleben eines Computers nachempfunden war. Der gesamte Komplex hing anderthalb Meter über dem Boden, damit die Techniker Zugang zur Beleuchtung und den elektrischen Anschlüssen hatten. Während der Dreharbeiten brach Shatner durch eine der dünnen Bodenplatten und hätte sich dabei ernsthaft verletzen können. Er steckte bis zu den Achseln in der Dekoration und mußte von Nimoy und McCoy wieder herausgehoben werden. Nur wenige Tage zuvor war zwei Beleuchtern das gleiche widerfahren; einer von ihnen hatte einen lebensgefährlichen elektrischen Schlag erhalten.

Als die superintelligente Maschine im Film kurz davorsteht, die Erde von ihren ›parasitären Kohlenstoffwesen‹ zu säubern, erklärt Decker sich bereit, zusammen mit der Navigatorin von *Voyager* assimiliert zu werden. Auf diese Weise kann die Sonde nach ihrer langen Irrfahrt ihre Bestimmung erfüllen und sich mit ihren menschlichen Schöpfern vereinigen. Diese hybride Lebensform – die von Spock als der nächste Schritt in der Evolution des Menschen bezeichnet wird – setzt daraufhin seine einsame Erforschung des Universums fort.

Shatner spielte die Rolle des Kirk mit einer spürbar mürrischen Laune, die man in der Fernsehserie niemals hatte beobachten können. Es schien, als hätte Admiral Kirk die Charakterzüge eines neurotischen Julius Cäsar angenommen. Mit fast allen Beteiligten hatte er mindestens einmal heftigen Streit, einschließlich seines alten Freundes Leonard Nimoy.

Seine Kollegen hatten den Eindruck, daß der achtundvierzig Jahre alte Schauspieler sich noch weiter von ihnen distanziert hatte, sowohl in seiner Rolle als auch in privater Hinsicht.

Bei Produktionsbeginn trat eine Klausel in Shatners Vertrag in Kraft, die ihm ein Mitspracherecht an der Handlung und den Dialogen garantierte. In Nimoys Vertrag gab es eine ähnliche Klausel. An jedem Morgen traf Shatner sich mit Roddenberry, Nimoy, dem Drehbuchautor Harold Livingston, dem Produzenten Jon Povill, dem Regisseur Robert Wise und dem Paramount-Vertreter Jeffrey Katzenberg, um die nächsten Szenen durchzugehen. Bei einigen dieser Treffen kam es zu hitzigen Diskussionen, weil Shatner um Änderungen kämpfte, die seine Rolle auf eine solidere Grundlage stellen sollten.

Die bedeutendste Änderung bezog sich auf Stephen Collins' Rolle als Captain Decker. Nach dem Drehbuch war er der Enkel von Commodore Decker (der in der Folge ›Doomsday Machine‹ von Shatners Nemesis William Windom verkörpert wurde). Shatner wehrte sich von Anfang an gegen den Neuling, und die zwei Männer hatten während der Dreharbeiten mehrere Male heftigen Streit. Shatner hatte den Verdacht, daß Kirk durch Collins alias Decker ersetzt werden sollte. Erst nachdem Captain Decker in der endgültigen Version des Drehbuchs in die Verbannung geschickt wurde, fühlte Shatner sich besänftigt.

»Mir hat die Arbeit mit Collins Spaß gemacht«, bemerkte Walter Koenig. »Wir hatten einige sehr tiefgründige Gespräche über die Arbeit mit Mr. Shatner.« In der Tat wurde es bald allen Beteiligten klar, daß Shatner im Laufe der Jahre sehr unwirsch und abweisender als je zuvor geworden war.

»Ich mag Kirk. Ich mag ihn wirklich«, antwortete er auf die Frage, ob ihm diese Rolle nicht allmählich langweilig wurde. »Ich habe ihn nach dem Vorbild von Horatio Hornblower geschaffen. Sie waren sich in vielerlei Hinsicht ähnlich. Kirks (und Shatners?) Probleme als Kommandant waren genauso realistisch wie die von Hornblower. Und es sind reale Probleme! Ich habe sogar einmal mit U-Boot-Kommandanten der Navy darüber gesprochen – daß sie zwar versuchten, sich mit ihren Männern zu verstehen, aber nur bis zu einem gewissen Punkt, und daß sie anschließend wieder etwas auf Distanz gehen mußten.«

Die Premiere von *Star Trek: The Motion Picture* fand am 6. Dezember 1979 im MacArthur Theater im Kennedy Center statt, und zwar im Rahmen einer Benefizveranstaltung für den National Space Club. Am nächsten Tag startete der Film landesweit in 900 Kinos und erzielte das bis dahin zweithöchste Wochenend-Einspielergebnis eines Films (20 Millionen Dollar). Doch die Tatsache, daß Shatner und Doohan bei der Vorpremiere in Washington einschliefen, hätte allen eine Warnung sein sollen. Denn die Kritiker ließen kein gutes Haar an diesem Film.

»In der Zeit nach *Star Wars* dient die Handlung nur noch als Versuch einer Rechtfertigung der Spezialeffekte«, lautete Richard Schickels spitzer Kommentar in der Zeitschrift *Time*. »*Star Trek* besteht fast ausschließlich aus solchen Szenen: Raumschiffe gleiten über das Firmament, begleitet von Musik, die Ehrfurcht erwecken soll. Doch diese Raumschiffe benötigen unerhört lange Zeit, um irgendwohin zu gelangen, und unterwegs geschieht nichts von dramatischer oder menschlicher Bedeutung.«

»Die Produzenten versuchten das Tempo und die Atmosphäre des Fernsehformats beizubehalten und gleichzeitig die erzählerischen Vorteile des Kinoformats zu nutzen«, urteilte *Newsweek*. »Doch bei diesem Manöver sind sie über ihre eigenen Asteroiden gestolpert. Das besonnene Tempo, das auf dem Fernsehbildschirm eine ungemein hypnotische Wirkung entfalten kann, bläht sich auf der großen Leinwand zu einem großen, einschläfernden Nichts auf.«

»Shatner dominiert wie gewohnt«, stellte der ehemalige *Star-Trek*-Drehbuchautor Harlan Ellison im Magazin *Starlog* fest. »Er ist steif, wenn er neckisch und kokett sein will, und er trägt zu dick auf, wenn er ergreifend sein will. Er spielt Kirk anmaßend und aufgeblasen, als würde er sich tatsächlich für Kirk halten. Die traurige Wahrheit lautet, daß es ein stinklangweiliger Film ohne Überraschungen ist, ein auf tragische Weise durchschnittlicher Film.«

»*Ich bin Captain Kirk!*« antwortete Shatner darauf. »Was ich tue, ist auch das, was Captain Kirk tut.«

Der Zorn des Quirk

Trotz der Verrisse durch die Kritiker erzielte der erste *Star-Trek*-Spielfilm ein weltweites Einspielergebnis von beachtlichen 178 Millionen Dollar, von denen über 50 Millionen Dollar am Paramount zurückflossen. Dennoch waren die Studiobosse enttäuscht über das Verhältnis zwischen dem Profit und den hohen Produktionskosten des Films. Gleichzeitig erkannten sie, daß es ein recht großes Publikum aus *Star-Trek*- und Science-fiction-Fans gab, die mehr von der *Enterprise* –Besatzung sehen wollten.

Also beschlossen sie, daß der nächste *Star-Trek*-Film für erheblich weniger Geld gedreht werden sollte, auch wenn er sich dann womöglich nur noch für eine Fernsehausstrahlung eignete. Sie berieten sich mit dem Fernsehproduzenten Harve Bennett, der ihnen versprach, daß er mit dem zweiten *Star-Trek*-Film im Rahmen des Budgets bleiben würde. Auf der Grundlage seiner Zusicherung erklärte sich Paramount einverstanden, die Fortsetzung doch ins Kino statt nur ins Fernsehen zu bringen. Wie sich herausstellte, realisierte der zuverlässige Produzent die *Star-Trek*-Filme *II*, *III* und *IV* insgesamt für die gleichen Kosten, die der erste Kinofilm verschlungen hatte.

Nach dem ersten *Star-Trek*-Film wurde es immer deutlicher, daß die Visionen des Gene Roddenberry und der bodenständigen Studiobosse in krassem Gegensatz zueinander standen. Denn eigenartigerweise verkündete der ›Große

Vogel der Galaxis‹ nun das Evangelium der Neun, der angeblichen Gruppe von Außerirdischen, von der er in den frühen siebziger Jahren erfahren hatte.

Roddenberry war ein Anhänger der Idee von der Vervollkommnungsfähigkeit des Menschen. Er glaubte daran, daß die Menschheit sich mit einiger Anstrengung in naher Zukunft völlig verändern und ihre Aggressivität überwinden konnte. Seine Vision des dreiundzwanzigsten Jahrhunderts war von Frieden, Glück und Weiterentwicklung geprägt. Dies stand im Widerspruch zum Horatio-Hornblower-Konzept, das vom Studio vertreten wurde. Die Geschäftsführer von Paramount wollten, daß die menschliche Natur sich im Verlauf der Geschichte nicht änderte, daß es auch weiterhin Kampf, menschliche Schwächen und Konflikte gab, um das Publikum an die Kinosessel zu fesseln.

Außerdem wollte Roddenberry die künftigen Menschengenerationen mit einem Bewußtsein für die Sünden der Vergangenheit ausstatten. Für jeden der nächsten fünf Filme reichte er Drehbuchentwürfe ein, die auf der Idee basierten, daß die Besatzung der *Enterprise* in das Jahr 1963 reist, um das Attentat auf den amerikanischen Präsidenten John F. Kennedy zu verhindern. (Nach den Botschaften der Neun, die von Medien unter der Obhut von Andrija Puharich weitergegeben wurden, war Kennedys Ermordung ein schwerwiegender negativer Wendepunkt in der Geschichte unseres Planeten.)

Damit solche befremdlichen Ideen niemals ihren Weg auf die Leinwand fanden und Harve Bennett uneingeschränkte Kontrolle über die Produktion erhielt, wurde Gene Roddenberry aus der vordersten Front abgezogen. Er erhielt den Titel ›ausführender Berater‹ und wurde in sein Büro verbannt, von wo aus er über eine endlose Folge von Memos mit Autoren und Produzenten kommunizierte, um ihnen seine Ansichten zu den Charakteren und zum Handlungsverlauf nahezubringen. Seine Stellungnahmen wurden nun jedoch nicht mehr als Anweisungen, sondern nurmehr als Vorschläge behandelt.

Shatner war sehr zufrieden mit dieser neuen Kommandostruktur und lobte Bennett später als ›den Mann, der *Star Trek* wieder auf den richtigen Weg brachte‹. Obwohl Shatner sich nie dazu äußerte, ob er etwas von Roddenberrys Kommunikation mit den Neun wußte, teilte der Schauspieler gewiß nicht die erhabenen Visionen seines ausführenden Produzenten, was die Zukunft der Menschheit betraf. Shatners Vision, wie er sie in *Star Trek V* darstellte, war die Suche nach dem außerirdischen Gott, der für die menschliche Misere verantwortlich war, um ihn mit seinen Missetaten zu konfrontieren.

Shatner haderte lange mit dem Drehbuch für das zweite *Star-Trek*-Abenteuer, das ihm fast genauso große Sorgen machte wie der erste Film: »Ich war sehr nervös, vor allem nach den Erfahrungen mit dem ersten Spielfilm. Der Erfolg des Schauspielers liegt in den Worten. Während der Entwicklung dieses Drehbuchs schwankte ich zwischen tiefer Enttäuschung und großer Begeisterung, doch als dann die Dreharbeiten begannen, wußte ich, daß *The Wrath of Khan* ein großartiger Film werden würde.«

Der vorläufige Untertitel für *Star Trek II* lautete *The Undiscovered Country*. Dieses Zitat aus Hamlets berühmtem Monolog (der sich auch auf Shatners Schallplatte *The Transformed Man* findet) bezieht sich auf den Tod – in diesem Fall auf den von Spock. Der Titel wurde von einem nervösen Studioboß in *The Wrath of Khan* umgeändert, weil er nach einem packenderen Aufhänger suchte. (Der ursprünglich vorgesehene Untertitel wurde schließlich für *Star Trek VI* verwendet, wo er sich diesmal auf das Versprechen einer besseren Zukunft bezog, die durch das Ende alter politischer Bündnisse möglich geworden war.) Die Dreharbeiten zu *Star Trek II: The Wrath of Khan* begannen am 9. November 1981 und dauerten bis zum 2. Januar 1982. Der Film startete am 4. Juni 1982 in 1600 Kinos.

Diesmal hatten die Produzenten beschlossen, nicht mehr gegen den natürlichen Alterungsprozeß vorzugehen, sondern den Schauspielern zu erlauben, sich so zu zeigen, wie sie im Laufe der Jahre geworden waren. Harve Bennett mußte einige Überzeugungsarbeit leisten, bis er Captain Quirk die Angst vor dem Alter ausgetrieben hatte. Nach langen Diskussionen erklärte Shatner sich schließlich einverstanden, seine Falten nicht mehr übertünchen zu lassen. Es war eine Midlife-Crisis, die gleichzeitig den Schauspieler und seine Figur betraf.

»Im Leben jedes Menschen«, bemerkte er dazu, »also vermutlich auch in Kirks Leben und ganz gewiß in meinem, gibt es einen Punkt, an dem man das Ende zu sehen beginnt. Das Leben wirkt plötzlich nicht mehr unendlich. Es ist wie auf einer High-School-Wiedersehensfeier, wo alle anderen so alt geworden sind, daß man es nicht fassen kann. Natürlich gilt das nicht für einen selbst. Ich glaube, das läßt sich in *Star Trek* sehr gut als dramatisches Element ausspielen. Man muß die Dinge ansprechen, die ewige Gültigkeit im Leben aller Menschen haben.«

Der Film beginnt mit Kirks Geburtstag: Der ergraute Admiral versucht sich an seine Lesebrille zu gewöhnen. Dr. McCoy schenkt ihm eine Flasche mit erlesenem blauen Wein, und von Spock erhält er ein ramponiertes Exemplar von Charles Dickens' *A Tale of Two Cities*, weil er die Vorliebe des Admirals für Antiquitäten kennt. Der Schreibtischtäter Kirk macht eine schwere Krise durch, worauf seine Freunde ihn dazu überreden, noch einmal mit der *Enterprise* zu einem Trainingsflug auf Weltraumfahrt zu gehen. Ein ständiges Subthema des Films ist Kirks Versuch, mit dem Alter zurechtzukommen und endlich die Verantwortung für seine ›Jugendsünden‹ zu übernehmen. Ein Kritiker ging sogar so weit, den Film als *On Golden Galaxy* zu bezeichnen (eine Anspielung auf das Altendrama *On Golden Pond*, Anm. d. Übers.).

Leonard Nimoy wäre es lieber gewesen, Spock nicht altern, sondern ein für alle Mal sterben zu lassen. Diese Rolle war für ihn zu einer großen psychischen Belastung geworden, und Nimoy befürchtete nun, daß es zu zahlreichen weiteren

Fortsetzungen kommen würde. Die Produzenten bemühten sich, Nimoys Wünschen entgegenzukommen, und schrieben das Drehbuch achtmal um, wobei sie auch eine halb vulkanische, halb romulanische Figur als Spock-Ersatz schufen. Die Rede ist von Lieutenant Saavik, die von Kirstie Alley gespielt wurde.

Obwohl Gene Roddenberry völlig von der Produktion des Films abgeschnitten war, fand er dennoch Mittel und Wege, seinen Einfluß geltend zu machen. Als er Gerüchte verbreitete, daß Spock im neuen Film sterben würde, erhob sich lautes Geschrei unter den Trekkern. Die Fanclubs drohten mit einem landesweiten Boykott. Der einstmals zutiefst verehrte Nimoy erhielt nun haßerfüllte Briefe, unter denen sogar eine Drohung gegen das Leben seiner Tochter war. Eine Gruppe, die sich ›Concerned Supporters of *Star Trek* ‹ (›Besorgte Befürworter von *Star Trek*‹) nannte, schaltete ganzseitige Anzeigen in Hollywood-Zeitungen, in denen sie das Studio warnten, daß es mindestens 28 Millionen Dollar an Kasseneinnahmen verlieren würde, wenn es beim geplanten ›Mord‹ bliebe. Die heftigen Proteste veranlaßten die Produzenten dazu, das Drehbuch noch einmal so umzuschreiben, daß Spock in einer Fortsetzung wieder zum Leben erweckt werden konnte.

Überraschenderweise erlangte *The Wrath of Khan* unter Trekkern eine außergewöhnlich hohe Beliebtheit und wurde mit begeisterten Kritiken überhäuft. Der Film brach in bezug auf die Einspielergebnisse des Startwochenendes sämtliche bisherigen Rekorde. In unserer Umfrage wurde der Film knapp hinter *Star Trek IV* zum zweitbesten aller *Star-Trek*-Filme gewählt.

Für die Fans hatte man den Film dadurch gerettet, daß Spock auf eine Weise starb, die die Möglichkeit einer Wiederbelebung in der nächsten Fortsetzung offenließ. Die Produktionskosten beliefen sich auf ganze 13 Millionen Dollar, die schon nach drei Tagen wieder eingespielt waren. Nach einigen Wochen betrugen die Einnahmen bereits 80 Millionen Dollar. Damit warf dieser Film mehr Profit ab als *Star*

Trek: The Motion Picture. Von allen *Trek*-Filmen kam *The Wrath of Khan* der Tradition einer Abenteuergeschichte im Stil von Horatio Hornblower am nächsten.

Der Filmkritiker Michael Sragow meinte dazu: »*Star Trek II* betont zum Glück genau die Qualitäten, die die Fernsehserie für junge Zuschauer jedes Alters unwiderstehlich gemacht hat: knallbunte Geschichten von Gut und Böse, unwahrscheinliche Abenteuer in billigen, aber farbenfrohen Kulissen und Schauspieler in ruhmreichen Posen. Doch vor allem hat dieser Film die milde Atmosphäre der Serie bewahrt. Man kann wieder daran glauben, daß gesunder Menschenverstand, Intuition und die bedeutenden Bücher der westlichen Welt jede Katastrophe des Universums überwinden können.«

Die Handlung baute auf der Fernsehfolge ›Space Seed‹ auf, in der Ricardo Montalban den Zuschauern als Khan Noonian Singh vorgestellt wurde, ein genetisch veränderlicher Übermensch, den man von der Erde verbannt hatte, weil er den Planeten unter seine Kontrolle bringen wollte. Khan und seine Anhänger werden unbeabsichtigt aus ihrem Tiefschlafgefängnis befreit, als ihr Raumschiff den Weg der *Enterprise* kreuzt. Kirk lädt die Gruppe auf sein Schiff ein, ist am Ende jedoch dazu gezwungen, den verräterischen Khan und seine Leute auf einem verlassenen Planeten auszusetzen.

Als die *Enterprise* sich fünfzehn Jahre später auf einer Trainingsmission befindet, trifft Kirk erneut auf seinen Erzfeind. Er empfängt einen Notruf von einer früheren Geliebten namens Carol Marcus (gespielt von Bibi Besch). Dr. Marcus ist inzwischen zur Leiterin des Genesis-Projektes aufgestiegen, mit dem durch eine völlig neue Methode Leben aus anorganischer Materie erzeugt werden soll. Carol war nur eine von Kirks zahlreichen Affären, doch diese führte zu der Geburt eines Kindes, von dem der Captain niemals etwas erfahren hat.

Als Kirk am Schauplatz des Genesis-Projekts eintrifft, muß er feststellen, daß Khan ein Föderationsraumschiff gekapert hat, das versehentlich auf seinem Gefängnisplaneten landete.

An Bord dieses Schiffes befindet sich Pavel Chekov, der ehemalige Navigator der *Enterprise*.

Mit Hilfe eines gefräßigen Parasiten, des Ceti-Aals, der sich in Chekovs Gehirn gräbt, erfährt Khan von den Möglichkeiten der Genesis-Maschine. Der wahnsinnige Khan fliegt mit dem gekaperten Raumschiff direkt zur *Regulus*-Raumstation, wo das Gerät getestet werden soll. Doch zum Glück haben die Wissenschaftler die Ausrüstung tief im Innern eines Asteroiden verborgen.

Genau dort trifft Kirk auf Carol. Der gealterte Captain lernt auch seinen unehelichen Sohn David (Merritt Butrick) kennen. Kurz darauf lokalisiert Khan die Gruppe und beamt die Genesis-Maschine in sein Schiff, worauf Kirk und die anderen in der Höhle im Zentrum des Asteroiden festsitzen.

Zum Glück kann Spock die Gruppe mit dem Schiffstransporter erfassen und sie zurück auf die *Enterprise* holen. Im folgenden Kampf werden beide Schiffe schwer beschädigt und treiben manövrierunfähig durch den Raum. Da Khan weiß, daß bald weitere Föderationsschiffe eintreffen werden, aktiviert er in seiner Verzweiflung die Genesis-Maschine, die beide Schiffe zu vernichten droht.

Wenige Minuten, bevor es dazu kommen wird, dringt Spock in die Reaktorkammer der *Enterprise* ein, um den beschädigten Warpantrieb zu reparieren. Der heldenhafte Offizier stirbt an der hohen Strahlendosis, aber der *Enterprise* gelingt es, der Energiewelle der Genesis-Maschine zu entkommen. Am Ende des Films wird Spocks Leichnam in einen Raumsarg gelegt und auf den neu entstandenen Genesis-Planeten katapultiert.

Obwohl Shatner zu Anfang Bedenken wegen dieses Films gehabt hatte, übernahm er sofort die Verantwortung, als sich herausstellte, daß er bei den Kritikern gut ankam. Er fühlte sich für die vielen Gelegenheiten entschädigt, als man ihn zugunsten anderer Schauspieler übergangen hatte, wenn es um die Besetzung der Hauptrollen gewinnträchtiger Großproduktionen ging.

In einem Interview mit dem Magazin *People* tönte er: »Ich bin der Dreh- und Angelpunkt, und jetzt hat mir das Publikum recht gegeben. Ich wußte schon immer, daß es ein großes Publikum gibt, das mich sehen will.«

Wenn Shatner der Dreh- und Angelpunkt war, dann war Ricardo Montalban der Hebel, der den Film in Bewegung brachte. Mit seiner Rolle des rücksichtslosen Khan weckte er das Interesse vieler Kritiker und Kinogänger. Er spielte diese extravagante und reizvolle Figur im Stil des hehren Comicschurken.

Überdies fanden die anderen Schauspieler großen Gefallen an der Arbeit mit dem aufmerksamen Mimen, der einen krassen Gegensatz zu ihrem Captain Kirk darstellte. Walter Koenig war froh darüber, die meiste Zeit mit Montalban statt mit Shatner arbeiten zu dürfen. Das Magazin *Starlog* bemerkte, daß der Ceti-Aal für Koenig sicherlich erträglicher als die Arbeit mit Shatner war.

»Es war großartig, weil unser Hauptdarsteller nicht ständig irgendwelche Szenen blockierte«, sagte Koenig, »was mir immer sehr zu schaffen gemacht hat. Montalban war immer als Gegenüber präsent, wenn man seine eigenen Nahaufnahmen spielen mußte, und er war immer sehr freundlich. Die zwei Wochen, die ich mit Bill zusammenarbeitete, haben nicht soviel Spaß gemacht.«

Es gab nur einen Menschen im Studio, der Probleme mit Montalban hatte. Aus Angst, daß ihm die Schau gestohlen wurde, behandelte Shatner den freundlichen Kollegen voller Verachtung. Er drängte heftig auf eine Szene, in der Kirk seinen Erzfeind im Kampf Mann gegen Mann besiegen sollte, doch das Studio lehnte diese Idee rundweg ab.

Captain Quirk fühlte sich auch durch Merritt Butrick bedroht, den gutaussehenden Schauspieler, der seinen verlorenen Sohn verkörperte. Shatner war der Ansicht, der junge Mann, der durch die Rolle des Johnny Slash in der kurzlebigen Fernsehserie *Square Pegs* bekannt geworden war, sei viel zu ›arrogant‹. Doch als Butrick im nächsten Jahr an Aids starb, gehörte Shatner trotz ihres Zwists zu den ersten, die Lobeshymnen auf diesen ›liebenswürdigen, netten jungen Mann‹ hielten.

Aus unterschiedlichen Gründen kam es zu Mißstimmungen zwischen Shatner und Kirstie Alley, die als Lieutenant Saavik auftrat. Die Gerüchteküche behauptete, daß Shatner sich der temperamentvollen Schauspielerin nähern wollte, die zweifellos über sämtliche Eigenschaften verfügte, die Shatner an Frauen reizten. Doch Alley ging nicht auf Shatners Avancen ein.

Während der Dreharbeiten in den Kulissen der Höhle trat Shatner versehentlich auf eine der bemalten Pappmaché-Kugeln, die dort herumlagen. »Ich habe ein Ei zerdrückt!« schrie er auf. »Was, dein eigenes?« entgegnete Nicholas Meyer scherzhaft. »Bestimmt nicht mein eigenes!« antwortete Shatner mit betont tiefer Stimme. »Zu schade!« soll Kirstie Alley darauf gemurmelt haben. Die Auseinandersetzungen hinter den Kulissen wurden so heftig, daß Alley sich weigerte, für *Star Trek III* noch einmal in derselben Rolle aufzutreten. Sie sagte, sie würde erst zurückkehren, wenn sie das gleiche Honorar wie Shatner erhielt.

Shatners Beziehung zu den anderen Mitwirkenden war nicht viel besser. Mehrere von ihnen sind der Überzeugung, daß Shatner für die Streichung kompletter Szenen in *Star Trek II* verantwortlich war. Shatner gab selbst zu, daß er sich weigerte, auch nur eine einzige Szene zu drehen, bevor er nicht hundertprozentig mit dem Drehbuch einverstanden war. George Takei wäre beinahe ausgestiegen, weil man seine Rolle so stark zusammengestrichen hatte, und sogar DeForest Kelley dachte wegen der Vernachlässigung seiner Figur über einen völligen Verzicht nach.

»Wenn es einen Schauspieler gibt, der die ganze Angelegenheit so sehr dominiert«, stellte Walter Koenig fest, »ganz gleich, wie gut er sein mag, dann ist es für die anderen Schauspieler praktisch unmöglich, mit der Situation zufrieden zu sein. Die Arbeit war nicht so, wie sie in einem Ensemble üblich ist. In den meisten Fällen dominierte Bill *jede* Szene, in der er auftrat, und so wurde der ganze Film gedreht.

Bill weiß sehr genau, welche Bedeutung er für *Star Trek* hat, und das nutzt er bis zum letzten aus. Er wird alles tun, was ihm möglich ist, um den Film hinsichtlich seiner eigenen schauspielerischen Leistung besser zu machen. Einerseits ist das ein großes Verdienst, doch andererseits geht das auf Kosten der anderen Darsteller.«

Eine Szene, in der ein toter Fähnrich (gespielt von Ike Eisenmann) als Scottys Neffe identifiziert wird, wurde vollständig aus der endgültigen Kinofassung herausgenommen. Bis heute ist James Doohan überzeugt, daß Captain Quirk die Szene entfernen ließ, weil Doohan dadurch die Gelegenheit gehabt hätte, seiner Rolle eine zusätzliche dramatische Tiefe zu verleihen. Der Regisseur Nicholas Meyer fügte die Szene wieder ein, als der Film erstmals im Fernsehprogramm von ABC ausgestrahlt wurde.

»Es liegt eine gewisse Ironie darin«, sagte Meyer dazu, »daß ich als Regisseur eines Kinofilms oft keine Kontrolle über die endgültige Schnittfassung habe, doch wenn es um die Fernsehversion geht, habe ich alle Freiheiten. Vorher setzte man sich einfach über mich hinweg, ob nun zu Recht oder Unrecht, und plötzlich habe ich das letzte Wort. Ich bin übrigens gar nicht der Ansicht, daß der Künstler selbst seine Arbeit am besten beurteilen kann.«

Von J. T. zu T. J.

1981 versuchte Shatner sich von der Identifikation mit der Rolle des James T. Kirk durch eine neue Figur namens T. J. Hocker zu befreien. In der Fernsehserie *T. J. Hooker* spielte er einen knallharten Polizisten, der seinen Schreibtischjob aufgibt und wieder im Außendienst auf Streife geht. Um zusätzlich für Ruhe im Revier zu sorgen, erhält Hooker außerdem den Auftrag, den Ganoven dabei zu helfen, mit ehrlicher Arbeit ihren Lebensunterhalt zu verdienen.

Insgesamt war Hooker ein sehr menschlicher Charakter. Er hatte im Dienst seinen Partner verloren, konnte sich nur schwer mit anderen Menschen anfreunden und war von seiner Ehefrau geschieden. Hooker hielt jedoch immer noch Kontakt zu seinen Töchtern und trat stets für traditionelle Werte ein. Außerdem war er ein sportlicher Typ, der zu Fuß Autos verfolgte, sie an der Motorhaube packte und nicht mehr losließ. In gewisser Weise war die Figur ein Abbild des wahren William Shatner.

Wie es typisch für ihn war, stürzte Shatner sich begeistert in die Arbeit und benutzte seine neue Rolle als Anlaß, wieder einmal abzunehmen und sich in Form zu bringen. Durch eine strenge Diät und intensives sportliches Training ließ er seine Rettungsringe schrumpfen und verlor insgesamt acht Kilo. Er warnte sogar die Kostümabteilung, daß seine Uniformen zu Beginn jeder neuen Staffel enger geschneidert werden müßten. (Er warnte sie jedoch nicht davor, daß die Uniformen am Ende jeder Staffel wieder ausgelassen werden mußten.)

»Ich verbrachte fünf Jahre mit *T. J. Hooker* «, resümierte er. »Häufig wurde nachts gedreht, und die meiste Zeit rannte ich durch die Gegend, so daß alles, was ich sonst gemacht hatte, dagegen wie ein gemütlicher Spaziergang wirkte. Ich meine, wir begannen bei Sonnenuntergang mit der Arbeit und hörten bei Sonnenaufgang auf. Wir haben viele Kämpfe und andere Sachen gemacht, aber das war für mich gar nicht so anstrengend.«

Es versteht sich, daß kein Mann, der an der Seite von Heather Locklear auftritt, ein schlechtes Bild abgeben möchte. Die kesse Blondine stieg mit Auftritten in Werbespots ins Showgeschäft ein, während sie noch an der UCLA studierte. Nach der Universität erhielt sie die Rolle als Officer Stacy Sheridan in *T. J. Hooker*.

Shatner war sofort sehr von Locklear angetan, obwohl sie ganze dreizehn Jahre jünger als er war. Er schenkte ihr sehr viel Aufmerksamkeit und entwickelte die Angewohnheit, sie während der Proben verführerisch an sich zu drücken. Doch dann versuchte er, für die vielversprechende Schauspielerin zu einer Vaterfigur zu werden. Obwohl es gerüchteweise hieß, daß seine Taktik zu Anfang recht erfolgreich gewesen sein soll, machte Locklear ihm schließlich klar, daß sie keine flüchtige Affäre wollte, sondern nur daran interessiert war, eine Familie zu gründen. Anschließend war die Beziehung zwischen den beiden von distanzierter Höflichkeit geprägt.

Es gab außerdem Gerüchte, daß Shatner ein Verhältnis mit einer weiteren Heather gehabt haben soll, nämlich mit Heather Thomas, die durch die Fernsehserie *The Fall Guy* bekannt wurde. Shatner und Adrian Zmed, der dunkelhaarige junge Schauspieler, der in der Rolle des Polizisten Vince Romano auftrat, sollen sich gegenseitig ins Gehege gekommen sein, als sie gleichzeitig um die üppig gebaute siebenundzwanzigjährige Blondine warben, die in einer Episode über einen ermordeten Polizisten als Gaststar auftrat.

Die Schauspielerin Molly Cheek, die regelmäßig in der Sendung *It's Gary Shandling's Show* auftrat, sorgte auf ähnliche Weise für Unruhe hinter den Kulissen, als sie einen Auftritt in *T. J. Hooker* hatte. Doch sie und Shatner kamen überhaupt nicht miteinander zurecht.

»Als ich eine Rolle in *T. J. Hooker* hatte«, erinnerte sich Cheek, »sagte Shatner zu mir: ›Hör mal, ich werde dir jetzt erklären, mit welcher Motivation du diese Szene spielen mußt.‹ Und ich dachte nur: ›Mein Gott, gleich nach Charlton Heston ist er der letzte, von dem ich schauspielerische Anweisungen entgegennehmen würde.‹ Von allen Leuten im Showgeschäft hat Shatner das meiste Glück gehabt. Ich meine, wer wäre *nicht* imstande, den Captain Kirk zu spielen? Er war zufällig zur richtigen Zeit am richtigen Ort, um die Rolle zu bekommen, und seitdem hat er immer wieder Arbeit gefunden. Und er trägt einen Gürtel und eine schreckliche Perücke und ist einfach nur das männliche Gegenstück zu einer alten Diva.«

Mehr Respekt hatte Teresa Saldana, die 1982 in einer Folge der Serie auftrat. Ein Jahr zuvor wäre die hübsche langhaarige Schauspielerin beinahe durch einen Messerstich getötet worden, und *T. J. Hooker* war ihr erstes Engagement nach ihrer Gesundung. Shatner verbrachte sehr viel Zeit mit ihr, und sie war ihm dankbar, daß er ihr half, über die Tragödie hinwegzukommen.

Im Jahr 1984 jedoch traf Shatner einen Gaststar, der sein Leben für immer verändern sollte. Die Schauspielerin Vera Montex spielte in *T. J. Hooker* eine vergewaltigte Bankangestellte, und Hooker hatte die Aufgabe, den Missetäter zu suchen. Die fünfundzwanzig Jahre junge Frau hatte langes schwarzes Haar und eine fantastische Figur. Shatner konnte einfach nicht seinen Blick von ihr abwenden.

»Es war eigentlich von Anfang an ziemlich klar«, erinnert sich Montez, »daß er von meinem Körper hingerissen war. Wir kamen oft sehr nah zusammen, und dabei stieß Bill ständig gegen mich. Er richtete es immer wieder so ein, daß sich unsere Oberkörper berührten. Ich fand ihn sehr attraktiv – welcher Frau würde es nicht so gehen? Er war sehr aufmerksam und machte mir viele Komplimente. Damit nahm die Romanze ihren Lauf.«

An ihrem zweiten Tag im Studio fragte Shatner, ob sie in der Cafeteria gemeinsam zu Mittag essen könnten. Nachdem die Dreharbeiten zur Episode abgeschlossen waren, lud er Montez zum Abendessen in ein feineres Restaurant ein. Als er feststellte, daß sie Pferde liebte, ging Shatner fast jeden zweiten Tag mit ihr aus. Kurz darauf gingen sie miteinander ins Bett.

»Es ist unglaublich, was für ein fantastischer Liebhaber er ist«, gab sie offen zu. »In meinem ganzen Leben hat kein anderer Mann jemals solche Gefühle in mir erweckt. In meinem ganzen Leben habe ich noch nie einen solchen Mann kennengelernt. Keiner hat mich je so behandelt, wie Bill es getan hat.«

Zu Anfang wußte Montez nicht einmal, daß Shatner verheiratet war. Später erzählte er ihr, daß seine Ehe nur noch eine Formsache war und schon seit einiger Zeit keine Zukunft mehr hatte. Als 1987 Nachrichten über die Affäre in die Öffentlichkeit gelangten, sagte Shatners Manager vor Reportern, daß es zwischen den beiden keinerlei wie auch immer geartete Beziehung gäbe. Shatners Frau jedoch trennte sich von ihm und kehrte erst zurück, als er ihr versprach, sich nie wieder mit Montez zu treffen. Ohne daß seine Frau davon wußte, kaufte er Montez daraufhin ein Haus und besuchte sie in den nächsten drei Jahren immer wieder.

In der Zwischenzeit erwies sich *T. J. Hooker* als Shatners erfolgreichste Fernsehserie. Es war eine der ersten Krimiserien, die sowohl die Probleme der öffentlichen Arbeit als auch das Privat- und Familienleben von Polizisten zeigten. *T. J. Hooker* wurde erstmals am 13. März 1982 ausgestrahlt und blieb bis 1987 im Programm. Zuerst wurde die Serie von ABC um 20 Uhr gesendet; 1985 wechselte sie zu CBS, wo sie auf dem ›späten Hauptsendeplatz‹ um 23.30 Uhr landete.

»Die Zuschauer sehen Hooker als den archetypischen konservativen Polizisten, der im Dienst der Gerechtigkeit kämpft«, sagte Shatner über seine Rolle. »Kirk tut das gleiche, wenn auch auf einer höheren Ebene. Beide sind universale Charaktere, die ihr Möglichstes tun, um Frieden und Gerechtigkeit zu bewahren. Sie haben ähnliche Eigenschaften, aber es gibt auch Unterschiede. Kirk geht nachdenklich und analytisch an Probleme heran, während Hooker ein zorniger Mann ist, der mit Taten auf Zwänge reagiert. In beiden ist etwas von mir. Und etwas von beiden Charakteren findet sich natürlich auch in mir.«

Die Gritz-Affäre

Im Herbst 1982 freundete Shatner sich bei den Dreharbeiten zu *T. J. Hörer* mit einem vierundvierzig Jahre alten Offizier der Green BERETS an, dem Lieutenant Colonel James »Bo«

Gritz. Shatner war so fasziniert von der abenteuerlichen Lebensgeschichte des Mannes, daß er ihm 10 000 Dollar für die Filmrechte zahlte. Er hoffte, in einem Fernsehfilm selbst die Rolle von Gritz übernehmen zu können. Das Kapital wurde gemeinsam von Schichters Film Leslie Productions und Paramount bereitgestellt.

Die zwei Männer machten sich die gleichen Sorgen über das Wohlergehen amerikanischer Soldaten, die immer noch in Vietnam vermißt wurden, nachdem sich die USA aus dem Land zurückgezogen hatten. Shatner hatte sogar schon an einem nichtkommerziellen Werbespot der National League of Families of American Prisoners and Missing in Southeast Asia (»Nationaler Verband von Familienangehörigen amerikanischer Kriegsgefangener und vermißter Soldaten in Südostasien« mitgewirkt.

Im November 1982 erhielt Gritz noch einmal 30 000 Dollar vom Schauspieler Clint Eastwood und startete die Operation Lazarus, die eine Expedition ins kommunistische Laos zum Ziel hatte, um dort vermißte amerikanische Soldaten zu retten. Gritz behauptete, er würde außerdem von der US-Regierung unterstützt.

»Ein Teil des Geldes«, sagte Gritz zu Reportern »kommt nicht aus privaten Quellen. Das FBI hat mitgeholfen, die CIA hat uns geholfen, die amerikanische Botschaft in Bangkok hat uns geholfen, und Präsident Reagan ist bereit, uns sofort zu unterstützen, wenn wir auch nur einen Amerikaner gefunden haben.«

Die Gruppe wurde mit hochentwickelter Technik ausgerüstet. Sämtliche Waffen waren mit Nachtsichtgeräten bestückt, und die Leute verfügten über modernste Funkgeräte, mit denen sie direkte Verbindung zu Gritz' Hintermännern in Washington aufnehmen konnten. Die 750 000 Dollar teuren Einheiten wurden von einer großen Rüstungsfirma namens Litton Industries leihweise zur Verfügung gestellt.

Der Kampftrupp, der aus vier Amerikanern und fünfzehn Guerillas aus Laos bestand, drang von Thailand aus nach

Laos ein und wollte 300 Kilometer bis zu einer kleinen Stadt am Mekong-Fluß vorstoßen. Nach Gritz' Informationen sollten dort 120 US-Soldaten in einer großen Höhle außerhalb des Dorfes Sepone festgehalten werden. Weitere 30 vermißte Soldaten befanden sich angeblich in der Nähe der Stadt Namrath.

Doch dann geriet die Gruppe nach etwa 100 Kilometern in einen Hinterhalt. Drei der laotischen Guerillas starben im Verlauf des halbstündigen Gefechts, und ein Amerikaner wurde gefangengenommen. Einen Monat später wurde er freigelassen, nachdem man ein Lösegeld von 17 500 Dollar bezahlt hatte.

Die Regierung von Thailand protestierte heftig gegen die Aktion und klagte Gritz wegen illegalen Aufenthaltes und Waffenbesitzes an. Das Justizministerium untersuchte den Vorfall und stellte die Legalität von Gritz' Vorgehen in Frage. Shatner gab zu, von seinen Plänen zur Rettung amerikanischer Soldaten gewußt zu haben, doch er stritt ab, etwas über die Verwendung des Geldes zu wissen. Infolge dieser unangenehmen Entwicklung wurde die Lebensgeschichte von »Bo« Gritz niemals verfilmt.

Auf der Suche nach den Fortsetzungen

Nach dem Erfolg von The Wrath of Khan erkannten die Paramount-Geschäftsführer endlich, daß sie eine Trumpfkarte in der Hand hielten. Das einzige Problem bestand darin, die Schauspieler bei Laune zu halten und interessante Drehbücher für die Filmreihe zu finden. Deshalb boten sie Leonard Nimoy sogar an, Regie zu führen, wenn er Spock wieder zum Leben erwecken ließ. Inoffiziell gab der Paramount-Präsident Michael Eisner zu, daß Nimoy als Regisseur in erster Linie eine gelungene Werbeaktion war.

Dir Dreharbeiten zu Star Trek III: The Search for Spock begannen am 15. August 1983 und dauerten nur 49 Tage. Die Fans waren so begierig darauf zu erfahren, was mit Spock geschehen würde, daß die Drehbücher chemisch behandelt wurden, damit man sie identifizieren konnte, falls sie bei *Star Trek*-Conventions auf den Tischen von Händlern auftauchten.

Alle Schauspieler waren zur Mitwirkung bereit, nur Kirstie Alley verlangte dreimal soviel Geld, wie sie für *Star Trek II* erhalten hatte, wenn sie wieder mit Shatner zusammenarbeiten sollte. Das Studio weigerte sich, auf ihre Forderungen einzugehen, unter anderem, weil eine solche Gage höher gewesen wäre als die einiger Stammschauspieler. Alley wurde durch Robin Curtis ersetzt, die die Rolle von Lieutenant Saavik auch in *Star Trek IV* spielen sollte.

Um die Angelegenheit weiter zu komplizieren, machte die Stammbesetzung sich ernsthafte Sorgen, daß Nimoy zu sehr seine eigenen Interessen verfolgen würde, wenn er Regie führte. Doch zum Glück stellten sich ihre Bedenken als unbegründet heraus.

»Zu Anfang gab es schon gewisse Befürchtungen«, sagte George Takei dazu. »Wer als Schauspieler arbeitet, muß ständig um seinen Platz an der Sonne kämpfen. Und nun ist er plötzlich der große Boß, der entscheidet, wer Nahaufnahmen bekommt und was geschnitten wird. Der ehemalige Konkurrent hat auf einmal das Sagen.«

Trotz der Spannungen und des knappen Terminplans konnte Nimoy die gesamte Besetzung zu hervorragenden Leistungen anstacheln, sogar den etwas zögerlichen William Shatner, für den es besonders schwierig war, von seinem bisherigen Kollegen Anweisungen entgegenzunehmen.

»Wir waren in jeder Beziehung wie Brüder«, gab Shatner zu, »und jetzt sagte mein Bruder plötzlich, ich sollte dies und das tun, während ich dachte, daß ich es eigentlich anders tun sollte. Zu Anfang war mir wesentlich unwohler als bei den anderen Filmen.«

Shatner machte sich auch Sorgen darüber, daß die Produzenten zu schnell Figuren sterben ließen und damit die künftige Handlungsentwicklung zugunsten kurzfristiger dramatischer Effekte vernachlässigten.

»Ich dachte damals, der Verlust der *Enterprise* und Davids Tod seien kluge Stilmittel, um in einer bestimmten Situation Spannung zu erzeugen«, sagte er dazu. »Das Problem ist nur, daß wir in einer fortlaufenden Reihe von Filmen, in der alle Personen wieder auftauchen, ständig nach riskanten Situationen suchen müssen. Und das eigentliche Problem ist die Frage: Wen können wir noch umbringen? Wir sind tatsächlich auf der verzweifelten Suche nach Todesopfern! Es ist wie bei einer Gerichtsverhandlung, wo man in den Saal kommt und ein Messer auf einen gerichtet ist, und der Betreffende weiß, daß er jetzt an der Reihe ist.«

Vielleicht machte er sich die größten Sorgen darüber, daß er selbst der nächste sein könnte, der auf der Abschußliste stand. Zu einem frühen Zeitpunkt der Dreharbeiten bestand Shatner darauf, daß Harve Bennett und Leonard Nimoy sich an jedem Wochenende in seinem Haus trafen. Als Produzent und Regisseur sich einfanden, sahen sie sich Shatner, seinem Agenten, seinem Anwalt und einem stämmigen Leibwächter gegenüber, der stumm und mit verschränkten Armen dastand. Beide Männer waren ein wenig durch diese Machtdemonstration eingeschüchtert. Shatner sagte ihnen ganz offen, daß er mit dem Drehbuch unzufrieden sei und die Dreharbeiten nur fortsetzen würde, wenn einige Punkte geändert wurden. In erster Linie mißfiel es ihm, daß er nicht genügend Szenen hatte.

In den nächsten sechs Stunden gingen sie gemeinsam alle Änderungsvorschläge durch und sorgten insgesamt dafür, daß Kirk häufiger auftrat. Ein Vorschlag lief darauf hinaus, daß Kirk in der »Erinnere dich!«-Szene, wenn Spock sein Bewußtsein auf Dr. McCoy überträgt, zwischen Spock und McCoy treten soll. Bennett und Nimoy weigerten sich jedoch, Kelleys großen Auftritt zu opfern. Schließlich war Shatner zufrieden und erklärte sich einverstanden, die Dreharbeiten fortzusetzen. Bevor sie gingen, faßte Harve Bennett noch einmal den Eindruck aller Leute, die an *Star Trek* beteiligt waren, zusammen.

»Bill«, sagte er, »du weißt doch, daß du der Quarterback in diesem Team bist, aber jetzt willst du auch noch den Einwurf machen, die Verteidigung übernehmen, den Ball ins Tor bringen, den Siegertanz aufführen und die Cheerleadertruppe trainieren, und das alles gleichzeitig.«

»Du hast völlig recht«, erwiderte Captain Quirk, während ihm bestimmt angenehme Bilder von Cheerleadern durch den Kopf gingen. »Aber die Cheerleader schaffe ich niemals allein.«

Shatner war vorerst mit dem Drehbuch zu *Star Trek III* zufrieden, so daß seine Ängste besänftigt wurden. Doch als Gerüchte auftauchten, daß Kirk zu Beginn des nächsten Films sterben sollte, beschloß Shatner, sein gealtertes Image aufzupolieren. Wieder einmal begann er ein anstrengendes Trainingsprogramm, doch diesmal kannte der Kostümbildner Robert Fletcher bereits den üblichen Ablauf.

»Wir ließen zwölf Hemden für Shatner anfertigen«, sagte Flechter. »Er macht vor den Dreharbeiten eine Diät und sieht zu Anfang großartig aus. Doch dann läßt er sich allmählich wieder gehen.«

Diesmal bestand Shatner außerdem auf einer jugendlicheren Frisur. Die vollen Locken, die ihm plötzlich gewachsen waren, gaben Anlaß zu einigen hämischen Bemerkungen. Ein Kritiker schlug vor, den Film in *Star Trek III: Auf der Suche nach einem guten Toupet* umzubenennen.

In Wirklichkeit war es jedoch nicht das gute Aussehen, sondern die menschliche Seite der Schauspieler, die zum verkaufsträchtigsten Merkmal des Films wurde. Die Fans betrachteten die *Enterprise*-Crew fast wie eine Familie und verfolgten interessiert die langen Freundschaften, die sich im Verlauf der vergangenen achtzehn Jahre entwickelt hatten. Als Kirk die unglaublich heuchlerischen Worte »Diesmal haben wir mit unserem eigenen geliebten Blut bezahlt«, spricht, scheint er damit jedem Kinobesucher aus der Seele zu sprechen. Niemand hielt diesen Satz damals für übertrieben sentimental.

Es ist in der Tat dieser Verlust, den die Besatzung der *Enterprise* in *Star Trek III* wieder wettzumachen versucht. Nachdem die *Enterprise* sich mühsam zum Weltraumdock zurückgeschleppt hat, teilt man Kirk mit, daß das Schiff verschrottet und nur der Ingenieur Scott auf ein neues Schiff versetzt werden soll. Dabei darf man nicht vergessen, daß die *Enterprise* für die Fans schon immer zu den Hauptpersonen gehörte. Der eigentliche Star in *Star Trek: The Motion Picture* war das Schiff, und immer, wenn es in ernsthafte Gefahr gerät, reagieren die Fans genauso, als würde es um ein Mitglied der Besatzung gehen. Captain Kirks leidenschaftliche Liebesaffäre mit dem Raumfahrzeug war das Theme mehrerer Folgen der Originalserie.

Die melancholische Stimmung des Films verfliegt, als Spocks Vater Kirk aufsucht und ihn informiert, daß Spocks Geist noch am Leben sein könnte, falls er in der Lage war, eine Bewußtseinsverschmelzung mit einem Besatzungsmitglied durchzuführen, bevor sein Körper im Reaktorraum starb. Kirk ist davon überzeugt, daß es sich bei diesem geistigen Wirt für Spocks Bewußtsein um niemand anderen als Dr. McCoy handelt, der sich in letzter Zeit etwas merkwürdig benommen hat. Der ungeduldige Kirk stiehlt darauf die *Enterprise* aus dem Raumdock und fliegt mit Minimalbesatzung nach Vulkan.

Gleichzeitig entdecken Lieutenant Saavik (Robin Curtis) und Kirks eigensinniger Sohn David (Merritt Butrick) auf dem Genesis-Planeten einen jungen Vulkanier. Allem Anschein nach hat sich Spocks Körper regeneriert. Doch bevor der Landetrupp aufbrechen kann, werden sie von einer Gruppe Klingonen angegriffen, die vom rücksichtslosen Commander Kruge (gespielt von Christopher Lloyd) angeführt wird. Die Klingonen wollen das Geheimnis der Genesis-Technik rauben, und David kommt im Verlauf des Kampfes ums Leben.

Dann folgt eine Szene, die Shatner als eine seiner besten schauspielerischen Leistungen bezeichnet hat, als Kirk vom Tod seines Sohns erfährt und in einem Moment ungewohnt tiefer Erschütterung au der Brücke der *Enterprise* rückwärts taumelt. Zuerst wollte Shatner diese Szene auf stereotype Weise und ohne übewältigende Gefühle spielen, doch dann brach Nimoy als Regisseur mitten in der Aufnahme ab und forderte alle bis auf Shatner auf, das Studio zu verlassen.

»Wir beide zogen uns sozusagen in eine stille Ecke zurück«, erinnert sich Nimoy, »und diskutierten diese Szene ganz unter uns in ruhiger und entspannter Atmosphäre. Ich sagte: ›Du mußt entscheiden, wie weit du mit dieser Reaktion gehen willst. Aber ich denke, daß du ziemlich weit gehen kannst, daß du die Fassade des Admirals, des Helden, der immer alles im Griff hat, duchbrechen kannst, um den verletzten Menschen dahinter zu zeigen.‹ Wir wiederholten die Szene ein paarmal und nahmen dann diejenige, von der wir dachten, Bill hätte tatsächlich die Kontrolle über sich verloren, als er stolperte. Ich war sehr bewegt. Er wirkt sehr tief verletzt.«

Natürlich läßt sich Captain Kirk durch die Trauer um Davids Tod nicht davon abhalten, sich in einen heftigen Kampf gegen die Klingonen zu stürzen. Die beschädigte *Enterprise* hat ihrem Gegner nicht viel entgegenzusetzen, so daß Kirk sein geliebtes Schiff opfern muß. Doch zuvor löst er noch den Selbstzerstörungsmechanismus aus, so daß das Enterkommando der Klingonen mit dem Schiff untergeht.

Bald hat die ehemalige Besatzung der *Enterprise* das klingonische Schiff übernommen und macht sich mit dem regenerierten Spock an Bord auf den Weg nach Vulkan. In einem bewegenden Finale erhält Spock durch ein beeindruckendes Ritual sein Bewußtsein und seine Erinnerungen zurück. Die vulkanische Hohepriesterin wird von keiner Geringeren als Dame Judith Anderson in einem ihrer selten gewordenen Leinwandauftritte gespielt.

Zwei Tage vor dem Abschluß der Dreharbeiten zu *Star Trek III* geriet eine der ältesten Kulissen auf dem Paramount-Gelände, der aus zwanzig Gebäuden bestehende Nachbau des alten New York, in Brand. Die Feuersbrunst breitete sich schnell bis zur Bühne 15 aus, wo die Kulissen des Genesis-Planeten aufgebaut waren. Da Shatner wußte, daß er am nächsten Tag seine letzten Szenen in dieser Kulisse drehen sollte, stürmte er zum nächsten Wasserschlauch, um den Brand zu bekämpfen. Nach seiner eigenen Darstellung hatte Shatner die Situation schon recht gut unter Kontrolle, als schließlich die Feuerwehr eintraf. In den Nachrichten war zu lesen, wie Captain Kirk ganz allein die Maßnahmen zur Brandbekämpfung leitete.

So lautete zumindest die offizielle Version. Nach Augenzeugenberichten war Shatner überhaupt nicht an der Brandbekämpfung beteiligt. Er wurde aus den Dreharbeiten gerissen, um für die Fotografen am Brandherd zu posieren. Sie fuhren mit ihm zum Feuer, wo er in sicherer Entfernung von der Brandstelle verschiedene eindrucksvolle Posen einnahm. Dann stieg er wieder in den Wagen und wurde ins Studio zurückgefahren.

Zum Glück konnten die Genesis-Kulissen schnell repariert werden, so daß sie am nächsten Morgen wieder für die Aufnahmen bereit waren. Zum Erstaunen aller wurde der dritte *Star Trek*-Film eine Woche früher als geplant fertig.

»*Star Trek III*«, schrieb Kevin Thomas in der *Los Angeles Times*, »ist so sehr eine Fortsetzung, daß jene verwirrt sein könnten, die den Teil davor nicht gesehen haben. Doch er hat eine starke spirituelle Atmosphäre, und am Ende sind Sie vermutlich überrascht – vor allem, wenn Sie im Grunde gar kein Trekkie sind –, wie tief bewegt Sie waren.«

Die *New York Times* war ähnlicher Ansicht: »Die Humanität der *Star Trek*-Serie bleibt, obwohl man sie im Rahmen von Science Fiction kaum erwarten würde, die beste Eigenschaft der Serie. Die Besatzung der *Enterprise*, eine allzu perfekte Mischung von Rassen und Geschlechtern, ist inzwischen durch eine lange Freundschaft verbunden.«

Shatners schauspielerische Leistung gehört zu den besten seiner Karriere, ob nun im Studio oder als Feuerwehrmann. In einer Retrospektive der ersten sechs *Star Trek*-Filme kürte das Magazin *Cinefantastique* den dritten Teil zu Shatners Glanzleistung: »Die eigentliche Überraschung ist Shatner, der, von einigen in die Länge gezogenen Szenen abgesehen, seine beste Darstellung des Kirk in allen Spielfilmen gibt.«

Der Zeitschrift *Time* fiel ebenfalls Satners ungewohnte Tiefe auf: »Darüber hinaus ist die Gefühlspalette so weit und elementar, wie man es sonst höchstens von Rigoletto kennt. Gefühle sind das eigentliche Metier der von William Shatner verkörperten Rolle: Seine Versuche, auf die Hilferufe zu reagieren, die Spock ihm mittels vulkanischer Bewußtseinsverschmelzung übermittelt, zwingen ihn zu äußerst schwierigen Befehlsentscheidungen. Dabei geht es um Leben und Tod für seinen Sohn und um das Schicksal seines geliebten Raumschiffs *Enterprise*.«

Das Budget für *Star Trek III* betrug 16 Millionen Dollar. Der Film startete im Juni 1984 und spielte in kurzer Zeit 76 Millionen Dollar ein. Trotz gewichtiger Konkurrenz durch *Ghostbusters* und *Indiana Jones and the Temple of Doom* erwies sich auch dieser *Trek*-Film als sehr profitträchtig. In unserer Umfrage unter Fans belegte er Platz vier in der Beliebheitsskala der ersten sechs Filme. Etwas mehr als zehn Prozent der Befragten hielten ihn für den besten Film der Serie.

Am Ende von *The Search of Spock* sind die ehemaligen Besatzungsmitglieder der *Enterprise* bei der Föderation in Ungnade gefallen und befinden sich an Bord eines gestohlenen Klingonenschiffes. Niemand konnte daran zweifeln, daß es eine weitere Fortsetzung geben würde.

Zurück an die Kinokassen

Allmählich dämmerte es den Geschäftsführern von Paramount, daß einige der besten Augenblicke in den *Star Trek*-Filmen die humorvollen Dialoge zwischen Kirk, Spock und McCoy darstellten. Mit der Erkenntnis, daß ihre warmherzige Beziehung eine große Rolle für den Erfolg der Filme spielte, beschlossen sie, daß der vierte *Star Trek*-Film stärker darauf Rücksicht nehmen sollte, und man forderte mehr komödiantische Szenen.

Zeitweise war geplant, den Komiker Eddy Murphy in der Rolle eines exzentrischen Universitätsprofessors auftreten zu lassen. Doch dann verwarfen die Paramountbosse diese Idee, weil sie nicht einsahen, warum sie ihre zwei besten Zugpferde in einem einzigen Projekt verheizen sollten. Murphy drehte statt dessen *The Golden Child* (1986), und aus seiner Rolle entwickelte sich die einer Meeresbiologin, die von Catherine Hicks gespielt wurde. Hicks wurde nach langwierigen Verhandlungen engagiert, in deren Verlauf sie sogar eine Reise zu einer Pferderanch unternahm, um sich dort mit Shatner und seinem Lieblingspferd zu treffen.

Shatner unterzeichnete den Filmvertrag erst in allerletzter Minute. Die schwierigen Verhandlungen über die Vertragsbedingungen zogen sich über Monate hin, und Harve Bennett machte sich bereits für ein Projekt namens *Starlet Academy* stark, das ohne die klassische Besetzung gedreht werden konnte, weil die Handlung vor Beginn der Originalserie einsetzen sollte. Man ließ die Idee wieder fallen, als Shatner sich schließlich mit einer Gage von zwei Millionen Dollar einverstanden erklärte, obwohl Nomy drei Millionen erhalten sollte, weil man ihn erneut als Regisseur verpflichtet hatte. Die anderen Stammschauspieler wurden diesmal mit weniger als 100000 Dollar abgefunden, was eine Einbuße gegenüber ihrem vorherigen Gehalt darstellte. Das Studio hatte allmählich erkannt, daß die übrigen Schauspieler inzwischen so sehr mit ihren Rollen identifiziert wurden, daß sie Schwierigkeiten haben würden, andere Angebote zu bekommen. Man gab ihnen zu verstehen, daß jeder von ihnen jederzeit aus dem Projekt aussteigen konnte.

Roddenberry reichte wieder einmal seine Idee mit dem Kennedy-Attentat ein. Obwohl das endgültige Drehbuch tatsächlich eine Zeitreise enthielt, war es dennoch nicht die Idee, die Roddenberry eigentlich im Sinn gehabt hatte. Leonard Nimoy schlug die Geschichte vor, die eine deutliche Botschaft verkündete, nämlich den Respekt vor den anderen Spezies, die auf unserem Planeten leben. Die erste Drehbuchfassung wurde im August 1985 fertiggestellt, anschließend wurden noch einige Änderungen eingearbeitet.

Die Dreharbeiten sollten im November beginnen, verzögerten sich jedoch bis zum Februar des darauffolgenden Jahres, weil Shatner noch für *T. J. Hooker* vor der Kamera stand. Die Serie wurde von ABC eingestellt und dann überraschend im September 1985 von CBS wieder aufgenommen. Dies führte dazu, daß *Star Trek IV: The Voyage Home* erst im Dezember 1986 in die Kinos kam.

In diesem Film legte eine megalithische Raumsonde den gesamten Planeten Erde lahm, um mit Buckelwalen zu kommunizieren, die seit dem frühen einundzwanzigsten Jahrhundert ausgestorben sind. Um die irdische Zivilisation vor der Vernichtung zu retten, muß Kirk mit seinem Raumschiff in das Jahr 1986 zurückreisen und versuchen, lebende Wale zurückzubringen, die auf die außerirdische Botschaft antworten können.

Die Zeitreisenden finden »eine äußerst primitive und paranoide Kultur« vor, können sich jedoch als Zeitgenossen ausgeben, bei denen es sich größtenteils um althergebrachte Verfremdungsklischees handelt. Kirks Feststellung, daß einem niemand zuzuhören scheint, »wenn man nicht mit jedem zweiten Wort flucht«, führt dazu, daß Spock auf urkomische Weise einige Male ins Fettnäpfchen tritt. In einer anderen Szene versucht Kirk das seltsame Verhalten seines Freundes damit zu erklären, daß Spock etwas zuviel »LSD«

genommen hat, als er in den sechziger Jahren in Berkeley studierte.

Am Ende des Films wird Admiral Kirk wieder zum Captain degradiert – vordergründig wegen seiner Opferung der *Enterprise* am Schluß von *Star Trek III*. Jeder wußte jedoch, daß der Rang des Captains nur bedeuten konnte, daß Kirk wieder in die Sternenflotte zurückkehrt, um das Kommando über ein neues Sternenschiff zu übernehmen.

Der vierte *Star Trek*-Kinofilm kostete 23 Millionen Dollar, spielte jedoch insgesamt 126 Millionen Dollar an den Kinokassen ein, womit er damals zum erfolgreichsten Film der Reihe wurde. Außerdem erwies er sich als der *Star Trek*-Film mit den besten Kritiken. Auch in unserer Befragung wurde er zum beliebtesten Film der Serie gewählt. Er erhielt etwas mehr als 38 Prozent der Stimmen. Offensichtlich lag man bei Paramount goldrichtig mit dem Eindruck, daß die Geschichten etwas mehr Humor vertragen könnten.

»In *Star Trek IV* haben wir etwas entdeckt, das wir in keinem der anderen Filme berücksichtigt haben«, mußte Shatner zugeben. »Es ist, als hätten die Charaktere der Geschichte plötzlich großen Spaß an der Sache. Diese Energie, diese Lebensfreude der Figuren scheint voller Ironie zu stecken; aber das ist nicht der Fall, weil sie mit derselben Ernsthaftigkeit ausgespielt wird wie in einem Alltagsdrama der heutigen Zeit.«

Walter Koenig hielt *Star Trek IV* aus zwei Gründen für den besten Film der Reihe: »Zum ersten Mal hatte ich das Gefühl, daß die Dialoge meiner Rolle angemessen waren und daß wirklich nur Chekov diese Sätze sagen konnte. Und ich hatte die Gelegenheit, in größerer Entfernung von Bill Shatner zu arbeiten.«

Die Kritiker waren ebenfalls der Ansicht, daß die übrige Besetzung mehr zum Film beitrug, obwohl sie damit Shatners Anteil zurückdrängte. So schrieb Mark Altman in *Cinefantastique*: »Shatner breitete sich zu sehr aus, und der Film übertreibt es ein wenig mit der Zeitreisegeschichte, doch die geistreichen Plaudereien funktionieren größtenteils sehr gut, und die Szenen mit den Nebendarstellern demonstrieren ausgezeichnet die Leistung des Ensembles.«

Das Ensemble sollte jedoch schon bald dieses Niveau wieder verlieren, das für die Nebenrollen in *Star Trek IV* erkämpft worden war. Beim nächsten Film der Reihe führte William Shatner Regie, und es gab einen Moment, in dem er die übrigen Stammschauspieler am liebsten allesamt hinausgeworfen hätte.

9
Meuterei auf der Enterprise

> Hätte ich gewußt, daß er sich zu so einem Schwein ent-
> wickelt, hätte Scotty ihm nicht so oft aus der Patsche ge-
> holfen.!
>
> – James Doohan über William Shatner

Während der Vertragsverhandlungen für *Star Trek III* hatten
die Anwälte Shatners und Nimoys einen speziellen Vertrag
mit dem Studio ausgearbeitet, der beiden Schauspielern gleiche Gagen und Begünstigungen garantierte. Nachdem Shatner für die ersten zwei Filme mehr Geld bekommen hatte,
sollten beide Stars nun gleich entlohnt werden. Diese simple
Vereinbarung erleichterte die Verhandlungen mit dem Studio
erheblich. Da im Vertrag jedoch auch gleiche Begünstigungen
ausgehandelt worden waren und Nimoy bereits beim dritten und vierten Teil Regie geführt hatte, blieb Paramount nun
keine andere Wahl, als William Shatner den Posten des Regisseurs für den fünften Film anzubieten.

Shatner gab sofort darauf der Presse bekannt, daß er
auf dem Regiestuhl sitzen und die Drehbuchidee für den
fünften *Star Trek*-Film liefern würde. Er deutete an, daß
er mit der *Enterprise*-Besatzung ans Ende des Universums
fliegen und dort Gott treffen würde. Bedauerlicherweise
hatte niemand Gene Roddenberry darüber informiert, der
auf seinem Mitspracherecht bei Regisseur und Drehbuch
bestand. Roddenberry wollte immer noch seine Kennedy-
Geschichte durchdrücken und lehnte Shatners Gott-Idee
kategorisch ab, obwohl er selbst für den ersten *Trek*-Film
eine ganz ähnliche Geschichte mit dem Titel *The God Thing*
vorgeschlagen hatte. Darin ging es um ein außerirdisches
Wesen, das sich in einer christusähnlichen Inkarnation im
ganzen Universum bemerkbar machte. Damals hatte man

Roddenberry gesagt, daß dieses Drehbuch zu kontrovers sei.

Natürlich standen hinter dieser Idee die Neun, das außerirdische Telepathiekomitee, das die Galaxis lenkte, mit dem sich sowohl Roddenberry als auch Shatner in den siebziger Jahren beschäftigt hatten. Einige Leute warfen Shatner vor, Roddenberrys Idee geklaut zu haben, so daß es zu neuen Auseinandersetzungen hinter den Kulissen kam.

»Roddenberry hatte tatsächlich schwere Einwände gegen diese Geschichte«, gab Shatner zu, »und er sorgte für einige negative und bedauernswerte Umstände. Warum sollte man nicht eine gute Geschichte über die Suche nach dem Sinn des Lebens erzählen? Dieses Thema liegt doch allen großen Geschichten zugrunde, ganz gleich, welche Form sie annehmen.«

Roddenberry hatte die Nase voll. Er sagte zu Harve Bennett: »Shatner ist jetzt dein Problem und nicht mehr meins.« Bennett gab vor Reportern bekannt, daß Shatner etwas voreilig gewesen war, als er von seiner Kontrolle über das Drehbuch gesprochen hatte. Der Produzent sagte, daß Shatner lediglich eine Vision hatte, die »vielleicht verwirklicht wird, vielleicht aber auch nicht«. Trotzdem versuchte Shatner weiterhin, Roddenberry in den Hintergrund zu drängen, und benutzte die Medien zur Verbreitung seiner Vorstellung, er hätte die absolute Kontrolle über den nächsten *Star Trek*-Film.

Die Vertragsverhandlungen mit den Schauspielern und der Streik der Drehbuchautoren im Jahre 1988 verzögerten den Produktionsstart von *Star Trek V*, und Shatner nutzte diese Zeit, um zwei unterschiedliche Drehbuchideen für seinen *Trek* –Film auszuarbeiten. Die eine lief darauf hinaus, daß die *Enterprise* im Zentrum des Universums auf Gott stößt. Im zweiten Vorschlag findet die Besatzung den Jungbrunnen, worauf sie alle plötzlich viel jünger werden.

Beide Ideen lagen Shatner sehr am Herzen. Er hatte den Punkt in seinem Leben erreicht, an dem er sich nach den Freuden seiner verlorenen Jugend zurücksehnte. Und er war immer noch auf der Suche nach »Mr. Tambourine Man«, der außerirdischen Wesenheit, die er bei seiner UFO-Erfahrung zwanzig Jahre zuvor in der Mojave-Wüste gespürt hatte. Shatners Vorstellung von Gott war die einer überlegenen außerirdischen Intelligenz.

»Ich hoffe, daß in der endgültigen Version gewisse Lebenserfahrungen deutlich werden, die ich gewonnen habe«, offenbarte der achtundfünfzig Jahre alte Shatner einem Interviewer. »Wenn wir unsere Figuren einen Alterungsprozeß durchmachen lassen, stellen sich unvermeidlich bestimmte Fragen, die in jedem Lebensabschnitt auftauchen. Wir stellen uns universellen Fragen, die noch keine Rolle spielen, wenn man jünger ist. Daher hoffe ich, daß dieser Film schließlich einige dieser Fragen anspricht, die sich unsere Figuren stellen sollten.«

»Ich war schon immer von Menschen fasziniert, die daran glauben, daß Gott zu ihnen spricht, und von der Frage, warum Gott ausgerechnet diese bestimmten Menschen auserwählt«, sagte Shatner zu einem anderen Reporter. »Wenn ich ein Wesen wäre, daß mit seinem UFO in einen Sumpf von Florida stürzt, würde ich mit dem Weißen Haus sprechen wollen und nicht mit irgendeinem Durchschnittsmenschen. Darauf beruht meine Idee, daß sich *Star Trek* auf die Suche nach Gott macht.«

Außerdem köderte er die Journalisten mit dem Versprechen epochaler Spezialeffekte – die er übrigens »philosophische Effekte« nannte – und behauptete, daß man sie erst glauben würde, wenn man sie gesehen hatte. Shatner sagte voraus, daß sein Film viel tiefgründiger als jeder andere *Trek*-Film zuvor sein würde. Das war ein hochgestecktes Ziel, da die anderen Filme sich bereits mit den Themen Tod, Wiedergeburt, Unsterblichkeit und dem Überleben unserer Spezies beschäftigt hatten. In der Tat konnte all dies nur durch eine direkte Begegnung mit Gott übertroffen werden.

»Die einfache Tatsache, daß man nicht mehr fünfundzwanzig ist und daß der größte Teil des Lebens nicht mehr in der

Zukunft liegt«, sagte Shatner zu Reportern, »diese einfache Tatsache kann schwer auf einem Menschen lasten. Die Erfahrung dieses Lebensabschnitts wollte ich in einem *Star Trek*-Film umsetzen. Ich glaube, daß Gott die letzte Grenze ist, das, was nach dem Tod kommt, was hinter der großen Barriere liegt.«

Am Rande des Nervenzusammenbruchs

Schließlich erhielt Shatner die Erlaubnis, seine Gott-Geschichte zu entwickeln. Sofort zog er den Romanautor Eric van Lustbader heran, um das Drehbuch zu schreiben. Lustbaders Bestseller um Ninja-Kämpfer sind eine Mischung aus spannender Action und östlicher Philosophie, und Shatner war tief beeindruckt von seinem ›wunderbaren, geheimnisvollen Stil‹. Doch als der Schriftsteller eine Million Dollar plus Beteiligung an den Buchrechten verlangte, stellte sich das Studio quer und sagte Shatner, er solle jemand anderen suchen.

Shatner war stinksauer und drohte damit, aus dem Film auszusteigen, doch dann setzte er sich hin und schrieb selbst eine vierzehnseitige Zusammenfassung des Films. Er schlug zwei mögliche Untertitel vor: *An Act of Love* und *The Final Frontier*. Shatner überarbeitete den Text noch einmal mit seinem engen Freund Harve Bennett und war einverstanden, daß David Lougherty das Drehbuch ausarbeitete. (Lougherty hatte das Drehbuch zu *Dreamscape* geschrieben, einen 1984 entstandenen Film über einen Parapsychologen, der sich mit den Alpträumen des amerikanischen Präsidenten über den nuklearen Holocaust befaßt.)

Der Produktionsbeginn verzögerte sich um weitere sechs Monate, weil Leonard Nimoy gerade mit der Inszenierung eines anderen Films namens *The Good Mother* (1988) beschäftigt war. Shatner war wütend, doch als Nimoy vorschlug, daß sein Kollege den neuen *Star Trek*-Film doch ohne ihn drehen sollte, tobte Shatner: »Du weißt, daß ich *Star Trek* nicht ohne Spock machen kann!«

Shatner erlebte eine weitere Enttäuschung, was die Besetzung der Rolle des Sybok betraf. Er wollte, daß Sean Connery den mystischen Anführer spielte, doch der Schauspieler hatte bereits zugesagt, in *Indiana Jones and the Last Crusdade* (1989) zu spielen.

Um die Dinge weiter zu komplizieren, hatte der Produzent Harve Bennett beschlossen, keine weiteren *Trek*-Filme mehr zu machen, vor allem weil er das Gefühl hatte, der Regisseur Leonard Nimoy hätte ihn während der Dreharbeiten zu *Star Trek IV* herumkommandiert. Nimoy hatte Bennett einmal sogar den Zutritt zum Studio verboten. Der Produzent hatte außerdem große Bedenken wegen der Story für *Star Trek V*. Er meinte, die Entdeckung Gottes würde sich als enttäuschender Zaubertrick erweisen, bei dem die einzige Spannung für das Publikum darin liegen würde, hinter die Machart dieses Tricks zu kommen.

»Das Problem bestand darin, einen talentierten und guten Mann, nämlich William Shatner, beiseite zu nehmen und zu versuchen, ihn von seinen eigenen Ideen abzubringen«, erklärte Bennett. »Man sagte mir, daß Bill Regie führen sollte und ein Mitspracherecht beim Drehbuch hatte, worauf ich sagte, daß das eine schwierige Situation sei, vor allem nachdem ich gehört hatte, welche Geschichte er sich ausgesucht hatte. Niemand wird jemals Gott finden, weil das genauso wie die Entdeckung des Jungbrunnens wäre – was Shatners ursprüngliche Alternativstory war.«

»Ich war erschüttert«, erinnerte sich Shatner. »Harve hatte eine Menge für die *Star Trek*-Filme geleistet, und ich brauchte ihn als Produzenten und als Freund. Ich redete auf ihn ein, um ihn umzustimmen. Ich sagte ihm, daß wir beide großen Spaß an der Arbeit haben würden. Ich fühlte mich zu alt, um mich auf dumme Auseinandersetzungen mit einem neuen und fremden Produzenten einzulassen. Ich wußte, daß ich mich mit Harve nicht streiten würde, sondern daß wir leidenschaftliche Diskussionen führen würden, und zwar zum Wohl des Films. Ich versprach Harve, daß er an diesem Projekt mehr Spaß als an allen anderen haben würde. Ich wollte, daß es zum erfreulichsten und lohnenswertesten Augenblick meiner Karriere wird.

Zuerst war Harve fest entschlossen zu gehen, doch ich konnte seine Meinung ändern. Ich sprach mit ihm über unsere Vorstellungen von Gott und dem Leben nach dem Tode – es waren tiefe, freundschaftliche Gespräche. Und wir beide stimmten darin überein, daß Gott in unserem Herzen existiert. Wir entwickelten eine ganz neue Harmonie und Aufmerksamkeit gegenüber dieser Idee.«

Doch die Harmonie hielt nicht sehr lange an. Als Shatner von Harve die erste Fassung des Drehbuchs erhielt, stritten sich die beiden zwei Tage lang. Shatner war erneut ›erschüttert‹, doch dann konnte er das Projekt ›wieder auf den richtigen Weg bringen‹. Zur bedeutendsten Änderung kam es, als sie Shatners Idee aufgaben, im Film sowohl Gott als auch den Teufel zu zeigen, und statt dessen ein böses außerirdisches Wesen einführten, daß sich als Gott ausgibt. Diesen Kompromiß bereut Shatner bis zum heutigen Tag.

Zu einer weiteren großen Änderung kam es, während Shatner in Nepal eine Sendereihe mit dem Titel *Voice of the Planet* drehte. Bennett und Loughery beschlossen, der Rolle des fanatischen Vulkaniers Sybok ein stärkeres Gewicht zu geben. Alle Besatzungsmitglieder der *Enterprise* einschließlich Captain Kirk wurden nun zu Anhängern von Syboks Kultgemeinde und folgten dem Mystiker zu einem Ort, an dem niemand mehr altern mußte. Dieses ferne, friedvolle Land wurde Sha Ka Ree genannt, eine Anspielung auf Sean Connery, den sie für die Rolle des Sybok zu gewinnen hofften.

Doch am Tag, als Shatner nach Hollywood zurückkehrte, war die Stimmung nicht friedvoll. Captain Quirk ging an die Decke. Er redete einen Tag lang auf die beiden Männer ein und konnte sie schließlich davon überzeugen, zur ursprünglichen Idee von einem außerirdischen Gott zurückzukehren, obwohl er einverstanden war, daß Sha Ka Ree der Ort sein sollte, wo Sybok schließlich seinen Frieden fand.

Shatner bereitete sich in bekannter Weise auf sein Regiedebüt vor: »Ich brachte mich in Form, in bessere Kondition als seit vielen Jahren, mit Aerobic, Krafttraining und Stretching. Mein Körper weckte mich jeden Morgen um halb fünf, ganz gleich, wie spät ich schlafen gegangen war, und dann lag ich noch eine halbe Stunde bis zum Aufstehen wach. Ich träumte, ich spulte den Film vor meinem geistigen Auge ab, ich versuchte mich vorzubereiten, damit ich im Studio genau wußte, was die Kamera tun sollte, was ich tun sollte und was die Schauspieler tun sollten.«

Am 10. Oktober 1988, dem Abend vor Beginn der Dreharbeiten, hatte Shatner beinahe einen Nervenzusammenbruch. »An diesem Abend war ich sehr nervös«, offenbarte er. »Ich konnte schon immer sehr gut Dinge verdrängen, und obwohl ich mich anderthalb Jahre lang auf den Film vorbereitet hatte, hatte ich die Augen vor dem Druck verschlossen, der mit der Arbeit des Regisseurs verbunden war. Mir wurde plötzlich klar, daß wir *am nächsten Tag* ins Studio gingen und daß Hunderte von Leuten mir Hunderte von Fragen stellen würden. Die Vorstellung, Hunderte von Antworten parat haben zu müssen, machte mich furchtbar nervös.«

»Ich sagte ihm, er sollte aufhören, so schnell zu reden«, sagte Leonard Nimoy über Shatners erste Tage als Regisseur. »Das ist ein typisches Verhalten für jemanden, der zum ersten Mal Regie führt. Einen Regiedebütanten erkennen Sie daran, daß er verschwitzte Handflächen hat, hyperventiliert und viel zu schnell redet. Shatner dachte, wenn er schnell redete, könnte er damit das Arbeitstempo beschleunigen, doch man konnte kein Wort von dem verstehen, was er sagte.«

Irgendwie schaffte Shatner es, ruhiger zu werden und die richtigen Antworten zu finden. Nach und nach gewann er den Respekt seiner Schauspielerkollegen. Seine größten Probleme mit dem Film waren finanzieller Natur. Das Budget für *The Final Frontier* war auf 30 Millionen Dollar festgesetzt worden, wovon bereits die Hälfte an die Schauspieler ging. Shatner und Nimoy erhielten jeweils sechs Millionen Dollar, und DeForest Kelley bekam 500 000 Dollar. Die Gage der anderen betrug 125 000 Dollar, ein Zeichen des Wohlwollens, weil es gegenüber dem vorigen Film eine Steigerung von 25 Prozent darstellte.

Die Spezialeffekte kosteten weitere sieben Millionen Dollar. Bedauerlicherweise hatte man sich zu spät an Industrial Light & Magic gewandt, die hervorragende Arbeit für die anderen *Star Trek*-Filme geleistet hatten, so daß sie den Auftrag für den fünften Film nicht mehr annehmen konnten. Nachdem nur noch drei Monate zur Verfügung standen, um die Spezialeffekte zu realisieren, wurde der Auftrag schließlich an Bran Ferren & Associates in New York vergeben, die Überstunden machen mußten, um den Terminplan halten zu können.

Die Außendreharbeiten verschlangen ebenfalls mehr Geld, als man eingeplant hatte. Die Paradise-City-Kulissen wurden am Owens Lake aufgebaut, einem ausgetrockneten See in der Nähe von Ridgecrest in der Mojave-Wüste. Die Bauarbeiten dauerten über einen Monat und kosteten insgesamt 500 000 Dollar. Kurz bevor die Dreharbeiten beginnen sollten, streikten die Lastwagenfahrer, so daß nicht gewerkschaftlich organisierte Fahrer eingestellt werden mußten. Am Drehort wurde einer der Kamerawagen zerstört, und die Situation wurde so kritisch, daß das Drehteam mitten in der Nacht mit einer Polizeieskorte aus dem Studio gebracht werden mußte.

Weitere unerwartete Kosten kamen hinzu, darunter auch der Diebstahl von Kostümen im Wert von 60 000 Dollar aus einem nicht gekennzeichneten Anhänger. Schließlich wurde *The Final Frontier* um drei Millionen Dollar teurer als vorgesehen. Das Projekt hätte sicherlich in einer totalen Katastrophe geendet, wenn Shatner nicht über eine so unerschütterliche Willenskraft verfügt hätte.

»Ich glaube an die Energie«, sagte er damals, »und daß sie auf verschiedenen Ebenen existiert. Wenn ich morgens aufstehen, lege ich sofort los, und genauso habe ich die Regiearbeit in Angriff genommen. Ich habe mich mit Energie aufgeladen und dann die anderen durch meine Willenskraft mitgezogen. Ich wollte, daß die anderen im gleichen Tempo mitliefen. Ich wollte, daß alles schnell über die Bühne ging. Zeitverschwendung ist eine Tragödie, denn je älter wir werden, desto weniger Zeit bleibt uns noch übrig. Jeder Augenblick wird zu etwas Lebenswichtigem.

Jede Szene in einem Film hat eine dramatische Energie, wie ich es nennen möchte, die stärker und schneller als die Energie im wahren Leben ist. Die Filmkamera nimmt diese Energie aus einer Szene auf, und diese Szene treibt dann den ganzen Film an. Es ist eine dramatische Energie, die den Zuschauer fesselt und sein Interesse bannt.«

»Es ist ein Shatner-Film«, bemerkte Leonard Nimoy während der Dreharbeiten, »was allem Anschein nach darauf hinausläuft, daß viel mehr herumgerannt und herumgesprungen wird als in allen vorherigen *Star Trek*-Filmen zusammen. Die anderen Filme waren relativ ruhig, doch in diesem reiten wir auf Pferden, besteigen Berge und fliegen an Sicherungsleinen durch die Luft.«

Shatners grenzenlose Energie und hemmungsloser Tatendrang wurden nicht immer von seinen Mitarbeitern geschätzt. Zu allem Überfluß schien irgend etwas Shatner zu plagen, während sie in der trockenen Hitze der Mojave-Wüste arbeiteten, wo damals seine Begegnung mit einem UFO stattgefunden hatte.

Während einer Szene ereiferte er sich so sehr, daß er über einen großen Stein stolperte und zu Boden stürzte. Dabei flog sein Toupet in die Kulissen, und als der beschämte Regisseur sich wieder aufrappelte, erhob sich lautes Gelächter unter den Komparsen. Shatner warf sie allesamt auf der Stelle und ohne weitere Diskussion hinaus.

Kurze Zeit später hätte beinahe das gesamte Drehteam gestreikt, als Syboks Triumphmarsch durch die Wüste inszeniert wurde. Bei einer Hitze von fast 45 Grad Celsius in der Nähe von Cuddeback, eine kurze Strecke nordöstlich des Schauplatzes seiner UFO-Erfahrung, verlor Shatner erneut die Nerven. Ohne ersichtlichen Grund attackierte und beschimpfte der Regisseur die Umstehenden. Er schrie den Produzenten an, beleidigte den Chef der Elektriker vor versammelter Mannschaft, sagte zum Kameramann, er würde nicht das Geringste von seiner Arbeit verstehen, und trieb alle anderen in den Wahnsinn. Kurz bevor die Situation völlig außer Kontrolle geriet, nahmen der ausführende Produzent Ralph Winter und Leonard Nimoy Shatner beiseite und schafften es, ihn zu beruhigen. Am nächsten Tag schien er wieder völlig in Ordnung zu sein.

Auch während des Filmschnitts kam es anfänglich zu einigen Problemen. Shatner verlor schnell die Geduld mit den traditionellen Schnittmethoden und wollte völlig unübliche Dinge ausprobieren. Einige Cutter fühlten sich beleidigt und wollten die Weiterarbeit verweigern, doch ein paar mutige Kollegen sagten dem aufdringlichen Regisseur, daß seine Ideen niemals funktionieren würden. Sie machten ihre Arbeit zum Teil schon seit dreißig Jahren und wußten genau, wie ein Film für die große Leinwand aufbereitet werden mußte.

»Während der ersten paar Wochen«, sagte Harve Bennett, der einen Teil der Streitigkeiten im Schneideraum miterlebte, »schnitt Bill sich ein paarmal ins eigene Fleisch. Es ist etwas anderes, ob man vor oder hinter der Kamera steht, und daß er bei etlichen Episoden von *T. J. Hooker* Regie führte, hat Bill Shatner nicht auf das vorbereitet, was für die große Leinwand nötig ist. Bill brauchte einige Zeit, den doppelten Sprung vom Fernsehschauspieler zum Kinoregisseur zu schaffen. Obwohl wir ein Jahr lang auf ihn eingeredet haben, war er überhaupt nicht auf das vorbereitet, was ihn in den ersten Tagen des Schnitts von *Star Trek V* erwartete. Es ist seltsam, daß Regiedebütanten immer wieder das Rad neu erfinden wollen.«

Als Shatner gefragt wurde, was er über Bennetts Kritik

dachte, stimmte er zu und führte diese Erfahrung auf seine Unerfahrenheit als Regisseur zurück. Shatner verglich sich mit einem jungen Menschen, der noch keine Einschränkungen kennt und mit der Kamera Dinge tun wollte, für die sie gar nicht geeignet war.

»Es gibt viele Probleme bei meiner Arbeit als Schauspieler und Regisseur«, faßte Shatner zusammen. »Es gibt bereits viele Probleme, wenn man nur als Filmschauspieler oder nur als Filmregisseur arbeitet. In der Kombination ergibt sich eine Unzahl von Problemen. Aber es gab keine, die ich für unlösbar hielt, da ein wunderbares Team hinter mir stand und mein guter Freund Harve Bennett, auf den ich mich absolut verlasse, immer für mich da war.«

Shatner gab auch zu, daß es viele Leute bei den Dreharbeiten verärgerte, und ihm war bewußt, daß einige der ›geringeren‹ Mitglieder der Stammbesetzung nicht sehr viel Freude daran hatten, diesen Film mit ihm zu machen. Doch bezüglich einiger ursprünglich vorgesehenen Drehbuchszenen mit den Großen Drei wäre es fast zu einer Meuterei gekommen.

Sowohl Leonard Nimoy als auch DeForest Kelley wollten nicht zulassen, daß sie in ihren Rollen Kirk verrieten und Sybok folgten, wie es im ursprünglichen Drehbuch vorgesehen war. Shatner wollte, daß es zu einem Bruch im Verhältnis der Großen Drei kam. Dadurch hätte seine eigene Rolle eine Unabhängigkeit erhalten, nach der er sich schon immer gesehnt hatte und die seinem Film eine gesteigerte Dramatik verliehen hätte.

Obwohl er tagelang auf sie einredete, sie bekniete und anflehte, verweigerten Nimoy und Kelley diesen Verrat an ihren Rollen. Nimoy hatte bereits erdulden müssen, daß Spocks Auftritte um die Hälfte gekürzt worden waren, und wollte keinen weiteren Kompromiß mehr eingehen. Shatner war schließlich gezwungen, das Drehbuch umzuschreiben und die Freundschaft des Triumvirats zu erhalten, die eine der Grundlagen von Star Trek geworden war. Um Spocks Wohlwollen gegenüber Sybok in früheren Szenen zu erklären, wurde beschlossen, Sybok zu Spocks Halbbruder zu machen.

Im Film wird Sybok von Laurence Luckinbill gespielt, der zur Stammbesetzung der Serie *The A Team* gehörte. In *Star Trek V* will er die *Enterprise* kapern, um damit hinter die Große Barriere im Zentrum des Universums zu fliegen und zu Gott zu gelangen. Der charismatische Anführer inszeniert einen Angriff auf den Planeten Nimbus III, um die *Enterprise* in eine Falle zu locken. Gleichzeitig haben es auch die Klingonen auf die *Enterprise* abgesehen.

Unterdessen erleben Kirk, Spock und McCoy eine wunderbare Zeit, als sie gemeinsam im Yosemite Park Urlaub machen. Ihr Ausflug wird unterbrochen, als sie den Auftrag erhalten, mit der *Enterprise* nach Nimbus III zu fliegen, um die Geiseln zu befreien, die Sybok genommen hat. Sybok verfügt jedoch über die einheimliche Fähigkeit, die Seele eines Menschen zu befreien, indem er ihm in die Augen blickt und sagt: »Jeder von uns hat geheime Schmerzen. Teile deinen Schmerz mit mir und gewinne daraus Kraft.« Er benutzt seine hypnotischen Kräfte, um die *Enterprise*-Besatzung auf seine Seite zu ziehen und das Schiff zu übernehmen. Nicht einmal Spock kann sich gegen ihn wehren, als Sybok offenbart, daß sie Halbbrüder sind.

Während die Klingonen ihnen auf den Fersen sind, fliegt Sybok mit der *Enterprise* zum Ende des Universums, zu einem gewaltigen Sternhaufen, der als die Große Barriere bekannt ist. Nachdem sie diese Grenze durchstoßen haben, entdecken sie einen wunderbaren Planeten, auf dem ein mächtiges Wesen lebt, das viele gottähnliche Gestalten annimmt.

Doch es stellt sich heraus, daß Gott in Wirklichkeit eine außerirdische Macht ist, die ihren Einfluß mit Hilfe des Raumschiffs *Enterprise* über das ganze Universum ausdehnen will. Kirks respektlose Frage, wozu Gott ein Raumschiff braucht, erweckt den Zorn des mächtigen Geschöpfes, das darauf einen Blitz auf den Captain schleudert. Auch Sybok erkennt, daß Gott nicht der ist, der er zu sein scheint, und opfert sich bei einem sinnlosen Angriff auf das Wesen. Unterdessen läßt Kirk einen Photonentorpedo abfeuern, der ebenfalls keine Wirkung zeigt.

Als der Landetrupp gerade vom Planeten zurückgebeamt werden soll, greift das Klingonenschiff die *Enterprise* an, so daß Kirk allein auf der Oberfläche zurückbleibt. Das erbarmungslose Wesen treibt Kirk schließlich auf einem zerklüfteten Berggipfel in die Enge und holt zum tödlichen Schlag aus. Im letzten Augenblick taucht Spock im beschlagnahmten Klingonenschiff auf und rettet erneut das Leben seines Captains.

Als offensichtlich wurde, daß sich das Budget des Films nicht einhalten ließ, wurde Shatner von Paramount angewiesen, die Produktion zu beschleunigen und einige Szenen zu streichen, um Geld zu sparen. Zuerst war er wütend darüber, weil man ihn in eine solche Situation gebracht hatte. Doch dann erkannte er, daß die Gefahr drohte, seine einzigartige Chance zu verpatzen, einen großen Film zu machen.

»Mir brach der Schweiß aus«, offenbarte er. »Wenn ein Schauspieler fünf Minuten zu spät aus der Maske kam, drehte sich mir der Magen um. Aber mir durfte die Aufgabe eines Regisseurs nicht über den Kopf wachsen, ich mußte meine Arbeit so gut wie irgend möglich machen.«

Fast 350 000 Dollar wurden eingespart, indem man einfach auf eine dramatische Einstellung verzichtete. Es war geplant, daß die Kamera Kirk beim Bergsteigen zeigt und sich dann das Bild erweitert, bis er nur noch ein winziger Punkt in der steilen Felswand war. Diese Szene hätte einen weiteren vollen Drehtag im Yosemite-Nationalpark erfordert. Shatner war außerdem gezwungen, auf ein Flammenmeer und eine Schar von Engeln und Dämonen zu verzichten und die Zahl der Komparsen in den Paradies-City-Szenen zu verringern, wodurch die Aufnahmen weniger eindrucksvoll wurden.

Weitere 300 000 Dollar wurden in einer Szene gespart, in der sechs Felsmonstren aus dem Boden hervorbrechen und den Landetrupp angreifen sollten. Die größten Kosten hätten die Kostüme der sechs Monstren verschlungen, so daß in der endgültigen Version nur ein Steinmonstrum zu sehen ist.

Bei aller Fairneß muß man sagen, daß diese geopferten Szenen dem Film größere Kontinuität vor allem hinsichtlich der Spezialeffekte verliehen hätten. Shatner hatte sich vorgestellt, daß der Landetrupp sich in einer Hölle wiederfindet, nachdem die Engel Gottes sich in furchterregende Dämonen verwandelt haben, die sie in einen Abgrund des Höllenfeuers jagen. Scotty läßt Kirk auf der Planetenoberfläche zurück, als er irrtümlich eins der Monstren an Bord beamt. Um ihnen zu entkommen, steigt Kirk auf einen Berg, doch es werden immer mehr Monstren. Alle diese interessanten Szenen wurden geschnitten, um Geld zu sparen. Das Studio drohte sogar damit, weitere Szenen zu schneiden, wenn der Regisseur/Autor/Schauspieler nicht im Rahmen seines Produktionsplans blieb.

»Ich hatte das Gefühl, daß der großartige, epische Film, den ich mir vorgestellt hatte, plötzlich zu einem ganz gewöhnlichen Film reduziert wurde«, sagte Shatner. »Ich brauchte eine Weile, bis mir klarwurde, daß der Film in meinem Kopf niemals der Film auf der Leinwand sein konnte. Das war meine erste große Lektion als Regisseur.«

Nachdem die letzte Szene abgedreht war, brach Shatner zusammen und heulte. Er sagte, er hätte vor Erleichterung geweint, weil es geschafft war, und aus Traurigkeit, weil eine so wunderbare Erfahrung nun zu Ende gegangen war.

»Ich dachte, der Film wäre mangelhaft«, gestand er später, »und daß ich meine Mittel nicht so gut ausgespielt hatte, wie es möglich gewesen wäre. Ich habe auch keine Hilfe erhalten, meine Mittel optimal zu nutzen! Wir haben einiges ausprobiert, und ich mußte noch eine Menge lernen, nicht nur über Filmtechnik, sondern auch über Filmpolitik.«

Während eines kurzen Wochenendes im Juni 1989 war *Star Trek IV: The Final Frontier* der erfolgreichste Film aller Zeiten. Dann kamen *Batman* und *Indiana Jones and the Last Crusade* in die Kinos. Beide Filme beeinträchtigten die Einspielergebnisse von *The Final Frontier*. Insgesamt spielte *Batman* fünfmal soviel wie Shatners Film ein. In der Umfrage erwies sich der Film zusammen mit *Star Trek: The Motion Pictures* als der unbeliebteste aller *Star Trek*-Filme.

Das Gesamteinspielergebnis für *Star Trek V* betrug lediglich 52 Millionen Dollar, etwa 18 Prozent weniger als die ersten drei Filme und nur 50 Prozent von *Star Trek IV*. Shatner erklärte sich mit einer pauschalen Gage von einer Million Dollar für die Regie und einer weiteren Million für die Schauspielarbeit plus prozentualer Beteiligung einverstanden, die ihm jedoch kaum etwas einbrachte, da der Film an den Kinokassen nicht genügend Profit abwarf.

Die Kritiker hatten nicht vergessen, welche großartigen Ankündigungen Shatner vor Beginn der Dreharbeiten gemacht hatte. »*Star Trek V* ist völlig überladen«, schrieb Caryn James in der *New York Times*, »und verrührt Motive aus *Mad Max, Star Wars, The Greatest Story Ever Told, 2001* und *The Wizard of Oz*, während er einen verworrenen Handlungsfaden verfolgte, der sich am besten mit ›Indiana Jones auf der Suche nach dem Feld der Träume im Weltraum‹ beschreiben läßt. Diese Anleihen sind keine künstlerischen Anspielungen auf die Filmgeschichte – so weit sich *Star Trek* nicht von den trivialen Ursprüngen entfernt –, sondern nur unbeholfene, unangebrachte Versuche, diesen Film zum größten und großartigsten der *Star Trek* –Reihe zu machen.«

Doch dieselbe Kritikerin zollte dem Regieneuling auch ein unerwartetes Lob: »Shatners Regie ist ruhig und sehr konzentriert. Er hat ein gutes Gefühl dafür, *Star Trek* nicht zu schrill werden zu lassen und für die billige und künstliche Atmosphäre zu sorgen, die uns daran erinnert, daß alles nur ein Spiel ist.«

Nicht alle Kritiker schlossen sich dieser Beurteilung an. »Nachdem Shatner nicht nur vor, sondern auch hinter der Kamera das Kommando übernommen hat«, schrieb Brian Johnson in *Maclean's*, »ist *Star Trek* nunmehr auf Grund gelaufen.«

Andere Kritiker, die die Midlife-Crisis des Regisseurs spürten, waren über die Stimmung des Films entsetzt. »Trotz aller intergalaktischen Spannungsgeladenheit«, bemerkte Kevin Thomas in der *Los Angeles Times*, »ist *Star Trek V* eine schwache Erfahrung, eine Kontemplation über die Möglichkeiten des Lebens und die Vorzüge des Alters, gefärbt mit dem Bewußtsein der Sterblichkeit.« Und *Time* stimmte dem zu: »Die Atmosphäre auf dieser Reise ist ähnlich wie an einem gemütlichen Herrenabend, voller melancholischer Sentimentalität und Nostalgie. Vielleicht werden wir Gott niemals finden, sagt Kirk am Schluß, aber Männerfreundschaften sind doch ein toller Ersatz, nicht wahr?«

Shatner hatte sich über seinen Film keine Illusionen gemacht. Er spürte, daß darin genausoviel Freude und Sorge lag wie in allem, was er jemals getan hatte.

»Ich betrachte *Star Trek V*«, schrieb er in seinen Memoiren, »als gescheiterten, aber gutgemeinten Versuch, einen Film zu drehen, der tiefe Einblicke in die Seelen seiner Charaktere erlaubt und sich philosophisch mit dem ewigen Bedürfnis der Menschheit, an etwas glauben zu können, auseinandersetzt. Ich wollte *Star Trek* als Grundlage benutzen, um eine Geschichte zu erzählen, die unsere vertrauten Figuren in unbekanntes Fahrwasser führt und sie ihre eigenen Glaubensgrundsätze in Frage stellen läßt. Aber ganz offensichtlich ist dabei nicht das herausgekommen, was ich mir erhofft hatte... Schließlich kam ich doch zu der Einsicht, mein Ziel verfehlt zu haben.«

Die schlechten Einspielergebnisse und die mäßigen Kritiken konnten den alten Toughy jedoch nicht abschrecken. Er wollte ein richtiger Hollywood-Regisseur werden. Schon bald ließ er bekanntgeben, er würde bei der Fortsetzung zu *Kingdom of the Spiders* Regie führen, dem Film mit den Mörderspinnen, in dem er die Hauptrolle gespielt hatte. Doch die Finanzierung konnte nicht gesichert werden, so daß die Fortsetzung niemals verwirklicht wurde. Shatner wollte trotzdem nicht seine Ambitionen aufgeben, ein Filmregisseur zu werden. Schließlich hatte er immer als Schauspieler und als Regisseur gearbeitet, seitdem er in der Unterhaltungsindustrie tätig war.

»Ich liebe die Vorstellung, einen Traum zu haben, an seiner Verwirklichung zu arbeiten und ihn auf die Leinwand zu bringen«, sagte er 1991 zu Joan Rivers. »Und wenn das bedeutet, daß ich darin mitspielen kann, dann werde ich es auch tun. Ich glaube immer noch, daß die Regie der beste Job in der Unterhaltungsbranche ist.«

Meuterei!

Am 28. Dezember 1988, kurz vor dem Ende der Dreharbeiten zu *Star Trek V*, ließ Shatner die gesamte Besetzung für Publicity-Fotos in den 250 000 Dollar teuren *Enterprise*-Kulissen posieren. Dies war erstaunlicherweise die allererste Gelegenheit, bei der sie sich nicht vor laufender Kamera auf der Brücke versammelt hatten. Der Zweck war, den Erfolg seines Filmes zu feiern und zumindest für die Fotografen das Bild einer großen, glücklichen Familie abzugeben.

In Wahrheit verbargen sich hinter dem Lächeln viele verletzte Gefühle. Die Stammbesetzung, die jederzeit zuverlässiger Brückencrew der *Enterprise*, hatte Shatners egoistische Eskapaden satt. Die Schauspieler erinnerten sich daran, daß Shatner, nachdem feststand, daß er beim fünften Film Regie führen sollte, insgeheim hoffte, daß Nimoys *Star Trek IV* ein Mißerfolg würde. In diesem Fall hätte Shatner plötzlich als der große Retter der Filmreihe dagestanden. Er hatte sogar beabsichtigt, Kosten zu sparen, indem er alle Rollen bis auf Kirk und Spock aus dem Drehbuch strich.

Als *Star Trek IV* sich zu einem Kassenknüller entwickelte, gab Shatner schleunigst bekannt, daß jedes Mitglied der Stammbesetzung einen ›speziellen Auftritt‹ in seinem Film haben würde. Shatner hatte jedoch keineswegs ein gutes

Gespür für ihre Rollen gezeigt. Die meisten der Stammschauspieler waren der Ansicht, daß sie in *Star Trek V* auf den Arm genommen wurden. Sie waren überhaupt nicht von ihren Szenen voller billiger Komik begeistert, in denen Sulu und Chekov sich verirrten, Scotty nach zwei Jahrzehnten gemeinsamer Arbeit unbeholfen seine Zuneigung zu Uhura gesteht, Uhura zur Ablenkung auf einem Hügel tanzen muß und Scotty sich vor den Kopf schlägt, nachdem er damit angegeben hat, wie gut er sein Schiff kennt.

»Es gibt wirklich nur eine Person im Team, die niemand ausstehen kann«, lautete James Doohans Urteil. »Er wollte in *Star Trek V* viel zuviel machen, und jetzt kann man sehen, wozu das führt. Es war keine gute Story, und es war kein guter Film. Er kann nicht einmal schauspielern. Er schauspielert überhaupt nicht, sondern verzieht nur das Gesicht. Er runzelt die Nase wie ein Kaninchen, und das soll dann bedeuten: ›Ach, seht nur, ich breche gleich in Tränen aus!‹

In *Star Trek V* gab es nicht genügend Auftritte für alle Rollen. Wir hatten nur das, was wir als ›billige Szenen‹ bezeichnen. Die Fans fordern jedoch mehr von allen Figuren. Sie sind total begeistert von persönlichem Geplänkel. Man sollte diesen egoistischen Unsinn vergessen und wieder vernünftige Geschichten erzählen.«

»Bill hat einen verdammt dicken Kopf«, führte Doohan später aus. »Ich denke, Bill verkauft Paramount billiges Zeug für viel Geld. Ich weiß nicht, wie er das anstellt. Irgendwie verfügt er über Macht, die ihm eigentlich nicht zusteht. Niemand sollte Macht haben, wenn er nicht etwas Gutes zu verkaufen hat. Bills größtes Problem ist, daß Bill immer nur an Bill denkt, während Leonard zuerst an *Star Trek* denkt und erst dann an sich selbst.

Bill mag es überhaupt nicht, wenn jemand in seiner Nähe eine gute Leistung als Schauspieler abliefert. Ich erinnere mich, wie DeForest Kelley sich ständig darüber beklagt hat, als wir die Serie drehten. Wir erhielten Drehbücher, in denen Kelley große Rollen hatte, und dann überredete irgend jemand die Leute, es doch nicht zu tun. Im zweiten Jahr gab es ein paar großartige Rollen für mich, die allesamt gestrichen wurden. Am Ende durfte ich nur noch sechs Textzeilen sprechen. Kelley ist sehr diplomatisch und würde niemals etwas Böses über Bill sagen, doch hinter seinem Rücken macht er sich über ihn lustig.«

»Die Zusammenarbeit mit Shatner als Regisseur funktionierte besser als mit Shatner als Schauspieler«, sagte Nichelle Nichols, »aber *Star Trek V* hatte keine gute Geschichte. Wenn man nach Gott sucht und dabei nicht einmal sich selbst findet, wonach sucht man dann überhaupt? Die Sache war ein einziger großer Schwindel, eine Ausflucht. Wenn man keine Aussage treffen will, wer oder was Gott ist, warum sagt man dann überhaupt etwas dazu?«

»Ich finde, Shatner ist schwierig«, fügte Walter Koenig hinzu. »Er ist der Inbegriff des Stars, und zwar in negativer Hinsicht. Er ist nur auf sich selbst, auf seine Karriere und seine Arbeit an der Serie konzentriert. Ich möchte allerdings klarstellen, daß ich nur über unser Arbeitsverhältnis spreche, nicht über den Menschen. Er kann sympathisch und sehr charmant sein. Es ist schwierig, ihn nicht zu mögen, wenn er beschlossen hat, daß er jemanden braucht. Er verfügt über einen unglaublichen Charme.«

»Von Anfang an«, faßte Koenig zusammen, »glaubte Bill an das, was im Vorspann steht: Drei Schauspieler werden vor dem Titel genannt, der Rest danach. Der Rest war nicht wichtig, weder als Schauspieler noch als Menschen.«

Andere Mitglieder der Stammbesetzung und aus dem Probduktionsteam, die anonym bleiben wollen, haben sich Doohans und Koenigs Urteilen über Shatner angeschlossen. Die meisten machen Shatners ›erdrückendes Ego‹ verantwortlich. Nur wenige glauben, daß dem Superstar etwas daran liegt, jemand anderen absichtlich zu verletzen. Shatner selbst scheint über diese Kritik zutiefst verwundert zu sein.

»Das verstehe ich einfach nicht«, sagte er Anfang 1992 zu einem Reporter. »Offen gesagt, bin ich mir dessen nicht einmal bewußt. Gelegentlich höre ich etwas und bin dann völlig verblüfft, weil ich bislang überhaupt keine Probleme mit diesen Leuten hatte – ich komme nicht ausgesprochen gut mit ihnen zurecht, aber es hat auch nie ernsthafte Probleme gegeben. Wir haben gut zusammengearbeitet, und es ist nie ein böses Wort zwischen uns gefallen. Ich weiß nicht, was für Boshaftigkeiten da ans Tageslicht kommen.«

In der Einleitung zu seinen *Star Trek Memories* schreibt Shatner, wie sehr er von den negativen Gefühlen überrascht war, auf die er stieß, während er seine Kollegen für das Buch interviewte. Nichelle Nichols und Walter Koenig machten keinen Hehl aus ihrem Groll. Der höfliche George Takei hatte Schwierigkeiten, mit seinem ehemaligen Captain konfrontiert zu werden, während James Doohan sich kategorisch weigerte, sich auch nur mit ihm zu treffen. Er befürchtete, daß die Dinge aus dem Ruder laufen und Shatner seine Bemerkungen verfälscht wiedergeben würde. Shatner formulierte in seinem Buch eine offene Einladung an Doohan, sich mit ihm in Verbindung zu setzen, und widmete den gesamten Epilog seinem Umgang mit persönlicher Kritik durch seine Schauspielerkollegen. Er stehe vor einem Rätsel und habe immer gedacht, die Besetzung sei eine große glückliche Familie.

»Ich war schockiert, daß Bill glaubte, wir seien eine große glückliche Familie«, vertraute Nichelle Nichols mir an. »Ich meine, wir alle wußten, daß wir tatsächlich eine große glückliche Familie waren – nur Bill gehörte nie dazu. Er hat sich von uns distanziert, sei es nun absichtlich oder aus Mangel an Rücksichtnahme. Er wußte gar nicht, was er tat. Vielleicht hat er nicht einmal erkannt, daß er anderen weh tat.

In der Öffentlichkeit habe ich immer das Großartige an unserer Arbeit betont, und im Grunde war auch alles zu neunundneunzig Prozent wunderbar. Doch wie in allen Familien hatten wir unsere Probleme. Früher habe ich mich oft mit James Doohan gestritten, wenn es darum ging, etwas Böses über Shatner zu sagen. Und ich glaube, daß ich der

Grund war, warum mein Freund Walter Koenig sich so sehr zurückgehalten hat. Ich sagte ihm, daß es nichts bringen würde. Doch eines Tages meinte er zu mir: ›Du hast völlig recht, Nichelle.‹ Es ist wirklich nicht gut, wenn man ständig herumjammert. Wenn es einen so heftig schmerzt, sollte man den Kerl zur Rechenschaft ziehen. Man soll etwas dagegen unternehmen oder die Klappe halten.«

Walter Koenig scheint sich Nichelles Rat zu Herzen genommen zu haben. Wenn er jetzt von Reportern gefragt wird, wie die Zusammenarbeit mit Shatner verlaufen ist, antwortet er meistens mit einem Satz wie: »Über Bill habe ich wirklich nicht viel zu sagen.«

Nichelle glaubt, daß die Probleme zwischen Shatner und seinen Kollegen bis in die ersten Tage der Serie zurückreichen: »Ursprünglich war gedacht, daß *Star Trek* von einem *Ensemble* mehrerer Stars gespielt werden sollte, von denen jeder das gleiche Gewicht hatte«, sagte sie einige Jahre zuvor. »Doch irgendwann wurde die Entscheidung getroffen, Bill und Leonard von den übrigen abzusondern. Mit dieser Situation bin ich überhaupt nicht glücklich. Ich habe nichts dagegen, daß Bill und Leonard die Stars sind. Aber wenn man bedenkt, daß wir durch *Star Trek* völlig auf unsere Rollen festgelegt wurden, hätte man wenigstens dafür sorgen müssen, daß unsere Rollen nicht so weit in den Hintergrund gedrängt werden.«

»Gene hatte gesagt, er wolle abwechselnd jede Figur herausstellen«, erklärte Nichelle mir, »damit man im Verlauf der Serie immer mehr über jede Person erfährt. Es sollte eine Episode geben, in der es um Uhura und Christine ging – oder um Uhura und Scotty. Damit sollte das Ganze schließlich zu einem wirklichen Ensemblestück werden. Es hätte immer noch die *Star Trek*-Serie mit dem Triumvirat gegeben, aber auch die anderen Figuren hätten ein Gewicht gehabt. Doch so ist es nicht gekommen.

Bill Shatner sorgte dafür, daß die Brückencrew nicht aus der Rolle fiel, daß die anderen sich nicht ihrer Rollen bewußt wurden. Er hatte sehr große Kontrolle. Ich weiß genau, daß nichts ohne sein Einverständnis geschah. Ich weiß, daß Bill oft mitten in den Dreharbeiten abbrach, so daß nichts mehr ging. Dann besprachen sich die Produzenten mit ihm, und wenn wir wieder zurückkamen, sollte irgend etwas ganz anders gemacht werden. Wenn man seine Szene weiterspielen wollte, mußte man plötzlich feststellen, daß sie gestrichen worden war. Irgendwann wußten wir – die Besetzung – genau, was uns erwartete, wenn Bill abbrach, so daß wir nur noch abwarteten. Wenn der Regisseur nicht seiner Meinung war, konnten wir diese Szene einfach nicht weiterdrehen, bis Bill zufrieden war. Zum Schluß rief jemand voller Verzweiflung: ›Nun, er ist der Star der Serie. Also machen wir es. Wir haben nur sechs Tage Zeit, um fertig zu werden!‹ Im Grunde lief es darauf hinaus.«

Was für Nichelle das Faß zum Überlaufen brachte, war kurz nach der Veröffentlichung von Shatners Memoiren, eine Einladung in Shatners Strandhaus in Malibu. Sie nahm dieses einmalige Freundschaftsangebot an, weil sie dachte, es handelte sich um eine Party mit allen Kollegen, bei der einige Wogen geglättet werden sollten. Shatners Sekretärin rief Nichelle vier- oder fünfmal an, um sich bestätigen zu lassen, daß sie wirklich kommen würde. In der Zwischenzeit trat Shatner in verschiedenen Talkshows auf, in denen er abstritt, daß es irgendwelche Spannungen zwischen ihm und der übrigen Stammbesetzung gab. Dabei führte er Nichelles Einladung als Beispiel an, wie gut sie alle miteinander zurechtkamen.

Als Nichelle am Thanksgiving Day im Strandhaus eintraf, mußte sie zu ihrer Überraschung feststellen, daß keiner ihrer *Star Trek*-Kollegen anwesend war. Und als sie Shatner daraufhin fragte, warum die ganze Welt davon wußte, daß sie mit ihm verabredet war, antwortete er, es wäre »an der Zeit, diese bescheuerte Sache beizulegen«.

Nichelle war ›schockiert und verletzt‹, weil sie nur dazu benutzt worden war, vor der Presse den Anschein der Freundschaft zu erwecken. Am Ende ihres eigenen Buches *Beyond Uhura* schreibt sie: »Was mein persönliches Verhältnis zu Bill betrifft, muß ich mit einigem Bedauern und großem Schmerz sagen: ›Dieser Kommunikationskanal ist nun geschlossen. Uhura Ende.‹«

Majel Barrett-Roddenberry, die in der Fernsehserie als Schwester Chapel aufgetreten war, hatte ebenfalls ihren Kommunikationskanal geschlossen. Gene Roddenberrys Witwe war äußerst erbost darüber, wie Shatner ihren Ehemann in seinen Memoiren dargestellt hatte. Genauso wie einige andere ehemalige Kollegen von Shatner glaubt sie, daß er nur seine eigene kreative Leistung in den Vordergrund schieben wollte.

»Das einzige, was mich an Bills Buch überrascht«, sagte Majel, »ist, wie er es geschafft hat, es als Tatsachenbericht und nicht als frei erfundenen Roman zu verkaufen!«

George Takei faßte die Ansichten seiner Kollegen zusammen, als er in einem Interview für *USA Today* sagte: »Shatner ist das Opfer seines eigenen Egos geworden. Er hat immer nur daran gearbeitet, diese unsichtbare Wand um sich herum zu errichten – und das ist das Traurige, wenn man sieht, wie jemand sich selbst so etwas antut.«

Shatner zog es vor, einige Interviews abzusagen, statt sich mit Fragen über die Meuterei auf der *Enterprise* auseinanderzusetzen. Schließlich konnte er sich den Anfragen der Reporter nicht länger verschließen. Während eines Auftritts in der *Tonight Show* im November 1994 wollte der Gastgeber Jay Lenon von Shatner wissen, was er über die negativen Bemerkungen seiner früheren Kollegen dachte.

»Sie lieben mich«, antwortete Shatner. »Sie wissen es nur nicht. Sie lieben mich. Einige von ihnen sind ein wenig..., aber sie lieben mich. Es sind nur Familienstreitigkeiten.«

»Also haben Sie ein gutes Verhältnis zu ihnen?« fragte Leno.

»Jeder liebt mich!« wiederholte Shatner.

»Also könnte jederzeit einer von ihnen kommen«, sagte Leno, »und Sie küssen.«

»Nun, das bezweifle ich«, sagte Shatner.

Dann kam Walter Koenig aus den Kulissen und ging auf

die Bühne, wo er Shatner die Hand schüttelte und ihn dann fest auf den Mund küßte.

»Ich liebe dich, verdammter Mistkerl!« rief ein offensichtlich tief gerührter Shatner während ihrer Umarmung.

Doch Koenig zog sich zurück und drehte sich zum Publikum um. »Muß man ihn nicht lieben?« fragte er. »Muß man ihn nicht *einfach lieben*?«

Koenig ging nicht auf Shatners ›Liebeserklärung‹ ein. Statt dessen schlug er Shatner dreimal ins Gesicht. Die letzte Ohrfeige war recht heftig und hat Shatner ziemlich überrascht. Zum Glück hatte Koenig die Bühne bereits verlassen, bevor Shatner darauf reagieren konnte.

»Ich liebe Walter«, entgegnete Shatner mit ausgestrecktem Zeigefinger und sichtlich verlegen. »Er ist ein toller Kerl, und er sagte, daß er mich liebt (was er nicht tat), und dann schlug er mich ins Gesicht! Das war unglaublich. Und der Film, in dem er mitgewirkt hat ... « Shatner schien damit andeuten zu wollen, daß Koenigs Beteiligung am letzten *Star Trek*-Film ein weiterer Beweis ihrer Versöhnung sei.

Als Shatner im selben Monat gefragt wurde, was er von den Büchern hielt, die von den ehemaligen Mitgliedern der *Star Trek*-Besetzung verfaßt wurden, antwortete er sarkastisch: »Ich lade sie alle zu einem großen Picknick mit Grillfest ein!« Dann weigerte sich der wütende Captain, weitere Kommentare abzugeben, und sagte nur, er wolle nicht über die künstlerischen Bemühungen anderer sprechen.

Das unentdeckte Budget

Nach dem schlechten Abschneiden von *Star Trek V* war Shatner davon überzeugt, daß sein Regiedebüt gleichzeitig der letzte der *Star Trek*-Filme sein würde. Die Paramount-Bosse hatten ihre Entscheidung über eine Fortsetzung der Reihe immer vom finanziellen Erfolg des vorherigen Films abhängig gemacht. Der Produzent Ralph Winter und andere hatten vergeblich versucht, das Studio zu überreden, mehrere Filme auf einmal zu drehen, wie es mit den *Superman*-Filmen gemacht worden war. Diese Methode wäre kostengünstiger gewesen und hätte zu einer größeren Kontinuität zwischen den Filmen geführt.

Doch trotz der enttäuschenden Einspielergebnisse von *The Final Frontier* sahen die Marketing-Experten von Paramount zum 25jährigen Jubiläum der *Star Trek*-Fernsehserie eine letzte Chance, das Phänomen *Star Trek* finanziell auszuwerten. Sie beschlossen, einen weiteren Film zu machen, der der Originalserie gewidmet war.

Harve Bennett, der *Star Trek III, IV* und *V* produziert hatte, schlug für den nächsten Film wieder sein Projekt *Starfleet Academy* vor, in dem er neue Charaktere einführen und die jungen Jahre der Brückenbesatzung schildern wollte. Der Film sollte zeigen, wie Kirk auf der Farm seines Vaters in Iowa lebt und seine Freizeit mit jungen Mädchen im Heu verbringt, während McCoy sich in seiner Jugendzeit um seinen unheilbar kranken Vater kümmert und Spock gegen den Willen seines Vaters Vulkan verläßt. Schließlich sollten sie sich an der Akademie der Sternenflotte treffen.

Bennetts Idee stieß auf erbitterten Widerstand von Shatner, Roddenberry und *Star Trek*-Fans im allgemeinen. Obwohl die Paramount-Manager von der Idee angetan waren, fegte Martin Davis von Gulf + Western, der Muttergesellschaft des Studios, sie vom Tisch. Man hatte Bennett 1,5 Millionen Dollar für die Mitarbeit an *Star Trek IV* angeboten, doch der enttäuschte Produzent zog sich daraufhin völlig von diesem Projekt zurück. Ralph Winter und Steven Charles Jaffe übernahmen seinen Posten als Koproduzenten.

»Ich spürte genau das Problem des Mißerfolgs von *Star Trek V*«, offenbarte Winter. »Also versuchten wir von Anfang an, uns von diesem letzten Film zu distanzieren. Nach dem fünften Teil waren viele Leute der Ansicht, daß kein weiterer Film gemacht werden sollte. Doch die Leute, die *Star Trek* nahestanden, meinten, daß er *unbedingt* gemacht werden müsse. Einige Mitglieder der Stammbesetzung waren anfangs skeptisch gegenüber einem neuen Film, doch im Laufe der Zeit kamen alle wieder an Bord.«

Leonard Nimoy lehnte das Angebot ab, bei diesem Film Regie zu führen, obwohl er als ausführender Produzent fungierte und schließlich die Grundidee von der ›Öffnung der Berliner Mauer im Weltraum‹ beisteuerte. Nicholas Meyer, der den erfolgreichen Film *Star Trek II: The Wrath of Khan* inszeniert hatte, wurde als Regisseur des sechsten Films erwählt. Das Drehbuch sollte von Meyer und seinem langjährigen Partner Denny Martin Flinn verfaßt werden.

Doch als es zwischen Meyer und dem Studio zu einem Streit um das Budget kam, wurde das gesamte Projekt im Januar 1991 erst einmal gestoppt. Paramount hatte seit 1988 mit anderen Projekten über 400 Millionen Dollar Verlust gemacht und wollte das Budget für *Star Trek VI* von 30 auf 25 Millionen Dollar kürzen, um Kosten zu sparen. Meyer weigerte sich, unter diesen Bedingungen weiterzuarbeiten. Doch zum Glück führte ein Wechsel im Studiomanagement zu einer Erhöhung des Budgets auf 28 Millionen Dollar, so daß *Star Trek VI* wieder Leben eingehaucht werden konnte.

Die Rolle des klingonischen Kanzlers wurde Jack Palance angeboten, doch der Schauspieler wollte zuviel Geld. Schließlich ging die Rolle an David Warner, der bereits in *Time after Time* (1989) als Jack the Ripper mit Nicholas Meyer zusammengearbeitet hatte. Shatner jüngste Tochter Melanie spielte die Rolle der Navigationsassistentin.

Christopher Plummer übernahm die Rolle des klingonischen Stabschefs General Chang. Der Schauspieler wurde etwa zur selben Zeit wie Shatner in Montreal geboren, und die beiden waren schon lange gute Freunde. Beide hatten in Shakespeare-Stücken gespielt und waren gemeinsam beim Stradford Festival aufgetreten. Dort hatte Shatner seinen Durchbruch, als er in *Henry V.* für Plummer eingesprungen war.

Erneut traten die Produzenten an Kirstie Alley heran, die jetzt die Rebecca in der Fernsehserie *Cheers* spielte und ihre Rolle als Lieutenant Saavik wieder aufnehmen sollte. Doch erneut forderte sie eine Gage in Millionenhöhe, wenn sie mit Shatner zusammenarbeiten sollte. Daraufhin ließ Paramount diese Rolle ganz aus dem Drehbuch streichen und nahm Kim Cattrall unter Vertrag, die als vulkanische Verräterin Valeris auftreten sollte.

Cattrall, die die triebhafte Trainerin der Cheerleader in *Porky's* (1982) gespielt hatte, zog bald die Aufmerksamkeit von Shatner und Nimoy auf sich. Doch sie hatte Shatner bereits 1978 bei den Dreharbeiten zum Fernsehzweiteiler *The Bastard* kennengelernt, so daß sie nun eine ›tiefe Zuneigung‹ zu Leonard entwickelt. Die beiden verbrachten sehr viel Zeit miteinander, um das spezielle Verhältnis ihrer beiden Figuren zu entwickeln. Das Ergebnis war die überwältigende, äußerst erotische Szene, in der Spock mit Valeris eine Bewußtseinsverschmelzung durchführt, die einer ›mentalen Vergewaltigung‹ der Vulkanierin gleichkommt. Cattrall hat zugegeben, daß die Szene aufgrund ihrer besonderen Sympathie ein Eigenleben entwickelte. Doch aus irgendeinem Grund empfand Cattrall keinerlei Sympathie mehr für William Shatner.

»Er hat sich mir gegenüber wie ein Gentleman verhalten, und es spielt überhaupt keine Rolle, was ich persönlich für ihn empfinde«, sagte sie. »Ich hatte nie irgendwelche Probleme mit ihm oder seinen Protesten. Ich fand ihn respektvoll. Er wiederholte seinen Text sehr oft, er übt ihn immer und immer wieder, was ein wenig nervt. Aber schließlich hat jeder seine eigene Arbeitsmethode.«

Gegen Ende der Dreharbeiten posierte die wagemutige Cattrall nackt bis auf die spitzen vulkanischen Ohren in den leeren Brückenkulissen der *Enterprise*, während ein Fotograf mehrere Filme mit heißen Standfotots vollknipste. Sie drapierte sich hüllenlos auf Captain Kirks Kommandosessel und nahm dann an verschiedenen anderen Stellen der Kulisse verführerische Posen ein. Als sie Leonard Nimoy diese Fotos zeigte, zerriß der wutentbrannte ausführende Produzent die Abzüge und zerstörte die Negative, weil er auf keinen Fall wollte, daß die Fotos irgendwie an die Öffentlichkeit gelangten.

Als gäbe es noch nicht genügend sexuelle Spannungen im Studio, stieß auch noch das internationale Supermodel Iman zur Besetzung, und zwar als Gestaltwandlerin Martia. Zu den Filmauftritten der Schönheit gehören *Out of Africa* (1985), *No Way Out* (1987), *House Party 2* (1991), und *L. A. Story* (1991). In einem der dramatischsten Effekte des Films, der von den ILM-Technikern »Morphing« genannt wird, verwandelt sie sich in die Gestalt von Captain Kirk.

Shatner vergeudete keine Zeit und machte sofort seinen Anspruch auf die verführerische Frau geltend. Zu den Gerüchten, daß die beiden auch im wahren Leben miteinander ›gemorpht‹ hatten, bemerkte Iman nur, daß ihr Filmpartner über eine ›unkontrollierte‹ Leidenschaft in bezug auf Frauen verfüge.

Die Dreharbeiten zu *Star Trek VI: The Undiscovered Country* begannen am 16. April 1991 unter extremen Sicherheitsvorkehrungen. Shatner betonte immer wieder, daß es sein letzter *Star Trek* –Film wäre, und jeder ging davon aus, daß es auch der letzte der Reihe sein würde. Die Gerüchteküche vermeldete, daß Kirk einen ruhmreichen Heldentod sterben würde oder daß Spock sich leidenschaftlich in eine attraktive Alien-Frau verliebte.

Überraschenderweise war die Handlung jedoch wesentlich profaner. Die Geschichte spiegelte die politischen Veränderungen der zeitgenössischen Epoche wieder, nämlich den Zerfall des Sowjetimperiums.

Das klingonische Imperium steht nach der Zerstörung eines wichtigen Mondes vor dem Untergang. Da sich die Anführer der Klingonen auf ihre internen Probleme konzentrieren müssen, wollen sie einen dauerhaften Frieden mit der Föderation schließen. Man bittet darum, Admiral Kirk als Vertreter zu den Friedensverhandlungen zu schicken. »Wir haben ein altes vulkanische Sprichwort«, witzelt Spock. »Nur Nixon hätte nach China gehen können.«

Christopher Plummer als Chang hat sich mit einem Admiral der Sternenflotte verschworen, die Friedensinitiative durch ein Attentat auf den klingonischen Kanzler zu verhindern. Alle Tatbeweise deuten darauf hin, daß Kirk und McCoy die Attentäter waren, und ein klingonisches Gericht verurteilt sie zu lebenslänglicher Zwangsarbeit auf einem Eisplaneten.

Mit Spocks Hilfe können sie schließlich entkommen und treffen gerade noch rechtzeitig zur Friedenskonferenz ein, wo sie auf ein klingonisches Kriegsschiff stoßen. Im letzten Augenblick tritt Captain Sulu auf den Plan, um beim Kampf gegen das Klingonenschiff zu helfen. Dadurch kann sich die Gruppe auf den Planeten hinunterbeamen lassen, um einen weiteren Mordanschlag zu verhindern, der auf den Präsidenten der Föderation verübt werden sollte.

Sulus wichtige Rolle in *Star Trek VI* war eine hohe Auszeichnung für den Schauspieler George Takei. Er freute sich besonders auf eine Szene, in der Captain Kirk seinem früheren Offizier zur Beförderung gratuliert. Shatner jedoch sprach seinen Text so beiläufig und ohne jedes Gefühl, daß Takei schockiert war. Er trat an Shatner heran und sagte ihm, wie wichtig dieser Moment für seine Figur sei. Er bat Shatner, daß er ihm wenigstens in die Augen sah, wenn er seinen Text sprach. »Natürlich, George«, lautete Shatners Antwort. Doch vor laufender Kamera sah er Sulu nicht ein einziges Mal an und sprach wieder mit kühler Nachlässigkeit. Daraufhin mußte die Szene aus dem Film herausgeschnitten werden.

Zum Glück richteten sich Kirks negative Gefühle in *Star Trek VI* hauptsächlich gegen die Klingonen. Der Zwiespalt zwischen Kirks persönlichem Haß auf die Klingonen und der Möglichkeit eines galaktischen Friedens waren schließlich das Hauptthema des Films. Der Komponist Cliff Eidelman versuchte Kirks Dilemma in seiner Filmmusik einzufangen.

Kirk war jedoch nicht der einzige, der die Erzfeinde der Föderation haßte. Gene Roddenberry regte sich besonders darüber auf, daß die Klingonen plötzlich als gute und zivilisierte Intelligenzen dargestellt werden sollten. Er glaubte, daß die Föderation dadurch in ein schlechtes Licht gerückt wurde.

Nichelle Nichols war strikt gegen eine Szene, in der ihre Figur sich unzivilisierter als ein Klingone benahm. Als die Brückenbesatzung nach einigen Vorzügen der Klingonen sucht, sollte sie sagen: »Ja, aber würdet ihr eure Tochter mit einem verheiraten?« Sie weigerte sich, diesen Satz zu sprechen.

Die Stammbesetzung hatte ohnehin zurückstecken müssen, als Paramount beschloß, die ersten fünfzehn Seiten des Originaldrehbuchs zu streichen. In der Eröffnungssequenz sollte der pensionierte Admiral Kirk mit Carol Marcus, seiner Geliebten aus *Star Trek II*, im Bett zu sehen sein, nachdem er sich wieder mit ihr versöhnt hatte. Ihr Geturtel wird durch einen mysteriösen Boten mit einer leuchtenden Hand unterbrochen, der Kirk mitteilt, er müsse wieder seinen Dienst antreten.

In den folgenden Szenen sollten Kirk und der fremde Gesandte sich auf den Weg durch San Francisco machen, um die klassische Crew für eine letzte Mission zusammenzutrommeln. Er entdeckt Chekov in einem Club, wo dieser gerade in eine langweilige Schachpartie gegen einen Betazoiden vertieft ist. Professor Montgomery Scott hält soeben eine Vorlesung vor Studenten über die Konstruktion eines klingonischen Kriegsschiffs. Uhura arbeitet für eine Radiosendung, in der sie beispielsweise den Anruf einer Kolonistin vom Mars entgegennimmt, die sich darüber beklagt, wieviel sie dort an Gewicht zugenommen hat.

Keiner von den ehemaligen Besatzungsmitgliedern hat Schwierigkeiten damit, aus dem langweiligen Alltagsleben herausgerissen zu werden, um wieder auf die *Enterprise* zurückzukehren. Und auch Schauspieler selbst hätten gerne diese Gelegenheit genutzt, ihren Rollen mehr Gewicht zu verschaffen. Der Autor Denny Martin Flinn, der die Idee gehabt hatte, sämtliche Rollen auf diese Weise nach und nach auftreten zu lassen, kämpfte hart um die Rettung dieser Szenen. Doch Paramount drohte damit, das gesamte Projekt zu kippen, wenn nicht eine Million Dollar an Kosten eingespart wurden. Also mußte irgend etwas geopfert werden.

Shatner gab zwar zu, er sei erleichtert, für *Star Trek VI* nicht mehr im Regiestuhl zu sitzen, aber es war sehr schwierig für ihn, nicht mehr das Kommando zu haben. Bei mehreren Gelegenheiten stapfte Shatner wutentbrannt aus dem Studio, wenn er mit dem Regisseur Nicholas Meyer wegen der Inszenierung aneinander geraten war. Nachdem die Produktion abgeschlossen war, enthüllte Shatner, welche Strategie er gegen Meyer eingesetzt hatte.

»Nick ist ein sehr witziger, süffisanter und ironischer Mensch«, sagte Shatner. »Er ist sehr liebenswürdig und sehr nervös! Und er hat einen sehr starken Standpunkt. Er sagt ganz offen, was ihm gefällt und was ihm nicht gefällt. Aber er ist sehr leicht zu manipulieren – man muß ihn nur in die *falsche* Richtung drängen!«

Natürlich hatte Meyer seine eigenen Methoden, um die Schauspieler zu manipulieren. Während der Bankettszene in *Star Trek VI* sollten alle Beteiligten blau gefärbten Tintenfisch essen, doch niemand wollte das Zeug anrühren. Darauf bot er den Schauspielern zwanzig Dollar für jeden Bissen an. Shatner verdiente sich auf diese Weise schnell achtzig Dollar dazu, obwohl ihm anschließend übel wurde und er ›tagelang blau im Gesicht‹ war.

Sogar nach der Fertigstellung des Films bestand Shatner noch auf einigen Änderungen. Er war nämlich der Meinung, daß seine Kehrseite in der Schlußszene auf der Brücke ein wenig zu breit und nicht sexy genug wirkte. Also bestand er darauf, daß sein Hinterteil auf angemessene Proportionen retuschiert wurde. Es heißt, daß die Schönheitsoperation, die an jedem Einzelbild dieser Szene vorgenommen wurde, dem Studio erhebliche Kosten verursachte.

»Ich empfinde große Erleichterung, daß ich keine weitere Verantwortung hatte, als meinen Text zu lernen und zu wissen, wo ich stehen sollte«, gestand er einem Journalisten. »Gleichzeitig ist mir angst und bange, weil ich nicht das Kommando habe. Jemand *anderer* hat das Kommando. Es ist, als hätte man jahrelang ein Auto gefahren und muß plötzlich auf dem Beifahrersitz Platz nehmen, während ein anderer am Lenkrad sitzt.«

Durch eine unwahrscheinliche Wendung in der Geschichte war es Shatner wieder einmal möglich, eine Doppelrolle zu spielen. Inzwischen war seine Vorliebe dafür legendär geworden. Seine Kollegen hatten schon seit Jahren Witze gerissen, daß er in *Star Trek* am liebsten *alle* Rollen gespielt hätte. In diesem Fall kämpft er mit seinem eigenen Doppelgänger, nachdem die Gestaltwandlerin Martia sein Aussehen angenommen hat. Sein Alter Ego witzelt daraufhin: »Ich wette, das wolltest du schon immer tun!«

Trotz allem ist es Shatners unerschütterliche Leinwandpräsenz, die *Star Trek VI* seinen besonderen Reiz verleiht. Der Filmkritiker John Boonstra bemerkte: »Shatner, der ein ganzes Jahrzehnt jünger als seine sechzig Jahre aussieht, tollt mit einem selbstgefälligen, viel zu dick aufgetragenen Augenzwinkern durch diesen Spaß. Doch was soll's? Schließlich ist es seine Figur des arroganten, burschikosen James Tiberius Kirk, der die erste *Star Trek*-Serie von der kühleren, umsichtigeren nächsten Serie abhebt.«

Durch die Verwendung von Kulissen aus der Fernsehserie *The Next Generation* schaffte man es, mit *Star Trek VI* im Rahmen des Budgets von 26 Millionen Dollar zu bleiben. Der Film gelangte auf die Liste der zwanzig erfolgreichsten Filme des Jahres 1991, und die Einnahmen an den Kinokassen beliefen sich auf fast 150 Millionen Dollar.

Gene Roddenberry erlitt 1991 zwei Schlaganfälle und war daraufhin an den Rollstuhl gefesselt. Zwei Tage vor seinem Tod im Oktober jenes Jahres sah er eine Voraufführung des Films und regte sich sehr über einige politische Szenen auf.

Er war der Ansicht, daß die militaristische Einstellung einiger Föderationsangehöriger eher den Problemen unseres eigenen Jahrhunderts entsprach als den Entwicklungen, die sich in den nächsten vierhundert Jahren vollziehen würden. Im großen und ganzen war er zwar mit dem Film zufrieden, doch er schaltete sofort seinen Anwalt ein, um zu fordern, daß mindestens fünfzehn Minuten herausgeschnitten wurden. Obwohl der Film schließlich Gene Roddenberry gewidmet war, wurden die letzten Wünsche nicht berücksichtigt, und er kam ohne weitere Änderungen in die Kinos.

Die Zuschauer und Kritiker waren offensichtlich mit der Entscheidung der Produzenten einverstanden, nichts mehr an diesem Film zu verändern. Nach einer Befragung von Kinobesuchern stuften neun von zehn den Film als ›hervorragend‹ oder ›überdurchschnittlich‹ ein. Sechs von zehn Zuschauern sagten, sie würden eine weitere Vorstellung besuchen. Der Film warf einen Profit von immerhin 60 Millionen Dollar ab, was etwa 20 Prozent mehr als bei *The Final Frontier* waren, aber fast 70 Prozent unter dem Gewinn von *Star Trek II, III* und *IV* lag. In unserer eigenen Umfrage landete *The Undiscovered Country* deutlich hinter *The Voyage Home* und *The Wrath of Khan* auf dem dritten Platz.

»Eingefleischten Trekkies wird bei *Star Trek VI* einer abgehen«, lästerte das Magazin *Peoples*, während Susan Rosini in *USA Today* bemerkte: »Man muß kein Trekkie sein, um an dieser zeitgemäßen Geschichte Gefallen zu finden. Auch wenn Scotty aussieht, als würde er einen Meteor unter seine Uniform verstecken, und Kirk, als würde ein Eichhörnchen auf seinem Kopf schlummern, und Spocks Ohren nicht mehr ganz so keck sind, ist dies doch eine recht angemessene Abschiedsvorstellung.«

Die meisten Kritiker hielten es mit der *Chicago Tribune*, die den Film als ›bescheidenen und herzlichen Abschied‹ bezeichnete. Jeder war davon überzeugt, daß die Besetzung der klassischen *Star Trek*-Serie nun endlich in den Ruhestand gegangen war. Der letzte Eintrag im Logbuch des Schiffs machte deutlich, daß Admiral Kirk seine letzte Reise unternommen hatte und die ›nächste Generation‹ bereitstand, um das Ruder zu übernehmen:

> Dieses Schiff und seine Geschichte werden in Kürze einer neuen Generation anvertraut werden. Ihnen und ihren Nachkommen widmen wir unsere Zukunft. Sie werden die Reisen fortsetzen, die wir begonnen haben, und all die unentdeckten Länder entdecken, um mutig dorthin zu gehen, wo noch kein Mensch, noch *niemand* zuvor gewesen ist.+
> – James T. Kirk

(Der ausführende Produzent Leonard Nimoy ließ die Anspielung auf die ›neue Generation‹ in der endgültigen Fassung des Films durch ›neue Besatzung‹ ersetzen. Er hatte sich über Michael Dorn geärgert, der in einem Interview erklärt hatte, *Star Trek VII* würde auf jeden Fall mit der Besetzung von *The Next Generation* gedreht werden.)

Auf der gut vorbereiteten Abschiedsparty war auch Captain Quirk ein wenig beunruhigt. Als sich alle zu einem letzten Foto mit der kompletten Stammbesetzung versammeln sollten, erkannte Shatner, daß George Takei fehlte.

»Wir alle warteten darauf, daß der Tag zu Ende ging«, erinnerte sich Shatner, »doch George Takei hat überhaupt nicht daran gedacht, sondern ist direkt nach Hause gegangen. Also waren wir nicht liebevoll und freundlich, sondern ziemlich verärgert. Das Ende war nicht magisch und sentimental, wie es angemessen gewesen wäre, sondern es hieß: ›Verdammt noch mal, wieso dauert es so lange, ihn zurückzuholen?‹«

Du bist tot, Jim!

Schon wenige Wochen nach dem Kinostart von *Star Trek VI* entwarf Shatner seine eigenen Ideen für einen möglichen siebten *Star Trek*-Film und trug sie dem Paramount-Vorsitzenden Brandon Tartikoff vor. Shatners Geschichte drehte sich um eine leidenschaftliche Affäre zwischen einem gealterten Kirk und einer unwiderstehlichen jungen Frau. Außerdem sollte es zu einem Bruch zwischen Kirk und Spock kommen, durch den sie beide zu Todfeinden wurden. Shatner führte sogar das vertraglich zugesicherte Recht auf gleiche Bedingungen an, damit er bei diesem Film wieder Regie führen konnte. Während die völlig auf Kirk konzentrierte Geschichte vielleicht einen psychologisch beruhigenden Effekt auf William Shatner gehabt hätte, glaubte der Studiochef nicht daran, daß die Zuschauer dafür Geld ausgeben würden, und das Studio wollte auch nicht, daß Shatner erneut Regie führte.

Statt dessen beschloß Paramount, im nächsten Film die Figuren aus *Star Trek: The Next Generation* auf der großen Leinwand einzuführen. Die Idee einer neuen Generation von *Trek*-Schauspielern hatte den Mitgliedern der Originalbesetzung niemals behagt. In meinen privaten Gesprächen waren die meisten von ihnen der Ansicht, daß der neuen Serie die Charakterentwicklung der Originalserie fehlte. Shatner jedoch fühlte sich durch *The Next Generation* ernsthaft bedroht.

Eines Tages kam der arglose Wil Wheaton, der den Fähnrich Wesley Crusher in der neuen Serie spielte, in das Studio, in dem gerade *Star Trek V* gedreht wurde, um dem ersten Captain der *Enterprise* seine Hochachtung zu versichern. Doch zu seiner Verblüffung schlug dem jungen Mann nur eiskalte Ablehnung entgegen. Als Wheaton erwähnte, daß er einen Posten auf der Brücke der neuen *Enterprise* hatte, erwiderte Shatner, er würde niemals zulassen, daß ein ›Kind‹ auf *seine* Brücke kam. »Wenn es meine Brücke und mein Schiff wäre«, brüllte er den verlegenen Schauspieler an, »wärst du hier unerwünscht.« Wheaton machte auf dem Absatz kehrt und verließ das Studio, ohne sich noch einmal umzublicken. Der verletzte junge Mann informierte Gene Roddenberry über den Zwischenfall. Dieser bat Harve Bennett, mit Shatner zu reden, worauf dieser sich schließlich bei Wheaton entschuldigte.

»Ich konnte mich nie mit der Idee einer neuen Fernsehserie anfreunden«, gab Shatner zu. »Ich halte es für gefährlich, etwas *Star Trek* zu nennen, wenn alles, was man mit diesem Begriff in Verbindung bringt, überhaupt nicht auf die neue Serie zutrifft. Es wäre eine Schande, wenn es ein Mißerfolg wird.«

Eine Sache, die sich überhaupt nicht mit der neuen Serie in Verbindung bringen ließ, war natürlich der Name William Shatner. Er war immer der Ansicht gewesen, daß der Titel *Star Trek* nur für die Originalserie mit den Originalfiguren gelten sollte. Shatner schwor gemeinsam mit anderen Stammschauspielern, daß sie sich von *The Next Generation* fernhalten wollten, und war entsetzt, als er hörte, daß Leonard Nimoy und James Doohan darüber nachdachten, in der Serie aufzutreten.

Shatner machte sich besonders große Sorgen wegen der Frage, wer der bessere Kommandant der *Enterprise* sei – Captain Kirk oder Captain Picard, der von Patrick Stewart gespielt wurde. (In der Umfrage zu diesem Buch hielten 55 Prozent Kirk für geeigneter als Picard.) Viele Jahre lang weigerte er sich, Stewarts Rolle anzuerkennen, und sagte Dinge wie: »Stewart ist nicht der Captain, er ist nur ein wunderbarer Schauspieler.« Eine der Bedingungen, die Shatner für seinen Auftritt in *Star Trek VII* stellte, war, daß er mehr Gage als Patrick Stewart erhielt. Shatner erläuterte die Gründe, warum er Kirk für überlegen hielt, in einem Fernsehinterview, das im Dezember 1991 ausgestrahlt wurde.

»Kirk war der bessere Captain«, sagte Shatner, »weil er dreidimensionaler war. Er war ein wunderbarer Führer – nicht nur ein intelligenter, sondern auch ein sehr gefühlvoller Mann. Er war ein leidenschaftlicher Mann, der etwas für seine Crew empfand – was seine Leute genau wußten!«

In einem anderen Interview stellte Shatner den Unterschied

zwischen den zwei Captains deutlicher heraus: »Angesichts einer ernsten Situation sagt Captain Kirk: ›Lassen Sie die Waffen fallen. Ich zähle bis drei. Eins, zwei, drei‹, und dann schießt er. Doch Captain Picard sagt: ›Lassen Sie die Waffen fallen. Ich zähle bis drei. Eins, zwei, drei. Das ist kein Scherz!‹ «

Shatner lernte Patrick Stewart erst wenige Wochen vor dem Drehbeginn zu *Star Trek VII* kennen. Die zwei Captains hielten sich über eine Stunde lang gemeinsam in einem Firmenjet von Paramount auf. Sie waren zuvor im Rahmen von Sho-West aufgetreten, einem Kongreß der Kinobetreiber in Las Vegas, worauf sie gemeinsam nach Los Angeles zurückflogen.

»Es war eine etwas unangenehme Situation«, offenbarte Stewart. »Es hatte verschiedene Berichte gegeben, daß Bill negative Bemerkungen über unsere Serie gemacht hatte und so weiter. Das hatte uns schon immer einige Sorgen bereitet. Zum Glück waren diese Probleme vorbei, als es Zeit für uns beide wurde, gemeinsam im Film aufzutreten.«

Die zwei Männer sprachen über ihren recht ähnlichen Hintergrund als Shakespeare-Schauspieler, waren jedoch unterschiedlicher Ansicht, wenn es um *Star Trek* ging. Stewart war froh, daß die Fernsehserie abgesetzt worden war und er wieder Zeit hatte, an anderen Projekten zu arbeiten sowie in künftigen *Trek*-Spielfilmen auftreten zu können. Shatner hatte das Gefühl, aufs Altenteil geschoben worden zu sein. In diesem Zusammenhang erzählte er eine Geschichte über einen hungernden afrikanischen Stamm, in dem die Alten, die nichts mehr zum Lebensunterhalt beitragen können, aufgefordert werden, ohne Klagen in die Wüste zu gehen und zu sterben.

Genauso fühlte sich Shatner. Er hatte sein Schicksal so lange wie möglich hinausgezögert. Jetzt war er an der Reihe, in der Wüste zu sterben. Die letzten Szenen des Films sollten in einem Gebiet gedreht werden, das beinahe genauso aussah, wie die Wüste, in der Shatner vor einem Vierteljahrhundert einem geheimnisvollen UFO begegnet war.

Ursprünglich war geplant, die gesamte Besatzung der klassischen Serie noch einmal für eine große Abschiedsszene zusammenzubringen, doch es erwies sich als unmöglich, ein so komplexes Treffen zweier *Enterprise*-Generationen glaubwürdig darzustellen, ohne daß eine Seite dabei zu kurz kam.

Schließlich entwickelte sich eine komplizierte Handlung, die sich über einen langen Zeitraum erstreckt und in der nur Kurzauftritte der Originalbesetzung möglich waren. Aus diesem Grund verweigerten Leonard Nimoy und DeForest Kelley die Mitarbeit am Film. Neben Shatner treten nur Walter Koenig und James Doohan in *Star Trek: Generations* auf.

Da Shatner im Studio wie ein Idol behandelt wurde, gab es nicht viel, worüber er sich beklagen konnte. Der Regisseur David Carson mußte einigen der jüngeren Schauspieler sogar mehrmals ins Gedächtnis rufen, daß sie ihre Rollen spielen sollten, so groß war ihre Ehrfurcht vor der Anwesenheit Captain Kirks auf der Brücke. Viele von ihnen hatten seit ihrer Jugend davon geträumt, Captain Kirk zu werden, und jetzt standen sie gemeinsam mit ihm vor einer Kamera. Shatner selbst beteuerte, er hätte während der Dreharbeiten nichts von einer solchen Vergötterung bemerkt.

»Dessen war ich mir überhaupt nicht bewußt«, sagte er. »Ich weiß gar nicht, was mit den Leuten los ist. Wie konnte man nur solche einfältigen Idioten unter Vertrag nehmen?«

Die Stammschauspieler der neuen Serie ließen keinerlei Heldenverehrung aufkommen. Michael Dorn (Lieutenant Worf) hatte bereits in *Star Trek VI* mit Shatner zusammengearbeitet und machte sich viel größere Sorgen um das seiner Ansicht nach niedrige Niveau von *Star Trek VII*. Sogar Patrick Stewart beschwerte sich, daß die letzte Folge der Fernsehserie ein wesentlich besseres Drehbuch als der Film hatte. Die anderen Mitglieder der Stammbesetzung regten sich ebenfalls über das Drehbuch auf, das sich ganz auf Kirk, Picard und Data konzentrierte und die anderen Figuren zu kurz kommen ließ.

Marina Sirtis, die die Rolle der Counselor Deanna Troi in

The Next Generation spielt, offenbarte, daß einige ihrer Kollegen ›hinter den Kulissen ernsthaft besorgt‹ über Shatners Auftritt in diesem Film waren. Jeder wußte, wie wenig er von ihren Rollen hielt und daß er dafür bekannt war, jedem die Schau stehlen zu wollen.

Sirtis gab Shatner sogar die Schuld daran, daß einige ihrer Szenen aus dem Film geschnitten wurden. Im ursprünglichen Drehbuch hatte sie nur fünf kleine Szenen, worüber sie sich bei den Produzenten beklagte. Ihre Figur war in der Fernsehserie recht populär geworden, und sie dachte, sie hätte eine wichtigere Rolle im Film verdient. Angeblich hörte Shatner von ihrer Beschwerde und ließ ihre Szenen auf zwei zusammenstreichen.

Als sie Shatner später beim Mittagessen darauf ansprach, mußte sie sich sagen lassen, sie hätte Glück gehabt, daß sie überhaupt an diesem Film mitwirken durfte. Sirtis ging daraufhin wutentbrannt zum Produzenten Rick Berman, um zu kündigen. Zum Glück für ihre Fans konnte man sie zum Bleiben überreden, als sie sich damit trösten ließ, daß sie in Zukunft nie wieder mit Shatner zusammenarbeiten müsse.

George Takei dachte, da Leonard Nimoy und DeForest Kelley eine Mitwirkung abgelehnt hatten, wäre nun genügend Raum, um seine und Nichelle Nichols' Rolle auszubauen. Daß schließlich Sulus Tochter an den Navigationskontrollen der *Enterprise D* sitzt, war jedoch kein Trost für den Mann, der in *Star Trek VI* ›Kirks Hintern gerettet‹ hatte.

»Ein sehr auffälliger Punkt ist folgender«, regte sich Takei auf. »Es wurde nämlich eine klare Demarkationslinie gezogen. Die zwei Minderheiten, die einen bedeutenden Anteil an der künftigen Bevölkerung haben, fehlen in der neuen Generation. Ich denke, der Produzent Rick Berman hat einen schweren Fehler begangen. Es gibt keine Asiaten und Afro-Amerikaner mehr, während sich verschiedene Aliens und sogar ein Androide ein Stelldichein geben.«

Vielleicht noch auffälliger war die Tatsache, daß die einzigen Mitglieder der klassischen Brückenbesatzung, die nicht im neuen Film auftraten, diejenigen waren, die Bücher über ihre Probleme mit William Shatner geschrieben hatten. Shatner stritt jedoch ab, irgendeinen Einfluß auf die Auswahl seiner Kollegen gehabt zu haben, und bedauerte sogar das Fehlen von Leonard Nimoy und DeForest Kelley.

»Ich habe sie an jedem Tag vermißt«, sagte er. »Leonard, DeForest und ich waren im Studio immer Kumpel gewesen, und jetzt waren meine Kumpel nicht mehr da. Es war nett, mit Jimmy und Walter zusammenzuarbeiten, aber ich hatte nur sehr kurz mit ihnen zu tun. Wir hatten uns kaum die Hände geschüttelt, als es auch schon wieder vorbei war.«

Wollte Shatner jemals wieder mit der ›nächsten Generation‹ zusammenarbeiten? »Die einzige Situation, in der ich die Besetzung der *Next Generation* wiedertreffen könnte«, sagte er in einem Interview mit der *L. A. Times*, »wäre eine Rückkehr als T. J. Hooker, der ihnen kräftig was auf die Mütze geben würde – vor allem diesem Klingonen!« Damit war Michael Dorn gemeint.

Der Film beginnt im späten dreiundzwanzigsten Jahrhundert, als die drei klassischen Trekker Kirk, Scotty und Chekov auf die Brücke der nagelneuen *Enterprise B* eingeladen werden. Doch während des Jungfernflugs muß das Föderationsschiff auf einen Notruf von zwei Raumschiffen reagieren, die Probleme mit einer ungewöhnlichen Raum-Zeit-Anomalie haben, die als Nexus bezeichnet wird. Im folgenden Kampf rettet Kirk die *Enterprise*, wird dann aber durch ein Loch in der Hülle ins All gerissen und für tot erklärt.

Dann springt die Geschichte achtzig Jahre in die Zukunft und zur *Enterprise D*, die unter dem Kommando von Jean-Luc Picard steht. Picard enthüllt nach und nach die Pläne des genialen Dr. Soran, der ein komplettes Planetensystem mit 200 Millionen Bewohnern zerstören will, um den Kurs des Nexus zu beeinflussen. Soran will durch diesen Übergang in den Bereich außerhalb der Zeit zurückkehren, wo sich alle Träume erfüllen.

Sorans böser Plan wird mit Hilfe der parapsychologisch begabten Barkeeperin Guinan (gespielt von Whoopi Goldberg) vereitelt. Sie macht Picard auf Sorans Vorhaben aufmerksam und schlägt vor, er solle sich mit dem großen Captain Kirk treffen, der vor vielen Jahren in den Nexus verschlagen wurde.

Picard findet Kirk in einer gemütlichen Blockhütte tief in den Wäldern, wo der frühere Captain der *Enterprise* ganz in seiner Fantasiewelt lebt. Doch dann besinnt er sich wieder, als ihm bewußt wird, daß es sich nur um seine eigenen Erinnerungen handelt. Er erkennt die Wahrheit, nachdem er bei einem Ausritt mit seinem Pferd über einen gefährlichen Abgrund springt. Er hat dabei nämlich überhaupt keine Aufregung oder Furcht verspürt.

Das Pferd in dieser Szene stammt aus Shatners eigenem Gestüt und heißt Great Belles of Fire. Das begabte Tier gibt Kirks Empfindungen genau wieder, als es Picards Pferd umkreist und sich vorsichtig an ihn heranschleicht. Diese Szene ist von bewundernswerter Demonstration von Shatners Reitkunst.

Kirk ist einverstanden, Picard zu begleiten und ihm beim Kampf gegen Soran zu helfen. Shatner hat zugegeben, daß der folgende Satz der schwerste war, den er jemals hatte sprechen müssen, als er zu seinem Nachfolger sagt: »Wer ich bin, daß ich mich mit dem Captain der *Enterprise* streiten würde?«

Es ist schwer zu glauben, daß die beiden Männer in diesem dramatischen Augenblick Frauen-Strumpfhosen trugen. Und daß dies Shatners Idee war. Während eines Ritts über vierzig Kilometer durch die Berge von Santa Monica hatte Shatner schon vor Jahrzehnten festgestellt, daß man sich mit Strumphosen beim Reiten nicht so leicht die Oberschenkel aufscheuert.

»Ich möchte dir etwas sehr Wichtiges anvertrauen«, sagte Shatner bei dieser Gelegenheit zu Patrick Stewart. »Ich trage oft Strumpfhosen, und ich hoffte, daß du es auch tun wirst.«

Welche Strumpfhose empfiehlt Shatner? »Hauchzart, mit der Naht in der Mitte. Es ist ein recht angenehmes Gefühl, so als würde man sich ständig kratzen.«

Malcolm McDowell, der die Rolle des Soran im Film spielte, war es gleichgültig, was Shatner trug, solange er nur die Gelegenheit erhielt, Kirk zu töten. Dem schurkenhaften Schauspieler, der in Filmen wie *A Clockwork Orange* (1971), *Time after Time* (1979) und *Caligula* (1980) aufgetreten war, bereitete es eine diebische Freude, Shatners ausgediente Figur um die Ecke bringen zu dürfen.

»Ich hatte die ausgesprochene Ehre, Captain Kirk nach über dreißig Jahren zu töten«, freute sich McDowell. »Es war herrlich, einfach herrlich! Ich sagte zu ihm: ›Die halbe Welt wird mich hassen, und die andere Hälfte wird mich lieben.‹ Worauf Shatner erwiderte: ›Und wer soll diese Hälfte sein, die dich liebt?‹ Ich hob die flache Hand an die Stirn und sagte: ›Die Leute, denen Captain Kirk bis hier steht!‹«

Die ersten Szenen der ursprünglichen Fassung des Films fanden nie den Weg in die Kinos. Nachdem Captain Kirk dreimal die Erde in einem Weltraum-Fallschirmspringeranzug umkreist, gleitet er an seinem Schirm zu Boden. Er landet nur 35 Meter vom Ziel entfernt, wo er sich mit Scotty und Chekov trifft. Seine beiden Offiziere wollen ihn zum Stapellauf auf *Enterprise B* begleiten. Doch der futuristische Weltraumfallschirm, den man für diese Szene entworfen hatte, führte beinahe zu einem tödlichen Unfall. Die Vorrichtung öffnete sich erst 600 Meter über dem Boden, worauf Shatners Stunt-Double eine recht unsanfte Landung hinlegte. Glücklicherweise überlebte der Mann den Sturz, doch die Aufnahmen sahen sehr gefährlich aus, und anschließend wollte es niemand noch einmal versuchen.

Eine weitere Änderung betraf Kirks Todesszene. In der zuerst gedrehten Version trifft Soran ihn mit dem Phaser in den Rücken. Kirk kämpft verzweifelt gegen den Schmerz an, bis er zu Boden geht. Bevor er in Picards Armen stirbt, sagt er nur noch: »Es hat Spaß gemacht.« Das Testpublikum war jedoch sehr unzufrieden mit diesem unehrenhaften Ende, so daß die Szene umgeschrieben und im September nachgedreht wurde.

In der neuen Version wird Kirk auf dramatischere Weise

von einer Lautplanke erschlagen und stirbt in Picards Armen einen langsameren Tod. Als Shatner hörte, daß man die Todesszene neu drehen wollte, hoffte er, daß man das Drehbuch so geändert hatte, daß Kirk in einem späteren Film wieder zum Leben erweckt werden konnte. Der Produzent Rick Berman verriet Shatner nichts über die neue Fassung, so daß er ins Valley of Fire zurückkehrte, ohne zu wissen, was ihn erwartete. Bedauerlicherweise war keine Wiedererweckung geplant, so daß Shatner noch einmal sterben mußte, diesmal jedoch mit etwas mehr Würde.

Obwohl niemand ihm seine emotionalen Verletzungen abnehmen konnte, übernahmen Stuntmen die meisten seiner körperlichen Risiken. Dennoch waren einige Szenen, die Shatner in diesem Film hatte, recht anstrengend für ihn. Die Sequenz, in der Kirk eine Bergwand hinaufklettert, um zu Sorans Steueranlage zu gelangen, erwies sich für den Schauspieler als die gefährlichste.

»Es gab viel lockeres Gestein«, erinnert er sich, »und der Mann von der Sicherheit sagte, es sei zu gefährlich. Aber wir überstimmten ihn. Das Gestein war wirklich locker. Es kam darauf an, den richtigen Stein zu packen. Wer weiß, was geschehen wäre, wenn er sich gelöst hätte? Für mich ist es nicht so wichtig, meine Stunts selber zu machen, aber das Publikum ist inzwischen so gut mit Kameratricks und Stuntmen vertraut, daß der Regisseur seine Schauspieler einfach gelegentlich in gefährliche Situationen bringen muß.«

Wieder einmal fanden die Dreharbeiten in abgelegenen Wüstenregionen statt, die der Mojave-Wüste glichen, wo es zu Shatners UFO-Begegnung gekommen war. Er beschrieb diesen Außendreh als schreckliche Erfahrung, als ›wahren Alptraum‹, und beklagte sich darüber, daß die Wüste ihm sämtliche Energie entzog. Das Problem mag zum Teil darauf zurückzuführen sein, daß er eine ›Unterleibsbinde‹ oder einen ›Hüftgurt‹ trug, wie man im Filmgeschäft sagt. Auf jeden Fall war er heilfroh, die Gegend verlassen zu können, nachdem seine Szenen endlich abgedreht waren.

Viacom, die Paramount inzwischen von Gulf + Western übernommen hatte, legte das Budget für *Generations* auf 25 Millionen Dollar fest und plante 50 Drehtage ein. Es dürfte kaum überraschen, daß schließlich 120 Drehtage für die Fertigstellung nötig waren und das Budget um 10 Millionen Dollar überschritten wurde. Industrial Light & Magic wollte acht Millionen Dollar für die Spezialeffekte, und Shatners Gage belief sich auf weitere sechs Millionen Dollar. Das war nicht nur mehr, als Stewart erhalten hatte, sondern führte auch dazu, daß den Stammschauspielern nur die Hälfte des ursprünglich angebotenen Honorars ausgezahlt wurde. Der letzte schwere Schlag erfolgte, als Kirks Tod nachgedreht werden mußte, was noch einmal fünf Millionen Dollar kostete.

Der Film startete im November 1994 in 2200 Kinos. Er fiel wieder unter den sogenannten *Star Trek*-Fluch, nach dem Filme mit ungeraden Zahlen schlechter abschneiden als die mit geraden Zahlen. Dieser Fluch wurde durch unsere Umfrage bestätigt, in der *Star Trek II, IV* und *VI* die besten Bewertungen erhielten, während die Teile *I, III* und *V* auf den hinteren Plätzen landeten. Doch trotz des Fluchs und der mäßigen Kritiken waren die ersten Einspielergebnisse des siebenten *Star Trek*-Films immerhin so ermutigend, daß für eine völlig neue Generation von *Star Trek*-Schauspielern die Fortsetzung ihrer Abenteuer auf der großen Leinwand gesichert war.

10
Sex, Aliens und Seitensprünge

Jede große Tat ist ein sexueller Akt.
– William Shatners Lebensmotto

In der *Star Trek*-Folge ›Amok Time‹, einer von Shatners Lieb-
lingsepisoden, wird Spock von einem unkontrollierbaren
Paarungstrieb ergriffen, worauf die *Enterprise* seinen Heimat-
planeten anfliegen muß, damit er sich dort austoben kann.
Obwohl der Sexualtrieb eines Vulkaniers nur alle sieben Jahre
durchbricht, sorgte Shatner dafür, daß Leonard Nimoy ihn
niemals vergaß. Auf Partys und Conventions war es für Shatner immer wieder ein großer Spaß, Nimoys Verkörperung
des geilen Vulkaniers nachzuahmen. Er glaubt, daß wir alle
etwas daraus lernen können, wenn ein intellektueller Geist
von primitiven Instinkten überwältigt wird.

Shatner ist selbst das beste Beispiel für einen Menschen,
der sämtliche geistigen Schranken durchbricht und seiner
Leidenschaft folgt, ganz gleich, wohin sie ihn führt. Er hat
sein Leben einmal als ›einen einzigen egoistischen Adrenalin-
rausch‹ beschrieben, obwohl oftmals auch andere Hormone
beteiligt waren.

Er hat dieses Gefühl mit dem Bogenschießen verglichen.
»Was könnte sexueller als das Bogenschießen mit seiner Phal-
lussymbolik sein?« erzählte er den zwei Autorinnen seiner
Biographie. »Der Pfeil und der Bogen, straff gespannt, voller
Kraft, die sich für den Schuß sammelt, und dann die Befrei-
ung – wie eine Ejakulation, die den Pfeil davonschnellen läßt,
um sich in das Ziel zu bohren. Der Pfeil schießt empor, in ho-
hem Bogen, und trifft genau ins Schwarze. Ich meine, das ist
genauso wie der Geschlechtsakt.«

Shatner hat zugegeben, daß er Träume und Visionen hat,
in denen er sich ›mit einem großen Publikum vereinigt, das

zu meiner Geliebten wird und ich zu ihrem Liebhaber‹. Er glaubt, daß ein besonderer Rhythmus zwischen Bühne und Publikum entstehen kann, der zu einer sexuellen Erfüllung findet, die von allen Anwesenden geteilt wird.

Die Fans spüren Shatners Lebenslust und seinen kräftigen Sexualtrieb. Die Schauspielerin Mimi Rogers beschrieb dieses Gefühl in der *Tonight Show*, als sie Jay Leno erzählte: »Ich habe James T. Kirk immer geliebt. Er besitzt eine zügellose Leidenschaft. Es gefiel mir sehr, wenn er ein Schäferstündchen hatte.«

Captain Kirk hatte tatsächlich viel mehr Schäferstündchen als irgendeine andere Science Fiction-Figur im Fernsehen. Die romantischen Eroberungen des Captains umfassen ein Dutzend außerirdischer Spezies und mehrere kurvenreiche Androidinnen. In fast jeder Folge war zu sehen, wie Kirk mit irgendeiner Außerirdischen flirtete oder auf Tuchfühlung ging. Oft wurde Kirk auf einen primitiven Planeten heruntergebeamt, wo er einem naiven Dorfmädchen beibrachte, was Liebe ist. Shatner witzelte oft über die Herausforderung, bei weiblichen Aliens die erogenen Zonen zu finden.

»Kirks Erfolg bei den Frauen ist geradezu unheimlich«, sagte er zu einem Reporter. »Es ist ein Wunder, wie gut er mit Frauen aus dem gesamten Universum zurechtkam, vor allem mit außerirdischen Frauen und den verschiedenen Techniken, die sie erforderten. Er hat ja nicht gerade seine dienstfreien Stunden damit verbracht, Bücher über das Liebesleben der Aliens zu lesen.«

Natürlich war es Shatners eigene Sinnlichkeit, die diese Szenen so glaubwürdig machte. Die Autorinnen seiner offiziellen Biographie, Sondra Marshak und Myrna Culbreath, entnahmen den gesammelten Fanbriefen, daß Millionen Zuschauer von Shatners Hintern fasziniert waren, vor allem davon, ›wie er ihn zuerst hochreckt, wenn er nach einem Kampf aufsteht‹. Shatner erwiderte darauf, er hätte schon immer gewußt, daß ihm seine Rolle nicht am Arsch vorbeiging.

Shatner zeigte in vielen Folgen nicht nur seinen Hintern, sondern entblößte auch seinen Oberkörper, um seinen erotischen Charme voll auszuspielen. Kirk verliebt sich in ›Elaan of Troyius‹ unsterblich in eine Kriegerbraut, die unter einem Heiratsversprechen ohne Liebe steht, und er wird zum Gott ausgerufen, nachdem er in ›The Paradies Syndrome‹ die Hohepriesterin geheiratet hat.

In ›Wink of an Eye‹ besucht Kirk einen Planeten, der von einer Spezies mit einem extrem beschleunigten Stoffwechsel bewohnt wird. Die humanoiden Aliens sind für die Besucher unsichtbar, bis diese vom Wasser des Planeten trinken. Eine der Frauen schleicht sich in Kirks Zimmer, um ihn zu töten, doch der Captain entwaffnet sie mit einem leidenschaftlichen Kuß. Nach der Abblende sitzt Kirk auf der Bettkante und zieht sich die Stiefel an, während die Frau sich das Haar kämmt.

In einer *Star Trek*-Spezialausgabe von *Entertainment Weekly* kalauerte der Autor Bob Cannon, daß Kirks Erfolg auf seine charmanten Sprüche zurückzuführen sei, unter denen sich Perlen wie die folgenden finden: »Du hast die meisten Augen, die ich jemals gesehen habe!« oder »Was macht ein so nettes Energiemuster wie du in einem solchen Quadranten?« oder »Du verstehst es wirklich, meinen Traktorstrahl zu aktivieren!«

Als Kirk in *Star Trek II* plötzlich ein unehelicher Sohn beschert wurde, hatten die Trekker kein Problem damit, dies zu akzeptieren. »Jeder weiß, daß Kirk kein Kind von Traurigkeit war«, bemerkte der Regisseur Nicholas Meyer dazu. »Also dürfte es niemanden überraschen, daß er ein uneheliches Kind hat.«

Die *Enterprise* selbst wirkt auffällig weiblich. Im schwerelosen All beherbergt sie 400 Besatzungsmitglieder in ihrer symbolischen Gebärmutter, die durch gigantische Eileiter mit einer mysteriösen Antimaterie-Energiequelle verbunden ist. Sie ist Kirks wahre Liebe, die einzige Geliebte, der er treu bleibt, für die er jeder dauerhaften und befriedigenden Beziehung entsagt. Die Untreue gegenüber seinem Schiff ist es, die die Liebesaffären des Captains so skandalös – und so interessant – macht.

Der erste Kuß in der Fernsehgeschichte, der zwischen Schwarz und Weiß ausgetauscht wurde, fand in der Episode ›Plato's Stepchildren‹ zwischen Kirk und Uhura statt. Einige Kritiker haben angemerkt, daß die sexuelle Thematik dieser Folge geradezu überwältigend sei. Nachdem die *Enterprise* einen Notruf empfängt, wird der Landetrupp von den Platoniern versklavt und erniedrigt, einer Rasse, die über unglaubliche telekinetische Fähigkeiten verfügt.

Der berüchtigte Kuß sollte ursprünglich zwischen Spock und Uhura stattfinden, doch nach Auskunft von Nichelle Nichols wurde die Szene umgeschrieben, als Shatner nur einen Blick in das Drehbuch warf und den Regisseur David Alexander anschrie: »Nein, so geht das nicht! Wenn irgend jemand am ersten Kuß der Fernsehgeschichte zwischen Schwarz und Weiß beteiligt ist, dann werde ich es sein!«

In der Szene werden die beiden durch eine außerirdische Macht zur Umarmung gezwungen, und Shatner sagte dazu, daß die eigentliche Kontroverse gar nicht den Kuß als solchen betraf, sondern die Frage, wie weit die Aliens mit ihrer Beeinflussung gehen würden. Sowohl Uhura als auch Kirk waren erschrocken, weil keiner von ihnen verhindern konnte, was sie sich gegenseitig antaten. Für Shatner ging es in dieser Szene gar nicht um eine Beziehung zwischen verschiedenen Rassen, sondern um die schreckliche Erfahrung, daß tierische Leidenschaften unsere Vernunft überwältigen.

Kirks Beziehung zu Uhura ging sogar noch über diesen einen Kuß hinaus. In einer Kurzgeschichtenserie, die von Fans geschrieben und im langjährigen Magazin *Delta Triad* veröffentlicht wurde, beschränkten sich die Abenteuer des Captains mit seinem Kommunikationsoffizier nicht nur auf die Dienststunden. Es entstand sogar ein florierender Untergrundmarkt für Kirk-Pornos, die auf *Star Trek*-Conventions verkauft wurden, darunter nicht jugendfreie Videos, Hörspiele und Romane, die in Regionen vordrangen, in die sich nie ein Drehbuchautor zuvor gewagt hatte. Die Möglichkeiten sind grenzenlos. Shatner meinte selbst einmal, es wäre ein großer Spaß, einen nicht jugendfreien *Star Trek*-Film zu drehen.

Also gehen Captain Kirks Affären mit Besatzungsmitgliedern und Aliens auch dann weiter, wenn die Kamera nicht läuft. Über einhundert Taschenbuchromane, von denen die letzten zwei Dutzend Bestseller sind, setzen die romantischen Abenteuer von Captain Kirk fort. Durch die Romane sind Kirks Eroberungen in der Tat zur Legende geworden, während sie nun die Fantasie vieler zeitgenössischer Leser anregen.

Der swingende Dentist von Kalifornien

Theater- und Filmkritiker scheinen seit dem Beginn von Shatners Karriere große Schwierigkeiten gehabt zu haben, sich über seine schauspielerischen Fähigkeiten einig zu werden. Einige zögerten nicht, ihn wegen seiner einzigartigen Bühnenpräsenz und seines stakkatohaften Sprechstils mit Lob zu überschütten, während andere darin nicht mehr sahen als die Mätzchen eines selbstsüchtigen Angebers.

Ein spezieller Filmkritiker war sogar in solchem Maße von Shatners Mangel an Talent überzeugt, daß er ihn nicht einmal als Schauspieler bezeichnen wollte. Doch auch er erkannte Shatners zügellose Sexualität, die in vielen seiner Rollen dicht unter der Oberfläche brodelte.

David Denby, der Filmrezensent des Magazins *New York*, sorgte für einige Verwirrung, als er Shatner als ›that swinging California dentist‹, ›den swingenden Dentisten von Kalifornien‹ bezeichnete. Viele irritierte Fans sprachen plötzlich von Shatners angeblicher Vergangenheit im Zahnarztberuf, und mehrere Untergrundcomics und Fanzines griffen das Thema auf. Eines der unterhaltsameren Beispiele ist

Erin Lales im Selbstverlag erschienene Serie mit dem Titel *The Adventures of Dames T. Dork of the USS Dentrifice* (›Die Abenteuer des Dames T. Dork von der USS Zahnpasta‹).

Denby hatte noch nie viel von Shatners Verkörperung des Kirk in der Fernsehserie gehalten und auch seine meisten anderen Auftritte verrissen. Doch als Captain Kirk den Sprung auf die große Leinwand schaffte, war dies einfach zuviel für den intellektuellen New Yorker. Und in seine Verachtung bezog er schließlich die gesamte *Star Trek*-Besetzung mit ein.

›Diese faszinierende Darstellergruppe ist zurückgekehrt, jeder einzelne‹, schrieb er über *Star Trek II*. »William Shatner ist Kirk – in seiner knappen Weltraumjacke wirkt er mehr denn je wie ein swingender Dentist aus Kalifornien. Amerikas geliebte Darsteller Nimoy und Kelley werfen sich beleidigte Blicke zu, wie Kellnerinnen, die um die Gunst eines spendierfreudigen Gastes rivalisieren, und Shatner ist nicht ganz so hölzern wie beim letzten Mal, doch keiner der anderen tut irgend etwas. Warum sollten sie auch? Sie sind schließlich ohne jede schauspielerische Leistung berühmt geworden.«

Denby entdeckte die gleichen trivialen Untertöne in *Star Trek IV*: ›Nimoy und Kelley sind auf höchst amüsante Weise schnippisch. Sie scheinen zwei alternde Schwule zu spielen, die sich auf einer Party gegenseitig angiften, während sie um die Aufmerksamkeit von William Shatner buhlen. Vielleicht ist *Star Trek* doch nicht so spießig.«

Denbys Meinung über Shatner als Regisseur von *Star Trek V* war keinesfalls besser als seine Meinung über ihn als Schauspieler. ›William Shatner, der muskulöse Dentist, den es auf unerklärliche Weise in die Schauspielerei verschlagen hat‹, schrieb er, ›ist nun auf ebenso rätselhafte Weise ins Regiefach gelangt, und obwohl er sich auf göttlichen Segen beruft, vermasselt er den Höhepunkt eines ansonsten liebenswürdigen Films.‹

Ein muskulöser Dentist aus Kalifornien, der gerne swingt? Dieses Bild hat inzwischen ein Eigenleben entwickelt. Doch für einige Fans ergab sich bald ein noch bestürzenderes Bild.

Sind die Gerüchte über den Captain wahr?

Kirk und Spock machten Landurlaub auf einem Planeten, dessen Bewohner die Fähigkeit besitzen, jeden Wunsch wahr werden zu lassen. Es stellt sich heraus, daß die zwei Förderationsoffiziere dieselbe Wunschfantasie hegen und aus diesem Grund ihre geheimsten Wünsche schließlich gemeinsam ausleben.

›Kirk lächelte zuversichtlich, und ohne ein weiteres Wort nahm er Spock liebevoll in die Arme. Spock erstarrte unwillkürlich, doch dann erkannte er, daß es ja seine ureigene Fantasie war, die ihm hier erfüllt wurde. Er entspannte sich in den warmen, starken und irgendwie vertrauten Armen.‹

Als sie erkennen, daß ihre Fantasien real sind, kehren Kirk und Spock auf die *Enterprise* zurück und versprechen, erst dann über die Ereignisse zu sprechen, wenn sie sich beruhigt haben und ›wieder klar denken können‹.

Diese Szene stammt aus der Kurzgeschichte von A Wish Come True‹ (›Die Enthüllung eines Wunsches‹) von Caren Parnes, die 1985 in einem Fanzine namens *T'Hy'La* erschien. Es ist nur eine von Dutzenden selbst veröffentlichter und vervielfältigter Fanstories, die sich mit schwulen Beziehungen an Bord von Föderationsraumschiffen befassen. Weitere beliebte Fanzines, die sich dieses Themas angenommen haben, sind zum Beispiel *Nome, Blake's 7* oder *Warped Space*.

Die meisten der homoerotischen Geschichten schildern eine Liebesaffäre zwischen dem Captain der *Enterprise* und seinem Wissenschaftsoffizier. *As I Do Thee* (›...so ich dir‹), eine von 1986 bis 1991 vierteljährlich erscheinende Anthologie, enthielt ausschließlich Kurzgeschichten und Gedichte über die schwule Beziehung zwischen Kirk und Spock, und eine weitere Reihe mit neunzehn Romanen über dasselbe Thema wird heute noch auf von Fans veranstalteten *Trek*-Conventions verkauft. Unter Insidern wird solches Material als ›K/S‹ oder einfach als ›slash books‹ bezeichnet.

Viele der Geschichten beginnen damit, wie Spock in die Verwirrung des ›Pon Farr‹ gerät, der alle sieben Jahre auftretenden Paarungsphase, in der ein Vulkanier einen Sexualpartner finden muß, wenn er nicht sterben will. Um seinen geschätzten Freund zu retten, wagt sich Kirk dorthin, wohin nur wenige Männer zuvor gegangen sind, nämlich in den Bereich der Bisexualität. Ein zwölfhundert Seiten umfassender Roman mit dem Titel *Courts of Honor* (›Ehrengericht‹ oder auch ›Ehrenvolle Umarmung‹) behandelt die Beziehung der beiden Männer, nachdem das Pon Farr vorbei ist. Spock ist nicht mehr an Sex interessiert, doch Kirk kann seine Sehnsucht kaum noch bezähmen. In der Kurzgeschichte ›Divorce, Vulcan Style‹ (›Scheidung auf Vulkanisch‹) von Mary Susskind Lansing trennen sich Kirk und Spock, weil ihre sexuelle Beziehung in Konflikt mit ihren Pflichten gerät. Doch Kirk schaffte es jedesmal, zur Phase des Pon Farr nach Vulkan zurückzukehren.

Alle diese Geschichten gehen von derselben Grundvoraussetzung aus, daß es nämlich im dreiundzwanzigsten Jahrhundert keinerlei Vorurteile gegen bestimmte sexuelle Vorlieben mehr gibt.

Dieses Vorurteil ist jedoch im zwanzigsten Jahrhundert noch nicht überwunden. Der Verlag Pocket Books mußte den professionellen *Star Trek*-Roman *Killing Time* (dt. Titel: *Zeit zu töten*) von Della von Hise zurückziehen, weil bekannt wurde, daß er Anspielung auf eine sexuelle Beziehung zwischen Kirk und Spock enthielt. In der überarbeiteten Fassung fehlten die anstößigen Passagen.

Doch die Frage ›Haben Kirk und Spock eine Beziehung?‹ wird immer wieder in America Online (AOL) und auf *Star Trek*–Foren diskutiert. ›Hier könnt ihr das aussprechen, worüber schon seit Jahren geflüstert wird‹, heizt ein beliebtes Forum die Gerüchteküche im Cyberspace an.

Gene Roddenberry gab zu, daß er Kirk und Spock als zwei Hälften anlegte, die erst zusammen ein Ganzes ergeben, und er erkannte das Potential dieser Figuren zur körperlichen Liebe. Er war der Ansicht, daß einige der homoerotischen Gedichte und Stories über Kirk und Spock wirklich gut geschrieben waren. Einmal witzelte er sogar, daß es in *Star Trek* nicht nur zum ersten Kuß zwischen Schwarz und Weiß, sondern auch zwischen gleichgeschlechtlichen Partnern hätte kommen können.

Vielleicht war es auch nur Kirks unersättliche Leidenschaft für Aliens oder die Seefahrerromantik à la Horatio Hornblower an Bord der *Enterprise*, die den Nährboden für diese skandalöse Affäre bildete. Oder es war Shatners kitschige Darstellung seiner femininen Seite, in der der Ursprung dieser Geschichten zu suchen ist.

»Ich bin zu einer sehr breiten Palette sexueller Fantasien fähig«, gestand Shatner in einer früheren Biographie. »Für mich gibt es keine Liste von Dingen, die normal oder anomal oder sonst was sind. Ich habe gewisse Richtlinien, aber für mich gibt es keine verbotenen Bereiche in der Fantasie. Keine Tabus.«

Es wurde spekuliert, wie weit Shatners ›Tabulosigkeit‹ im einzelnen ging. Ein hartnäckiges (und falsches) Gerücht besagt, Shatner habe in einem Männer-Varieté in San Francisco gearbeitet, wo er von Roddenberry entdeckt worden sei. Andererseits ist Ron Asheton, der Gitarrist der ersten Band von Iggy Pop, davon überzeugt, daß Shatner sich ihm an einem Abend im Sommer 1975 mit eindeutigen Absichten genähert habe.

»Als ich damals nach L. A. zog«, erinnerte sich Asheton, »wohnte ich zuerst im Hyatt House. Ich bin jeden Abend in die Bar gegangen, um etwas zu trinken und mir die verrückte Jazzband anzuhören. Eines Abends war auch William Shatner da, und er war ziemlich besoffen. Ich wollte mit ihm reden, aber er sah mich nur an, als wollte er mich aufreißen oder so. Es war total verrückt. Er wollte, daß ich mich zu ihm setzte, und dann fing er an, mich zu betatschen. Ich dachte nur: ›Nee, Captain Kirk kann doch kein Schwuler sein!‹ Ich war ziemlich durcheinander. Wenn ich betrunken gewesen wäre, hätte ich vielleicht sogar abgewartet, was passieren würde. Aber es kam niemals dazu, daß er mich durch ganz Hollywood jagte, wie einige Leute behauptet haben.«

In einem Interview mit dem *Playboy* wurde Shatner an die berüchtigte Szene aus ›Turnabout Intruder‹ erinnert, in der er eine Frau spielte, die in Kirks Körper gefangen war. Von dieser Darstellung waren viele seiner Fans schockiert. Er hat zugegeben, daß es eine seiner Lieblingsrollen war, doch als man ihn fragte, mit welcher Frau er am liebsten den Körper tauschen wollte, weigerte Shatner sich, einen Namen zu nennen.

»Ich bin so zufrieden damit, ein Mann zu sein«, sagte der Star, »daß ich das Schaukeln meiner Eier vermissen würde.«

So sehen es auch viele seiner Fans. Ganz gleich, wie weit die Palette seiner sexuellen Fantasien sein mag, Shatner ist auf jeden Fall ein Frauentyp.

Shatner begegnete seiner ersten Frau Gloria Rosenberg im Januar 1956, als er mit der Broadway-Produktion von *Tamburlaine the Great* nach New York reiste. Die hübsche vierundzwanzigjährige Frau hatte hohe Wangenknochen, große Augen und weizenblondes Haar. Für den fünfundzwanzigjährigen Shatner war es Liebe auf den ersten Blick.

Obwohl Gloria sehr talentiert war, hatte sie große Schwierigkeiten, als Schauspielerin Arbeit zu finden, so daß Shatner sie in einem Stück unterbrachte, das er für das kanadische Fernsehen inszenierte. Später half er ihr, beim Stratford Shakespearschen Festival Fuß zu fassen, nachdem sie schon in den vergangenen vier Jahren versucht hatte, dort eine feste Rolle zu bekommen.

Dann machte er ihr im Mai 1956 einen Heiratsantrag. Sie wurden am 12. August getraut und verbrachten die Flitterwochen in Edinburgh in Schottland, wo Shatner gleichzeitig in *Henry V.* auftrat. Anschließend unternahmen die zwei Turteltauben eine romantische Reise nach London und Paris. Nach ihrer Rückkehr ins heimatliche Kanada zog Shatner mit seiner neuen Frau bald nach New York City, wo seine Karriere mit Auftritten in Liveproduktionen des frühen Fernsehens begann.

Im Verlauf der nächsten acht Jahre wurden ihre drei Töchter geboren. Als Shatner für *Star Trek* engagiert wurde, zogen sie nach Los Angeles und kauften sich schließlich ein Haus in Cheviot Hills, einer piekfeinen Gegend von Los Angeles.

Shatner versuchte ein guter Vater und Ernährer für seine Familie zu sein, doch die Verpflichtungen und Versuchungen Hollywoods waren zahlreich. Meistens machte er sich auf den Weg zum Studio, bevor seine Mädchen aufwachten, und kehrte heim, wenn sie schon wieder schliefen.

»Es ärgert mich«, gestand er während seines Scheidungsprozesses, »daß ich über viele Jahre hinweg Leslie, Lisabeth und Melanie nicht so viel Zeit widmen konnte, wie es für die meisten Väter möglich ist. Ich denke oft darüber nach, und ich bin mir meiner Schuld bewußt. Ein großer Prozentsatz der Väter in meinem Alter befindet sich auf dem Höhepunkt ihrer Vitalität und Arbeitskraft, und die zeitlichen Anforderungen sind in dieser Phase ihres Lebens am größten. Unglücklicherweise brauchen Kinder ihren Vater genau zu dieser Zeit am meisten. Aber so ist es nun einmal.«

Shatner sorgte dafür, daß die Zeit, die er mit seinen Töchtern verbringen konnte, zu einer ganz besonderen Zeit wurde. Er war völlig offen, wenn er auf ihre Fragen nach Gott, nach Gut und Böse, Vietnam und den Atomkrieg antwortete, und nutzte Ausflüge in den Zoo, um sie sexuell aufzuklären. Doch das Wichtigste war, daß er ihnen zu vermitteln versuchte, völlig offen mit den eigenen Gefühlen umzugehen.

»Ich möchte, daß sie jede kleine Freude und jeden kleinen

Schmerz ausdrücken«, sagte er zu Reportern. »Ich habe ihnen ganz bewußt meine Liebe und Zuneigung völlig offen gezeigt – um ihnen jedes Gefühl zu zeigen, ob es Sorge, Liebe oder Angst oder was auch immer ist –, damit sie selbst all dies offen zeigen können, damit sie sich ausdrücken können und nicht ihre Gefühle verstecken, wie es die meisten von uns tun.«

Shatner selbst machte tatsächlich niemals einen Hehl aus seinen eigenen Gefühlen. Der gutaussehende Hauptdarsteller verbrachte immer weniger Zeit zu Hause. Nachdem das Ehepaar sich im Jahr 1967 mehrere Male getrennt hatte, reichte sie im Juni 1968 die Scheidung ein.

David Ross, einer von Shatners engsten Freunden, erinnerte sich, wie Shatner sich während seiner letzten Monate mit Gloria fühlte.

»Als Shatner zum ersten Mal in Scheidung lebte«, erzählte mir Ross, »hatte er diese kleine Mietwohnung am Mulholland Drive. Dort saßen wir oft zusammen und sprachen darüber, was wir aus unserem Leben machen wollten. Wir wollten unbedingt die Welt umsegeln und auf Tahiti leben. Wir wollten nur so viel verdienen, wie wir für ein bequemes Leben brauchten. Wenn es ein Rollenangebot gab, wollten wir es annehmen, und wenn nicht, war es auch egal. Wenn die Serie gut lief, konnte man genug ansparen, um davon leben zu können. Am Wochenende kamen ein paar Freunde, und manchmal fuhren wir mit seinem Camper irgendwohin. Doch meistens erkannte ihn natürlich irgend jemand, so daß wir uns wieder verziehen mußten.

In dieser schweren Zeit war er eigentlich nie richtig deprimiert, aber wenn wir ihn manchmal in seinem Haus besuchten, wußten wir, daß es nicht gerade zum Besten stand. Doch man konnte sich immer darauf verlassen, daß etwas los war, wenn man ihn besuchte. Er hat ständig herumgealbert. Wir haben uns getroffen, und schließlich hat er wieder ein Mädchen, eine feste Beziehung gefunden.«

Sex im Studio

Es gab hübsche Mädchen im *Star Trek*-Studio, und sie waren meistens in Bill Theiss' sehr offenherzige Kreationen gekleidet. Also gab es reichlich sexuelle Spannungen, und gelegentlich wurde eine reizende junge Dame zum Zankapfel zwischen William Shatner und Leonard Nimoy.

»Leonard war wesentlich puritanischer«, erzählte mir der *Trek*-Schauspieler David Ross. »Er war eher ein Intellektueller. Man hat nie gesehen, wie er lächelte oder versuchte, sich an ein wirklich gutaussehendes Mädchen ranzumachen, das vielleicht als Statistin oder so in der Serie auftrat. Ich meine, man hat es bei ihm nie sehen können. Wenn ein Mädchen sich mit jemandem einließ, dann war es in neun von zehn Fällen Shatner. Genauso ist es noch heute. Bill hat das besondere Etwas. Er verstand es, nett und unwiderstehlich zu sein. Wenn es zwischen Shatner und Nimoy einmal zum Streit um eine Frau kam, dann ging es immer um eine Frau, die über Nimoy an Shatner heranzukommen versuchte. Shatner war der Star, und er sah besser aus. Und Leonard wußte das.«

Trotz allem war Shatner sehr wählerisch, wenn es um Frauen ging. Er hatte eine recht klare Wunschliste. Er gab zu, daß er bei einer Frau zuerst darauf sah, wie attraktiv sie war. Meistens zog er langhaarige Mädchen mit Idealfigur und den Idealmaßen 90–60–90 vor. Als er gefragt wurde, wer seiner Ansicht nach einem Traumkörper besaß, entgegnete Shatner: »Zum Beispiel Melanie Griffith!«

Als nächstes suchte er nach dem ›besonderen Etwas‹, nach einer Art magnetischer Anziehungskraft. Er suchte nach Frauen, die ›echt‹ waren, die keine Rolle spielten und auch nicht kokettierten. Er glaubte daran, daß Sex ein ›Fest für unser tiefstes Sein‹ sei.

Der letzte Punkt auf Shatners Liste war die Persönlichkeit – er mochte intelligente, aber selbstlose Frauen. Wenn eine Frau alle seiner drei Bedingungen erfüllte, fühlte er sich unwiderstehlich von ihr angezogen. Natürlich hatte er keine Hemmungen, einige seiner Anforderungen publik zu machen.

»Ich bin eindeutig für den weiblichen Trend zu langen Haaren«, sagte er 1968 einem Reporter. »Eine der Herrlichkeiten einer Frau ist langes, üppiges Haar, ob es nun frei herabfließt oder zu Zöpfen geflochten ist. Ein Mädchen, das besonders gut gebaut ist, sollte unbedingt einen Minirock tragen – vorausgesetzt, sie hat die richtigen Beine dazu. Wenn nicht, sollte sie lieber Kleidung tragen, die ihre Mängel überspielt, statt sie für jeden sichtbar zu präsentieren.«

Shatner sexuelle Gelüste wurden im Laufe der Jahre immer ungehemmter. Wenn er im lockeren moralischen Klima von Hollywood etwas entdeckte, das ihm gefiel, machte er sich sofort auf die Jagd. Sein Ruf als Frauenheld zog immer weitere Kreise. Das Telefon in seinem Büro im Studio stand selten still, weil ständig Verehrerinnen anriefen.

»Wenn Shatner beim Außendreh war«, offenbarte Ross, »sah man jede Nacht seinen Wohnwagen schaukeln.«

Nach der Einstellung von *Star Trek* stand Shatner völlig allein da, sowohl in beruflicher als auch in persönlicher Hinsicht. Er verbrachte die Sommer an der Ostküste, wo er in Repertoiretheatern auftrat, und arbeitete den Rest des Jahres in jeder Fernsehproduktion und in jedem Kinofilm, der ihm angeboten wurde.

Gewagte Szenen waren in Shatners Filmen aus den siebziger Jahren geradezu obligatorisch. Die Kritiker waren einhellig der Meinung, daß sein Tiefpunkt die Rolle eines Kinderschänders in *Want a Ride, Little Girl?* (1974) war, doch von seinen drei Nacktszenen mit Angie Dickinson in *Big Bad Mama* (1974) war Shatner selbst begeistert. Dort spielt er das Mitglied einer Bankräubertruppe in der Depressionszeit, die von einer attraktiven Witwe und ihren schwachsinnigen Töchtern angeführt wurde.

»Als ich aus der Maske zum Set kam«, berichtete Shatner dem *Playboy*, »trug ich noch meine Unterhosen unter meinem Kimono. Angie war bereits da und lag in ihrem Morgenmantel auf dem Bett. Ich zog mir verlegen die Sandalen aus, dann meinen Slip, während ich mich immer noch unter meinem Kimono versteckte. Da bemerkte ich, daß sich Angies Morgenmantel ein wenig geöffnet hatte, und ich sah, daß sie nichts darunter trug. Darauf sagte der Regieassistent: ›Also gut, nur die wichtigen Leute bleiben. Alle anderen, die nicht gebraucht werden, gehen jetzt!‹ Alles bewegte sich auf die Tür zu, als Angie dann zu mir sagte: ›Ach, Bill, Bob macht mein Makeup. Hast du was dagegen, wenn er bleibt?‹ Ich sagte: ›Nein, kein Problem.‹ Sie sagte: ›Bob, du kannst bleiben. Ach, George, du auch. Und Dick! Fred ...‹ Nach und nach kamen alle wieder zurück, als sie ihre Freunde rief, an die sie sich während der ersten zwei Drehwochen gewöhnt hatte.«

Bis zum heutigen Tag spricht Shatner gern über seine Nacktszenen mit Anne Francis während der Theateraufführung von *Remote Asylum* im Jahre 1971. In diesem Stück geht es um die Leiden eines katholischen Homosexuellen, der mit zwei anderen Homosexuellen in einer Villa in Acapulco wohnt. Shatner spielte einen Tennisspieler und Gigolo, der sich ebenfalls häuslich in dieser Villa eingerichtet hat. Er hat eine leidenschaftliche Affäre mit einer berühmten Filmschauspielerin, die von Anne Francis dargestellt wurde.

»Ich sollte einen Orgasmus erreichen«, erinnerte er sich, »und das im Ahmanson Theater in Los Angeles, vor 2200 Zuschauern, jeden Abend, sechs Wochen lang. Das war hart. Denn wieviel will man preisgeben? Schreit man, oder läßt man es bleiben?«

Im Sommer 1977 spielte er an der Seite von Yvette Mimieux im Bergen Mall Playhouse in Paramus im Staat New Jersey. Es gab viel Gerüchte über ihre Beziehung, und die Reporter bemühten sich, sämtliche pikanten Details in Erfahrung zu bringen. Shatner hat nur zugegeben, daß sie gelegentlich versuchten, gemeinsam ihre Anspannung abzubauen. Und zwar verabreichte er ihr Rückenmassagen, nachdem sie ihn ›hypnotisiert‹ hatte.

Im den späten siebziger Jahren machte Shatner außerdem

eine Phase durch, in der er von Rockmusikern wie David Bowie, den Rolling Stones, Elton John und Neil Diamond schwärmte. Er sah sich selbst sogar als Rockstar, nachdem er 1977 sein Album *William Shatner Live!* veröffentlicht hatte. Der Produzent seiner Tournee war Richard Canoff, der früher für die Rockgruppe Flock gearbeitet hatte, und sein Gitarrist war Mark Goldenberg, der Leadgitarrist der Al Steward Group. Ein führendes Rocklabel Hollywoods übernahm die Promotion für das Album, obwohl es niemals großen Anklang beim Publikum fand.

»Es kann einen richtig sexuell erregen«, gestand Shatner, »wenn man den Rhythmus eines Rockstücks hört. Die großen Dinge passieren heutzutage in der Welt der Rockmusik. Rock erweitert den Horizont unserer Möglichkeiten zur Unterhaltung. Rockstars sind Sprengkörper voller Kreativität und Energie, und wir können nur von ihnen lernen.«

Shatners zweite Ehe

»Ich kannte Shatner schon sehr gut, als er sich mit Marcy Lafferty traf«, erzählte mir der Schauspieler David Ross. »Sie hatte jede Menge Humor. Sie baute ihn auf, sie half ihm und war dabei überhaupt nicht nachtragend oder eifersüchtig. Sie machte sich keine Sorgen um Bill, weil sie genau wußte, wer er war.«

Marcy war eine vierundzwanzigjährige Brünette mit langen Haaren und dunklen Augen, die der neununddreißigjährige Schauspieler 1970 bei den Dreharbeiten zu *The Andersonville Trial* kennengelernt hatte. Ihr Vater war Perry Lafferty, ein angesehener Hollywood-Produzent. Die beiden waren schon fast drei Jahre zusammen, als sie am 20. Oktober 1973 im Haus ihres Vaters in Brentwood heirateten.

Die Jungvermählten kauften sich ein Ranchhaus mit zwei Schlafzimmern und einem Badezimmer am McConnell Drive

Nr. 2729 in Hillcrest, einem Bezirk von Los Angeles. Ihr einziger richtiger Luxus war ein Swimmingpool mit Rutsche. 1985 zogen sie in ein Haus mit einem landschaftlich wunderschön gestalteten Garten am Berry Drive Nr. 3674 in Studio City. Von diesem auf einem Berg gelegenen Haus hat man einen atemberaubenden Blick auf Los Angeles. Außerdem erwarben sie ein kleines Haus an der Küste in Malibu.

»Ich kenne nicht viele Ehepaare«, sagte Marcy, »die glücklich verheiratet sind und in der beide Partner ihre Karriere verfolgen. Ich glaube, einer von beiden muß zurückstecken. Wir hatten Kinder aus Bills erster Ehe, um die wir uns kümmern mußten, und er war bereits ein erfolgreicher Star. Es war meine Entscheidung, daß ich den Haushalt übernehme. Wenn ich mir Bills Terminkalender ansehe, kann ich mir überhaupt nicht vorstellen, wie jemand so etwas heil überstehen kann. Das einzige, worum wir uns streiten, ist, daß wir nicht genügend Zeit für uns haben. Doch man ist dankbar für das, was man hat, und man kämpft hartnäckig um die vier Stunden, die wir jeden Sonntag füreinander haben.«

Shatner schaffte es, in einigen seiner Projekte Rollen für Marcy zu finden. Sie hatte einen kleinen Auftritt in *Kingdom of the Spiders* (1977) und spielte eine Navigationsassistentin in *Star Trek: The Motion Picture* (1979). Außerdem war sie in zwei Episoden von *T. J. Hooker* zu sehen.

Doch wie sie sagte, ihr eigentlicher Arbeitsplatz war zu Hause. Nach ihrer Heirat versuchte Shatner zunächst, seine Kinder von Marcy fernzuhalten, doch sie ließ nicht locker und wurde schließlich zu einer wunderbaren Stiefmutter. Später zogen seine drei Töchter in ihr Haus, und Marcy half ihnen, zu kultivierten jungen Frauen heranzuwachsen.

Die älteste Tochter Leslie, Jahrgang 1958, begann eine Karriere als Werbegraphikerin. Am 25. Mai 1991 heiratete sie den Agenten Adam Isaacs während einer in Shatners Haus abgehaltenen Zeremonie. Lisabeth, die 1961 geboren wurde, besuchte das College und arbeitete dann als Model in Los Angeles. 1988 schrieb sie das Buch *Captain's Log*, die Entstehungsgeschichte von *Star Trek V*.

Die jüngste Tochter Melanie, Jahrgang 1964, schloß ein Schauspielstudium an der University of Colorado ab. Sie trat zusammen mit ihrem Vater in mehreren Werbespots für Oldsmobile auf und hatte eine kleine Rolle in *Star Trek V*. Sie spielte eine Verkäuferin in Robert Resnikoffs Film *The First Power* (1990) und war außerdem in Folgen der Fernsehserien *Knots Landing* und *General Hospital* zu sehen. Zeitweise führte sie in Kalifornien ein erfolgreiches Geschäft, das ›Thou Art Jeans‹ hieß.

Sowohl Marcy als auch Bill sind Pferdenarren. Sie züchteten American Saddlebreds und spezielle Reitpferde auf ihrer Ranch in den Ausläufern der Sierra Nevada und später auf Belle Reve, ihrer Ranch in der Nähe von Versailles in Kentucky.

Shatners Liebe zu Pferden reicht bis ins Alter von fünfzehn Jahren zurück, als er mehrere Male in der Woche mit seinem Fahrrad zu einem Reitstall in der Nähe seines Elternhauses in Montreal fuhr, um zu reiten oder den Tieren einfach nur nahe zu sein, indem er in den Ställen arbeitete. Schon als Teenager träumte er davon, eines Tages eine eigene Pferderanch zu besitzen.

Heutzutage verbringt er soviel Zeit wie möglich auf Belle Rêve, was auf französisch ›Schöner Traum‹ heißt. Dort hält er mehr als hundert Pferde. Seine Lieblingstiere sind der preisgekrönte ›Sultan's Great Day‹ und ›Kentucky Dream‹, der Gewinner der National Horse Show von 1986.

Die Shatners züchteten außerdem über viele Jahre Dobermannpinscher und nannten sogar einen ihrer ersten Hunde ›Kirk‹. Drei seiner Dobermänner durften sich frei im Haus bewegen. Stirling, der älteste Rüde, hat sich einmal über einen zehn Kilo schweren Thanskgiving-Truthahn hergemacht, worauf die Shatners ihren zahlreich erschienen Gästen Käse und Kräcker servieren mußten.

Das häusliche Idyll des Ehepaares wurde in mehreren

Fernsehshows vorgestellt, so 1989 in *This Is Your Life*, 1985 und 1986 in *Lifestyle of the Rich and Famous* und 1991 in *Runaway with the Rich and Famous*. Doch schon zu jener Zeit gab es Anzeichen für probleme. Als Robin Leach 1985 mit seiner Sendung *Lifestyle of the Rich and Famous* zu Gast im Haus der Shatners in Los Angeles war, fragte der Moderator den Star, ob er und seine Frau jetzt glücklicher als in der Vergangenheit seien. Shatner hatte große Schwierigkeiten, die richtigen Worte zu finden.

»Wir waren glücklich...«, sagte er und hielt für einige bedeutungsschwangere Sekunden inne. »Wir haben uns gemeinsam durchgekämpft, eine Familie großgezogen, eine Karriere verfolgt und unseren Lebensunterhalt verdient. Die Dinge, die wir gemeinsam aufgebaut haben, und die Arbeit, die dafür nötig war, haben uns glücklich gemacht, so daß es schwer zu sagen ist, ob wir jetzt glücklicher als früher sind – aber heute sind wir nicht weniger glücklich.«

»Ein Ehemann und eine Ehefrau«, erzählte Shatner vor dem Publikum einer britischen *Star Trek*-Convention, »leben im Gleichgewicht zwischen Freude und Zorn, zwischen Sorgenfreiheit und Sorgen. Wie in jeder Beziehung können die positiven oder die negativen Elemente überwiegen. In meiner Ehe gibt es Spannungen, Zorn und Unzufriedenheit. Ein Regisseur oder Schauspieler darf diese Ausgewogenheit nicht haben, doch ein Ehemann kann es sich leisten, zornig zu sein.«

Marcy verließ Bill 1987 mitten in der Feier zu seinem 56. Geburtstag, nachdem sie erfuhr, daß er eine Affäre hatte und nicht bereit war, die andere Frau aufzugeben. Marcy zog zu ihren Eltern, kehrte jedoch zwei Wochen später zurück, als er ihr versprach, er wolle versuchen, ihr treu zu sein. Shatners Tochter Lisabeth war nicht so nachsichtig und stritt sich immer wieder mit ihm, weil er ihre Stiefmutter betrogen hatte.

Im Frühling 1989 erkannte Marcy, daß ihr Ehemann in seine alten Gewohnheiten zurückgefallen war, und zog erneut aus. Die Kommunikation zwischen den beiden brach ab, und Marcys Freunde überzeugten sie, daß sie den Hang ihres Mannes niemals zügeln könnte. Doch nach einer Trennung von mehreren Monaten kehrte sie erneut in ihr Haus in Studio City zurück, um ihrer Ehe eine neue Chance zu geben.

Teure Liebschaften

Shatner ist in Hollywood als Frauenheld bekannt. Er bewies eine sexuelle Potenz, wie sie kaum von anderen berüchtigten männlichen Stars jemals erreicht wurde. Er hatte Affären mit einem halben Dutzend verschiedener Frauen, und vieles deutet darauf hin, daß seine dreizehnjährige Ehe mit Gloria Rosenberg an seiner Unstetigkeit scheiterte.

Gerüchte über seine Affären mit Stars wie Angie Dickinson, Joan Collins, Yvette Mimieux, Heather Locklear und andere sind weit verbreitet. Persis Khambatta, die als glatzköpfige deltanische Navigatorin in *Star Trek: The Motion Picture* auftrat, sagte, ihr größtes Problem während der Liebesszene mit Shatner sei gewesen, ihn unter Kontrolle zu halten. »Dieser Mann hat Frauen offenbar sehr gern«, sagte Khambatta mit verzogener Miene.

Das internationale Model Iman, das in *Star Trek VI* neben Shatner spielte, war derselben Meinung. »Es ist sehr einfach, eine körperliche Beziehung mit William Shatner zu beginnen«, sagte sie. »Er verehrt die Frauen.«

Dann reichte Shatners frühere Assistentin Eva-Marie Frederick im Dezember 1989 eine Schadensersatzklage über zwei Millionen Dollar gegen ihn ein. Das etwas über dreißig Jahre alte Ex-Model war im August 1986 von Shatners Frau als ihre persönliche Assistentin eingestellt worden. Ein paar Monate später wurde sie auch Shatners Assistentin.

Shatner versprach Frederick, daß er ihr die Chance geben würde, Produzentin zu werden, und verschaffte ihr in seiner Produktionsgesellschaft den Posten einer Koproduzentin. Er versprach ihr sogar eine Rolle in *Star Trek V* und sagte ihr, daß sie zusammen reisen, Besprechungen abhalten und gemeinsam an anderen Projekten arbeiten würden. Drei Monate später schliefen sie miteinander.

Nachdem Frederick im Oktober 1988 bei einem Autounfall schwer verletzt wurde, wollte Shatner nichts mehr mit ihr zu tun haben. Im folgenden Monat feuerte er sie. Nach Auskunft Fredericks bestand Shatners letzte Grausamkeit darin, ihre Sachen aus seinem Paramount-Wohnwagen zu räumen und sie draußen aufs Dach zu packen. Sie war gezwungen, persönlich ihre Sachen vom Dach des Wohnwagens zu holen.

»Ich wurde gefeuert, als ich für ihn langweilig wurde«, erzählte sie. »Er hält sich für so prominent, daß er glaubt, ein kleines Licht wie ich würde ihm das einfach durchgehen lassen. Aber das werde ich nicht tun!«

Um die Sache auf die Spitze zu treiben, verriet Frederick den Journalisten, daß Shatner im selben Zeitraum mit ihr geschlafen hatte, während er seine Ehefrau mit Vera Montez betrog. Marcy hatte Shatner 1987 verlassen, als sie herausfand, daß er ein Verhältnis mit Montez hatte. Sie glaubte, diese Affäre wäre vorbei, nachdem sie hart daran gearbeitet hatte, ihre Ehe zu kitten. Und jetzt, drei Jahre später, mußte sie feststellen, daß ihr Mann sich die ganze Zeit weiter mit Montez getroffen hatte. Shatner erzählte einem engen Freund, daß er Marcy wirklich liebte, gleichzeitig aber so verrückt nach Vera war, daß er sie nicht aufgeben konnte.

Die achtundzwanzig Jahre alte mexikanische Schönheit sagte, der siebenundfünfzigjährige Schauspieler hätte ihr versprochen, sich von seiner Frau scheiden zu lassen, um sie heiraten zu können. Doch Marcys Bedingung lautete, daß ihr Mann jeden Kontakt zu Montez abbrach, wenn sie nicht die Scheidung einreichen sollte. Da Shatner eine ähnliche finanzielle Katastrophe wie nach seiner ersten Scheidung befürchtete, beendete er schnell die Affäre, so daß Montez ohne jede Unterstützung dastand. Im Januar verklagte sie ihn auf sechs Millionen Dollar Schadenersatz, wobei sie drei

Millionen für tatsächliche Schäden und drei Millionen als Unterhaltszahlung forderte, auf die in den USA auch Nicht-verheiratete Anspruch erheben können.

Ihre Beziehung hatte im Jahr 1984 begonnen, als Montez eine Gastrolle in *T. J. Hooker* erhalten hatte. Bald darauf trafen sie sich zu romantischen Zwischenspielen in seinem Strand-haus in Malibu. Dann setzten sie sich einige Wochen lang nach Vancouver ab, was sie als ihre ›inoffiziellen Flitterwo-chen‹ bezeichneten, und im Dezember nahm er sie mit zu einem Ski-Event mit Prominenten in der kanadischen Stadt Banff. Seine junge Begleiterin mußte sich als seine Nichte ausgeben, wenn sie in der Öffentlichkeit auftraten.

1986 kaufte Shatner ihr ein Haus im San Fernando Valley, wo er von nun an sehr viel Zeit verbrachte. Montez konnte Be-weise vorlegen, die ihre Behauptung unterstützten, daß Shat-ner sich mehr als die Hälfte der Zeit in ihrem Haus aufhielt. Sie sagte, daß er trotz seines Toupets und Korsetts ein sehr romantischer und wunderbarer Liebhaber war. Sechs Jahre lang war Shatner immer wieder ›in ihrem Bett materialisiert, um sich dann zu einer Frau zurückzubeamen‹.

»Aber in Wirklichkeit«, sagte sie 1987 in einem Interview, »war er immer sehr in Hektik, wenn wir uns sahen. Wir lieb-ten uns wie verrückt, und anschließend düste er sofort zu sei-ner Familie zurück, um rechtzeitig zum Abendessen zu Hause zu sein. Ich habe gehört, daß er viele Frauen gehabt hat, und das einzige, worauf ich bestand, war, daß ich die einzige ne-ben Marcy sein sollte.«

Zu diesem Zeitpunkt hatten die Zeitungen bereits Wind von der Geschichte bekommen, und Shatner hatte keine Kontrolle über die Presse mehr. Seine Eskapaden machten in ganz Hollywood die Runde, und jeder wußte, daß dies ihm große Probleme bereiten würde.

Im März 1993 wurde ein urkomischer Sketch in der Show *The Edge* des Senders Fox ausgestrahlt, in dem die Schau-spieler Tom Kenny und Wayne Knight als zwei winzige Außerirdische auftraten, die zur Erde kommen, um nach

Captain Kirk zu suchen. In der Ferne des Alls haben sie die Fernsehausstrahlung der *Star Trek*-Serie aufgefangen und wollen Kirk nun abholen und zu einer intergalaktischen Friedenskonferenz bringen. »Vergiß nicht«, warnt einer der beiden, »selbst wenn er einverstanden ist, mit uns zu kommen, dürfen wir niemals zulassen, daß er die Regie übernimmt!«

Versehentlich werden die fingergroßen Außerirdischen direkt in Captain Kirks Unterhose gebeamt. Während des folgenden panischen Befreiungsversuchs löst sich ein Schuß aus einer Strahlenpistole, worauf Kirks Penis entmaterialisiert wird. Als Kirk nachsieht, was in seiner Unterwäsche vor sich geht, ruft er erschrocken: »Oh, mein Gott! Ich muß den Notruf alarmieren!« (Shatner war Anfang der neunziger Jahre als Moderator der Sendung *Rescue 911* aufgetreten, dem amerikanischen Vorbild der RTL-Sendung *Notruf* mit Hans Meiser; Anm. d. Übers.)

Beide Schadensersatzklagen wurden 1992 ohne viel Aufhebens außergerichtlich geklärt, und der untreue Ehemann flehte Marcy an, ihm zu verzeihen. Die beiden wiederholten sogar noch einmal ihren Eheschwur, und Marcy hatte allmählich das Gefühl, daß sie ihrem Ehegemahl wieder vertrauen konnte.

Dann traf Shatner sich 1993 des öfteren mit einem vierunddreißig Jahre alten Model namens Nerine Kidd. Er hatte sich unsterblich in sie verliebt. Berichten zufolge hielten Shatner und die langhaarige Schönheit sich tagelang in ihrem Haus in Santa Monica auf, bis sie in sein Liebesnest nach Malibu zogen.

Nachdem Marcy fünf Monate lang mit einer Entscheidung gerungen hatte, reichte sie 1994 nach zwanzig Jahren Ehe endlich die Scheidung ein. Sie zog diesen Schlußstrich, als ihr klar wurde, daß ihr Ehemann niemals seinen Hang zur Untreue bezähmen würde. Ihre unglaubliche Treue hatte ihre Freunde schon immer erstaunt, doch jetzt konnte sie dem unheilbaren Schwerenöter nicht noch einmal verzeihen. Shatner weigerte sich, das Haus in Studio City zu verlassen, so daß Marcy in eine neue Wohnung umziehen mußte.

Sogar Vera Montez, die Shatner auf Schadensersatz verklagt hatte, war der Meinung, daß Marcy sich richtig entschieden hatte. »Einmal ein Schürzenjäger, immer ein Schürzenjäger«, erzählte sie den Reportern. »Im Bett ist er ein richtiger Tiger.«

Eine würdevolle Marcy erklärte den Reportern: »Wir hatten uns auseinandergelebt, und es war Zeit, eigene Wege zu gehen. Wir beide haben hohe Achtung voreinander und vor denen, die uns lieb sind.« Eine gemeinsam an die Presse ausgegebene Erklärung ließ verlautbaren, daß ›keine anderen Parteien Verantwortung für die Trennung tragen‹.

Doch schon bevor die Trennung publik wurde, war Shatner zusammen mit Nerine Kidd in Restaurants und auf Wohltätigkeitsveranstaltungen gesehen worden. Als Shatner zu Gast in der Sendung *Regis and Kathie Lee* war, wartete Nerine in der Garderobe auf ihn. Sie begleitete ihn auch nach Kanada, wo er an der Verfilmung seines Romans *TekWar* mitwirkte, und zeigte sich mit ihm auf Pferde-Shows und anderen Veranstaltungen. Er stellte seine Geliebte sogar seinen Töchtern vor.

Dennoch sagte Shatner zu einigen Freunden, daß die Entscheidung seiner Frau ihm das Herz gebrochen hatte. Er beteuerte, daß er Marcy immer noch liebte, wenn auch nicht mehr auf die gleiche Weise wie bei ihrer ersten Begegnung. Ihre Liebe hatte sich, wie er es beschrieb, im Laufe der Jahre entwickelt und war gereift, so daß etwas ganz anderes daraus geworden war. »Marcy hat eine grundgute Seele«, enthüllte Shatner in einem Augenblick ungewohnter Offenheit, »aber ich kann sehr böse sein.«

Doch als Marcy ihn auf die Hälfte seines geschätzten Vermögens von 16 bis 20 Millionen Dollar verklagte, tobte Shatner. Um sich einen erbitterten Kampf vor Gericht und in der Öffentlichkeit zu ersparen, erklärte Shatner sich mit einer Abfindung von acht Millionen Dollar einverstanden.

Anschließend gab Shatner zu, die Aussicht auf eine zweite Scheidung würde ihn außerordentlich erregen. Er sagte, er freue sich bereits auf die Freiheit, die neuen Möglichkeiten und das ›Chaos‹, das unweigerlich auf das Ende seiner Ehe folgen würde. Wie Captain Kirk blickt er mit neuem Mut ›völlig neuen Abenteuern‹ entgegen.

11
Das Geheimnis von Star Trek

> Ich habe das Geheimnis, das Wesen von *Star Trek* niemals
> richtig verstanden.
>
> – William Shatner

Es besteht kein Zweifel, daß Shatners Verkörperung des Captain Kirk einen tiefen Eindruck auf mehrere Generationen
von Amerikanern gemacht hat. Heutzutage gibt es mehr als
zweihundert *Star Trek*-Fanclubs, über fünfhundert Fanzines,
ein halbes Dutzend professionelle Magazine und in jedem
Jahr Hunderte von *Star Trek*-Conventions. Shatners Gesicht
ist in der ganzen Welt bekannt.

Fast 70 Millionen *Star Trek*-Bücher wurden in fünfzehn
verschiedenen Sprachen (einschließlich Chinesisch und He-
bräisch) veröffentlicht. In den USA werden in jeder Minute
dreizehn *Trek*-Bücher verkauft, und in jedem Monat erscheinen zwei neue *Trek*-Romane. Niemand kennt den genauen
Umfang des Materials, das von Fans geschrieben wurde. Im
Trekindex, einem vierteljährlich herausgegebenen Führer mit
Zusammenfassungen von *Trek*-Stories aus Fanzines, wurden
allein 3000 Publikationen aus den vergangenen Jahren er-
faßt. Damit können die Trekker sich einen Überblick über die
Abenteuer ihrer Lieblingsfiguren verschaffen.

Zum *Star Trek*-Merchandising gehören die üblichen Dinge
wie Plastikmodelle, Puppen, Kaffeetassen, T-Shirts, Ruck-
säcke, Sammelkarten und darüber hinaus spezielle Artikel wie Schmuck, Videospiele, interaktive Brettspiele und
Bildschirmschoner. Für Teile der Originalaustattung – beispielsweise Phaser und Kommunikatoren aus Holz – werden
Preise von mehreren Tausend Dollar verlangt. Ein Originaldrehbuch wird sogar mit bis zu 10 000 Dollar gehandelt –
das ist mehr, als die Autoren dafür an Honorar erhielten.

Selbst ein Exemplar der 1967 für fünfzehn Cent verkauften Comic-Hefte aus dem Verlag Gold Key bringt inzwischen 275 Dollar ein.

Shatners signiertes Foto (in der Starfleet-Uniform) wird mit etwa 200 Dollar gehandelt, und Fotos der klassischen Brückenbesatzung mit Autogrammen aller Schauspieler kosten bis zu 5000 Dollar. Die originalen *Star Trek*-Episoden werden immer noch mehr als zweihundertmal täglich in den Vereinigten Staaten gesendet und wurden zusätzlich in achtundvierzig Sprachen übersetzt. Es gab zahlreiche Radio- und Fernsehsendungen, die sich ausschließlich mit dem Thema *Star Trek* befaßten. Sogar die Zeichentrickserie von 1974 wurde noch einmal auf dem Sci-Fi-Channel wiederholt.

Die milliardenschwere *Star Trek*-Vermarktung geht unvermindert weiter, während Tausende neuer Artikel zu den neuen Fernsehserien und Charakteren hinzukommen. Die Serie *Star Trek: The Next Generation* wurde erstmals am 5. Oktober 1987 ausgestrahlt. Die Folgen hatten in jeder Woche mehr als 17 Millionen Zuschauer, womit sie sich als beliebteste Fernsehserie in Stundenlänge im Netzwerk der lokalen Stationen, der sogenannten Syndication, etablierte. Sie wurde mit sechzehn Emmys, dem Peabody Award und im Bereich der Science-fiction mit dem Hugo Award ausgezeichnet. Inzwischen wird die Tradition mit zwei weiteren Serienablegern fortgesetzt, nämlich *Star Trek: Deep Space Nine* und *Star Trek: Voyager*, die in mehr als hundert Länder verkauft wurden.

Die Fans sind das Phänomen

Die erste *Star Trek*-Convention fand im Shatler-Hilton Hotel in New York am Wochenende vom 21. bis zum 23. Januar 1972 statt. Fast 3000 Fans waren gekommen – sechsmal soviel, wie die Veranstalter erhofft hatten –, und seitdem wurde die

Convention jedes Jahr wiederholt. Im dritten Jahre (1975) gab es über 14000 Besucher, und überall im ganzen Land kamen weitere Conventions hinzu. 1976 hatten die Trekker genügend Gewicht, um zu veranlassen, daß der Name der ersten Space-Shuttle von *Constitution* in *Enterprise* geändert wurde. Der amerikanische Präsident Ford hatte über 400000 Briefe erhalten, in denen diese Änderung verlangt wurde, worauf er die NASA anwies, dem Wunsch der Trekker nachzukommen.

Zehn Jahre nach der Einstellung von *Star Trek* war der Captain der originalen *Enterprise* zu einem nationalen Idol geworden. ›Where's Captain Kirk?‹ fragte eine Hitsingle der Rockgruppe Spizz Energi im Jahre 1979. Die Fans erhielten die Antwort in Form von sieben neuen *Star Trek*-Kinofilmen, die insgesamt mehr als 600 Millionen Dollar einspielten.

1984 kratzten Fans ans Bangor im Staat Maine 4000 Dollar zusammen und bauten die Brücke der *Enterprise* originalgetreu nach. Im selben Jahr wurde im Movieland Wax Museum in Los Angeles ein weiteres Modell der Brücke in Originalgröße samt Wachsfiguren der kompletten Besatzung eingeweiht. Kirk, Spock und die anderen Besatzungsmitglieder sind außerdem in verschiedenen anderen Ausstellungen als Wachsfiguren zu sehen, zum Beispiel seit 1977 in Hollywood Wax Museum.

Im September 1990 eröffnete die Stadt Vulcan in Kanada den ersten *Star Trek* – Vergnügungspark mit einem *Enterprise*-Denkmal. Gegenwärtig gibt es Dutzende von *Star Trek*-Attraktionen auf Rummelplätzen überall in den USA sowie Tausende von Videospielen mit Abenteuern der Sternenflotte. 1993 eröffnete eine Kette von Unterhaltungszentren mit Virtual-Reality-Spielen im *Star Trek*-Universum.

Im Juli 1990 kündigte die New York City Opera die Inszenierung der ersten *Star Trek*-Oper an. Vielleicht war es glückliche Fügung, daß niemals etwas daraus wurde. 1991 erklärte sich die Stadt Riverside in Iowa offiziell zum Geburtsort von Captain James T. Kirk. Er wird dort am 26. März 2228 auf die Welt kommen. (Merkwürdigerweise ist der 26. März Nimoys Geburtstag, während Shatner an einem 22. März geboren wurde.) Ein kleiner Behälter mit Erde von seinem künftigen Geburtsort kostet fünf Dollar – im Preis ist jedoch ein offizielles Echtheitszertifikat inbegriffen.

Im Rahmen der Feierlichkeiten zum fünfundzwanzigjährigen Jubiläum wurde eine *Star Trek*-Ausstellung im National Air and Space Museum des Smithsonian Institute in Washington eröffnet. Dort waren unter anderem die Uniform zu sehen, die Shatner in der Rolle des Kirk trug, der Kommandosessel des Captains, Spocks Ohren, das zwei Meter lange Originalmodell der *Enterprise*, Teile der originalen Brückenkulisse und diverse weitere Gegenstände wie Phaser und wissenschaftliche Geräte. Im Museum gab es sogar eine Sonderausstellung mit dem simplen Titel ›Sexualität‹, die eine Chronik der vielen Affären Kirks mit Wesen anderer Spezies enthielt.

»Wir sind durch die Gegend gelaufen und wußten überhaupt nicht, daß wir Idole sind«, sagte Shatner in seiner Eröffnungsrede, »doch der Besuch dieses Museums hat mir die Augen geöffnet.«

»*Star Trek* ist ein bedeutendes kulturelles Artefakt der sechziger Jahre«, erklärte die Kuratorin Mary Henderson. »Im Gewand der Science-fiction beschäftigte sich die Serie mit wesentlichen Problemen wie Vietnam, dem Kalten Krieg und den Menschenrechten. Sie spielte viele der kulturellen Konflikte unserer Gesellschaft durch, indem sie sie in eine idealisierte Zukunft projizierte. Fraglos hatte sie einen großen Einfluß auf die Einstellung der Öffentlichkeit zur Raumfahrt, und zwar damals wie heute.«

Im selben Jahr gab das Oregon Museum of Science and Industry in Portland fast eine Million Dollar aus, um eine Ausstellungsfläche von knapp 600 Quadratkilometern mit *Star Trek*-Exponaten zu bestücken, darunter Nachbauten der *Enterprise*-Brücke, des Transporterraums und des Maschinenraums. Der Themenpark in den Universal Studios enthält eine *Star Trek*-Präsentation, und in jedem August wird in den Great-America-Studioparks von Paramount eine ›Star Trek Earth Tour‹ veranstaltet, die die Entwicklung seit der Originalserie nachzeichnet.

Die Future Call Company, eine kanadische Gesellschaft, die Telefonkarten ausgibt, konnte kräftig am Star Trek-Rummel mitverdienen und gleichzeitig ins Guiness Book of Records gelangen, als sie die größte Konferenzschaltung der Telefongeschichte inszenierte. Viertausend Menschen zahlten jeweils 100 Dollar, um einem Livegespräch zwischen William Shatner und Patrick Stewart zu lauschen. Diese gigantische Aktion wurde am 11. Dezember 1994 dreimal wiederholt. Stewart erhielt 100 000 Dollar für seine Teilnahme, und Shatner dürfte als Miteigentümer der Firma Future Call mindestens das Dreifache eingestrichen haben.

1995 kündigten Paramount und die Hotelkette Hilton ihre Zusammenarbeit an, um einen Star Trek-Unterhaltungskomplex in Las Vegas zu bauen. Die 50 Millionen Dollar teure Attraktion wird in einer 5000 Quadratmeter großen Erweiterung des Las Vegas Hilton untergebracht und mit Virtual-Reality-Technik ausgestattet, so daß die Besucher die perfekte Illusion einer Starfleet-Mission erleben können.

Der Erfolg von Star Trek

Die Star Trek-Serie wurde nicht nur zu einem Phänomen der Unterhaltungsindustrie, sondern half auch bei der Verbreitung der Raumfahrtidee und trug zum Verständnis unserer Stellung im Universum bei. Gene Roddenberrys Konzept der IDIC, der ›Infinite Diversity in Infinite Combinations‹ (‹Unendliche Mannigfaltigkeit in Unendlicher Kombination‹ – UMUK), wurde zur Lebensphilosophie mehrerer Generationen. Man schätzt, daß Star Trek von fast der Hälfte der Weltbevölkerung gesehen wurde. Etliche Doktorarbeiten und Dutzende wissenschaftlicher Arbeiten über die Auswirkungen von *Star Trek* auf unsere Gesellschaft sind geschrieben worden.

»*Star Trek* ist deswegen so erfolgreich«, erklärte Roddenberry, »weil es sich um eine der wenigen Science-fiction-Geschichten mit glücklichem Ausgang handelt. Außerdem gibt es bei uns richtige Helden, beinahe altmodische Helden, Menschen, die an ihre Arbeit und an die Ehre glauben, die überzeugt sind, daß sie dafür große Gefahren auf sich nehmen und manchmal sogar ihr Leben opfern müssen.

Star Trek sagt nicht nur, daß wir die Zukunft bewältigen werden, sondern daß wir dieses Ziel auf zivilisierte Weise erreichen werden. Es ist kein Problem mehr, wenn jemand anders aussieht oder anders ist. Wir werden uns nicht in die Entwicklung anderer Völker und Zivilisationen einmischen. Wir brechen nicht mit Kriegsschiffen auf, sondern mit Raumschiffen, die neues Leben erforschen und die Idee der Humanität weitertragen. *Star Trek* sagt: ›Es gibt eine Zukunft für uns Menschen; das menschliche Abenteuer hat gerade erst begonnen.‹«

Doch es muß mehr dahinterstecken als nur eine gute Handlung und eine optimistische Philosophie, um den durchschnittlichen Fernsehzuschauer zu fesseln. Was ist es, das so lautstarke Massen von Fans zu einem festen Block zusammenschmieden konnte?

Eine Science-fiction-Seifenoper

Star Trek ist im wesentlichen eine einzigartige Mischung, die erste Science-fiction-Seifenoper des Fernsehens. Die Serie verband Spekulationen über die Zukunft und die schillernde Fantasie der Science-fiction mit allen Bestandteilen einer klassischen Seifenoper. Es gab eine starke sexuelle Unterströmung und viele emotionale Szenen, und die Charaktere mit ihren gegenseitigen Beziehungen entwickelten sich auf psychologisch nachvollziehbare Weise.

In fast jeder Episode kam es zu irgendeiner sexuellen Begegnung, ob Kirk nun eine Alien-Frau verführte oder ein zwangloser Flirt zwischen Besatzungsmitgliedern stattfand. Da jeder auf dem Schiff in ultrakurzen Miniröcken oder knallengen Hosen herumlief, war es kein Wunder, daß es zu starker sexueller Stimulation kam. Der Kostümbildner Bill Theiss enthüllt mehr Haut und Körperformen, als jemals zuvor in einer Fernsehserie zu sehen gewesen waren. Die Verantwortlichen des Senders freuten sich diebisch, während die Zensoren einfach irritiert waren. Wie sollten sie sich schließlich ein Urteil darüber erlauben, welche Trends in der Mode der Zukunft maßgeblich sein würden?

Die Uniformen saßen so eng, daß viele Schauspieler es vorzogen, keine Unterwäsche zu tragen. Während Shatners Kampf mit Gary Lockwood in der Schlußszene von ›Where No Man Has Gone Before‹ riß Lockwoods Hose auf, so daß seine Männlichkeit vor dem gesamten Drehteam entblößt wurde. Um ähnliche Peinlichkeiten zu vermeiden, hielten die meisten Diät oder trainierten, um in den engen Kostümen eine gute Figur zu machen. Shatner war bekannt dafür, des öfteren mit zehn Kilogramm schweren Hanteln durch das Studio zu laufen. Die meisten der Schauspieler trainierten in privaten Turnhallen.

Natürlich waren die Muskeln nicht das einzige, was die Stars aufzublasen versuchten. Die weiblichen Oberweiten wurden im ganzen Schiff durch kleine Tricks vergrößert, und mehrere männliche Schauspieler benutzten zusammengerollte Socken, um ihrer Bildschirmpräsenz größeres Gewicht zu verleihen. Diese Aufbaumethoden waren allgemein bekannt und immer wieder Anlaß für Scherze. Ein beliebter Spruch hinter den Kulissen lautete: »Vielleicht solltest du es mal mit langen Socken probieren!« Doch als Bill Theiss gefragt wurde, welche Sockengröße Shatner benötigte, antwortete er nur: »Oh, damit würde man Bill niemals erwischen!«

Theiss mußte ständig die Kostüme ändern, um der Gewichtszunahme der Schauspieler Rechnung zu tragen, doch als Jimmy Doohan wie ein Hefeteig aufging, hätte es ihn fast den Job gekostet. Es hieß, daß die Verwaltung ihn höflich aufforderte, sich entweder fitzuhalten oder auszusteigen. Mit einigen Mühen bekam er sein Gewicht unter Kontrolle. Er hielt Diät und trainierte seinen Körper, sooft er die Gelegenheit dazu hatte. Dennoch waren die Schwankungen seines Gewichts auf dem Bildschirm nicht zu übersehen.

Ein anderer Aspekt, den *Star Trek* mit Seifenopern gemeinsam hatte, war die begrenzte Zeit für Proben und die häufigen Improvisationen vor der Kamera. Zum Glück für *Star Trek* war es Shatner durch diese Freiheit möglich, kreativ mit seiner Figur zu arbeiten, wie er es schon in *Suzie Wong* und anderen Theaterstücken getan hatte. Da die *Star Trek*-Drehbücher nur selten rechtzeitig fertig wurden, mußten die Schauspieler immer wieder improvisieren.

»Die Arbeit an einer Fernsehserie«, erklärte Shatner, »ist ein ständiger Balanceakt. Es ist wie im Irrenhaus. Innerhalb weniger Monate soll man zweiundzwanzig bis sechsundzwanzig Folgen abdrehen, während die Autoren niemals pünktlich abliefern, so daß es häufig geschieht, daß einem die Seiten erst dann in die Hand gedrückt werden, wenn man gerade auf dem Weg ins Studio ist – und dann soll man seinen Text in aller Eile lernen. Daher sind die Möglichkeiten für einen Schauspieler, sich etwas zu überlegen, recht eingeschränkt. Man probiert einfach etwas aus und läßt sich von seinen Instinkten und seiner Fantasie leiten. Wenn ich mir zum Beispiel ansehe, wie ich versucht habe, so zu spielen, als würde ein Mädchen in meinem Körper stecken, ohne daß ich vorher mit jemandem darüber reden oder die Szene vor jemandem proben konnte, um offensichtliche Fehler zu vermeiden, wenn ich mir also anschließend eine solche Folge ansehe, sage ich mir ständig: ›Was hast du da nur getan?‹«

Doch es war genau dieses Umfeld mit dem Zwang zu spontanen Schauspielerleistungen, in dem Shatner seine besten

Arbeiten ablieferte. Er griff auf den stockenden, zögernden Stil zurück, den er in seiner Rolle im *Henry V.* beim Stratford Festival entwickelt hatte. Und er griff noch weiter zurück – auf den sechsjährigen Jungen, der das Publikum im Sommerlager zu Tränen gerührt hatte.

»Ich war ganz ich selbst«, sagte er über die Art und Weise, wie er den Captain Kirk darstellte. »Ich bin davon überzeugt, daß ein Mann keine Probleme haben sollte, einem anderen Mann oder einer Frau gegenüber seine Gefühle auszudrücken. Wir leben von Gefühlen. Es ist nichts Erniedrigendes daran, Gefühle zu empfinden. Trotzdem kann man ein Gefühl ausdrücken und sich selbst gleichzeitig unter Kontrolle haben.«

Die Rolle des Kirk war in der Tat eine Mischung aus verantwortungsvoller Ernsthaftigkeit und verwegener Großspurigkeit. Shatner stattete seine Figur dazu mit einer Palette von Gefühlen aus, die in jener Zeit normalerweise nicht von männlichen Stars dargestellt wurden – und erst recht nicht im angeblich beschränkten Genre der Science-fiction.

In einer Umfrage unter 40 000 Fernsehzuschauern waren 90 Prozent der Ansicht, daß die Darstellung des Captain Kirk die Auffassungen der Menschen über die Empfindsamkeit von Männern ändern könnte. Shatner hatte wirklich niemals Probleme mit seiner weiblichen Seite gehabt. Sein eigenes Leben hatte schon immer gleichzeitig aus Härte und Zärtlichkeit bestanden, was auch der zentrale Konflikt in *Golden Boy* gewesen war, seinem Lieblingsstück an der High-School. Einerseits war Shatner ein harter Kerl, ein sportlicher Typ, andererseits auch ein zartfühlender Schauspieler, dessen Erfolg darauf beruhte, wieviel Gefühl er in seinem Publikum erwecken konnte.

Obwohl die Spannung zwischen widersprüchlichen psychischen Anlagen in der Figur des Spock wesentlich deutlicher war, fand in der Figur des Kirk ein ähnlicher Widerstreit statt. Während Spocks innerer Kampf zwischen vulkanischer Logik und menschlichem Gefühl zu einem wichtigen Thema der Handlung wurde, stellte Kirks Balanceakt zwischen seiner maskulinen und femininen Seite eine subtile Ergänzung dar, die zum Geheimnis von *Star Trek* beitrug. Seit der Pilotfolge, in der Kirk schmerzhaft erlebt, wie ein früherer Freund sich in eine tödliche Gefahr verwandelt, bis er den Mann schließlich in einem körperlichen Kampf überwältigt, ist es die merkwürdige Kombination von Empfindsamkeit und Rücksichtslosigkeit, die uns immer wieder an der Figur des Captains fasziniert.

Shatners eindringliche Darstellung in der vierten Episode mit dem Titel ›The Naked Time‹ enthüllt Kirks tiefe Liebesbeziehung zur *Enterprise*, die eine geheimnisvolle Macht über ihn hat, wie er zugibt. In der nächsten Folge ›The Enemy Within‹ wird Kirks Persönlichkeit durch eine Fehlfunktion des Transporters verdoppelt, so daß es nun einen schwächlichen und passiven Kirk und einen tatkräftigen und aggressiven gibt.

In ›What Are Little Girls Made Of?‹ wird Kirk von einem verrückten Wissenschaftler durch einen Androiden-Doppelgänger ersetzt. Doch der clevere Captain hat dem Roboter einige falsche Erinnerungen implantiert, damit Spock den Schwindel durchschauen kann. (Mehrere Sender an der Ostküste waren der Ansicht, daß Sherry Jacksons Androidenkostüm in dieser Folge zu tiefe Einblicke gestattete, so daß einige Szenen mit ihr herausgeschnitten wurden.) Das Doppelgänger-Thema wurde in ›Mirror, Mirror‹ noch einmal aufgegriffen, als ein empfindsamer Kirk in einem Paralleluniversum auf sein barbarisches Gegenstück trifft.

Doch irgendwo werden die Widersprüche in Kirks Persönlichkeit deutlicher als in der letzten Folge ›Turnabout Intruder‹. Dort wird er von einer Wissenschaftlerin übernommen, die eine Methode gefunden hat, ihren Geist in den Körper anderer Menschen zu übertragen. Sie will den Körper des Captains dazu benutzen, die *Enterprise* zu entführen. Die Versuche des besessenen Kirk, seine weibliche Körpersprache zu unterdrücken, sind einfach köstlich und gehören zu Shatners besten schauspielerischen Leistungen. Das affektierte Gehabe des Captains erntet überall auf dem Schiff verwunderte Blicke. Zum Glück wird auch der stets wachsame Spock auf das feminine Verhalten Kirks aufmerksam und benutzt eine Form der vulkanischen Telepathie, um den Geist seines Freundes zu untersuchen. Gemeinsam schaffen sie es, daß Kirk wieder die Kontrolle über seinen eigenen Körper übernehmen kann.

Damit war *Star Trek* mehr als nur irgendeine Abenteuerserie im Weltraum. Genauso wie in einer Seifenoper-Serie ging es im Grunde um die täglichen Gefühlsdramen, die sich zwischen den Figuren entwickelten. Im Zentrum der Serie standen die Menschen, und die spektakuläre Übertechnik der Zukunft konnte diesen Aspekt niemals in den Hintergrund drängen.

Eine Haßliebe

Auch wenn Shatner immer den Erfolg zu schätzen wußte, den er mit seiner Rolle als Captain der *Enterprise* erlangt hatte, war ihm diese Tatsache gleichzeitig ein Ärgernis. Er hatte immer daran geglaubt, daß er eines Tages einer der am meisten verehrten Schauspieler der Welt sein würde. Statt dessen verkaufte sich der idealistische junge Schauspieler aus Kanada an Hollywood und wurde schließlich mit einer einzigen Rolle identifiziert, die seine ganze weitere Karriere bestimmen sollte. Überdies waren seine Fans nun keineswegs mehr das gleiche Publikum, das er als Shakespeare-Schauspieler gehabt hatte.

»Diese Fans sind wie Windhunde, die einem Kaninchen nachrennen«, beklagte sich Shatner während der Arbeit an der Originalserie. »Sie wollen einen nur berühren oder vielleicht nur ein Souvenir haben, aber wenn die Dinge dann außer Kontrolle geraten – nun ja! Dann schieben und stoßen sie und werden hysterisch.«

Shatners übereifrige Fans sind auf Flughäfen über ihn hergefallen, haben ihn über Autobahnen gejagt und ihm Hemd und Krawatte vom Leib gerissen. Wenn er unterwegs ist, trägt er immer eine dunkle Sonnenbrille und einen großen Hut, obwohl manchmal nicht einmal die beste Verkleidung funktioniert. Zum Karneval in New Orleans legte er einmal eine Ledermaske an, die sein Gesicht völlig bedeckte, und trotzdem wurde er von mehreren Leuten erkannt. Doch es gibt auch Zeiten, wo Shatner es satt hat, sich wie ein verängstigtes Kaninchen zu verhalten.

»Einmal waren wir essen«, erzählte mir Shatners Kollege und Freund David Ross, »als eine Frau zu uns kam und Bill um ein Autogramm bat. Sie hatte nicht einmal einen Kugelschreiber dabei. Er sah sie nur an und sagte: ›Ich würde gerne etwas essen, und Sie halten mir ein Stück Papier vor die Nase. Es tut mir leid, aber das finde ich ziemlich unverschämt.‹«

Während einer *Star Trek*-Convention im New Yorker Statler-Hilton beging Shatner den Fehler, die Bühne über den Mittelgang des Saals zu verlassen. Das Sicherheitspersonal geriet in Panik, als Horden von Fans sich vordrängten, um dem Star nahe zu sein. Shatner erkannte, daß die Menge ihn zu erdrücken drohte, und brüllte: »Wenn ihr nicht sofort auf eure Plätze zurückkehrt, gehe ich!« Die Fans spürten die Wut des Captains in seinem Tonfall, worauf alle sich schnell wieder setzten.

Solche Szenen sind ein Grund, warum Shatner ein seltener Gast auf *Star Trek*-Conventions ist. Ein zweiter Grund ist der, daß er nicht mit Leuten zurechtkommt, die ihn für James T. Kirk halten. Sein Widerstreben, Autogramme zu geben, versetzt die Fans in Rage, und seine Haßliebe zu ihnen führt dazu, daß er sie anschnauzt, sie sollten endlich ›ein selbständiges Leben führen‹, und sie anschließend bittet, Briefe an Paramount zu schreiben, um seine Lieblingsprojekte zu unterstützen. Einmal versuchten die Trekker sogar, eine Million

Unterschriften für die Forderung zu sammeln, Captain Kirk auch in *Star Trek VII* auftreten zu lassen.

Viele Fans haben Shatner bis heute nicht seinen Auftritt in der Show *Saturday Night Live* am 18. Dezember 1986 verziehen. In seinem Erfolgsmonolog sagte er: »Ich hoffe, die *Star Trek*-Fans haben heute abend Sinn für Humor, ansonsten werde ich große Schwierigkeiten bekommen.« Anschließend hatte er tatsächlich große Schwierigkeiten.

Der Sketch parodierte eine *Star Trek*-Convention, bei der Shatner sich gegen einige dumme Fragen aus dem Publikum wehrt, bis er die Geduld verliert. »Ich möchte euch sagen, ihr solltet endlich eure bequemen Elternhäuser verlassen und ein selbständiges Leben führen! Ich kann es nicht fassen – es war doch nur eine Fernsehserie!« Diese Worte wurden immer wieder als Beweis zitiert, wie sehr Shatner die Trekker verachtet. Sie mögen durchaus seine wahren Gedanken ausdrücken, doch es waren keineswegs seine eigenen Worte.

»Wir dachten schon, wir würden mit diesem Sketch nur unsere Zeit vergeuden, aber Shatner hat tatsächlich mitgemacht«, berichtete der Autor Jon Vitti. »Er war mit großem Spaß dabei. Wir mußten nichts streichen, weil es seiner Meinung nach zu böse gewesen wäre. Er hatte schon immer eine recht große Distanz zur Serie. Wir hatten ihm ein Leseexemplar des Buches geschickt und warteten schon darauf, es käme mit der Nachricht zurück, daß er nicht mitmachen wollte, aber wir haben nie auch nur ein Wort des Protestes gehört.«

Doch als Shatner gefragt wurde, ob es Reaktionen von den Trekkern gegeben hatte, denen er gesagt hatte, sie sollten ›ein selbständiges Leben führen‹, antwortete er: »Sie haben damit gedroht, mein Leben zu beenden. Ich nehme schon Karatestunden und jogge mit Mace. Diese Leute können sehr angriffslustig werden, wenn man ihr Glaubenssystem in Frage stellt.«

Nach der schlechten Resonanz seines Sketches für *Saturday Night Live* strengte Shatner sich an, seine Fans zufriedenzustellen. Wenn er heute auf Conventions und speziellen Veranstaltungen auftritt, bemüht er sich, charmant und sogar demütig zu wirken. Shatner ist durch seinen Vertrag mit Paramount verpflichtet, an bestimmten öffentlichen Ereignissen teilzunehmen, zum Beispiel an der ›Star Trek Earth Tour‹, die einmal im Jahr in den Great-America-Themenparks der Paramount-Studios stattfindet.

Shatners Auftritt bei Great America in Santa Clara am 20. August 1994 wurde besonders gut aufgenommen. Er erzählte Anekdoten über seine Erfahrungen mit Star Trek und ging sogar auf Fragen aus dem Publikum ein. (Die Fans wurden aufgefordert, vor dem Beginn der Show ihre Fragen auf Zettel zu schreiben und abzugeben.) Zwei Pärchen fragten Shatner, ob er meinte, daß sie heiraten sollten, und sie versprachen, seinen Rat zu befolgen. Zunächst stellte er ihnen einige Fragen, doch schließlich riet der zweimal geschiedene Filmstar ihnen, auf jeden Fall zu heiraten.

Das Publikum war begeistert, doch Captain Kirk war hinter der Bühne nicht so freundlich. Das Bühnenteam sagte, er sei sehr unhöflich und kurz angebunden zu allen gewesen. Er lehnte es ab, daß jemand ihm auf der Bühne Fragen vorlas, und bestand darauf, die Zettel vorab zu sichten. Er schlug außerdem die Bühnenanweisungen in den Wind, die für das Team wichtig waren, das die Show auf Video aufzeichnete. Andere Mitarbeiter von Great America sagten, es sei allgemein bekannt gewesen, daß Shatner nur widerstrebend nach Santa Clara gekommen sei. Wenn er nicht durch seinen Vertrag dazu verpflichtet gewesen wäre, hätte er an diesem Tag mit seinen preisgekrönten Dobermännern eine Hundeausstellung in Los Angeles besucht.

Shatner war sehr erfolgreich darin, schlechte Publicity zu kontrollieren, und er gilt heute noch als einer der Hollywoodstars, die am schwierigsten zu interviewen sind. Viele Interviews mit dem Star entwickelten sich zu einer Farce, da er bestimmten Fragen einfach durch Kichern oder leises Aufstöhnen ausweicht. Mehrere Fernsehreporter konnten während des Interviews nur noch mit einem hilflosen Schulterzucken in die Kamera blicken.

Geradezu typisch ist die Reaktion eines Kolumnisten der *Chicago Sun Times*, der den Star zu interviewen versuchte: »Zu Anfang stellt er eine ärgerliche Wichtigtuerei zur Schau, und freundliches Geplauder ist völlig unmöglich. Die Antworten auf einige Fragen sind knapp und wortkarg, während andere bei ihm nur gelangweilte Herablassung hervorrufen.«

In den Fernsehinterviews mit Tom Snyder, Jay Leno, Larry King und vielen anderen Talkshow-Moderatoren wirkt Shatner in der Regel arrogant, hinterlistig und zutiefst gelangweilt. Gelegentlich versucht er superschlau zu wirken, indem er schnell und ohne nachzudenken antwortet – wodurch er jedoch eher verschroben wirkt. Aber für jemanden, der schon bis zu fünfundzwanzig Interviews an einem Tag gegeben hat, kann diese Prozedur durchaus etwas ermüdend werden.

»Ich wußte, welche Fragen man mir stellen würde«, erklärte er. »Ich wußte, daß ich die passenden Antworten parat hatte, so daß ich mich schließlich zu Tode langweilte. Also habe ich immer wieder versucht, das Gespräch auf Umweltfragen, Pferde, behinderte Kinder oder sonstwas zu lenken, nur damit ich nicht schon wieder gefragt werde: ›Welche ist Ihre Lieblingsepisode?‹ oder ›Was ist es für ein Gefühl. Captain Kirk zu sein?‹

Dann kommt es auch vor, daß ein Interviewer dumm oder beleidigend ist oder seine Hausaufgaben nicht gemacht hat. Das sind die Leute, bei denen ich den Spieß umkehre und die ich mir dann vornehme, um die Sache wieder etwas spannender zu machen.«

Der Reiz von Star Trek

Shatner hat es immer erstaunt, mit welcher Besessenheit sich einige Zuschauer *Star Trek* widmeten, und die anhaltende Popularität der Serie war ihm ein Rätsel. Als die Serie sogar noch beliebter wurde, nachdem man sie eingestellt hatte, gab er zu, er hätte keine Ahnung, was in den Köpfen der Fans vor sich ging.

»Ich habe *Star Trek* nie richtig verstanden«, erzählte Shatner dem Publikum während seiner Tournee *An Evening with William Shatner.* »Ich verstehe die verschiedenen Ebenen der Dramaturgie, die Action und das Abenteuer, die Science-fiction, die Familie der Schauspieler, die Beliebtheit der einzelnen Darsteller, die hintergründige Bedeutung der Geschichten, aber ich habe nie das Geheimnis verstanden, das einen Reiz auf so viele Fans ausübt. Ein gutes Drama ergründet gewisse universelle Wahrheiten und stellt einen Kontakt zum Publikum her, doch das weiß man erst anschließend. Es ist eine Tatsache, daß niemand sagen kann, ob eine Serie sich zu einem Hit entwickeln wird.«

Fast zwanzig Jahre später ist Shatner das Phänomen *Star Trek* immer noch ein Rätsel. Er führt es immer wieder darauf zurück, daß sich hinter den Charakteren und dem Konzept der Serie irgend etwas Universelles verbirgt.

»Niemand wußte genau – und niemand weiß es bis heute –, wie *Star Trek* funktioniert«, sagte er. »Wie mir scheint, liegt der Reiz von *Star Trek* darin, daß es ein universelles Unterbewußtsein anzapft – den Ort, an dem Mythen entstehen. *Star Trek* muß etwas haben, womit diese Quelle angezapft wird.«

»Während eines Schnellkurses mit Joseph Campbell«, sagte er später, »habe ich erkannt, daß die Magie von *Star Trek* darin besteht, eine Mythologie zu präsentieren, über die unsere Kultur nicht verfügt. Er wies mich darauf hin, daß die Mythologie eine Verbindung zwischen dem Menschen und seiner Umwelt herstellt und einige der unerklärlichen Dilemmata und Dichotomien zu erklären versucht, mit denen wir konfrontiert sind. Doch unsere Kultur ist so aufgebaut, daß wir gar keine Zeit für diese Dinge haben, weil wir vollauf damit beschäftigt sind, diese Probleme mit Hilfe der Wissenschaft zu lösen. Ich glaube, die Mythologie funktioniert am besten mit einer zentralen Person im vertrauten Kreise seiner Gefährten, wie es schon die Griechen so gut bewiesen haben.«

Was die Griechen erkannt hatten, waren natürlich die klassischen Archetypen des Protagonisten und Antagonisten, des Helden und des Antihelden, und die Bedeutung von Leidenschaft und Dilemma als wichtige Elemente einer Geschichte. Shatner glaubt, daß diese Elemente absolut notwendig für eine gute Geschichte sind. Aus diesem Grund war er auch dagegen, daß *Star Trek* zu einer ›Ensemble-Serie‹ wurde. Der *Next Generation* wirft er vor, daß es sich um eine Geschichte handelt, die ›von einem Komitee erzählt wird‹.

Darüber hinaus führt Shatner den Erfolg der Originalserie auf eine Eigenschaft zurück, die die Schauspieler auf den Bildschirm brachten und die nur schwer greifbar ist. Im Laufe der Jahre hat er immer wieder versucht, diesem flüchtigen Element in Diskussionen mit Leonard Nimoy und verschiedenen Produzenten der Serie auf die Spur zu kommen.

»Niemand hat es bisher in Worte fassen können«, sagte er. »Es ist eine Sache, die jeder instinktiv wahrnimmt. Wir haben über die Themen und die Personen gesprochen, doch keiner von uns kam je darauf, daß es um die *joie de vivre*, die Lebensfreude, den ›Steptanz‹ ging, wie Harve Bennett es einmal formuliert hat.« (Walter Koenig umschrieb Bennetts Idee einmal damit, daß man ›Steptanzschuhe anzieht, aus Spaß zum Tanzen‹.)

»Niemand verliert Worte über diesen ›Steptanz‹«, führte Shatner weiter aus. »Vor vielen Jahren, als ich noch jung war, sagte Tyrone Guthrie, ein großartiger englischer Regisseur, einmal zu mir, ich hätte ›fröhliche Füße‹. Im Stück trug ich weiße Schuhe, und ich wußte sofort, was er meinte. Das Timing in einer Komödie hat viel mit dem Rhythmus zu tun, und der Rhythmus wird in erster Linie sprachlich erzeugt, er kommt aus dem Kopf. In diesem Fall kam der Rhythmus aus diesen weißen Schuhen, und ich vollführte einen ›Steptanz‹.«

12
Wozu braucht Gott ein Raumschiff?

To boldly go where no man has gone before.
– Der berühmteste *split infinitive* der englischen Sprache

Die wichtigste Szene in William Shatners eigenem *Star Trek*-Film *Star Trek V: The Final Frontier* beginnt, nachdem die *Enterprise* durch die Große Barriere im Zentrum der Galaxis geflogen ist und auf einen einsamen Planeten stößt, wo Gott auf sie wartet. Wegen eines Problems mit dem Transporter müssen Kirk, Spock, McCoy und Sybok mit einem Shuttle zur öden Oberfläche des Planeten fliegen.

Dort treffen sie auf Gott, der in Form einer strahlenden Lichtsäule auftritt, die die unterschiedlichsten Gestalten annehmen kann. Gott sagt zu Sybok, daß er dazu auserwählt sei, Gottes Macht mit Hilfe des Raumschiffs *Enterprise* in die ganze Galaxis zu verbreiten. Es könnte die bedeutendste Mission der *Enterprise* werden, doch Kirk ist nicht bereit, sein Schiff einfach so aufzugeben, nicht einmal an den Allmächtigen. »Entschuldigung, aber wozu braucht Gott ein Raumschiff?« lautet seine unverschämte Frage.

Natürlich entlarvt diese respektlose Frage Gott als mächtige außerirdische Lebensform, die ihrem planetaren Gefängnis entfliehen möchte, und Kirk muß sich schließlich ganz allein dem Kampf mit diesem Wesen stellen. Doch die Frage ›Wozu braucht Gott ein Raumschiff?‹ ist eine Frage, die Shatner sich selbst sein ganzes Leben lang immer wieder gestellt hat.

Hey! Mr. Tambourine Man!

Bereits als Teenager lehnte Shatner die traditionelle jüdisch-christliche Vorstellung von Gott ab und ersetzte sie durch den Glauben, daß jenes höchste Wesen in Wahrheit eine kosmische Intelligenz sei, die irgendwo fern im Weltraum existiert. Dieser Glaube war seine Inspiration für die Mitwirkung am Film *Mysteries of the Gods* und stand hinter seinem Interesse an Roddenberrys Kommunikation mit den Neun und seinem lebhaften Wunsch, Menschen zu treffen, die überzeugt waren, mit außerirdischen Intelligenzen in Verbindung zu stehen. Die Kernfrage dieses Films war, ob die Menschheit auf einen Kontakt mit Außerirdischen vorbereitet wird. »Werde *ich* auf diese Begegnung vorbereitet?« fragte Shatner am Ende des Films. »Werden *Sie* vorbereitet?«

Nach seiner UFO-Begegnung in der Mojave-Wüste während der *Star Trek*-Jahre glaubte Shatner daran, daß er selbst tatsächlich vorbereitet wurde. Der egozentrische Schauspieler konnte mühelos die Vorstellung akzeptieren, daß er zu den Auserwählten gehörte. Sein Glaube an UFOs und den Einfluß außerirdischer Astronauten auf die Menschheitsgeschichte bildete viele Jahre lang die treibende Kraft seines Lebens.

Doch William Shatner wurde des Wartens überdrüssig. Mehr als ein Jahrzehnt lang hatte er nach Anzeichen für die Rückkehr des außerirdischen Gottes gesucht, dem er in der Wüste begegnet war. Aber es war nichts geschehen. Andere wurden erwählt – er jedoch nicht. Als Shatner zum Film *Star Trek: The Motion Picture* auf die *Enterprise* zurückkehrte, erkannte jeder, wie zynisch er in der Zwischenzeit geworden war.

Shatner, der schon immer ein Gegner organisierter Religionen gewesen war, setzte nun die UFO-Anhänger auf seine persönliche Haßliste. Genauso wie in *The Final Frontier* wollte Shatner den außerirdischen Gott als Betrug entlarven. Im Oktober 1994 wurde er gebeten, in einer Sendung von *Larry King*

Live mit dem Titel ›UFO Cover-up‹ (›Die UFO-Vertuschung‹) etwas zum Thema UFOs zu erzählen.

»Ich denke, die Menschen wollen so sehr daran glauben, daß sie jeder Logik trotzen«, sagte Shatner zum Fernsehpublikum. »Die Leute interpretieren das, was sie sehen, als Science-fiction, weil sie verzweifelt daran glauben wollen, daß *sie* existieren – daß es dort draußen eine Intelligenz gibt, die wie ein lieber Papi zu uns kommt, uns in die Arme nimmt und dieser auf Abwege geratenen Kultur beruhigend sagt: ›Der liebe Papi ist da. Wir werden euch wieder auf den rechten Weg bringen, und dann wird alles wieder gut.‹«

Shatner, der Futurist

Auch wenn Shatner nicht an Gott glaubt, so hat er doch immer an die Zukunft geglaubt. Er ist davon überzeugt, daß die Menschheit ihr Schicksal selbst bestimmt, und deshalb muß uns allen bewußt werden, welchen Einfluß unsere Handlungen und Einstellungen auf zukünftige Generationen haben.

Mitten in den Dreharbeiten zu *The Final Frontier* nahm Shatner sich frei, um nach Nepal zu fliegen und dort eine zehnstündige Dokumentation für Turner Broadcasting über Umweltprobleme zu drehen. Die Reihe mit dem Titel *Voice of the Planet* behandelte eine breite Themenpalette, von Tierversuchen über Zwangssterilisation von Menschen bis zur Umweltverschmutzung und dem Gaia-Prinzip, nach dem die ganze Erde ein lebender Organismus ist.

In der Spielhandlung stellt Shatner einen Schriftsteller dar, der mit Gaia in Verbindung tritt, dem Geist dieses Planeten. (In früheren Generationen wurde dieser Geist schlicht als Mutter Erde bezeichnet.) Gaia kommuniziert über einen Computer, der in einem buddhistischen Kloster hoch oben im Himalaya steht. Shatner sucht das Kloster auf, und dann reisen er und Gaia gemeinsam durch die ganze Welt. Dabei spricht Gaia ihre Ansichten zu dem aus, was die Menschheit diesem Planeten angetan hat.

(Zwei Jahre später zeigte sich, wie kritisch das Verhältnis zwischen Mensch und Gaia sein kann, als das tausend Jahre alte Kloster, in dem *Voice of the Planet* gedreht worden war, bis auf die Grundmauern niederbrannte. Das Feuer wurde durch einen Kurzschluß in einem Stromgenerator verursacht, den ein amerikanisches Filmteam dort aufgestellt hatte.)

Wie üblich ließ Shatner sich in dieser Reihe nicht durch Stuntmen vertreten, sondern marschierte persönlich über Gletscher und ritt auf einem Killerwal. Doch er engagierte sich schließlich auch in spiritueller Hinsicht. In einer ›Epiphanie‹, wie Shatner es beschrieb, spürte er plötzlich, daß die Erde tatsächlich mit ihm sprach, woraufhin er zu einem leidenschaftlichen Sprecher der ökologischen Bewegung wurde. Als er gefragt wurde, welchen von all seinen Auftritten er als Video an seine Enkelkinder vererben würde, entschied er sich für *Voice of the Planet*.

»Durch die Schändung unseres Planeten«, warnte er, »haben wir uns selbst zum Tode verurteilt. Der elektrische Stuhl kommt immer näher, und es wird wie auf einem elektrischen Stuhl sein. Es wird nicht schnell gehen, sondern wir werden auf ziemlich unangenehme Weise sterben, wenn wir nicht schnellstens etwas unternehmen.«

1984 hatte Shatner eine Fernsehreihe mit dem Titel *The World of Tomorrow* moderiert. Darin ging es um futuristische Erfindungen, ohne daß ihre Auswirkungen auf das Leben der Menschen berücksichtigt wurden. Doch am 1. Juni 1993 übernahm Shatner den Vorsitz des ersten *TekWar*-Symposiums, bei dem Zukunftsforscher aus der ganzen Welt ihre Ansichten äußerten, wie der Strafvollzug, die Kommunikation, die Unterhaltung, die Wissenschaft und die Sexualität fünfzig Jahre in der Zukunft aussehen würden. Viele der Experten zeichneten ein recht rosiges Bild, doch die Vision von Michael Tobias, der *Voice of the Planet* geschrieben, inszeniert und produziert hatte, sah wesentlich düsterer aus.

»Im Jahr 2043«, sagte er dem Publikum in der Universal City, »werden 80 Prozent der Weltbevölkerung weniger als 350 Dollar pro Jahr verdienen, wodurch die restlichen 20 Prozent der Bevölkerung zu einer Elite werden, die auf einer verletzlichen Insel des Wohlstands lebt. Bombay, die zweitgrößte Stadt Indiens, hat heute 14 Millionen Einwohner, und davon leben 7 Millionen in Zelten auf den Straßen oder einfach nur auf der Straße. Im Jahr 2043 wird es 60 bis 80 Prozent der gesamten Menschheit so ergehen.«

Der Schriftsteller

In den Produktionspausen von *The Final Frontier* begann Shatner mit dem Entwurf zu einem Science-fiction-Roman mit dem Titel *TekWar*.

»Ich war schon immer davon überzeugt, daß eine Detektivgeschichte die besten Voraussetzungen für spannende Unterhaltung mitbringt«, erzählte er einem Schriftstellerkollegen. »Und der Kampf um Recht und Ordnung hat mich schon immer fasziniert, weil die Aufdeckung eines Verbrechens eine wunderbare Geschichte abgibt. Als man mich dann fragte, ob ich gerne einen Science-fiction-Roman schreiben würde, ergriff ich die günstige Gelegenheit, beide Genres miteinander zu kombinieren. Ich begann frühmorgens mit dem Schreiben. Dann arbeitete ich den ganzen Tag über am *Star Trek*-Film und kehrte spät abends zu meinem Buch zurück.«

Er nannte seinen Helden zunächst ›Jake Campus‹ und änderte den Namen später zu einem ebenso unwahrscheinlichen ›Jake Cardigan‹. Dieser ›J. C.‹ ist ein Polizist der Zukunft, der in vielerlei Hinsicht eine Kombination aus T. J. Hooker und J. T. Kirk zu sein scheint. Genauso wie bei diesen Figuren war das Besondere an Jake Cardigan seine Verletzlichkeit. J. C. hatte tatsächlich aus jeder möglichen Richtung Schläge einstecken müssen. Er hat alles verloren, seine Familie, seinen

Job, seine Freunde, und er landet unschuldig im Gefängnis. Wie ein futuristischer Maschinenstürmer kämpft der moralisierende Held gegen unwahrscheinliche Widrigkeiten, um die Ausbreitung einer Computerdroge zu verhindern, bei der es sich um einen bewußtseinsverändernden Chip mit der Bezeichnung ›Tek‹ handelt.

Shatners Roman *TekWar* wurde im Oktober 1989 veröffentlicht und gelangte in zwei Wochen auf die Bestsellerlisten von Waldenbooks und B. Dalton, die unabhängig die meistverkauften Bücher in den USA ermitteln. Die meisten Kritiker bewerteten den Roman als oberflächlich, aber temporeich und bezeichneten Shatners schriftstellerisches Debüt als glaubwürdig. In schneller Folge kamen weitere Fortsetzungen heraus: *TekLords* (1991), *TekLab* (1991), *Tek Vengeance* (1993), *Tek Secrets* (1993) und *Tek Power* (1994).

1992 brachte der Comic-Verlag Marvel seine SF-Romane als Comicserie mit dem Titel *TekWorld* heraus. Ron Goulart, der die Romane zusammen mit Shatner schrieb, übernahm die Aufgabe, Storys für die zeichnerische Umsetzung zu entwickeln, obwohl Shatner die Kontrolle als Herausgeber behalten hat und für jede Ausgabe eine Kolumne schreibt.

»Shatner ist ein guter Geschichtenerzähler«, bemerkte Goulart, »und er hat ein gutes Gefühl dafür, wie man ein großes Publikum anspricht. Das ist immer sehr hilfreich. Alle seine Vorschläge haben sich immer als Verbesserungen der Geschichte erwiesen. Es handelt sich nicht um Kritik nach dem Motto ›Ich weiß es besser‹, sondern es sind einfach nur Vorschläge, wie sich das Produkt verbessern läßt.«

Eine Fernsehserie auf der Grundlage von *TekWar* startete im Januar 1994 mit vier zweistündigen Filmen. Im folgenden Herbst kaufte das USA Network die Filme und achtzehn weitere Folgen der Serie. Shatner wollte bei der Hälfte der Episoden Regie führen und ist in mehreren als Gaststar aufgetreten.

Nach ihrer Zusammenarbeit an *Voice of the Planet* beschlossen William Shatner und Michael Tobias, gemeinsam einen Roman zu verfassen. In *Believe* tut sich der Meisterzauberer

Harry Houdini mit dem Schriftsteller Sir Arthur Conan Doyle zusammen, dem Schöpfer von Sherlock Holmes. Dieses ungewöhnliche Team sucht nach Beweisen für ein Leben nach dem Tod, nachdem ein anerkanntes Wissenschaftsmagazin einen weltweiten Wettbewerb ausgeschrieben hat. Houdini ist sehr versiert darin, Hellseher und Medien als Betrüger zu entlarven, während Doyle fest an okkulte Mächte und die Möglichkeit der Kommunikation mit Toten glaubt.

Der Roman wurde 1992 vom Verlag Putnam veröffentlicht. Shatner gab ein Theaterstück nach diesem Buch in Auftrag und hoffte, daß das Shubert Theater in New York es aufführen würde, doch die Finanzierung konnte nicht gesichert werden, so daß nichts aus diesen Plänen wurde. Shatner wollte selbst als Houdini auftreten, während Leonard Nimoy sich bereit erklärte, die Rolle des Doyle zu spielen.

1993 zahlte der Verlag Harper Collins 750 000 Dollar an Shatner, um die Rechte an seinen Memoiren zu erwerben. Für das erste Buch, *Star Trek Memories*, führte er mehr als einhundert Stunden lang Interviews mit Leuten, die mit der Fernsehserie zu tun hatten. Das zweite Buch, *Star Trek Movie Memories*, wurde im folgenden Jahr veröffentlicht.

Wie groß der Anteil an diesen Büchern ist, den Shatner selbst geschrieben hat, ist eine Frage, die in der Verlagswelt immer wieder diskutiert wird. Ron Goulart, der anerkanntermaßen sein Co-Autor bei der *TekWar*-Serie ist, arbeitet allem Anschein nach die Entwürfe oder Exposés aus, die von Shatner verfaßt werden. Shatner hat zugegeben, daß Goulart einen enormen Teil der Arbeit übernommen hat, doch auf die Frage, wie groß dieser Anteil genau war, antwortet Goulart nur: »Was immer Bill Ihnen gesagt hat, ich werde es bestätigen.«

Als Co-Autor seiner Memoiren fungierte Chris Kreski, der Redaktionsleiter von MTV und Verfasser einiger Episoden der Zeichentrickserie *Beavis and Butthead*. Kreski hat schon zuvor mit Hollywood-Stars zusammengearbeitet; so schrieb er das Buch *Growing Up Brady* mit Barry Williams. Auch

Kreski, der die Zusammenarbeit als das ›majestätische Wir‹ charakterisierte, hat sich geweigert, Angaben zum Umfang von Shatners Arbeitsanteil zu machen.

Im September 1994 unterschrieb Shatner einen Vertrag mit Pocket Books über zwei *Star Trek*-Romane, in denen es um die Fortsetzung der Abenteuer von Captain Kirk gehen soll. Er erklärte, er sei ›fasziniert und begeistert‹ gewesen, als sich die Möglichkeit der *Star Trek*-Bücher ergab, da er schon immer auf dem weiten Feld der *Star Trek*- Literatur hatte arbeiten wollen.

Shatner handelte einen sechsstelligen Vorschuß aus und forderte dann noch einmal eine fünfstellige Summe für Ron Goulart. Die Spekulationen über die möglichen Handlungen kreisen um Shatners abgelehnte Ideen für *Star Trek*-Filme, zum Beispiel die Suche der *Enterprise* nach dem Jungbrunnen und ein Zerwürfnis zwischen Kirk, Spock und McCoy.

Ein stellarer Komödiant

»Ich bin im Grunde meines Wesens ein Clown«, gab Shatner einmal zu. »Jeder, der mit mir zusammengearbeitet hat, kann Ihnen das bestätigen. Es gefällt mir, Menschen zum Lachen zu bringen.«

Manche Leute sagen, Shatners Komikerkarriere begann mit den humoristischen Einlagen in einigen *Star Trek*-Episoden und entwickelte sich zu ausgewachsenen Nummern, wie er sie 1991 als Gastgeber der Fernsehsendung *An Evening at the Improv* zum Besten gab. Andere Leute behaupten jedoch, daß einige von Shatners ernst gemeinten Vorstellungen so schlecht waren, daß sie eigentlich nur komisch gemeint sein konnten.

Darunter fallen auch seine sämtlichen Versuche als Sänger. Zwei Stücke von seinem 1968 herausgebrachten Album *The Transformed Man* wurden für eine ironisch gemeinte Zusammenstellung prominenter Sänger mit dem Titel *Golden Throats* ausgewählt, die 1990 von Rhino Records veröffentlicht wurde.

Shatner konnte niemals eine Melodie halten und brachte sich jedesmal in Verlegenheit, wenn er es versuchte. Den absoluten Tiefpunkt erreichte er 1977 während der Preisverleihung der Academy of Horror and Science-fiction. Er trat mit einem über die Schulter drapierten Sakko auf die Bühne und sah aus wie eine Kreuzung zwischen Dean Martin und einem Vertreter. Die Schauspielerin Susan Tyrell erhielt bei dieser Veranstaltung einen Preis, doch am besten ist ihr Shatners Gesang im Gedächtnis geblieben.

»Ich erinnere mich an den gräßlichen William Shatner, wie er ›Rocket Man‹ sang«, sagte sie. »Ich habe nur auf seine Schuhe gesehen. Er trug diese Samtschuhe mit einem ›WS‹ darauf. Er konnte überhaupt nicht singen. Er rauchte und sprach den Text zwischen den Zügen. Es war gleichzeitig grauenhaft und urkomisch.«

Zur Verleihung der MTV Music Awards interpretierte Shatner etliche der nominierten Songs. Seine einzige Begleitmusik kam von einem Xylophon und Bongos. Dabei präsentiert er eine äußerst unerotische ›Sexy‹-Version von ›Rescue Me‹ und trug eine weiße, schaumartige Perücke, als er das Stück ›I Want to Sex You Up‹ sang. Viele Leute haben auf diesen Auftritt mit Verblüffung und Ratlosigkeit reagiert.

Shatner demonstrierte sein komödiantisches Talent mit Kurzauftritten in den Serien *Mork and Mindy* und *Police Squad* sowie als Gastgeber von *Saturday Night Live*. 1982 trat er als Buck Murdock, der Kommandant der Mondbasis Alpha Beta, im Film *Airplane II: The Sequel* auf. In dieser Parodie auf Flugzeug-Katastrophenfilme, die in der Zukunft spielt, geht es um das Mondshuttle, das durch einen verrückten Bombenleger bedroht wird. Shatners Rolle ist im Grunde eine Parodie auf Captain Kirk.

Shatner hatte außerdem einen Kurzauftritt als Captain Kirk im Film *Bill and Ted's Bogus Journey* (1992), doch seine größte komische Rolle hatte er in *National Lampoon's Loaded Weapon I* (1993). Dort spielt er den General Mortars, einen fiesen Offizier aus Südamerika, der Kokain in Keksen unter die Leute bringen will. Emilio Estevez und Samuel Jackson wollen ihn davon abhalten. Obwohl *Variety* Shatner vorwarf, es ›auf beunruhigende Weise zu übertreiben‹, fanden die meisten Kritiker seine Vorstellung wirklich komisch.

»Den haarsträubendsten und vergnüglichsten Auftritt hat William Shatner«, schrieb der *San Francisco Examiner*, »und zwar als Schurke mit lächerlichem Toupet und Bananenrepublikkostüm, der mit Genuß Piranhas verspeist.« *USA Today* war derselben Ansicht: »Die beste Rolle hat William Shatner, der als schnauzbärtiger General Mortars den Oberschurken gibt.«

Notruf!

Seit 1990 hat Shatner die erfolgreiche Sendereihe *Rescue 911* moderiert, die im selben Jahr den People's Choice Award als beliebteste neue Fernsehreihe gewonnen hatte. Sie war eine der ersten Reality-Serien im Fernsehen, die zur Nachstellung dramatischer Rettungsaktionen gelegentlich mit den Menschen arbeitete, die tatsächlich in die Unfälle verwickelt waren. Es heißt, daß *Rescue 911* durch die vorgestellten Rettungstechniken über 300 Menschenleben retten konnte, und inzwischen ziert Shatners Gesicht den Umschlag des offiziellen *First Aid Handbook* (›Erste-Hilfe-Handbuch‹), das vom National Safe Council herausgegeben wird.

Zu Anfang hatte Shatner die Aufregung und Spannung gereizt, die mit dieser Reihe verbunden waren. Er gab zu, daß er von der großen Dramatik fasziniert war, die durch Menschen erzeugt wurde, die überhaupt nicht auf die Kamera achteten, weil sie mit Situationen zu tun hatten, in denen es um Leben oder Tod ging. Doch im Laufe der Zeit spürte Shatner, wie sein soziales Gewissen immer größer wurde.

»Für mich ist *Rescue 911* die beste Sendung des Fernsehens. Hier muß ich häufiger lachen oder weinen als bei jeder anderen Sendung. Sie ist voller Wunder. Es sind 300 Fälle dokumentiert, in denen sie dabei geholfen hat, Menschenleben zu retten, doch in einer Radiosendung in New York habe ich einen kleinen Jungen gehört, der erzählte, wie er seiner Großmutter das Leben retten konnte, weil er etwas durch die Sendung gelernt hatte. Doch die tatsächliche Wirkung dieser Sendung dürfte um ein Vielfaches größer sein; vermutlich wurden Tausende von Menschenleben gerettet. Das ist ein überwältigendes Ergebnis. *Rescue 911* ist eine Sache, auf die ich besonders stolz bin.«

Bei mindestens drei Gelegenheiten war Shatner selbst beteiligt, als die amerikanische Notrufnummer 911 gewählt werden mußte. Als er im September 1983 einen Spaziergang am Strand vor seinem Haus nördlich von Malibu machte, sah er einen Mann und einen Jungen im Wasser um Hilfe rufen. Shatner sprang in die heftige Brandung und konnte den Jungen über Wasser halten, während der Mann loslief, um weitere Helfer zu holen.

Dann wurde Shatner Zeuge eines Autounfalls, bei dem einer der Insassen verletzt wurde. Mit seinem Autotelefon wählte er den Notruf und forderte einen Krankenwagen an. Als die Telefonistin ihn nach seinem Namen fragte und er mit ›William Shatner‹ antwortete, mußte er sie zunächst einmal davon überzeugen, daß es sich nicht um einen Scherz handelte.

Es war auch kein Scherz, als Shatner erlebte, wie seinetwegen der Notruf alarmiert werden mußte. Bei einer Pferdeshow im Frühling 1993 geriet das Tier, auf dem Shatner ritt, plötzlich in Panik. Das Pferd bäumte sich auf und stürzte auf den Star. Die Muskeln und Bänder in seinem linken Bein waren angerissen, so daß er sich einer monatelangen Therapie unterziehen mußte. Zuerst wollte er gar nicht wahrhaben, daß er verletzt war. Er versuchte mehrere Male aufzustehen und zu gehen, fiel jedoch immer wieder hin, bis man ihn zwang, ruhig liegenzubleiben. Dann wollte er nicht, daß man ihn in den Krankenwagen steckte, und machte einen Riesenkrach auf dem ganzen Weg ins Krankenhaus.

»Es war komisch«, erinnerte er sich. »Das Pferd scheute und fiel auf mich, und als ich aufzustehen versuchte, ging es nicht. Dann kam der Krankenwagen und man wollte mir Sauerstoff geben, aber ich wollte keinen Sauerstoff. Dann versuchten sie, mir eine intravenöse Injektion zu geben, und die Kanüle rutschte ständig hin und her. Es war überhaupt nicht wie in meiner Fernsehsendung *Rescue 911*. Es war viel schmutziger. Dieser Kerl, der sich über mich beugte, transpirierte so heftig, daß sein Schweiß auf mich tropfte.«

Ein menschlicher Dynamo

Die meisten seiner Freunde charakterisieren Shatner als einen Menschen, für den die Vorstellung, sich aus irgendeinem Grund hinlegen zu müssen, kaum zu ertragen ist. Sich zu entspannen, widerspricht seiner Natur, da er vom unbezähmbaren Drang getrieben wird, körperlich aktiv zu bleiben.

»Ich liebe körperliche Betätigung«, sagte er zu einem Reporter. »Ich glaube, hinter allem, was wir tun, steht das Ziel, eins mit uns selbst zu sein. Ich bewundere Menschen, die losziehen und die Natur herausfordern, denn sie sind dazu bereit, Erfahrungen zu machen. Sie beobachten das Leben nicht nur, sie nehmen daran teil.«

Als Shatner seinen ersten Fallschirmsprung machte, sprang er in totaler Hysterie aus dem Flugzeug. Nachdem er gelandet war, fragte sein Lehrer, der an seiner Seite gesprungen war, ob der Star sich bewußt sei, daß er die ganze Zeit aus vollen Lungen geschrien hatte. Shatner antwortete, für ihn sei es die einzige Möglichkeit gewesen, ›dieses schreckliche Gefühl rauszulassen‹.

Shatner ist ein erfahrener Reiter und hat schon zweimal das blaue Band im Wettbewerb der American Saddlebreds in fünf Gangarten bei der National Horse Show gewonnen, und 1994 errang er den Sieg in allen vier Wettbewerben in der Amateurklasse für diese Rasse. Es dürfte kaum überraschen, daß Shatner eine sexuelle Erregung beim Reiten verspürt.

»Es gibt starke Parallelen zwischen der Liebe und dem Reiten eines Pferdes«, gab er zu. »Man muß seinen Körper einsetzen, man muß die Hände benutzen, und man muß das Pferd lieben. Es ist wie eine elegante Dame.«

Ähnlich wie bei einigen von Shatners Schauspielerkolleginnen haben auch seine Pferde nicht immer entgegenkommend auf seine Annäherungsversuche reagiert, so daß er mehrere schwere Stürze erleben mußte. Das Hauptproblem bestand jedesmal darin, Shatner von der Tatsache zu überzeugen, daß er verletzt sein könnte. Es war genauso schwierig, als würde man versuchen, ein krankes Pferd dazu zu bringen, sich hinzulegen. Viele seiner Schauspielerkollegen haben immer wieder über sein Durchhaltevermögen und seine Schmerzunempfindlichkeit gestaunt.

Die Wahrheit ist, daß Shatner einfach nicht kürzertreten will. Er glaubt, daß körperliche Betätigungen ihn jung halten, nachdem er sein ganzes Leben lang nach dem Jungbrunnen gesucht hat. Da er immer auf gutes Aussehen bedacht ist, hat er sich verschiedenen kosmetischen und gesundheitlichen Behandlungen unterzogen, um sein Erscheinungsbild zu optimieren.

Eine Zeitlang gab er 2000 Dollar pro Monat aus, damit sein Haarteil stets frisch aussah. Bei einer Hollywood-Umfrage landete er zusammen mit Sean Connery auf dem ersten Platz, als es darum ging, welche Schauspieler die erfolgreichsten Anstrengungen unternahmen, ihren ›Kahlschlag‹ zu vertuschen. Shatners Erfolg war so groß, daß er immer wieder Anfragen nach ›Haarspenden‹ erhielt. Dutzende verzweifelter Männer baten ihn um Summen zwischen 500 und 10 000 Dollar, um sich Perücken oder kostspielige Haarbehandlungen leisten zu können. Obwohl Shatner sich für mehrere wohltätige Zwecke engagierte, hat er bislang jede dieser Anfragen abgewiesen.

Shatner hat mit Sean Connery, Burt Reynolds, Tony Bennett, Rob Reiner und Rip Taylor eins der bekanntesten ›Geheimnisse‹ von Hollywood gemeinsam – alle sind kahl. Doch Shatner wäre der letzte, der es jemals zugeben würde.

Während des Werberummels für *Star Trek: Generations* im November 1994 erklärte Shatner sich zu einem telefonischen Interview mit dem Radiosender WFLA oder ›Power Pig‹ aus Tampa in Florida bereit. Irgendwann sprach der Diskjockey M. J. Kelly das Tabu-Thema an: »Ich hoffe, Sie haben nichts gegen diese Frage einzuwenden. Es geht um das Toupet. Es ist das beste, das ich je gesehen habe.« »Ich trage kein Toupet«, erwiderte Shatner schroff. »Das ist die dümmste Frage, die ich je gehört habe. ›M. J.‹ scheint die Abkürzung für ›Most Jerk‹ (›Größter Trottel‹) zu sein. Das ist eine dumme Frage von einem dummen Menschen.« Mit diesen Worten hängt Shatner ein und unterbrach abrupt das Telefoninterview.

In einem Interview mit dem *Playboy* sagte er einmal: »Es gibt eine Handvoll Leute, die wie ich mit dem Fernsehen aufgewachsen sind. Ich bin seit den frühen Fünfzigern auf dem Bildschirm zu sehen und konnte beobachten, wie ich zu dem heranwuchs, was ich heute bin. Alte Fotos auf dem Dachboden herauszukramen, ist eine Sache. Aber wenn man sich selbst auf dem Fernsehbildschirm sieht, wie man herumläuft, und sich dann mit dem gegenwärtigen Bild vergleicht – das ist hart. Doch ich glaube, wenn ich immer wieder bis an die Grenzen meiner Fähigkeiten gehe, kann ich mir die Illusion verschaffen, daß ich nicht abbaue. Das bedeutet, daß ich früher aufstehe und versuche, mehr zu tun als in früheren Jahren. Ich halte meinen Geist für neue Ideen geöffnet. Vielleicht ist das nur eine Illusion, aber ich kann mit dieser Illusion ganz gut leben.«

Shatners Freunde

Einer von Shatners wenigen Freunden aus der *Star Trek*-Zeit ist Leonard Nimoy. Zeitweise waren Leonard und Susan Nimoy Nachbarn der Shatners, die auf dem selben Hügel mit Blick über Los Angeles wohnten. Die zwei Männer wurden zu engen Freunden, nachdem sie gelernt hatten, die gegensätzliche Persönlichkeit des anderen als Ergänzung ihrer eigenen zu sehen. In solchen Beziehungen liegt eine große Kraft, wie es deutlich wurde, wenn Spock und Kirk gemeinsam auf der Brücke arbeiteten und sich ein perfektes Gleichgewicht zwischen logischer Vernunft und spontaner Intuition einstellte.

»Er ist ein sehr leidenschaftlicher Mensch«, sagte Nimoy über Shatner. »Er stürzt sich in alles hinein. Er hat seine Bücher und seine Pferde. Manchmal ziehe ich ihn auf und sage: ›Bill, warum machst du nicht endlich mal was aus deinem Leben?‹«

»Als wir immer engere Freunde wurden«, offenbarte Shatner, »verstärkte sich auch das Geben und Nehmen zwischen Spock und Kirk, das aus purer Freude an der gemeinsamen Arbeit entstand. Wir entwickelten so etwas wie eine private Geheimsprache, und wenn Leonard hört, wie ich verzweifelt nach Worten suche, um zu erklären, warum mir irgend etwas gefällt oder nicht gefällt, dann sagt er jedesmal: ›Was Bill damit sagen will, ist folgendes...‹ Ich versuche, diplomatisch zu sein, während Leonard dazu neigt, die Dinge viel direkter auszusprechen.«

Zusammen mit seinem Freund Nimoy hofft Shatner, eine kleine Fernsehserie mit dem Titel *Deadly Games* für ABC zu produzieren und zu inszenieren. Darin geht es um die Abenteuer der Spieler eines Virtual-Reality-Spiels.

Eine weitere Zusammenarbeit von Nimoy und Shatner ist für den Fernsehfilm *Underground* geplant. Nimoy soll in der geheimnisvollen Detektivgeschichte die Hauptrolle spielen, und Shatner wird Regie führen. Die Firma Atlantis Film hat zugesagt, den Film zu produzieren.

Shatner ist heute noch mit einem weiteren seiner Serienkollegen befreundet, nämlich mit Adrian Zmed, der die Rolle des Vince Romano in *T. J. Hooker* spielte. Als die Serie 1985 zu einem anderen Sender wechselte, verließ Zmed lieber die Produktion, als eine geringere Gage in Kauf zu nehmen, doch in den Folgejahren haben die beiden den Kontakt nicht abbrechen lassen.

Ein anderer guter Freund ist David Carradine, der den Caine in der Serie *Kung Fu* spielte. Die zwei Männer haben ein gemeinsames Interesse an östlicher Philosophie und konsultieren gelegentlich dieselben Hellseher. Shatner lernte Carradine kennen, als er 1974 in einer Folge von *Kung Fu* auftrat. Fast zwanzig Jahre später machte Carradine seinem Freund das Angebot, bei einer Episode der Neuauflage *Kung Fu: The Legend Continues* Regie zu führen.

Wer ist Bill Shatner?

»Ich bin mehr als nur ein Schauspieler«, gab Shatner in einem Moment seltener Offenheit zu. »Ich bin William Shatner, der Mensch. Wer das ist, weiß ich selbst nicht genau. Vielleicht sehen andere Menschen Aspekte in mir, die mir selbst nicht bewußt sind. Ich versuche nur, ich selbst zu sein, mit allen meinen Unzulänglichkeiten. Ich bitte die Fans darum, mich wie einen von ihnen zu sehen. Für die Öffentlichkeit bin ich zufällig ein Schauspieler, aber trotzdem bin ich ein genauso schwacher und scheinheiliger Mensch wie jeder andere. Ich strebe danach, mehr zu sein, aber ich kann dieses Ziel nie erreichen.«

Wenn wir die Sterne befragen, um die einzigartige Persönlichkeit dieses Menschen besser zu verstehen, stellen wir fest, daß er im Sternzeichen des Widders geboren wurde. Nach der Stellung der Sterne und Planeten zum Zeitpunkt seiner Geburt ist er ›voller Enthusiasmus und kreativer Energie, jederzeit dazu bereit, seine Energie neuen Unternehmungen zu widmen, Hindernisse zu überwinden und nach neuen Herausforderungen zu suchen‹. Andererseits ist er sehr ›eigenwillig und lehnt selbst konstruktive Kritik ab‹.

Nach seinem Geburtshoroskop hat Shatner das starke Bedürfnis, andere zu führen, als erster fertig zu werden und ›sich selbst mehr durch Taten als durch Worte zu beweisen‹. Doch manchmal entwickelt er einen übermäßigen Ehrgeiz und beginnt mit einer Sache, ohne ihr die notwendige Aufmerksamkeit und Vorbereitung zu widmen.

Er ist unruhig, voller Energie und gleichzeitig emotional unbeständig, während er dazu neigt, ›eher mit Gefühl als mit rationaler Überlegung auf Ereignisse und Menschen zu reagieren‹. Gleichzeitig hat er Schwierigkeiten damit, seine tiefsten Gefühle auszudrücken. Wenn er spricht, setzt er gerne ›energische Gestik und Mimik‹ ein.

Sein Horoskop behauptet weiter, daß seine Liebe zum Sport ihm große Ausdauer verleiht, doch in Liebesbeziehungen ist er sehr impulsiv. Er fühlt sich von ›üblichen Moralvorstellungen zu sehr eingeengt und sucht nach eigenen Verhaltensrichtlinien in persönlichen Beziehungen‹. Außerdem schenkt er den praktischen Problemen einer dauerhaften Partnerschaft nur wenig Beachtung.

Er beweist in allen seinen Unternehmungen gesunden Menschenverstand, besitzt eine schnelle Auffassungsgabe und erledigt viele Dinge mit reiner Willenskraft, obwohl er auch ›über eine lebhafte Fantasie verfügt und gelegentlich melodramatisch werden kann‹. Obwohl er ein großes Talent zum Schreiben oder zur Kunst besitzt, könnte dieser ›kreative und leidenschaftliche‹ Mensch dazu neigen, ›sich ohne Rücksicht auf die Ansichten oder Gefühle anderer durchzusetzen‹. Die Menschen, die Shatner seit Jahrzehnten kennen, die mit ihm zusammengearbeitet haben oder Beziehungen zu ihm hatten, hätte seine Persönlichkeit nicht besser beschreiben können.

Shatner hat schon immer an die Kunst der Intuition geglaubt und berät sich regelmäßig mit Hellsehern. Alle sind übereinstimmend der Meinung, daß Shatners Aura außergewöhnlich stark ist. Sie sagen, ihre Farbe wechselt von metallischem Gold, wenn er gute Laune hat, zu schwarz gesprenkeltem Rot, wenn er wütend ist. Doch ganz gleich, in welchem Zustand er sich befindet, seine Aura strahlt jederzeit viel Kraft aus. Zwei Hellseher, die mit Shatner zu tun hatten, sagten mir, seine Ausstrahlung sei so stark, daß sie ihn sogar am Telefon identifizieren können, bevor er auch nur ein Wort gesprochen hat, oder ihn in einem überfüllten Saal erkennen würden, selbst wenn er sich verkleidet hätte.

Natürlich war Shatner an einem entscheidenden Punkt seines Lebens davon überzeugt, in telepathischem Kontakt mit einer außerirdischen Intelligenz zu stehen. Dies war eines der bedeutendsten Ereignisse seines Lebens, und vielleicht hat seine legendäre Aura etwas damit zu tun. Obwohl er nicht zum Gesandten einer außerirdischen Macht erwählt wurde, hat Shatners Karriere doch dazu beigetragen, unser aller Bewußtsein für das Raumfahrtzeitalter zu erweitern.

Seine vielseitige Karriere faßte er einmal folgendermaßen zusammen: »Ich glaube, selbst wenn ich in meinem Leben nichts mehr auf die Beine stelle, habe ich doch schon einen großen Beitrag geleistet. Durch *Star Trek* im Fernsehen und auf der Leinwand hat Captain Kirk einen Eindruck im Bewußtsein einer ganzen Generation hinterlassen, und es ist doch nicht schlecht, wenn man mich in diesem Zusammenhang nicht vergißt.«

Kirks Tod

Trotz seiner Haßliebe zu Kirk war es für Shatner sehr schwer, diese Rolle aufzugeben. Kirks Tod am Ende von *Star Trek: Generations* zu drehen, wurde für ihn zu einer traumatischen Erfahrung. Shatner hatte sich schon viele Monate zuvor wegen dieses unvermeidlichen Augenblicks Sorgen gemacht. Er war nicht sicher, ob er das Richtige tat, ob er mit dem Tod einer Figur zurechtkommen würde, der er so viele Jahre lang Leben eingehaucht hatte.

Für Shatner starb mit Captain Kirk ein weiterer Teil von ihm selbst. Er hatte kurz zuvor im Jahre 1993 seine Mutter Anne verloren. Im folgenden Jahr wurde er nach zwanzig Jahren Ehe von seiner zweiten Frau geschieden, während er sich dem Pensionsalter näherte. Damit drängten sich ihm geradezu zwangsläufig Gedanken über seinen eigenen Tod auf.

Sterben und Alter waren für Shatner immer heikle Themen gewesen. Seine Korsetts und Toupets, sein Gesundheitsfimmel und sportliches Training gehörten zu seiner Strategie, ein jugendliches Aussehen zu bewahren. Erstaunlicherweise hob er selbst keine Fotos von sich auf, weil er nicht sehen wollte, ›wie die harte Realität der vergangenen Zeit sich in schonungslose Fotografien graviert‹.

»Die Vorstellung meines eigenen Todes hat mich immer an den Rand der Hysterie gebracht«, gestand er. »Von allen furchterregenden Dingen in der Welt – verlassen zu werden, einsam zu sein, hilflos zu sein – ist das Sterben für mich das Erschreckendste. Die meiste Zeit kann ich mich zur Vernunft rufen, doch immer wieder entgleitet die Furcht meiner Kontrolle, so daß ich atemlos vor Angst bin.«

Kirk sollte dem Tod in der Wüste eines vor Urzeiten ausgetrockneten Sees ins Auge blicken, an einem Ort, der dem sehr ähnlich war, wo Shatner siebenundzwanzig Jahre zuvor eine unheimliche Begegnung der dritten Art mit einem unerklärlichen UFO gehabt hatte.

Was hatte Shatner gesehen? Zum heutigen Zeitpunkt ist diese Frage sicherlich nur schwer zu beantworten. In den Monaten vor Shatners Erlebnis wurden zahlreiche Sichtungen seltsamer Objekte aus derselben Gegend gemeldet, und seine Beschreibung ist fast identisch mit der eines tamburinförmigen Flugobjekts, das fünf Jahre zuvor von Betty und

Barney Hill in der Nähe der Niagara-Fälle gesehen wurde, wo sie angeblich von Außerirdischen entführt wurden. Obwohl Shatner sich niemals einer sogenannten ›Rückführung‹ unter Hypnose unterzogen hat, erzielte er beachtliche 85 Prozent bei einem ›Test zur Indikation einer Begegnung mit Außerirdischen‹, der vom klinischen Psychologen und UFO-Forscher Dr. Richard Boylan entwickelt wurde.

Interessanterweise war William Shatner nicht das einzige Mitglied der *Star Trek*- Besetzung, das ein UFO gesehen hat. DeForest Kelley, seine Frau Caroline und ein Freund der Familie bemerkten etwas, das wie ein fliegendes Raumschiff aussah, als sie mit dem Auto durch die Sümpfe von Louisiana nach Montgomery in Alabama fuhren. Dieses Ereignis fand 1950 statt und wurde von Dutzenden weiterer Zeugen aus der Umgebung von Montgomery bestätigt. Kelley erhielt später Besuch von einem UFO-Ermittler der Regierung, der ihm verriet, daß dieses UFO nie glaubhaft erklärt werden konnte.

»Es ist genau die abgedroschene Geschichte, die man schon oft gehört hat«, enthüllte Kelley vor kurzem während einer *Star Trek*-Convention. »Es war ein langes, zigarrenförmiges Objekt, von dem an der Seite blaue und grüne Flammen ausgingen. Also dachte ich, daß kein Mensch auf der Welt uns diese Geschichte abkaufen würde. Wir sahen das UFO, das vielleicht eine Länge von 200 Metern hatte, wie es vor uns vorbeiflog und dann einen Strahl nach unten ausschickte. Hinten blinkten rote Identifikationsstreifen. Ich weiß, was ich gesehen habe, aber das ist alles, was ich weiß.«

»Ich bin überzeugt, daß jeder der *Star Trek*-Schauspieler ähnliche Erfahrungen gemacht hat«, witzelte Walter Koenig, der ein kugelförmiges UFO vor seinem Schlafzimmerfenster sah, als er zehn Jahre alt war. »Wir sind nicht nur acht oder neun Schauspieler. Wir sind etwas Besonderes! Wir wurden von etwas berührt! Durch *Star Trek* haben wir die verantwortungsvolle Aufgabe übernommen, unsere Welt in Kontakt mit anderen Welten zu bringen. Wir sind Auserwählte!«

Doch es gibt viele, die Koenigs Worte nicht als Scherz aufgefaßt haben. Nach der Einstellung von *Star Trek* hatte Gene Roddenberry mit einer Gruppe zu tun, die glaubte, in telepathischem Kontakt mit Außerirdischen zu stehen. Viele Jahre lang dachte Shatner darüber nach, ob er einer der ›Auserwählten‹ war. Und Leonard Nimoy wurde bei mehreren Gelegenheiten von Menschen angesprochen, die überzeugt waren, er sei zu uns geschickt worden, ›als Übermittler gewisser Ideen, die der Menschheit bekannt gemacht werden sollten‹.

Ein Teil des Geheimnisses von *Star Trek* besteht in der Art und Weise, wie unsere tiefsten menschlichen Hoffnungen und Träume dadurch angeregt wurden. Wenn der Psychologe C. G. Jung recht hat, könnte dieser Pool parapsychologischer Energien sogar für die Sichtung fliegender Untertassen verantwortlich sein. In der ganzen Welt gab es Meldungen über UFOs, die den Raumschiffen der Klingonen und der Föderation ähneln. Im September 1992 wurde ein UFO ›mit einer verblüffenden Ähnlichkeit zum Raumschiff *Enterprise*‹ von zahlreichen Zeugen in Cheesefoot Head in der englischen Grafschaft Hampshire beobachtet. Es wurde außerdem gesichtet und fotografiert, wie es über mysteriösen Kornkreisen schwebte, obwohl inzwischen bewiesen wurde, daß dieses Phänomen menschlichen Ursprungs ist.

Eine genaue Aussage über die Bedeutung dieser seltsamen Objekte ist unmöglich, aber aller Wahrscheinlichkeit nach spielt der menschliche Geist eine wichtige Rolle beim Zustandekommen dieses Phänomens. UFO-Erfahrungen könnten‹ Durchbrüche in andere Dimensionen darstellen, eine erweiterte Art von Geistererscheinung, oder es ist nur unsere rechte Gehirnhälfte, die unsere linke Gehirnhälfte daran zu hindern versucht, uns ein allzu rationales Bild der Wirklichkeit zu vermitteln. Diese Erfahrung ist erstaunlich weit verbreitet und dennoch unvorhersagbar, beinahe als sollte die Menschheit durch diese Phänomene auf etwas Sensationelles vorbereitet werden.

Mit dieser Vorbereitung auf die ›richtige Geisteshaltung‹ hat auch Shatner seine UFO-Begegnung interpretiert. Die Erfahrung hat sein Leben in vielerlei Hinsicht geändert, vor allem was seine Einstellung zu seiner Rolle in *Star Trek* betraf. Shatner gewann mehr Respekt vor der Figur, der er sein Leben eingehaucht hatte, denn es war Captain Kirk, der ihm zu einer neuen Perspektive verholfen hatte, um das Universum mit ganz anderen Augen zu sehen.

Diese Beziehung zu einem aufregenden und hoffnungsvollen Teil seines Lebens war mit dafür verantwortlich, daß es Shatner so schwer fiel, Captain Kirk sterben zu lassen. Doch am späten Nachmittag seines letzten Drehtages wurde Shatner plötzlich von dem Gefühl überwältigt, daß er sich nun endgültig von Captain Kirk trennen konnte. Er unterbrach die Dreharbeiten und fragte den Regisseur David Carson, ob sie jetzt sofort Kirks Sterbeszene drehen könnten. Das würde zwar den Drehplan komplett über den Haufen werfen, doch Carson war einverstanden.

Shatner nahm seine Position ein – auf dem Rücken liegend, unter den Trümmern eines zusammengebrochenen Laufstegs am Grund einer Schlucht, in der Nähe von Sorans Raketenabschußrampe. Picard eilt Kirk zu Hilfe, doch es ist bereits zu spät. Während die Kamera über Patrick Stewarts Schulter blickt und sich auf Shatners Gesicht konzentriert, murmelt er: »Es hat Spaß gemacht.« Dann keucht er ein schwaches ›Oh, mein…‹ Dieser letzte Ausruf, der nicht im Drehbuch stand, wurde von etwas inspiriert, das Shatner hoch oben in den Wolken sah.

Kurz bevor er seinen letzten Atemzug als Kirk aushauchte, blickte Shatner am Kameramann vorbei in den Himmel, während er wie ein Sterbender ein letztes Mal den Anblick dieser Welt in sich aufnahm. Und dort, hoch oben am Himmel, schwebte völlig lautlos ein silbrig glänzendes UFO. Für Kirk mochte dies sein letzter Blick auf die *Enterprise* im Orbit oder sein erster Blick ins Leben nach dem Tode gewesen sein. Für Shatner könnte das UFO, wie er es später beschrieb, ein ferner

Jumbo-Jet gewesen sein, der lautlos durch die Wolken flog. Oder es könnte die tamburinförmige fliegende Untertasse gewesen sein, die endlich zurückgekehrt war, um ihn zu Gott zu bringen.

Quellenangaben

Artikel und Bücher

Anon., ›Star Trek: The Motion Picture‹, in: *Starlog* 151, April 1978.

Anon., ›Shatner Interview‹, in: *Enterprise Incidents*, Herbst 1986.

Anon., ›The Final Voyage of Captain Kirk‹, in: *Star Trek: The Official Fan Club* 85, Mai/Juni 1992 (The Official Fan Club, P. O. Box 111000, Aurora, CO 80011, USA).

Anon., ›Star Trek Stars Trek‹, in: *People*, 20. 7. 1992.

Anon., ›Interview with Ron Asheton‹, in: *Motorbooty* 5, Frühling 1994.

Anon., ›Star Trek: The Ultimate Trip Through the Galaxies‹, in: *Entertainment Weekly Special Edition*, 18. 1. 1995.

Altman, Mark, ›The Making of Star Trek VI‹, in: *Cinefantastique*, April 1992.

Andrews, Shelley, ›How a Star Treks to the Barbary Coast‹, in: *Movie Scene*, Mai 1975.

Asherman, Allan, *Star Trek Interview Book* (New York: Pocket Books, 1988).

Bacon, James, ›Review of *The Celebrity Kosher Cookbook*‹, in: *Los Angeles Times*, 7. 12. 1975.

Bacon-Smith, Camille, *Enterprising Women: Television Fandom and the Creation of Popular Myth* (Philadelphia: University of Pennsylvania Press, 1992).

Beckley, Timothy Green, *UFOs Among the Stars* (New York: Global Communications, 1992).

Beeler, Michael/Uram, Sue, ›Generations‹, in: *Cinefantastique*, Dezember 1994.

Buchalter, Gail, ›Star Trek's Straight Arrow Scores with a New Generation of Trekkies‹, in: *People*, 5. 7. 1982.

Cleaves, Henderson, ›Shatner Finds Dream Rules‹, in: *New York World Telegraph & The Sun*, 13. 9. 1964.

Crain, Mary Beth, ›Shatner Treks on to Live Shows‹, in: *Chicago Sun Times*, 28. 5. 1978.

Counts, Kyle, ›The Cat with Nine Lives‹, in: *Starlog* 153, April 1990.

de Turenne, Veronique, ›Looking Ahead: Shatner Leads Tek-War Symposium‹, in: *Los Angeles Daily News*, 2. 6. 1993.

Dillard, J. M., *Star Trek: Where No One Has Gone Before* (New York: Pocket Books, 1994).

Drennan, Kathryn, ›James Doohan: Daredevil of the Skies‹, in: *Starlog* 146, Juli 1989.

Eisenberg, Lawrence, ›Insider Grapevine‹, in: *TV Guide*, 10. 6. 1989.

Elwood, Roger, ›William Shatner's Personal Tragedy‹, in: *TV Star Parade*, April 1968.

Engel, Joel, *Gene Roddenberry: The Myht and the Man Behind Star Trek* (New York: Hyperion, 1994).

Fern, Yvonne, *Gene Roddenberry: The Last Conversation* (Berkeley: University of California Press, 1994).

Fessier jr., Michael, ›No One Upsets the Star‹, in *TV Guide*, 15. 10. 1966.

Florence, Bill, ›Tek World‹, in: *Starlog* 182, September 1992.

Gross, Ben, ›Still Many Unsolved Mysteries‹, in: *Sunday New York News*, 6. 1. 1968.

Gross, Edward, *Trek: The Lost Years* (Las Vegas: Pioneer Books, 1989).

Gross, Edward, *Trek Classic* (East Meadow: Image Publishing, 1991).

Gross, Edward/Altman, Mark, *Great Birds of the Galaxy* (East Meadow: Image Publishing, 1991).

Grove, Martin A., ›Hollywood Report: Trek Talk‹, in: *The Hollywood Reporter*, 25. 9. 1991.

Hauck, Dennis William, *William Shatner: A Bio-Bibliography* (Westport: Greenwood Press, 1994).

Haun, Harry, ›Star Trek V Turns Metaphysical in Outing to the Final Frontier‹, in: *New York Daily News*, 7. 6. 1989.

Higgins, Robert, ›The Intergalactic Golden Boy‹, in *TV Guide*, 22. 6. 1966.

Hodenfield, Jan, ›Star Trek's Shatner: His Many Enterprises Leave Him Facing a Void‹, in: *New York Post*, 3. 9. 1977.

Houston, David, ›William Shatner: Moving Right Along‹, in: *Starlog*, Oktober 1977.

Humphrey, Hal, ›When Does New York Actor Turn into a Hollywood Actor, and Why?‹, in: *Los Angeles Times*, 22. 8. 1961.

Humphrey, Hal, ›TV King of the Money Grabber? Don't Forget Movies, Theater‹, in: *Los Angeles Times*, 9. 2. 1964.

Hunter, Connie, ›Bill Shatner's Trek with Heidi‹, in: *Confidential*, Mai 1973.

Jacques, Steve, ›William Shatner: Mr. Versatility‹, in: *Fighting Stars Magazine*, Sommer 1974. Nachdruck in: *Star Trek 74* (New York: Galaxy News Service).

James, Caryn, ›Another Day, Another Voyage‹, in: *New York Times*, 9. 6. 1989.

Jankiewicz, Pat, ›Shatner Night Live‹, in: *Starlog* 175, Februar 1992.

Jankiewicz, Pat, ›Incident of the Nine‹, in: *Starlog* 192, Juli 1993.

Jankiewicz, Pat, ›Star of Zetar‹, in: *Starlog* 199, Februar 1994.

Kalech, Marc, ›Film Stars Linked to Laos Raid‹, in: *New York Post*, 31. 1. 1983.

Kent, Peter/Burton, Alex, ›Secret Heartache Behind Bust-Up of Shatner's Marriage‹, in: *Star*, 22. 2. 1994.

Koenig, Walter, *Chekov's Enterprise* (Longwood: Intergalactic Press, 1980).

Kronke, David, ›Taking the Fall‹, in: *Spirit*, Dezember 1994.

Kubasik, Ben, ›This Successful Actor Dreams of Becoming a Writer-Director‹, in: *Newsday*, Februar 1958.

Leershen, Charles/McAlevey, Peter/Huck, Janet, ›Star Trek's Nine Lives‹, in: *Newsweek*, 22. 12. 1986.

Lister, Virginia, ›Smithsonian Premieres Star Trek Exhibit‹, in: *Starland*, Frühling 1992.

Madsen, Dan, ›William Shatner: Directing Star Trek V‹, in: *Star Trek: The Official Fan Club* 58, Oktober/November 1987 (The Official Fan Club, P. O. Box 111000, Aurora, CO 80011, USA).

Marin, Rick, ›Warp Speed Ahead‹, in: *TV Guide*, 24. 7. 1993.

Michaelson, Judy, ›William Shatner by Starlight‹, in: *New York Post*, 4. 5. 1968.

Morganstern, Joseph, ›High Purpose on a Low Budget‹, in: *New York Times*, 13. 5. 1962.

Naha, Ed, ›William Shatner, Schizoid Superstar‹, in: *Starlog*, Juli 1983.

Nichols, Nichelle, *Beyond Uhura: Star Trek and Other Memories* (New York: G. P. Putnam, 1994).

Pinter, Carl, ›My Superlover Shatner – By His Mistress‹, in: *Star*, 5. 5. 1987.

Rensin, David, ›Twenty Questions: William Shatner‹, in: *Playboy*, Juli 1989.

Resner, David, › A Farewell to Kirk‹, in: *TV Guide*, 8. 10. 1994.

Ryan, Desmond, ›After Ten Years, Kirk's Back at the Helm‹, in: *Philadelphia Inquirer*, 7. 12. 1979.

Scott, Vernon, ›Is He Admiral Kirk, T. J. Hooker, or William Shatner?‹, in: *Evening Outlook*, 27. 4. 1984.

Shannon, Anthony, ›Backstage Differences Are a Family Affair: Actor William Shatner Sees Nothing Unusual in Differences of Opinion‹, in: *New York World Telegraph & The Sun*, 18. 4. 1959.

Shapiro, Marc, ›William Shatner: Shakedown Cruise‹, in: *Starlog* 144, Juli 1989.

Shapiro, Marc, ›William Shatner: Captain's Discretion‹, in: *Starlog* 145, August 1989.

Shapiro, Marc, ›In Producer Country‹, in: *Starlog* 177, April 1992.

Shatner, Lisabeth, *Captain's Log: William Shatner's Personal Account of the Making of Star Trek V* (New York: Pocket Books).

Shatner, William/Kreski, Chris, *Star Trek Memories* (New York: Harper, 1993).

– *Star Trek Erinnerungen* (München: Heyne, 1994).

Shatner, William/Kreski, Chris, *Star Trek Movie Memories* (New York: HarperCollins, 1994).

– *Star Trek Erinnerungen. Die Filme* (München: Heyne, 1996).

Shatner, William/Marshak, Sondra/Culbreath, Myrna, *Shatner: Where No Man . . .* (New York: Grosset & Dunlap, 1979).

Shepard, Richard, ›A Tale of Two Media: William Shatner Talks about TV and Stage‹, in: *New York Times*, 10. 8. 1958.

Silden, Isobel, ›Shatners Live Life in the Fast Lane, But One's in the Back Seat‹, in: *Los Angeles Times*, 24. 2. 1985.

Smith, Milburn, ›Was This Divorce Necessary?, in: *Photoplay*, Juli 1968.

Sokolsky, Bob, ›A Space Age Captain Hornblower?‹, in: *Philadelphia Bulletin*, 9. 12. 1979.

Spelling, Ian, ›Captain's Finale‹, in: *Starlog Platinum Edition* 5, Januar 1995.

Stanley, John, ›The Ultimate Trek: Search for God‹, in: *Datebook*, 4. 6. 1989.

Stark, John, ›Enterprising Leonard Nimoy Directs the Search for End-Ear-ing Spock‹, in: *People,* April 1984.

Swires, Steve, ›William Shatner: I Am Kirk‹, in: *Starlog* 52, November 1981.

Swires, Steve, ›William Shatner Part II: I Am Kirk‹, in: *Starlog*, November 1981

Swires, Steve, ›Walter Koenig on Star Trek II‹, in: *Starlog* 61, August 1982.

Takei, George, *To the Stars: The Autobiography of George Takei* (New York: Pocket Books, 1994).

Thomas, Kevin, ›Shatner Bucks Movie Trend with Films of Social Criticism‹, in: *Los Angeles Times*, 2. 2. 1966.

Van Hise, James, *The Trek Crew Book* (Las Vegas: Pioneer Books, 1989).

Van Hise, James, *The History of Trek* (Las Vegas: Pioneer Books, 1991).

Van Hise, James, *Trek: The Making of the Movies* (Las Vegas: Pioneer Books, 1992).

Whitfield, Stephen/Roddenberry, Gene, The Making of *Star Trek* (New York: Ballantine Books, 1968).

Wilson, Earl, ›Shatner Has Fan Troubles‹, in: *Los Angeles Herald Examiner*, 23. 9. 1967.

Yakir, Dan, ›The Undiscovered Kirk‹, in: *Starlog* 175, Februar 1992.

Zoglin, Richard, ›Trekking Onward‹, in: *Time*, 28. 11. 1994.

Zeitschriften

Ancient Astronauts, Juli 1977 (New York: Countrywide Publications Inc.)

Official UFO, Juli 1977 (New York: Countrywide Publications Inc.)

Star Trek Memory Book, Enterprise Spotlight Series, Januar 1985 (Tampa: New Media Publishing).

Star Trek V: The Official Movie Magazine (New York: Starlog Communications International, 1989)

Star Trek VI: The Official Movie Magazine (New York: Starlog Communications International, 1991)

Star Trek 25th Anniversary Special (New York: Starlog Communications International, 1991).

The William Shatner Connection II/4, Winter 1994 (WSC, 7059 Atoll Avenue, North Hollywood, CA 91605).

Fernsehsendungen und andere Medien

AstroQuest Desktop Astrologer (Charlotte: One Step Software, 1988).

Enterprise Incidents, Collector's Edition No. 3, 1984. (Tampa: New Media Publishing Inc.)

Fernsehinterview mit William Shatner in den Desilu Studios, Los Angeles, August 1966.
Fernsehinterview mit Patrick Stewart, KCRA-TV, 19. 11. 1994.
William Shatner's Mysteries of the Gods (New York: Hemisphere Pictures, 1977).

Persönliche Gespräche

mit William Shatner, September 1976, Februar 1977, mit Nichelle Nichols, George Takei und Walter Koenig, August und September 1994, mit David L. Ross, August 1994, mit Dr. Andrija Puharich, März 1977.

Verzeichnis der im Text erwähnten Filme, Fernsehserien, Dramen und Bücher mit deutschen Titeln

Airplane II: The Sequel – Die unglaubliche Reise in einem verrückten Raumschiff (USA 1982, Parodie auf Katastrophenfilme, Fortsetzung des ersten Teils von 1980, Regie: Ken Finkleman)

Alexander the Great – (– –) (USA 1963, Pilotfilm für eine niemals realisierte Fernsehserie, mit Shatner, Adam West, John Cassavetes, John Doucette und Joseph Cotton)

Alfred Hitchcock Presents – Alfred Hitchcock zeigt (USA 1955-65, Fernsehserie mit abgeschlossenen Geschichten, die von Hitchcock persönlich eingeleitet wurden)

The Andersonville Trial – (– –) (USA 1970, TV-Film über Kriegsverbrechen während des Sezessionskriegs, Regie: George C. Scott)

Arrest and Trial – (– –) (USA 1963-64, TV Serie über die Aufklärung und die anschließende Verurteilung eines Verbrechens, mit Ben Gazzara und Chuck Connors)

The A Team – Das A-Team (USA 1983-87, TV-Actionserie)

Attack of the Crab Monsters – (– –) (USA 1957, Monsterhorror des B-Film-Regisseurs Roger Corman)

The Babysitter – (– –) (USA 1980, TV-Psychodrama mit William Shatner)

Barbary Coast – Die Küste der Ganoven (USA 1975-76, TV-Westernserie mit Shatner und Doug ›Trampas‹ McClure)

Barnaby Jones – (– –) (USA 1973-80, TV-Detektivserie mit Buddy Ebsen in der Titelrolle)

The Bastard / Kent Family Chrinicles – (– –) (USA 1978, TV-Zweiteiler über den amerikanischen Unabhängigkeitskrieg)

Batman – Batman (USA 1966-68, TV-Serie um den Comic-Helden mit Adam West in der Titelrolle)

Batman – Batman (USA 1989, Kino-Verfilmung der Comicserie mit Michael Keaton, Regie: Tim Burton)

Ben Casey – (– –) (USA 1961-66, TV-Arztserie mit Vince Edwards in der Titelrolle)

Big Bad Mama – Big Bad Mama / Liebe, böse Mama (USA 1974, Skandalfilm mit Angie Dickinson und William Shatner, von Roger Corman produziert, Regie: Steve Carver)

Big Bad Mama II – (– –) (USA 1987, Fortsetzung mit Angie Dickinson und Robert Culp in den Hauptrollen, Regie: Jim Wynorski)

Bill and Ted's Bogus Journey – Bill & Ted's verrückte Reise in die Zukunft (USA 1992, chaotische Klamotte mit Keanu Reeves und Alex Winter, Regie: Peter Hewitt)

The Bold Ones – (– –) (USA 1969-73, TV-Reihe mit verschiedenen Serienhelden)

Bonanza – Bonanza (USA 1959-73, klassische Westernserie um Ben Cartwright und seine drei Söhne auf der Ponderosa-Ranch)

Bonnie and Clyde – Bonnie und Clyde (USA 1967, Warren Beatty und Faye Dunaway als Bankräuber und Liebespaar, Regie: Arthur Penn)

The Brothers Karamasov – Die Brüder Karamasow (USA 1958, Verfilmung des Dostojewski-Romans mit Yul Brunner und Maria Schell, Regie: Richard Brooks)

Caligula – Caligula (I/USA 1980, Film über das ausschweifende Leben des römischen Kaisers, gespielt von Malcolm McDowell, Regie: Tinto Brass)

Captain Horatio Hornblower – Des Königs Admiral (GB 1951, Gregory Peck in der Verfilmung der Romane von C. S. Forester, Regie: Raoul Walsh)

Castle in the Air – Ein Luftschloß wird gejagt (Theaterstück nach einem Detektivroman von Donald E. Westlake)

Cat on a Hot Tin Roof – Die Katze auf dem heißen Blechdach (Drama von Tennessee Williams)

Checkmate – Checkmate (USA 1960-62, TV-Detektivserie mit Anthony George und Doug McClure)

Cheers – Ein himmlisches Vergnügen/Cheers (USA 1982-93, TV-Comedyserie um eine Kneipe in Boston, mit Ted Danson und Shelley Long)

A Clockwork Orange – Uhrwerk Orange (GB 1971, umstrittener SF-Thriller mit Malcolm McDowell, Regie: Stanley Kubrick)

Close Encounters of the Third Kind – Unheimliche Begegnung der Dritten Art (USA 1977, der moderne UFO-Klassiker von Steven Spielberg)

Columbo – Columbo (USA 1971-77 und ab 1989, die berühmte Krimiserie mit Peter Falk im Trenchcoat)

Combat – (– –) (USA 1962-67, TV-Serie, in der sich ein amerikanischer Trupp während des Zweiten Weltkriegs durch Europa kämpft)

Commodore Hornblower – Der Kommodore – Ein Roman um Honrblower (Abenteuerroman als der elfbändigen Reihe um Horatio Hornblower von C. S. Forester)

The Crash of Flight 401 / Crash – Flug 401 / Todesflug 401 (USA 1978, Shatner untersucht die Ursachen eines Flugzeugabsturzes, Regie: Barry Shear)

Cymbeline – Kymbelin (Drama von William Shakespeare)

The Day the Earth Stood Still – Der Tag, an dem die Erde stillstand (USA 1951, SF-Klassiker, Regie: Robert Wise)

The Defenders – Preston & Preston (USA 1957, 61-65, TV-Anwaltsserie mit Robert Reed und E. G. Marshall; in der Pilotfolge spielten William Shatner und Ralph Bellamy die Hauptrollen)

Disaster on the Coastliner – Die Weiche steht auf Tod (USA 1979, TV-Actionsdrama mit vielen bekannten Fernsehgesichtern, Regie: Richard Sarafian)

Dr. Kildare – Dr. Kildare (USA 1961-66, Arztserie mit Richard Chamberlain, nach einer Filmreihe aus den vierziger Jahren)

Dr. Strangelove or How I Learned to Stop Worrying an Love the Bomb – Dr. Seltsam oder Wie ich lernte, die Bombe zu lieben (GB 1964, Stanley Kubricks Farce über den nuklearen Wahnsinn, mit Peter Sellers)

Dreams – (– –) (CDN 1956, Fernsehspiel von Shatner, mit William Shatner und Gloria Rand, seiner späteren Ehefrau)

Dreamscape – Dreamscape (USA 1984, Polit-SF-Thriller mit Dennis Quaid, Max von Sydow und Christopher Plummer, Regie: Joseph Ruben)

The Explosive Generation – Die frühreife Generation (USA 1961, Shatner als Lehrer, der seine Schüler in Sexualkunde unterrichten will, Regie: Buzz Kulik)

The Fall Guy – Ein Colt für alle Fälle (USA 1981-?, TV-Serie mit Lee Majors und Heather Thomas als Stuntleute auf Verbrecherjagd)

The F.B.I. – FBI (USA 1965-74, TV-Agentenserie mit Efrem Zimbalist jr.)

Field of Dreams – Feld der Träume (USA 1989, nostalgisches Baseball-Drama mit Kevin Costner, Regie: Phil Alden Robinson)

The First Power – Pentagramm – Macht des Bösen (USA 1990, Horror-Thriller über einen Serienmörder, der die Gaskammer überlebt, Regie: Robert Resnikoff)

For the People – (– –) (USA 1965, kurzlebige TV-Anwaltsserie mit William Shatner und Howard DaSilva)

General Hospital – General Hospital (USA, seit 1963, TV-Ärzteserie, die seit über 30 Jahren auf Sendung ist)

Ghostbusters – Ghostbusters – Die Geisterjäger (USA 1984, Geister-Klamauk mit Dan Aykroyd, Regie: Ivan Reitman)

Go Ask Alice – (– –) (USA 1973, TV-Film mit William Shatner)

Golden Boy – Goldene Hände (Drama von Clifford Odets)

The Golden Child – Auf der Suche nach dem goldenen Kind (USA 1986, Komödie mit Eddie Murphy, Regie: Michael Ritchie)

Goldfinger – Goldfinger (GB 1964, dritter *James Bond*-Film mit Sean Connery, Regie: Guy Hamilton)

The Good Mother – Der Preis der Gefühle (USA 1988, Diane Keaton als Mutter, die um das Sorgerecht für ihre Tochter kämpft, Regie: Leonard Nimoy)

Goodyear Playhouse – (– –) (USA 1951-60, Live-Fernsehreihe der NBC mit Theateraufführungen, hieß bis 1955 *Goodyear TV Playhouse* und ab 1957 *Goodyear Theater,* als nicht mehr live gesendet wurde)

The Greatest Story Ever Told – Die größte Geschichte aller Zeiten (USA 1965, die Lebensgeschichte Jesu mit Max von Sydow als Jesus und Charlton Heston als Johannes der Täufer, Regie: George Stevens)

The Guardian – (– –) (USA 1972, TV-Film mit William Shatner)

Hamlet, Prince of Denmark – Hamlet, Prinz von Dänemark (Drama von William Shakespeare)

Have Gun Will Travel – (– –) (USA 1957-63, sehr beliebte TV-Westernserie mit Richard Boone als Paladin)

Hawaii Five-o – Hawaii 5-o (USA 1968-80, TV-Krimiserie mit Jack Lord als Inspektor Steve McGarrett)

Henry V./The Life of King Henry V. – König Heinrich V. (Drama von William Shakespeare)

Horror at 37000 Feet – (– –) (USA 1973, TV-Film mit William Shatner und France Nuyen)

Hound of the Baskervilles – Der Hund von Baskerville (USA 1972, TV-Neuverfilmung des Doyle-Romans mit Stewart Granger als Sherlock Holmes, Regie: Barry Crane)

House Party 2 – House Party 2 (USA 1991, Probleme schwarzer Jugendlicher, Regie: Dough McHenry, George Jackson)

Incident on a Dark Street (USA 1973, TV-Film mit William Shatner)

The Incubus – (– –) (USA 1965, experimenteller Film in Esperanto)

Indiana Jones and the Last Crusade – Indiana Jones und der letzte Kreuzzug (USA 1989, dritter Teil der Abenteuerreihe von Steven Spielberg)

Indiana Jones and the Temple of Doom – Indiana Jones und der Tempel des Todes (USA 1983, erster Teil der Abenteuerreihe mit Harrison Ford, Regie: Steven Spielberg)

Indict and Convict – (– –) (USA 1974, TV-Film mit William Shatner)

The Intruder / I Hate Your Guts / Shame / The Stranger – Weißer Terror (USA 1961, William Shatner als rassistischer Demagoge in den Südstaaten der USA, Regie: Roger Corman)

Ironside – Der Chef (USA 1967-75, TV-Krimiserie mit Raymond Burr als ›Chef‹ T. Ironside im Rollstuhl)

Judgement at Nuremberg – Das Urteil von Nürnberg (USA 1961, Klassiker über die Nürnberger Prozesse mit Starbesetzung, Regie: Stanley Kramer)

Julius Caesar – Julius Cäsar (Drama von William Shakespeare)

Kaiser Aluminium Hour – (– –) (USA 1956-57, Live-Fernsehreihe der NBC mit Theateraufführungen)

The Kidnapping of the President – Kidnapping of the President (CDN/USA 1980, TV-Produktion, in Deutschland auf Video erschienen, Regie: George Mendeluk)

King John / The Life and Death of King John – König Johann (Drama von William Shakespeare)

King of Kings – König der Könige (USA 1961, Spielfilm über das Leben Christi mit Jeffrey Hunter in der Hauptrolle, Regie: Nicholas Ray)

Kingdom of the Spiders – Mörderspinnen (USA 1977, Thriller mit William Shatner und zehntausend mordlustigen Taranteln, John Cardos)

Knots Landing – Unter der Sonne Kaliforniens (USA 1979-?, TV-Serienabler von *Dallas* mit Ted Shackelford als Gary Ewing)

Kraft Mystery Theatre – (– –) (USA 1961-63, TV-Anthologieserie mit in sich abgeschlossenen, spannenden Geschichten)

Kraft Theatre – (– –) (USA 1947-58, TV-Anthologieserie, hieß bis 1958 *Kraft Television Theatre*, wurde kurz darauf in *Kraft Mystery Theatre* umbenannt)

Kung Fu – Kung Fu (USA 1972-75, Actionserie mit David Carradine als Kung-Fu-Kämpfer im Wilden Westen)

Kung Fu: The Legend Continues – Kung Fu – Im Zeichen des Drachen (USA 1992, Fortsetzung der Serie mit David Carradine als Caines Enkel)

L. A. Story – L. A. Story (USA 1991, leichte Komödie mit Steve Martin, Regie: Mick Jackson)

The Land of No Return / Snowman / Challenge to Survive – Land ohne Wiederkehr (USA 1977, William Shatner auf der Suche nach einem abgestürzten Flugzeug, Regie: Kent Bateman)

Leben des Galilei (Drama von Bert Brecht)

The Lieutenant – (– –) (USA 1963-64, von Gene Roddenberry produzierte TV-Serie mit Robert Vaughn und Gary Lockwood über das US-Militär, in der viele spätere Star Trek-Schauspieler auftraten)

Little Woman – (– –) (USA 1978, TV-Film nach dem Roman von Louisa May Alcott über vier Schwestern während des amerikanischen Bürgerkriegs, als *Vier Schwestern* ins Deutsche übersetzt, wurde bereits 1933 als *Kleine tapfere Jo* mit Katherine Hepburn und 1949 als *Vier Schwestern* mit June Allyson verfilmt.)

Lost in Space – (– –) (USA 1965-68, SF-Serie, die im US-Fernsehen parallel zu *Star Trek* lief)

Mad Max – Mad Max (USA 1979, düsterer Zukunftsthriller mit Mel Gibson, Regie: George Miller)

The Man from U.N.C.L.E. – Solo für O.N.C.E.L. (USA 1964-68, TV-Agentenserie mit Robert Vaughn)

Mannix – Mannix (USA 1967-75, TV-Krimiserie mit Mike Connors in der Hauptrolle)

Measure for Measure – Maß für Maß (Drama von William Shakespeare)

Medical Center – (– –) (USA 1969-76, TV-Serie über ein Krankenhaus in Los Angeles, erfolgreichste Arztserie in den USA)

The Merchant of Venice – Der Kaufmann von Venedig (Drama von William Shakespeare)

The Merry Wives of Windsor – *Die Fröhlichen Weiber von Windsor* (Drama von William Shakespeare)

Mission: Impossible – Kobra, übernehmen Sie / Unmöglicher Auftrag / In geheimer Mission (USA 1966-73, die klassische TV-Agentenserie)

The Monkees – Die Monkees (USA 1966-68, TV-Serie um eine Teenie-Band nach dem Vorbild der Beatles)

Mord and Mindy – Mork vom Ork (USA 1978-82, TV-Serie mit Robin Williams als Außerirdischer vom Planeten Mork)

Mr. Novak – (– –) (USA 1963-65, TV-Serie über einen Lehrer an der High-School, mit James Franciscus in der Titelrolle)

Mysteries of the Gods – (– –) (USA 1977, TV-Dokumentation über UFOs, Regie: Chuck Romine)

Naked City – Gnadenlose Stadt (USA 1958-63, TV-Polizeiserie mit John McIntire und James Franciscus)

National Lampoon's Loaded Weapon I – Loaded Weapon I (USA 1993, Krimiklamauk mit Emilio Estevez, Tim Curry und vielen anderen, Regie: Gene Quintano)

Nero Wolfe – Nero Wolfe (USA 1959, kurzlebige TV-Krimi-serie, nicht zu verwechseln mit der gleichnamigen Serie von 1981 mit William Conrad in der Titelrolle)

Nightmare Abbey – Nightmare Abbey (Theaterstück nach einem humoristischen Roman von Thomas Love Peacock)

No Way Out – No Way Out – Es gibt kein Zurück (USA 1987, Agententhriller mit Kevin Costner und Gene Hackman, Regie: Roger Donaldson)

The Nurses – (– –) (USA 1962-65, TV-Serie über Krankenschwe-stern in New York, 1965-67 als *The Doctors and the Nurses* fortgesetzt)

Oedipus Rex – König Ödipus (Klassisches Drama von Sopho-kles)

Omnibus – (– –) (USA 1953-57, Live-Fernsehreihe der ABC mit Theateraufführungen)

On Golden Pond – Am goldenen See – (USA 1981, rührseliger Film mit Henry Fonda und Katherine Hepburn als 80jähri-ges Ehepaar, Regie: Mark Rydell)

On Step Beyond – (– –) (USA 1959-61, TV-Gruselserie, lief bei der Erstausstrahlung unter dem Titel *Alcoa Presents*, wurde jedoch bekannter durch die Wiederholung unter dem neuen Titel)

Out of Africa – Jenseits von Afrika (USA 1985, Verfilmung des

Romans von Tanja Blixen mit Meryl Streep und Robert Redford, Regie: Sydney Pollack)

The Outer Limits – (– –) (USA 1963-65, TV-Gruselserie mit abgeschlossenen Episoden, ähnlich wie *The Twilight Zone*)

The Outlaws – Die Gesetzlosen (USA 1960-62, TV-Westernserie
um Marshals im Kampf für Recht und Ordnung)

The Outrage – Carrasco, der Schänder (USA 1964, Western-
Remake des japanischen Klassikers *Rashomon*, mit Paul
Newman, Regie: Martin Ritt)

Owen Marshall: Counselor at Law – Owen Marshall (USA 1971-
74, TV-Anwaltsserie mit Arthur Hill in der Titelrolle)

A Pattern of Morality – Owen Marshall – Strafverteidiger
(USA 1971, Videotitel des Pilotfilms zur Serie *Owen Marshall: Counselor at Law*)

The People – (– –) (USA 1972, TV-Film mit William Shatner)

Perry Mason – Perry Mason (USA 1957-66, TV-Anwaltsserie
mit Raymond Burr in der Titelrolle, nach den Romanen von
Erle Stanley Gardner)

The Pink Panther – Der Rosarote Panther (USA 1964, der erste Film mit Peter Sellers als Inspektor Clouseau, Regie:
Blake Edwards. Es folgten mehrere Fortsetzungen und eine
gleichnamige Zeichentrickserie.)

Pioneer Woman – (– –) (USA 1973, TV-Film mit William Shatner)

Playhouse 90 – (– –) (USA 1956-61, TV-Dramaanthologie)

Police Squad – Die nackte Pistole (USA 1982, TV-Comedyserie
um ein verrücktes Polizeirevier mit Leslie Nielsen, Filmfas-
sung, unter dem Titel *Police Squad* auch auf Video erschienen)

Police Story – (– –) (USA 1966, kurzlebige TV-Polizeiserie,
nicht zu verwechseln mit den gleichnamigen Serien von
1952 und 1973-77)

Porky's – Porky's (USA 1982, High-School-Klamotte mit Kim
Cattrall, Regie: Bob Clark)

Pray for the Wildcats – (– –) (USA 1974, TV-Film mit William
Shatner)

Rashomon – Rashomon / Rashomon – Das Lustwäldchen (J 1951, Klassiker des japanischen Regisseurs Akira Kurosawa)

The Rat Patrol – (– –) (USA 1966-68, TV-Serie mit Christopher George als Sergeant Sam Troy, der im Zweiten Weltkrieg in Nordafrika kämpft)

The Red, White, and Blue Revue – (– –) (Musical von William Shatner)

The Revolution of Antonio DeLeon – (– –) (USA 1972, TV-Film mit William Shatner)

Romeo and Juliet – Romeo und Julia (Drama von William Shakespeare)

Route 66 – (– –) (USA 1960-64, TV-Serie, in der zwei junge Männer verschiedene Abenteuer entlang der legendären Straße quer durch die USA erleben)

77 Sunset Strip – 77 Sunset Strip (USA 1958-64, TV-Krimiserie mit Efrem Zimbalist jr. und Roger Smith als Privatdetektive Spencer und Bailey, deren Büro am Sunset Strep in Hollywood liegt)

A Shot in the Dark – Ein Schuß im Dunkeln (USA 1964, zweiter Film der *Pink Panther*-Reihe mit Peter Sellers als Inspector Clouseau, Regie: Blake Edwards, nach dem Theaterstück von Harry Kurnitz, das auf dem Stück *L'idiote* von Marcel Archard basiert)

Skylark – (– –) (Theaterstück des amerikanischen Autors Samson Raphaelson)

Some Like It Hot – Manche mögen's heiß (USA 1959, Komödienklassiker mit Jack Lemmon und Tony Curtis, Regie: Billy Wilder)

The Sound of Music – Meine Lieder, meine Träume (USA 1965, Musical-Film, Regie: Robert Wise)

Spoon River Anthology – Die Toten von Spoon River (Sammlung fiktiver Grabinschriften vom amerikanischen Autor Edgar Lee Masters)

Square Pegs – (– –) (USA 1982-83, TV-Comedyserie über den Alltag an einer High-School)

Star Trek – Raumschiff Enterprise (USA 1966-69, die Originalserie mit William Shatner und Leonard Nimoy als Captain
Kirk und Vulkanier Spock)

Star Trek – Die Enterprise (USA 1973-74, die Zeichentrickserie,
im Original mit den Stimmen der Originalbesetzung)

Star Trek: Deep Space Nine – Star Trek: Deep Space Nine (USA
1993-, zweiter Ableger der Originalserie, der auf einer ent-
legenen Raumstation spielt)

Star Trek: The Next Generation – Raumschiff Enterprise – Das
nächste Jahrhundert (USA 1987-94, die Fortsetzung der Serie mit neuer *Enterprise* und Patrick Stewart und Jonathan
Frakes als Captain Picard und Commander William T. Ri-
ker)

Star Trek: Voyager – Star Trek: Raumschiff Voyager (USA, seit
1995, dritter Ableger der Originalserie, in der ein Föderationsraumschiff den Weg nach Hause sucht)

Star Trek: The Motion Picture – Star Trek – Der Film (USA 1979,
Regie: Robert Wise)

Star Trek II: The Wrath of Khan – Star Trek II – Der Zorn des
Khan (USA 1982, Regie: Nicholas Meyer)

Star Trek III: The Search for Spock – Star Trek III – Auf der Suche
nach Mr. Spock (USA 1983, Regie: Leonard Nimoy)

Star Trek IV: The Voyage Home – Star Trek IV – Zurück in die
Gegenwart (USA 1986, Regie: Leonard Nimoy)

Star Trek V: The Final Frontier – Star Trek V – Am Rande des
Universums (USA 1989, Regie: William Shatner)

Star Trek VI: The Undiscovered Country Star Trek VI – Das un-
entdeckte Land (USA 1991, Regie: Nicholas Meyer)

Star Trek: Generations – Star Trek – Treffen der Generationen
(USA 1994, der siebente Kinofilm, Regie: David Carson)

Star Wars – Krieg der Sterne (USA 1977, SF-Epos, Regie: George Lucas)

Stranger in a Strange Land – Ein Mann in einer fremden Welt
(Klassischer SF-Roman von Robert Heinlein)

Studio One – (– –) (USA 1948-58, TV-Reihe von CBS mit Thea-
terproduktionen)

Superman – Superman (USA/GB 1978, Verfilmung des berühmten Comics mit Christopher Reeve, Regie: Richard Donner, 1979, 1983 und 1986 entstanden drei Fortsetzungen)

Swamp Women / Swamp Diamonds / Cruel Swamp – Vier Frauen im Sumpf (USA 1956, Regie: Roger Corman)

T. J. Hooker – T. J. Hooker (USA 1982-87, TV-Polizeiserie mit William Shatner, Heather Locklear und Adrian Zmed)

A Tale of Two Cities – Eine Geschichte aus zwei Städten / Zwei Städte (Roman von Charles Dickens)

Tamburlaine the Great – Tamerlan der Große (Drama von Christopher Marlowe)

The Taming of the Shrew – Der Widerspenstigen Zähmung (Drama von William Shakespeare)

Teenage Caveman – (– –) (USA 1958, Regie: Roger Corman)

TekWar – TekWar – Kampf um die verlorene Vergangenheit (USA 1994, Erster Film der SF-Krimi-Fernsehserie mit Greg Evigan als Jake Cardigan und William Shatner als sein Boß Walt Bascom, Regie: William Shatner)

The Tenth Level – Die zehnte Stufe (USA 1976, Fernsehspiel mit William Shatner aus der Reihe *Playhouse 90)*

The Tender Trap – (– –) (Drama von Max Shulman und Robert Paul Smith)

Testimony of Two Men – (– –) (USA 1978, TV-Miniserie über einen Chirurgen im 19. Jahrhundert)

The Third Walker – (– –) (CDN 1978, TV-Drama mit William Shatner)

Thriller – (– –) (USA 1960-62, TV-Serie mit abgeschlossenen Gruselgeschichten)

Time after Time – Flucht in die Zukunft (USA 1980, Film mit Malcolm McDowell als H. G. Wells und David Warner als Jack the Ripper, die mit einer Zeitmaschine in unsere Gegenwart gelangen, Regie: Nicholas Meyer)

Time of the Hanging – (– –) (USA 1954, Revuefilm, Regie: Alfred E. Green)

The Twilight Zone – Unheimliche Geschichten (1959-64, TV-

Serie von Rod Serling mit abgeschlossenen Episoden über unheimliche Begebenheiten; in den achtziger Jahren gab es eine Neuauflage, die im deutschen Fernsehen unter dem Titel Twilight Zone – Unbekannte Dimension lief.)

2001: A Space Odyssey – 2001 – Odyssee im Weltraum (GB 1968, SF-Klassiker von Stanley Kubrick)

U.F.O. – U.F.O. (GB 1970, SF-Serie von Gerry Anderson, in der die Organisation S.H.A.D.O. außerirdische UFO-Angriffe abwehrt)

The U. S. Steel Hour – (– –) (USA 1953-63, TV-Serie von CBS mit Theateraufführungen)

Vanished – (– –) (USA 1971, TV-Film mit William Shatner)

Wagon Train – (– –) (USA 1957-65, sehr beliebte TV-Westernserie mit Robert Horton und ab 1957 Ward Bond als Führer eines Treks amerikanischer Pioniere)

Want a Ride, Little Girl? / *Impulse* – (– –) (USA 1974, William Shatner als Psycho-Killer, Regie: William Grefe)

War of the Worlds – Krieg der Welten (Klassischer SF-Roman von H. G. Wells)

White Comanche / *Comanche Blanco* – Rio Hondo (USA/E 1968, Westerndrama mit Shatner und Joseph Cotton, Regie: Gilbert Lee Kay)

The Wild, Wild West – Verrückter Wilder Westen (USA 1965-70, TV-Westernserie mit Robert Conrad als Agent James T. West und Ross Martin als sein Gehilfe Artemus Gordon)

The Wizard of Oz – Das zauberhafte Land (USA 1939, Verfilmung des märchenhaften Romans von Frank L. Baum mit Judy Garland, Regie: Victor Fleming)

The World of Suzie Wong – Die Welt der Suzie Wong (GB 1960, Verfilmung des Theaterstücks von John Osborn nach dem Roman von Richard Mason, in den Hauptrollen William Holden und Nancy Kwan, Regie: Richard Quine)